Karen Hamaker-Zondag
Deutung von Aspekten und Aspektfiguren

Karin Hamaker-Zondag bei IRIS

Reihe »Astrologische Deutung«
Band 1 Elemente und Kreuze
Band 2 Deutung der Planeten
Band 3 Deutung der Häuser
Band 4 Deutung von Aspekten und Aspektfiguren
Band 5 Häuserherrscher und Häuserbeziehungen

Das 12. Haus
Stundenastrologie
Die Yod-Figur

KAREN HAMAKER-ZONDAG

Deutung von Aspekten und Aspektfiguren

BAND 4 DES FÜNFBÄNDIGEN LEHRWERKES

Die Originalausgabe erschien unter dem Titel Analyse van Aspecten bei Uitgeverij Schors, 1982, Amsterdam, Niederlande. Die erste deutsche Ausgabe erfolgte 1998 im Heinrich Hugendubel verlag, München.

5. Auflage 2016

Karen Hamaker-Zondag
Deutung von Aspekten und Aspektfiguren

Übersetzung: Clemens Wilhelm
Umschlaggestaltung: Studio Paul Pollmann

Gesamtherstellung: Libri Plureos GmbH, Hamburg
Printed in Germany

ISBN 978-3-89060-619-4

IRIS ist ein Imprint bei Neue Erde.

Neue Erde GmbH
Cecilienstr. 29 · 66111 Saarbrücken · Deutschland · Planet Erde
www.neue-erde.de · info@neue-erde.de

Inhalt

Vorwort

In diesem Buch wird eine Übersicht über die Facetten gegeben, die eine Rolle für die Deutung von Aspekten spielen können. Die bloße Übernahme von Aspektdeutungen aus einem Lehrbuch ist in der Praxis unzureichend, auch wenn die angebotenen Hinweise ein Stück in die richtige Richtung führen können. Weiterhin versuche ich im vorliegenden Buch, dem Leser das nötige Hintergrundwissen zu vermitteln, so daß er sich die Bedeutungen der Aspekte selbst erschließen kann (siehe Kapitel 3), jedoch nicht, ohne mich zuerst mit den Aspekten als solchen und ihrer Ableitung aus dem Horoskop zu befassen.

Hier sind bestimmte Probleme zu behandeln, wie zum Beispiel die Frage, mit welchem Orbis man arbeiten soll, ob der Zeichenhintergrund berücksichtigt werden muß und so weiter. Da innerhalb der Astrologie diesbezüglich sehr unterschiedliche Auffassungen bestehen, stütze ich mich weitestgehend auf meine eigenen praktischen Erfahrungen. Aus diesem Grund ist in diesem Buch weniger von schwer zu überprüfenden theoretischen Erwägungen die Rede.

Praktische Erfahrungen spielen auch eine große Rolle in dem Kapitel über unaspektierte Planeten, ein Thema, das bei der Beurteilung von Horoskopen keineswegs außer acht gelassen werden darf.

Ich gehe davon aus, daß der Leser bereits mit der Bedeutung der Planeten, der Zeichen, der Häuser und der Elemente vertraut ist, um mich nicht gegenüber meinen bisher erschienenen Büchern wiederholen zu müssen.

Das letzte Kapitel enthält Deutungsvorschläge für die Hauptaspekte. Der Leser hat damit die Möglichkeit, sich in der Interpretation von Aspekten zu üben. Im ersten Kapitel kann er dabei Art und Wirkungsweise eines Aspekts nachschlagen; wenn er diese Informationen mit den Inhalten der betreffenden Planeten verbindet, wie diese in Kapitel 3 dargelegt sind, kann er versuchen, selbst eigene Deutungen vorzunehmen, die er dann wiederum anhand der Beschreibungen im letzten Kapitel überprüfen kann. Dieses letzte Kapitel erhebt keinen Anspruch auf Vollständigkeit; es soll lediglich die Richtung für die Deutung von Aspekten weisen, die wiederum nicht isoliert stehen darf, sondern im Zusammenhang der gesamten Horoskopanalyse betrachtet werden muß.

Wie immer hat sich mein Mann Hans mit Form und Inhalt des Manuskript intensiv auseinandergesetzt, um ihm die Lesbarkeit zu geben, die es jetzt besitzt; danke, Hans.

Januar 1982 *Karen Hamaker-Zondag*

Kapitel 1
Arten von Aspekten

Wir wissen, daß die Erde mit den anderen Planeten die Sonne umkreist. Die Astrologie, die den Menschen in den Mittelpunkt stellt, geht aber von der konkreten Wahrnehmung auf der Erdoberfläche aus, der sogenannten geozentrischen Betrachtungsweise. Von der Erde aus gesehen, beschreibt die Sonne in der Tat eine Bahn um die Erde. In etwa derselben Bahnebene, innerhalb deren wir die Sonne umlaufen sehen, kreisen auch die Planeten. Sonne, Mond und Planeten bewegen sich scheinbar auf annähernd derselben Kreisbahn um die Erde. Dieser Kreis von 360° ist der Tierkreis. Er ist in zwölf Sektoren von je 30° unterteilt, die Tierkreiszeichen. Sonne, Mond und Planeten bewegen sich vor dem Hintergrund dieser Zeichen. Sie können auf jedem Punkt dieses Tierkreises stehen, so daß man sie in wechselnden Richtungen wahrnimmt. Wenn sie sich auf derselben Gradzahl des Tierkreises befinden, sehen wir sie in derselben Richtung.

In Abbildung 1 sind einige Planeten in den Tierkreis eingezeichnet. Nehmen wir zunächst Mars als Ausgangspunkt für die Erläuterung der Aspekte. Die Richtung, in der wir ihn sehen, bildet einen rechten Winkel mit der Richtung, in der Venus steht. Für uns auf der Erde liegen sie 90° auseinander. Der Gradabstand zwischen Mars und Jupiter beträgt 120°.

Mars und Saturn wiederum bilden von der Erde aus gesehen einen Winkel von 26°. In diesem Fall spricht man jedoch nicht von einem Aspekt. Nur bestimmte Winkel oder Gradabstände auf dem Horoskopkreis werden als Aspekte bezeichnet. Welche Winkel dies traditionell sind, zeigt Tabelle 1.

Wenn zwei oder mehr Planeten, von der Erde aus gesehen, einen solchen speziellen Winkel bilden, dann sagt man, daß sie in einer astrologischen Beziehung zueinander stehen. Entsprechend treten auch diejenigen Teile der Psyche, die von diesen miteinan-

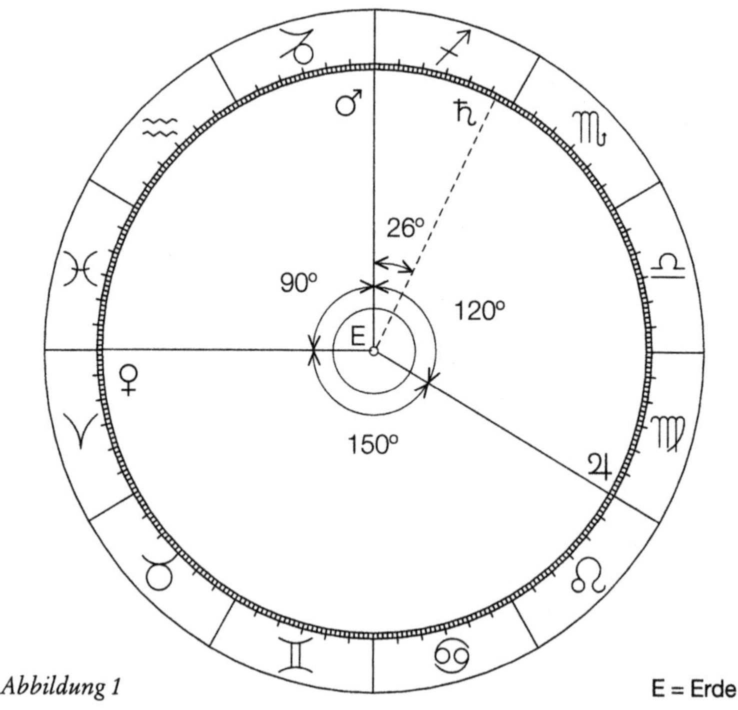

Abbildung 1 E = Erde

der verbundenen Planeten symbolisiert werden, in eine direkte Wechselbeziehung. Je nach der Art des Aspekts hat diese gegenseitige Beeinflussung den Charakter einer Förderung oder Hemmung. Im psychologischen Sinne kann man einen Aspekt als symbolische Darstellung eines Prozesses betrachten, wobei die Teile der Psyche energetisch so miteinander verbunden sind, daß sich dieser Prozeß beispielsweise fließend oder stockend gestaltet. Falls dieser Prozeß nicht harmonisch verläuft, darf man dies jedoch nicht mit einer negativen Entwicklung der Psyche gleichsetzen: Schwierige Aspekte führen nicht zwangsläufig zu einem »schlechten« Charakter!

Bei den als Aspekte geltenden Winkeln unterscheidet man zwischen Haupt- und Nebenaspekten. Die Hauptaspekte haben die ausgeprägteste Wirkung, weshalb sie in allen Aspektbüchern behandelt werden, mit Ausnahme des Quinkunx. Das Quinkunx

Name	Symbol	Gradabstand	Orbis
Hauptaspekte			
Konjunktion	☌	0	6–8
Sextil	⚹	60	4–6
Quadrat	□	90	6–8
Trigon	△	120	6–8
Quinkunx*	⚻	150	3
Opposition	☍	180	6–8
Nebenaspekte			
Vigintil	⅄	18	1–2
Halbsextil	⚺	30	2
Dezil	⊥	36	2
Novil	N	40	2
Halbquadrat	L	45	2
Septil	S	51°25'43"	1
Quintil*	Q	72	2
Tredezil	¥, T	108	2
Anderthalbquadrat	⚼	135	2
Biquintil*	BQ	144	2

* Bezüglich dieser Aspekte besteht noch Uneinigkeit, ob sie zu den Neben- oder den Hauptaspekten gezählt werden müssen. Auch die Symbole für die Nebenaspekte sind uneinheitlich.

Tabelle 1: Haupt- und Nebenaspekte

als Hauptaspekt ist noch relativ jung, findet jedoch zunehmend Anerkennung. Die Nebenaspekte stehen durchweg in viel geringerem Ansehen und werden von vielen Astrologen überhaupt außer acht gelassen. Dies liegt an ihrer meist deutlich geringer ausgeprägten Wirkung, wobei bei einigen von ihnen (noch) unklar ist, wie sie wirken und ob sie überhaupt wirken. Ein Beispiel für einen solchen umstrittenen Aspekt ist das Halbsextil (30°), das einige Autoren als schwach harmonisch, andere dagegen als schwach disharmonisch beschreiben. Im nächsten Kapitel werden wir uns mit dieser Problematik auseinandersetzen.

Wenn man die Übersichtstabelle der Aspekte betrachtet, dann

scheinen diese auf den ersten Blick willkürlich ausgewählt zu sein. Warum wird zum Beispiel ein Winkel von 72°, nicht aber ein solcher von 81° als Aspekt betrachtet? Und doch verbirgt sich dahinter ein System. Dieses wurde erstmals von dem berühmten Astronomen und Astrologen Johannes Kepler dargestellt. Er untersuchte auf der Grundlage der pythagoreischen Zahlenlehre die Tonverhältnisse (Harmonien) in der Musik und nahm diese als Grundlage für seine Aspektlehre. Wenn man den Kreis durch eine ganze Zahl teilt, dann bekommt man entweder einen Aspekt oder die »Grundzahl« eines Aspekts. Das ist in Tabelle 2 dargestellt.

Aspekte sind also die Winkel, die entstehen, wenn man die 360° des Kreises durch ganze Zahlen teilt.

Wenn man durch 24 teilt (wie dies auch Kepler tat), bekommen auch die Winkel von 75°, 105° und 165° Bedeutung. Manche beziehen auch den Aspekt von 15° in die Deutung ein, für den es jedoch keinen Namen gibt. Für die drei erstgenannten Winkel haben einige Astrologen Vorschläge gemacht, die sich jedoch nicht durchgesetzt haben.

Aber auch wenn in bestimmten Punkten noch keine Einigkeit besteht, ist doch klar, daß die einzelnen Winkel, die zu den Aspekten gerechnet werden, nicht auf Willkür beruhen.

Der nächste Punkt, mit dem wir uns beschäftigen müssen, ist der Unterschied zwischen den sogenannten Neben- und Hauptaspekten. Dieser beruht, wie man annehmen muß, auf praktischer Erfahrung. Die Praxis erweist nach wie vor, daß sich bestimmte Aspekte klar und eindeutig manifestieren, während andere Aspekte viel weniger ausgeprägt sind. Vor allem in früheren Zeiten, als noch kaum von einer Psychologie die Rede sein konnte und das Leben mehr nach außen orientiert war, konnten subtilere Aspekte leicht übersehen werden. Dies gilt auch für die Zeit um 1600, als Kepler in seiner Aspektenlehre die Nebenaspekte einführte, auch wenn Morin für sich in Anspruch nimmt, zwei dieser Aspekte entdeckt zu haben, nämlich das Halbsextil (30°) und das Quinkunx (150°).

Die Hauptaspekte werden immer verwendet: Konjunktion, Opposition, Quadrat, Trigon und Sextil. Interessant ist in diesem Zusammenhang, daß die Psychologin Marie-Louise von Franz in ihrem Buch »Zahl und Zeit« nur die Zahlen 1, 2, 3 und 4 als Grundlage nimmt. Die Zahl 5 gilt dabei nicht als neue, gegenüber den vorangehenden selbständigen Zahlen, sondern als deren Zusammenfassung. Hierin liegt eine schöne Übereinstimmung mit den vier Elementen in der östlichen Philosophie, in der das fünfte Element, der Äther, die übrigen vier in subtiler Weise zusammenfaßt.

360 Grad geteilt durch	1 =	Konjunktion	Winkel	0°
360	2 =	Opposition	Winkel	180°
360	3 =	Trigon	Winkel	120°
360	4 =	Quadrat	Winkel	90°
360	5 =	Quintil	Winkel	72°
		2 x Quintil = Biquintil		
			Winkel	144°
360	6 =	Sextil	Winkel	60°
360	7 =	Septil	Winkel	51°25'43"
360	8 =	Halbquadrat	Winkel	45°
		3 x Halbquadrat = Anderthalbquadrat		
			Winkel	135°
360	9 =	Novil	Winkel	40°
360	10 =	Dezil	Winkel	36°
		3 x Dezil = Tredezil		
			Winkel	108°
360	12 =	Halbsextil	Winkel	30°
		5 x Halbsextil = Quinkunx		
			Winkel	150°
360	15 =	Quindezil	Winkel	24°
360	20 =	Vigintil	Winkel	18°
360	24 =	unbenannt	Winkel	15°
		5 x 15° = Bilien	Winkel	75°
		7 x 15° = Trilien	Winkel	105°
		11 x 15° = Tao	Winkel	165°

Tabelle 2: Die Kreisteilung

Alle übrigen Zahlen sind aus den oben genannten Zahlen zusammengesetzt. Wenn man nun die Aufgliederung des Kreises betrachtet, dann gehören die Teilungen durch 1, 2, 3 und 4 unbestritten zu den Hauptaspekten. Die Teilung durch 6, das Sextil, wurde jahrhundertelang ebenfalls zu den Hauptaspekten gerechnet, während es heute Stimmen gibt, die dem Sextil eine unbedeutendere Rolle zuweisen wollen, doch ist hier das letzte Wort noch nicht gesprochen. Wenn dies jedoch so sein sollte und man auch das Quinkunx zwar als wichtig, aber doch nicht als Hauptaspekt betrachten will, dann besteht hier eine auffallende Übereinstimmung mit den Grundzahlen der Numerologie.

Die Zahlen 1, 2, 3 und 4 bilden die Grundlage, und die Teilung des Kreises durch sie ergibt die Unterscheidung zwischen den stark im Vordergrund stehenden Hauptaspekten und den subtiler wirkenden Nebenaspekten. Diese Zahlen tauchen auch in anderer Weise in der Astrologie auf: Im Horoskopkreis selbst (1, die Einheit), in der Aufteilung der Zeichen in negative und positive (Zweiteilung), der Gliederung in Kreuze (Dreiteilung) und der Einteilung nach Elementen (Vierteilung). Weitere Aufgliederungen der Zeichen gibt es nicht, was den Vorrang der Zahlen 1 bis 4 unterstreicht.

Die Aspekte im einzelnen

Nach dieser kurzen Einleitung wollen wir nun die einzelnen Aspekte in der Reihenfolge der im vorigen Abschnitt angegebenen Einteilung des Horoskopkreises behandeln.

Konjunktion – 0°

Der Kreis wird hier nicht untergliedert; der Öffnungswinkel beträgt 0°. Von der Erde aus gesehen, stehen zwei oder mehr Planeten in einer Linie im selben Grad des Tierkreises. Die traditionelle Bedeutung der Konjunktion ist »vereinte Kraft« oder »Bündelung von Kräften«; wie sich dies jedoch auswirkt, hängt von den betreffenden Planeten ab. Planeten in Konjunktion wir-

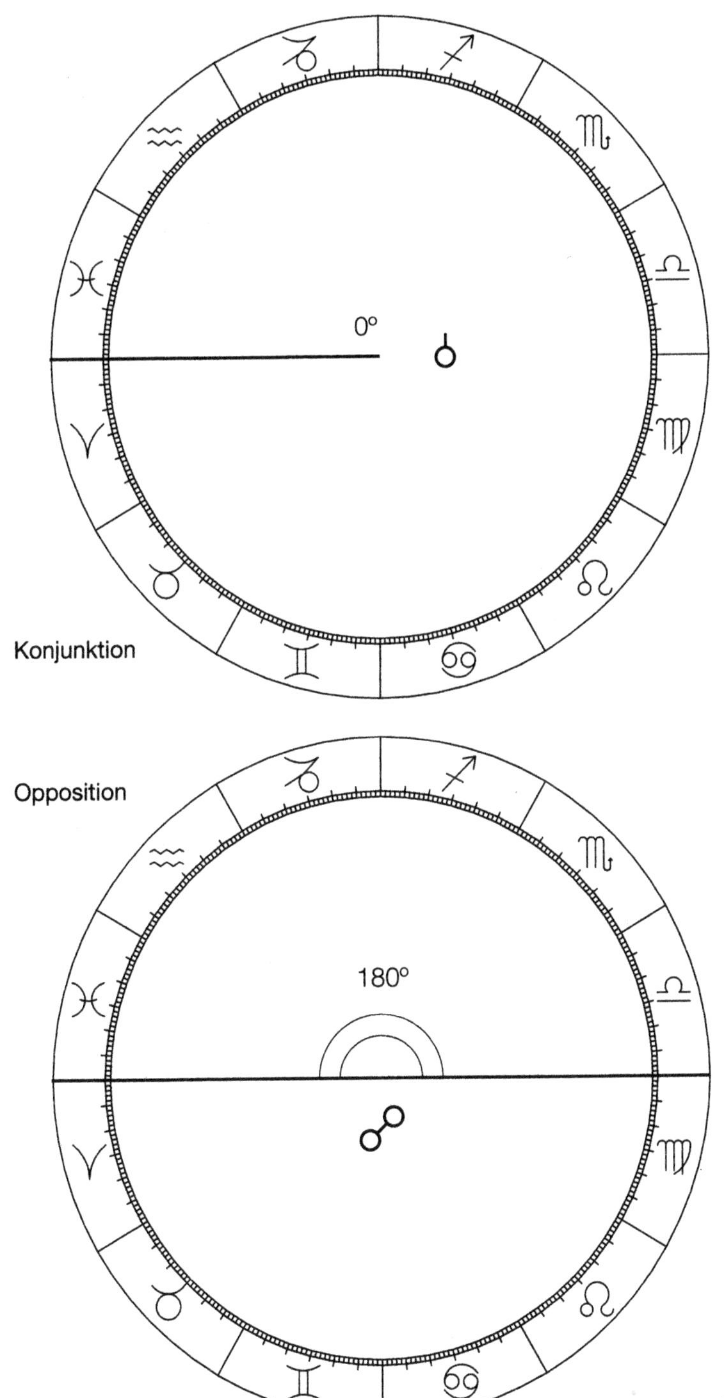
0°
Konjunktion
Opposition
180°

ken stets zusammen, ob sie miteinander harmonieren oder nicht. In einer Konjunktion sind alle möglichen Auswirkungen veranlagt, weshalb sie als der kräftigste Aspekt gilt, insbesondere, wenn die Konjunktion exakt ist. Die Wirkung der beteiligten Planeten wird verstärkt.

Häufig hat einer der beiden Planeten durch die Zeichenstellung größeres Gewicht. Der stärkere Planet bestimmt dann Richtung und Wirkung des Aspekts.

Opposition – 180°

Der Horoskopkreis wird hier durch zwei geteilt. Der Winkel beträgt dann 180°, die Planeten stehen einander also im Tierkreis genau gegenüber.

Die Bedeutung ist Anspannung und Zweifel, Hin- und Hergerissensein und Unsicherheit. Es besteht eine unterschwellige Empfindung des Unbehagens. Die Opposition kann durch die Unsicherheit zu Aktivität anspornen, jedoch erst nach einiger Zeit des Schwankens. Die Planeten stehen zwar einander gegenüber, aber in Zeichen, die etwas Gemeinsames verbindet, die auf einer Achse liegen. Beispiel: Zwillinge-Schütze ist die Achse, die mit Vision und Information zu tun hat. Die Zwillingsseite dieser Achse sammelt Fakten und ordnet sie, die Schützeseite bringt sie in eine Perspektive und verkündet die Befunde. Diese Zeichen sind mit denselben Dingen beschäftigt, aber aus gegenüberliegenden Blickwinkeln. Daher können Planeten in Opposition einander auf eine eigenartige Weise ergänzen, doch müssen sie lernen, mit ihren entgegengesetzten Ansätzen zurechtzukommen.

Menschen mit vielen Oppositionen in ihrem Horoskop haben die Neigung, sich »querzulegen«, indem sie eine Meinung verkünden, mit der sie Widerspruch provozieren. Anderseits besitzen sie die Fähigkeit, einen Sachverhalt von allen Seiten zu betrachten und ein sehr ausgewogenes Urteil abzugeben; in diesem Fall verbinden sie die beiden Pole des Aspekts miteinander. Sie ziehen stets das Gegenteil mit heran und können dadurch zu einer relativierenden Betrachtungsweise gelangen, doch sind sie auch in der Lage, am Stuhl anderer Leute zu sägen. Die Opposi-

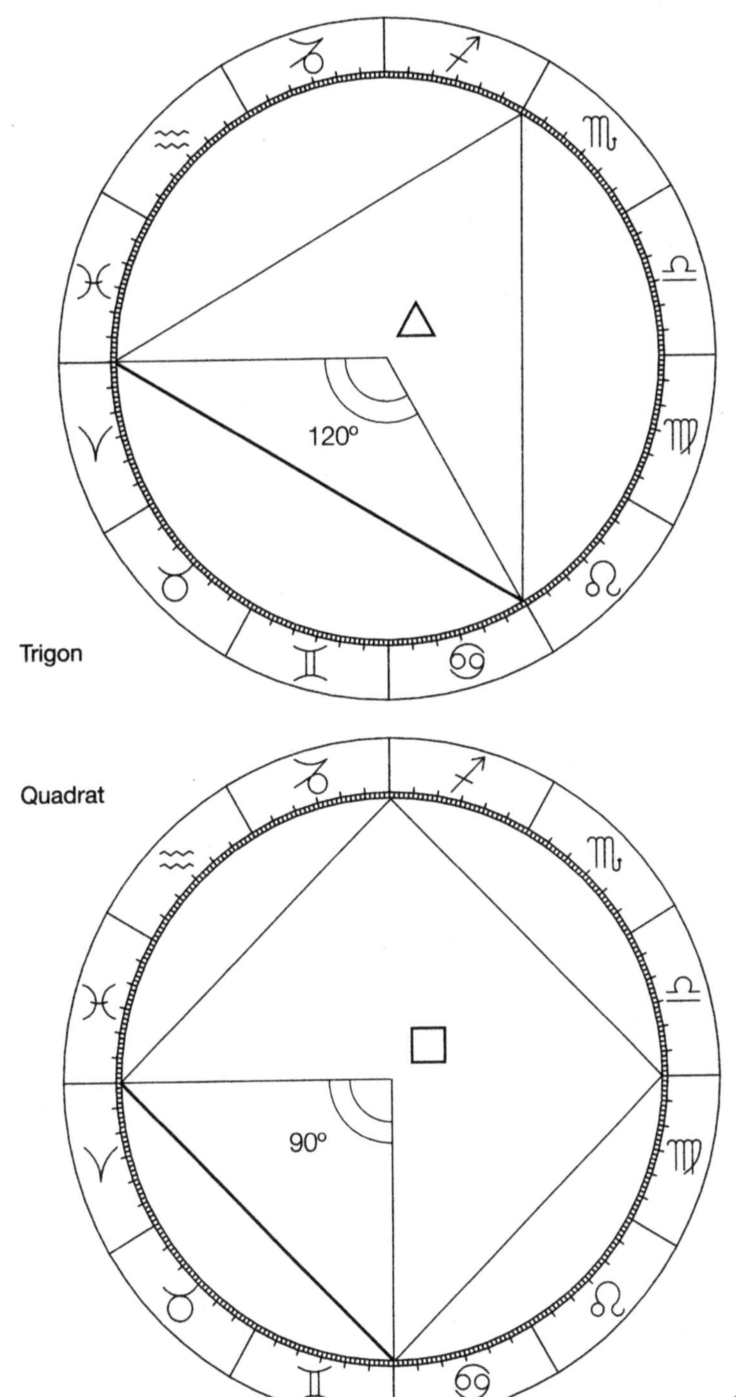

120°
Trigon
Quadrat
90°

tion ist also ein widersprüchlicher Aspekt, der viele Konflikte und latente Spannungen mit sich bringt, aber den Betreffenden durch das Hin- und Hergerissensein weniger leicht Dinge übersehen läßt, als man aufgrund seines manchmal etwas cholerischen Charakters vermuten könnte.

Trigon – 120°

Wenn der Horoskopkreis durch 3 geteilt wird, entsteht ein Winkel von 120°. Die traditionelle Bedeutung dieses Aspekts ist Harmonie. Die betreffenden Planeten wirken harmonisch zusammen und unterstützen einander. Das Trigon ist eine Gabe, auf die man zurückgreifen kann, ein Ruhepunkt. Es verheißt auch vieles und birgt viel Kreativität in sich. Es gilt seit jeher als der angenehmste und vielversprechendste Aspekt. Durch die fehlende Spannung spornt das Trigon jedoch kaum zum Handeln an, weshalb dieser Aspekt im Ruf steht, etwas träge zu machen. Meist braucht man auch nicht viel zu tun, weil einem immer alles in den Schoß fällt. Wenn ein Horoskop viele Trigone aufweist, dann wird der Betreffende auf vielerlei Gebieten zweifellos vom Glück begünstigt sein, doch ist es die Frage, wie viele von den Verheißungen auch Wirklichkeit werden. Hierfür sind Spannungsaspekte notwendig. Das Trigon bedeutet Ruhe, Gleichgewicht, Entspannung und Harmonie.

Quadrat – 90°

Wenn der Horoskopkreis durch 4 geteilt wird, entsteht ein Winkel von 90°. Die Planeten stehen im rechten Winkel zueinander. Das Quadrat hat die Bedeutung von Spannung und Konflikt. Die betreffenden Planeten wissen zunächst nicht miteinander umzugehen. Sie wirken einander entgegen, hemmen einander oder fördern einander im falschen Augenblick (Überkompensation). Beim Quadrat lernt man erst durch viele Versuche und Irrtümer, bestimmte Energien zu kanalisieren.

Das Quadrat wirkt akuter als die ebenfalls spannungsgeladene Opposition. Während diese Zweifel und latente Anspannung mit sich bringt, besteht bei jenem eine unmittelbare Gespanntheit

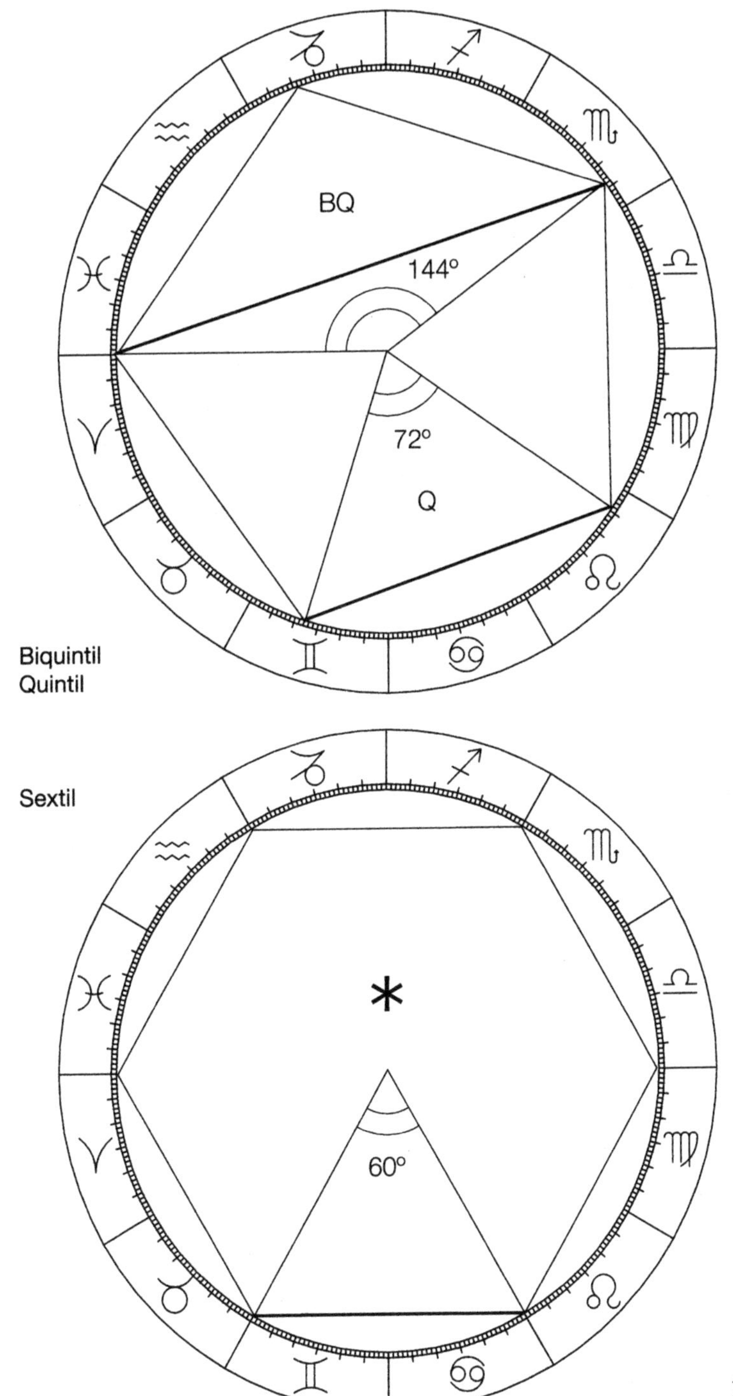

Biquintil
Quintil

Sextil

und Entschlossenheit, wodurch das Quadrat nachdrücklichere Wirkung haben kann. Beim Quadrat gibt es auch kein gemeinsames Thema wie bei der Opposition. Allerdings verleiht es die notwendige Energie, auch wenn diese zunächst noch unkoordiniert ist und unbesonnen genutzt wird. Deshalb gehört auch Destruktion zum Quadrat. Andererseits kann dessen Energie auch konstruktiv wirken: Menschen mit diesem Aspekt sind bereit, Altes abzureißen und Neues aufzubauen, und sie haben die nötige Kraft und Energie hierfür. Die Ruhelosigkeit des Quadrats sorgt dafür, daß man aktiv bleibt. In dieser Hinsicht bildet dieser Aspekt den direkten Gegensatz zum Trigon und kann diesem die nötige »Vorspannung« geben, damit die vom Trigon verheißenen Gaben auch entwickelt werden. Das Quadrat bringt akute Probleme mit sich, die man lösen muß, und man bleibt lange Zeit mit ihnen beschäftigt. Trotzdem ist es kein schlechter Aspekt: Es eröffnet durch seine Energie und Kraft und durch seine fruchtbare innere Unruhe auch viele Möglichkeiten.

Quintil – 72°

Wenn der Kreis durch 5 geteilt wird, entsteht ein Winkel von 72°. Das Quintil findet (ebenso wie das Biquintil mit einem Winkel von 2 x 72° = 144°) immer mehr Aufmerksamkeit. Das Quintil bezeichnet eine Fähigkeit, die von Natur aus weit entwickelt ist und nur noch an die Oberfläche zu kommen braucht. Manchen Astrologen zufolge kann das Quintil daher Hinweise für die Berufswahl geben. Es gilt stets als ein intellektueller Aspekt, da ihm eine merkurische Wirkung zugeschrieben wird. Quintil und Biquintil gelten als harmonisch. Das Biquintil hat dieselbe Wirkung wie das Quintil, dazu aber auch etwas sehr Kreatives und oft auch etwa Okkultes.

Allerdings sind sich hier die Astrologen nicht einig. John Addey weist ihm die Bedeutung der Zielbewußtheit zu und betont, daß man diesen Aspekt oft bei Menschen in einer Machtposition oder bei Menschen findet, die eine solche Position anstreben.

Beide Aspekte gehören zu den Nebenaspekten und werden daher wenig beachtet.

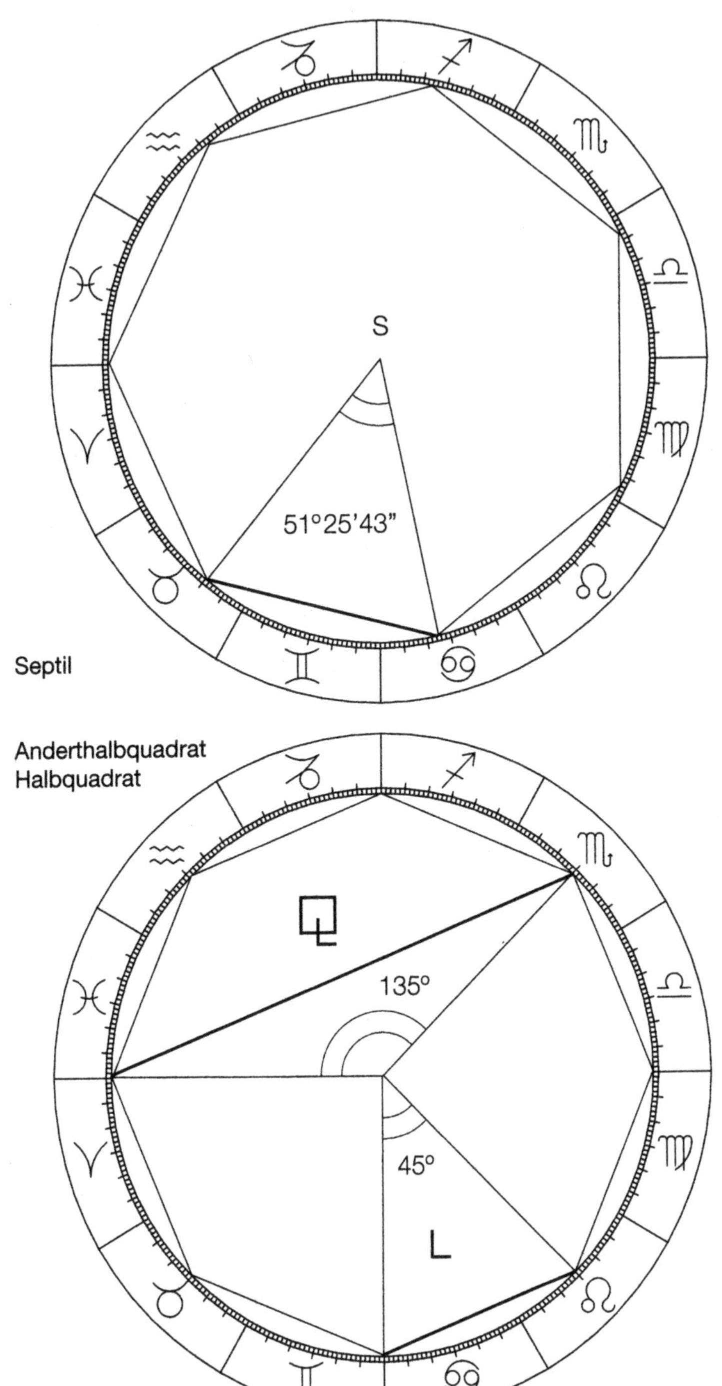
S
51°25'43"
Septil
Anderthalbquadrat
Halbquadrat
135°
45°
L

Sextil – 60°

Wenn der Kreis durch 6 geteilt wird, entsteht ein Winkel von 60°. Das Sextil wirkt wie ein schwaches Trigon, also harmonisch. Wie beim Trigon sind auch hier gute Anlagen vorhanden, doch erfordert das Sextil vom Betreffenden eine größere Anstrengung. Das Sextil ist daher auch ein unentschiedener Aspekt, da vieles noch nicht so deutlich erkennbar ist. Unschlüssigkeit und eine noch zu entwickelnde Veranlagung in einem weiteren harmonischen Umfeld sind daher die Merkmale des Sextils, das als der schwächste Hauptaspekt gilt und von manchen sogar als Nebenaspekt eingestuft wird (was allerdings im Widerspruch zu den traditionellen Auffassungen steht).

Menschen mit vielen Sextilen im Horoskop sind oft Unschlüssige, die noch viel tun müssen, in denen aber zweifellos viele Talente schlummern.

Septil – 51° 25' 43"

Wenn der Kreis durch 7 geteilt wird, entsteht ein Winkel von 51° 25' 43", der schwierig zu entdecken ist. Dem Septil wird stets eine harmonische Wirkung zugeschrieben, wenn auch nur eine schwache. Harmonie und Vereinigung sind die Stichworte für diesen im übrigen sehr wenig benutzten Nebenaspekt. Kepler, der viele neue Nebenaspekte einführte, lehnt das Septil ab, weil die Siebenteilung nicht rational konstruiert werden kann. Andere Astrologen arbeiten dagegen mit diesem Aspekt, doch besteht über seine Verwendung noch keine Einigkeit.

Halbquadrat – 45°

Wenn der Kreis durch 8 geteilt wird, entsteht ein Winkel von 45°, die Hälfte des Quadrats (90°). Daher ähnelt auch die Bedeutung derjenigen des Quadrats, wenn auch die Wirkung des Halbquadrats schwächer ist. Das Halbquadrat hat damit einen leicht disharmonischen und schwierigen Effekt, erzeugt Spannungen und schafft Irritationen. Es besitzt auch proportional weniger Energie als das Quadrat, doch geht von ihm ebenfalls Aktivität aus. Das

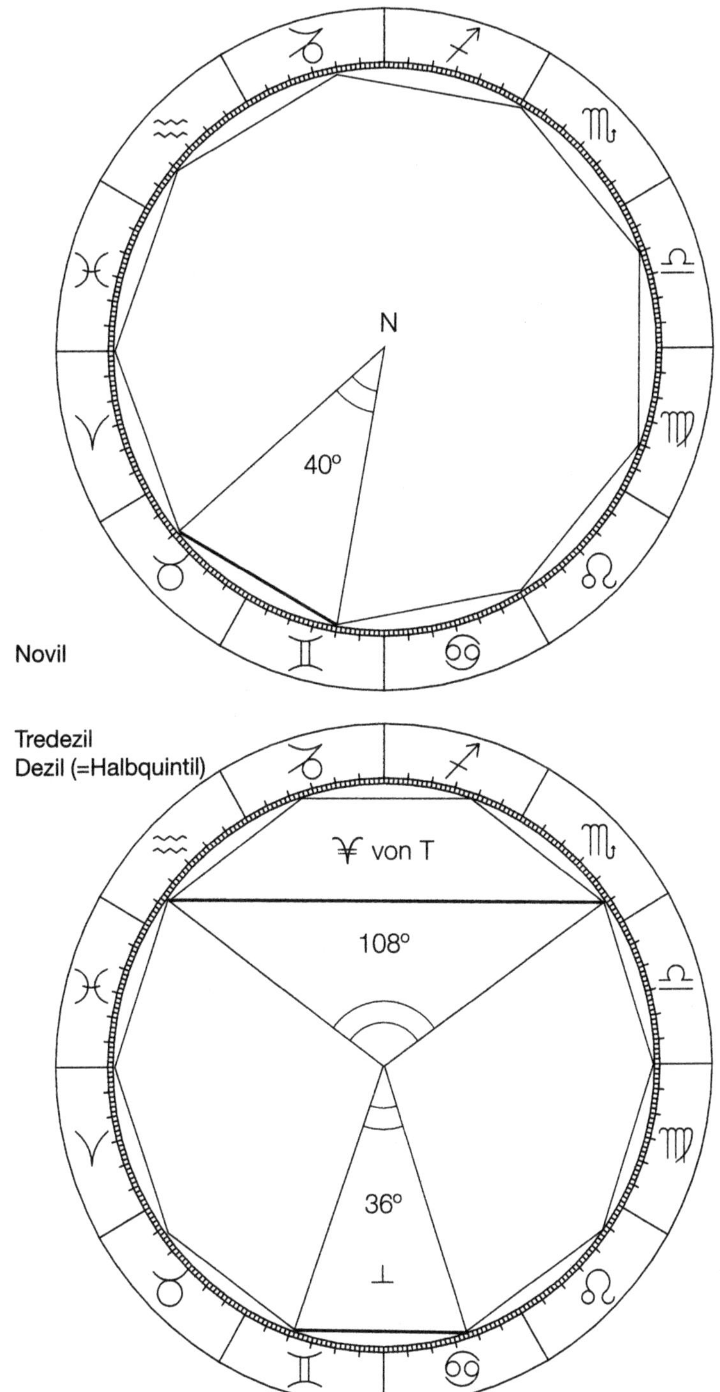

Novil

Tredezil
Dezil (=Halbquintil)

Dreifache des Halbquadrats ergibt 3 x 45° = 135°, ein Aspekt, der als Anderthalbquadrat bezeichnet wird. Die Wirkung dieses Aspekts ist etwa dieselbe wie diejenige des Halbquadrats.

Novil – 40°

Wenn der Kreis durch 9 geteilt wird, entsteht ein Winkel von 40°. Das Novil ist ein umstrittener Aspekt, den auch Kepler ablehnte. Die Meinungen über diesen Nebenaspekt gehen sehr auseinander. In der Literatur findet sich sehr wenig darüber.

Dezil (Halbquintil) – 36°

Die Teilung des Kreises durch 10 ergibt einen Winkel von 36°. Das Dezil ist ein Nebenaspekt, dem Einfallsreichtum zugeschrieben wird, aber auch Einsicht in das Wesen der Natur und ihre Kräfte.

Das Dreifache des Winkels des Dezils ist das Tredezil (Anderthalbquintil) (108°), ein Aspekt, der heute ebenfalls immer mehr Beachtung findet. Er zeigt eine starke Begabung an, während die Art des Zusammenwirkens der beteiligten Planeten (anders als etwa beim Trigon) noch weitgehend unbekannt ist. Es fördert das geistige Wachstum, geistige Erweiterung und Entfaltungsmöglichkeiten.

Halbsextil – 30°

Wenn der Kreis durch 12 geteilt wird, entsteht ein Winkel von 30°. Über diesen Nebenaspekt gibt es unterschiedliche Meinungen – es wird sowohl eine schwach harmonische als auch eine schwach disharmonische Wirkung angenommen. Jedenfalls bringt das Halbsextil kleinere Unannehmlichkeiten mit sich, die aber auch die Vorboten neuer Möglichkeiten sein können.

Der fünffache Winkel des Halbsextils ergibt 150° oder das Quinkunx. Das Quinkunx wird mehr und mehr zu den Hauptaspekten gerechnet und findet in immer mehr Deutungsbüchern Berücksichtigung. Es steht für eine latente Spannung, deren Herkunft und Richtung das Bewußtsein lange Zeit nicht orten kann, die aber ein nagendes Gefühl des Unbehagens und erhebliche

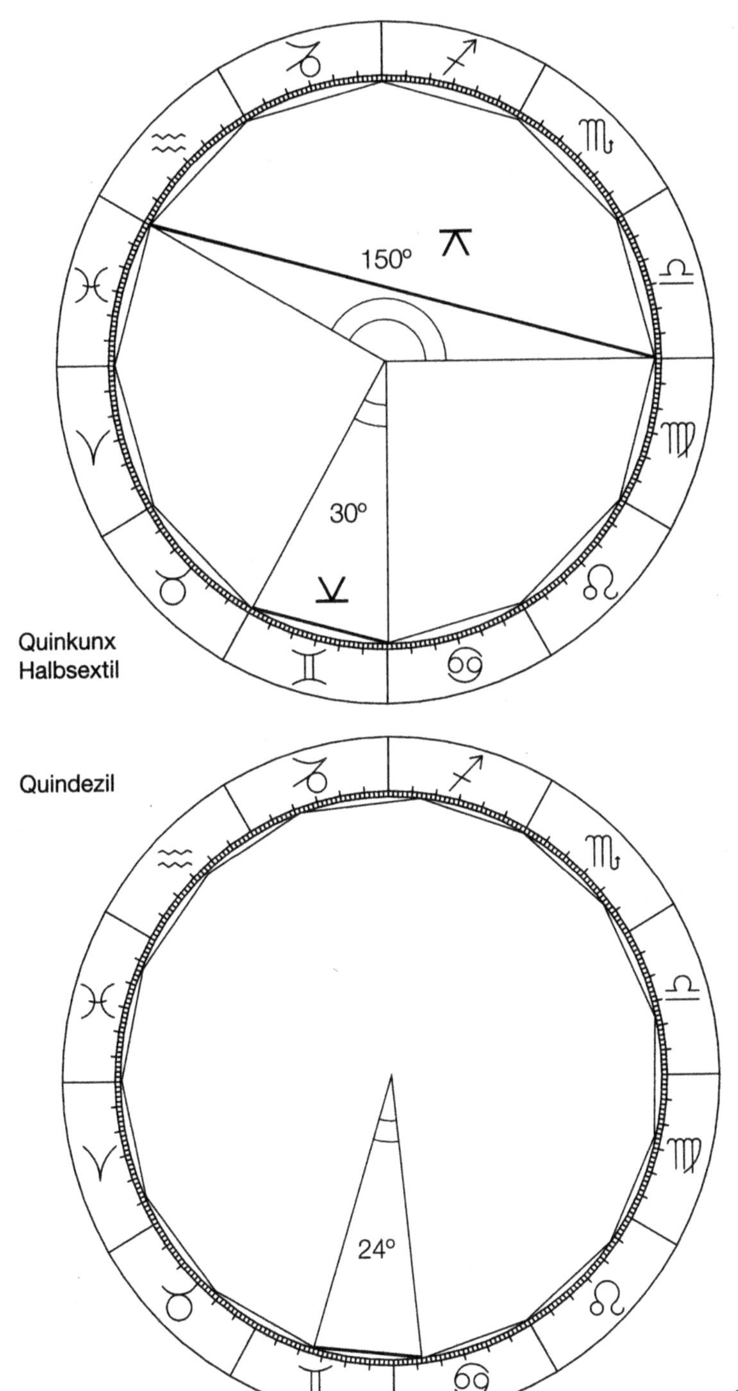
150°
30°
Quinkunx
Halbsextil
Quindezil
24°

Verunsicherung hervorruft. Die Spannung des Quinkunx kann schlagartig zum Bewußtsein durchbrechen und in eine Situation münden, die das Gefühl verleiht, mit dem Rücken zur Wand zu stehen. Das Quinkunx kann auch Probleme durch unbewußte Nachlässigkeit mit sich bringen – es ist ein etwas schwieriger, unangenehmer und spannungsgeladener Aspekt, den man nicht leicht in den Griff bekommt, der sich aber als etwas Positives erweisen kann, sobald man ihn geklärt und verarbeitet hat.

Quindezil – 24°

Wenn der Kreis durch 15 geteilt wird, entsteht ein Winkel von 24°. Er wird von Llewellyn George verwendet, der ihm eine schwach harmonische Bedeutung zuschreibt. Kepler geht nicht auf diesen Aspekt ein, wiewohl in seiner Gegenüberstellung von Tönen und Aspekten der Abstand von 24° vorkommt, den er im musikalischen Bereich der kleinen Sekunde gegenüberstellt. Kepler kannte diesen Abstand also, ohne sich aber weiter mit ihm zu befassen. Bezüglich dieses Nebenaspekts, der noch kaum in der Literatur zu finden ist, gehen die Meinungen ebenfalls auseinander. Llewellyn George sagt, daß dieser Aspekt neben dem Vigintil, dem Dezil und dem Tredezil so subtil wirkt, daß sein Effekt im Geburtshoroskop kaum beschrieben werden kann. Aber seltsamerweise fügt er hinzu, daß er bei Progressionen sehr wohl berücksichtigt werden müsse.

Vigintil – 18°

Wenn der Kreis durch 20 geteilt wird, entsteht ein Winkel von 18°. Dieser Nebenaspekt gilt als harmonisch. Er soll neue Möglichkeiten herbeiführen.

Kepler läßt diesen Aspekt unberücksichtigt.

Unbenannt – 15°

Der Kreis wird dabei durch 24 geteilt, doch wird der so entstehende Winkel von 15° nur von wenigen überhaupt als Aspekt anerkannt. Auf der Grundlage dieses Aspekts werden manchmal

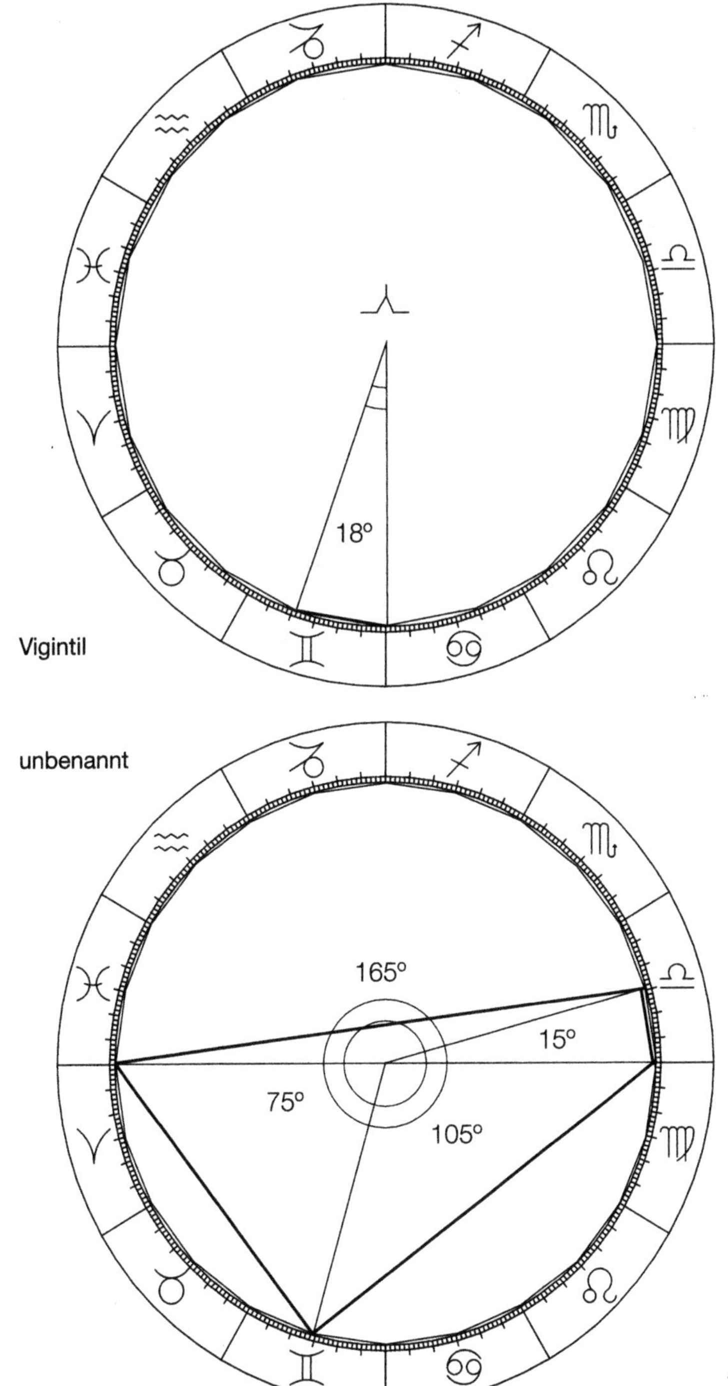

Vigintil

unbenannt

auch noch die selten verwendeten Aspekte *Bilien* (5 x 15° = 75°), *Trilien* (7 x 15° = 105°) und *Tao* (11 x 15° = 165°) gebildet. Kepler geht eigenartigerweise nicht auf den Aspekt von 15° ein, nennt aber das Bilien, dem er Bösartigkeit, Falschheit, Leidenschaft und Leiden zuschreibt, und das Trilien, das ihm zufolge zu Unruhe, Streit und Erschütterungen führt. Der Tao-Aspekt macht in seinen Augen anfällig für Hinterhalte und Krisen.

Kapitel 2
Die Ermittlung der Aspekte

Der Orbis von Aspekten

Im vorigen Kapitel haben wir uns damit befaßt, welche Winkel zwischen Planeten als Aspekte bezeichnet werden. Es ist jedoch nicht so, daß diese Winkel ganz genau sein müssen, damit von einem Aspekt gesprochen werden kann. Es ist vielmehr eine gewisse Abweichung vom exakten Aspekt zulässig, die als »Orbis« bezeichnet wird. Wenn beispielsweise der Orbis eines Trigons 6° beträgt, dann bedeutet dies, daß auch dann noch ein Trigon zwischen zwei Planeten vorliegt. Der Orbis reicht nach oben und nach unten. Eine Trigon-Wirkung liegt also zwischen 114° und 126° vor.

Wie aus der Aspektübersicht im vorigen Kapitel ersichtlich, hat jeder Aspekt seinen eigenen zulässigen Orbis. Dieser ist bei den Hauptaspekten wegen ihrer ausgeprägten und konkreten Wirkung größer, bei den Nebenaspekten entsprechend kleiner. Sextil und Quinkunx liegen dabei etwa in der Mitte.

Die Spalte »Orbis« der Tabelle enthält die zulässigen Abweichungen. Bei den meisten Nebenaspekten beträgt dieser Wert 2°. Bei den Hauptaspekten sind manchmal zwei Werte angegeben, wie bei der Konjunktion 6 bis 8°. Damit soll die Wirkung der beiden »Lichter« des Horoskops, nämlich Sonne und Mond, berücksichtigt werden, die einen größeren Orbis haben (8°) als die Aspekte zwischen anderen Planeten, Aszendent oder Medium Coeli (6°).

Wenn also die Sonne im Trigon zum Aszendenten steht, darf die Abweichung bis zu 8° betragen, während bei der Stellung Venus-Trigon-Aszendent nur 6° zulässig sind. Die höheren Werte beziehen sich also nur auf Aspekte mit Sonne und Mond, die niedrigeren Werte auf alle übrigen Planeten und Punkte.

Bei den Nebenaspekten gibt es keinen solchen Unterschied,

der Orbis ist also für alle Planeten gleich. Es ist auch sicherer, hier mit einem möglichst kleinen Orbis zu arbeiten, da es bezüglich der Stärke und der Wirkung dieser Aspekte noch viele Unsicherheiten und Meinungsunterschiede gibt. Da ein Aspekt um so stärker wirkt, je genauer er ist, kann man die Nebenaspekte nur bei sehr genauer Stellung heranziehen. Wenn sich herausstellt, daß ein solcher Aspekt auch nach sorgfältigem Studium vieler Horoskope nur wenig ergibt, dann kann man einen solchen Aspekt als zweifelhaft betrachten und unberücksichtigt lassen. Wenn man dagegen bei sehr genauen Nebenaspekten eine Wirksamkeit feststellt, kann man sich der Frage zuwenden, bei welchem Orbis ein solcher Aspekt zu wirken beginnt. Hierzu ist jedoch zunächst eine brauchbare und eindeutige Beschreibung der Art ihrer Wirkung vonnöten, die sich aus Forschungen ergibt.

Das Quinkunx hat für alle Planeten einen maximalen Orbis von 3°. Es besteht bislang noch keine Einigkeit darüber, ob dieser Aspekt zu den Haupt- oder zu den Nebenaspekten gezählt werden muß. Wenn man ihm den Orbis der Hauptaspekte von etwa 6° einräumen will, entsteht ein Problem: Der Wirkkreis des Quinkunx überschneidet sich dann mit demjenigen des Biquintils, und dies ist für die Deutung eine inakzeptable Situation. Bei den »klassischen« Hauptaspekten Konjunktion, Sextil, Quadrat, Trigon und Opposition ist ein solcher Fall ausgeschlossen. Bei den Nebenaspekten würde er des öfteren auftreten, wenn man mit dem Orbis der Hauptaspekte arbeiten würde. Ein Orbis von 6° würde beim Tredezil die obere Grenze auf 108 + 6 = 114° erhöhen. Dies ist auch die Grenze für das Trigon bei den einfachen Planeten (120 – 6 = 114°) und liegt bereits innerhalb des Gebiets des Trigons von Sonne und Mond (120 – 8 = 112°).

Wo allerdings die Grenzen genau liegen, ist eine Frage, die sich nicht ohne weiteres beantworten läßt. In den Lehrbüchern werden unterschiedliche Werte angegeben. Die ältere Literatur nennt »weitere« Orben, während man heute eindeutig zu »engeren« Orben tendiert. Die in diesem Buch verwendeten Werte liegen auf der sicheren Seite.

In der ganzen Geschichte der Astrologie herrscht Uneinigkeit bezüglich der Größe der Orben. Die Standpunkte gehen oft sehr weit auseinander. So arbeitete eine bestimmte Richtung der indischen Astrologie überhaupt ohne Orben und nahm nur den Zeichenunterschied als Ausgangspunkt. Eine andere indische Schule wiederum benutzte ganz bestimmte Winkel. Der berühmte Astrologe Morin de Villefranche, der letzte europäische Hofastrologe, entwickelte ein eigenes System von Orben. Er ging von dem Augenblick aus, zu dem die Planeten bei Sonnenuntergang gut sichtbar werden. Dies ist der Fall, wenn die Sonne 18° unterhalb des Horizonts steht. Deshalb sollte die Sonne Morin und einigen anderen zufolge einen Orbis von 17 bis 18° haben. Er stellte fest, wann ein Planet nach Sonnenuntergang am Horizont sichtbar war und wie weit die Sonne dann unter dem Horizont stand. Betrug dieser Wert zum Beispiel 10°, dann zog er diese Zahl vom Orbis der Sonne ab, 17 – 10 = 7°, so daß der Orbis für den Planeten am Horizont 7° betrug. Ein kompliziertes, aber wohlbegründetes System, das Morin vermutlich der indischen Taijak-Methode entlehnte.

Dieses System ist in dieser Form längst überholt, auch wenn es einige Astrologen vielleicht noch gebrauchen. Man ist inzwischen dazu übergegangen, die Orben nach Aspekt statt nach Planet zu bestimmen, obwohl es durchaus auch üblich ist, einen planetenspezifischen Orbis gelten zu lassen, wobei, wie wir gesehen haben, Sonne und Mond einen etwas größeren Orbis haben als die anderen Planeten, zumindest bei den Hauptaspekten.

Heute experimentieren verschiedene Astrologen mit Orben, die sie aus der Theorie der Oberschwingungen ableiten. Die hieraus entstehenden Orben weichen jedoch so stark von den gängigen und akzeptierten Orben ab, daß sie vielen als zweifelhaft erscheinen. Nach diesem System der Oberschwingungen hätte eine Opposition einen Orbis von 12°, ein Quadrat einen Orbis von nur 3°.

Dies sind nur einige der vielen Versuche, eine Grundlage für die Orben zu finden, doch hat sich bis heute keine der Theorien und Ideen als befriedigend erwiesen. Solange aber die Diskussion hierüber anhält, muß der Astrologe selbst eine Entscheidung treffen. Die in diesem Buch zugrunde gelegten Orben liegen auf der sicheren Seite. Sie haben sich in der Praxis als wirksam erwiesen, und sie sind so gewählt, daß sich verschiedene Aspekte nicht überschneiden.

Wenn man wiederum zu enge Orben wählt, schränkt man die Zahl der möglichen Aspekte ein und bekommt mehr unaspektierte Planeten. Die typischen Merkmale unaspektierter Planeten (siehe Kapitel 6) beobachtet man jedoch längst nicht in allen dann auftretenden Fällen, was gegen den Gebrauch zu enger Orben spricht. Es gilt jedoch, daß die Wirkung eines Aspekts um so stärker ist, je genauer er ist. Aspekte an der Orbisgrenze könnte man mit stumpfen Messern vergleichen: Man kann zwar noch damit schneiden, aber die Schneidwirkung ist wesentlich geringer. Irgendwo muß man die Grenze für die Aspektwirkung ziehen, und zwar auf der Grundlage eines gesunden Realitätssinns. Angesichts der Tatsache, daß die theoretischen Arbeiten zu den Aspekten mehr Verwirrung als Klarheit schaffen, soll unser Maßstab hauptsächlich die praktische Erfahrung sein.

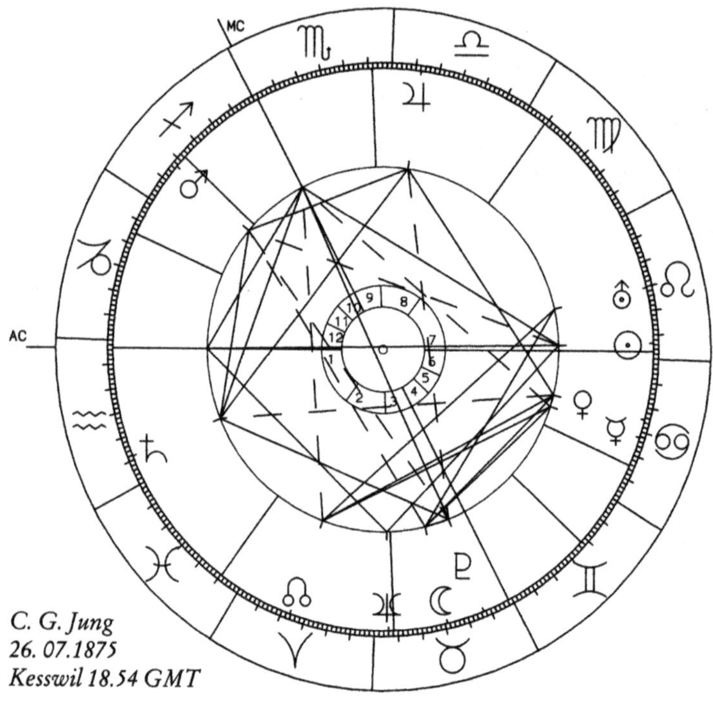

C. G. Jung
26. 07.1875
Kesswil 18.54 GMT

Betrachten wir einmal, um den Gedanken der Orben zu verdeutlichen, das Horoskop von C. G. Jung. Wenn man die Aspekte der Sonne betrachtet und sich auf die Hauptaspekte beschränkt, dann sieht man, daß die Sonne im Quadrat (90° 6') mit dem Planeten Neptun und in Opposition zum Aszendenten steht. Die Sonne steht in 3° 19' Löwe und Neptun in 3° 03' Stier. Dies ist eine Abweichung von 16 Bogenminuten, also nicht einmal 1°, weshalb der Aspekt äußerst genau ist. Die Wirkung dieses Aspekts ist entsprechend stark. Schwächer, aber immer noch eindeutig, ist die Opposition (177° 36') der Sonne mit den Aszendenten: Die Differenz beträgt hier 2° 24'. Auch dies ist noch ein »enger« Aspekt. Die Himmelsmitte MC befindet sich in 28° 48' im Skorpion, Saturn in 24° 12' Wassermann. Saturn steht im Quadrat von 85° 24' zum MC. Die Differenz zum exakten Aspekt beträgt 4° 36'. Weil der zulässige Orbis für ein Quadrat 6° beträgt, liegt Saturn noch innerhalb des Orbis und bildet damit einen Aspekt mit diesem Punkt (Orbiswerte siehe Tabelle 1, Seite 11). Wenn Saturn in 20° Wassermann gestanden hätte, hätte er kein Quadrat zum MC mehr gebildet, weil der Orbis 6° überschritten hätte. Der Zeichenhintergrund von Saturn im Wassermann bliebe im Konflikt mit demjenigen des MC im Skorpion, doch ist dies keine akute Situation mehr, wie dies bei einem Aspekt der Fall wäre. Wenn kein Aspekt besteht, wirkt trotzdem der allgemeine Hintergrund der Zeichen.

Betrachten wir Jupiter in 23° 48' in der Waage und Venus in 17° 30' Krebs. Bei einem Quadrat darf der Orbis höchstens 6° betragen. Jupiter steht jedoch gerade jenseits der Grenze von 6°. Von Venus aus gerechnet ergibt 17°30' plus 6° 23°30', und Jupiter steht in 23° 48'. Dies ist ein Unterschied von 18 Bogenminuten, die Planeten sind also 18 Minuten aus dem Orbis. Normalerweise liegt hier gerade kein Aspekt mehr vor, und man dürfte keine rote Linie eintragen. Aber wir haben es hier mit einem besonderen Fall zu tun: Jupiter steht im Zeichen Waage, das von Venus beherrscht wird. Venus ist also die Herrscherin über Jupiter, womit bereits eine Beziehung zwischen diesen beiden besteht, bevor man überhaupt noch die Aspekte betrachtet hat. Wenn aber bereits eine Beziehung zwischen zwei Planeten besteht, dann darf man auch einen etwas weiteren Orbis verwenden, jedoch bei den Hauptaspekten nicht mehr als 1° und bei den Nebenaspekten etwa 10 bis 15 Bogenminuten. Es besteht also doch ein Quadrat zwischen Venus und Jupiter, auch wenn man sagen muß, daß dieser Aspekt wegen des weiten Orbis nicht so kräftig ist.

Zusammenfassung:
- Je exakter ein Aspekt ist, desto stärker ist seine Wirkung.
- Die Meinungen bezüglich der Orben gehen auseinander, weshalb man besser mit Orben arbeitet, die auf der sicheren Seite liegen und sich in der Praxis bewährt haben.
- Sonne und Mond dürfen einen etwas größeren Orbis haben als die übrigen Planeten, Aszendent und MC.
- Ein etwas weiterer Orbis darf verwendet werden, wenn die beiden Planeten aufgrund einer Zeichenherrschaft bereits in einer Beziehung zueinander stehen.

Die Grenzen der Zeichen und der Zeichenhintergrund

Bei der Ermittlung von Aspekten tritt eine Erscheinung auf, mit der wir uns kurz befassen müssen: der »Aspekt außer Zeichen«. Betrachten wir hierzu noch einmal das Horoskop von C. G. Jung. Sein Aszendent liegt in 0° 55' Wassermann. Dieser Aszendent steht in Opposition zur Sonne in 3° 19' Löwe. Nehmen wir nun einmal an, daß der Aszendent von C. G. Jung 28° 45' Steinbock wäre. Läge auch in diesem Fall noch eine Opposition vor?

Diese Frage wird von Astrologen unterschiedlich beantwortet. Die eine Gruppe ist der Ansicht, daß die Abweichung von 4° 34' noch innerhalb des zulässigen Orbis für eine Opposition zur Venus liegt und daß deshalb eine Aspektierung vorliegt, wenn auch außer Zeichen. Die Zeichen bilden dabei keine Opposition: Löwe und Steinbock stehen im Quinkunx zueinander.

Eine andere Gruppe dagegen ist der Meinung, daß keine Aspektbeziehung vorliegen kann, wenn der Zeichenhintergrund nicht denselben Aspekt bildet. Wir haben es hier also mit konträren Meinungen zu tun. Die eine Richtung betont den Aspekt als selbständige quantitative Größe, die sich aus der Teilung des Kreises ergibt, die andere legt den Nachdruck auf den Aspekt als qualitative, eng mit der Art des Zeichenhintergrundes verbundene Größe. Dies ist ein Problem, da in sehr vielen Horoskopen solche Grenzfälle auftreten und sich die Frage stellt, ob nun eine Aspektierung vorliegt oder nicht.

Soweit wir wissen, hat sich Ptolemäus als erster mit den Hauptaspekten befaßt und ist möglicherweise sogar ihr Urheber. Das Problem der Orben kannte er nicht; in seinem »Tetrabiblos« gibt es keinen Hinweis darauf, daß seine Aspekte anders bestimmt worden wären als ausschließlich durch die Zeichen. Er ging zur Bestimmung der Aspekte offensichtlich von den Zeichen aus. »Außer Zeichen« gab es für ihn nicht.

Die indische Astrologie arbeitet noch heute in dieser Weise und kennt daher das Problem der außerhalb der Zeichen liegenden Aspekte ebenfalls nicht. Hauptaspekte sind hier also nur dann groß, wenn auch die Zeichen miteinander diesen Aspekt bilden. Ein Trigon zum Zeichen Widder kann daher nur aus den Zeichen Löwe oder Schütze gebildet werden.

Kepler dagegen betrachtete die Aspekte rein mathematisch und konzentrierte sich dabei auf den Abstand und den Orbis. Den Zeichenhintergrund berücksichtigte er in diesem Zusammenhang nicht. Er untergliederte den Kreis nach mathematischen Grundsätzen und schuf damit einige neue, bisher unbekannte Aspekte, aber auch ein neues Problem.

Während man bei den Hauptaspekten noch von Zeichen zu Zeichen zählen konnte, war dies bei den von Kepler eingeführten Nebenaspekten nicht mehr möglich. Ein Anderthalbquadrat vom Zeichen Löwe kann sowohl in Schütze (als Zeichen Trigon dazu), in Steinbock (Quinkunx), in Fische (Quinkunx) als auch in Widder liegen (Trigon), je nachdem, wo der betreffende Planet genau im Zeichen Löwe steht. Den Astrologen zufolge, die es mit Kepler halten, ist dieser unterschiedliche Hintergrund irrelevant. Für diejenigen Astrologen jedoch, die die Zeichen berücksichtigen, unterscheiden sich diese Aspekte ganz erheblich. Nicht wenige Astrologen lassen aufgrund dieser und anderer Probleme mit den Nebenaspekten diese überhaupt unberücksichtigt.

Abgesehen vom Problem der Orben, gibt es Astrologen, die davon überzeugt sind, daß Nebenaspekte überhaupt nicht wirken, während andere in ihnen eine Verfeinerung des Horoskops erblicken. Diejenigen, die die Nebenaspekte verwerfen, begründen dies meist damit, daß Nebenaspekte viel schwächer wirken und zudem nicht zuverlässig sind. Ein Nebenaspekt wie das Anderthalbquadrat kann in einem Horoskop ausgeprägt schwierig wirken, während es in einem anderen keinerlei Bedeutung zu haben scheint. Daß die Wirkung von (Neben-)Aspekten in jedem Horoskop anders ist, ist eine unbestreitbare Tatsache. Aber rechtfertigt dies schon die Schlußfolgerung, daß Nebenaspekte keine Wirkung haben oder zu unzuverlässig sind? Dieses Problem beschäftigt mich schon seit Jahren, und ich stelle im folgenden aufgrund meiner praktischen Erfahrungen dar, wie ich es sehe.

Wenn man von Aspekten spricht, kann man damit die Abstände auf dem Tierkreis meinen. Aber was sind Aspekte letztlich? Astrologisch verbinden Aspekte bestimmte Planeten oder Aszendent oder MC mit einem oder mehreren anderen Planeten. Ein Planet steht bei der Charakterdeutung für einen psychischen Inhalt, der ein bestimmtes Reaktionsmuster ausdrückt, und bildet damit eine eigenständige, fest umrissene Einheit. Ein Planet unterliegt jedoch auch dem Einfluß eines Zeichens, das zwar nicht seinen Charakter berührt, aber sich auf die Art und Weise auswirkt, wie er sich äußert.

So ist Merkur immer der Planet der Kommunikation, der Fakten ordnet und dafür zuständig ist, wie wir sprechen und Kontakte knüpfen. Diese Bedeutung hat er in allen Zeichen. Merkur im Widder drückt aber seinen Einfluß in Widder-Manier aus, also spontan, nachdrücklich, schnell (manchmal zu schnell), pointiert, direkt, oft gedankenlos, impulsiv. Merkur im Stier dagegen wird sich bedächtiger, ruhiger, zurückhaltender und vorsichtiger äußern, und wenn er Kontakte knüpft, ist er auf Sicherheit bedacht. Es ist also ein »anderer« Merkur als im Widder. Sein Inhalt bleibt derselbe, doch bekommt die Art, wie er diesen ausdrückt, in jedem Zeichen eine andere Färbung. Aus diesem Grund ist es ein erheblicher Unterschied, ob Merkur im Widder oder Merkur im Stier aspektiert wird. Und dies hat wiederum Rückwirkungen auf den Aspekt selbst.

Eine weitere Frage in diesem Zusammenhang lautet, ob ein Planet am Ende eines Zeichens nicht schon ein wenig durch das folgende Zeichen gefärbt wird. Auch hier gibt es zwei Auffassungen. Der einen zufolge gibt es keine scharfen Übergänge; die letzten Grade eines Zeichens und die ersten Grade des folgenden Zeichens bilden eine Art Übergangsgebiet, in dem sich der Einfluß beider Zeichen geltend macht. Die Vertreter dieser Auffassung sehen keine Schwierigkeit darin, wenn ein Hauptaspekt außer Zeichen ist, weil es für sie keinen fest umrissenen Hintergrund gibt.

Die andere Auffassung lautet, daß die Zeichengrenzen sehr scharf sind. Diese Meinung setzt sich in den letzten Jahren immer mehr durch. Die Erfahrungen aus der Stundenastrologie haben gezeigt, daß der zweistündliche Wechsel des Zeichens an der tatsächlichen Himmelsmitte mit einer schlagartigen Veränderung der Aktivität einhergeht. Man braucht nur einmal für einige aufeinanderfolgende Tage die Zeitpunkte zu berechnen, zu denen ein beliebiges Zeichen in die Himmelsmitte eintritt. Viele haben bereits (oft zu ihrer Erheiterung) die Erfahrung gemacht, daß zu solchen Übergangszeitpunkten – mit sehr geringen Schwankungen – bevorzugt das Telefon klingelt, sich die Stimmung oder das Thema bei Zusammenkünften ändert, daß ein Thema aus einem anderen Blickwinkel betrachtet wird oder daß man plötzlich den Antrieb bekommt, etwas anderes zu tun. Wenn man im Supermarkt ist, dann scheint es, daß in diesem Augenblick die ganze Nachbarschaft einkaufen geht.

Dies (und nicht nur dies) spricht natürlich gegen den Gedanken eines allmählichen Übergangs. Ich bin, was die Untersuchung dieses Problems betrifft, in der glücklichen Situation, mehrere Menschen gut zu kennen, bei denen Planeten in den letzten Graden und Minuten eines Zeichens stehen, so daß ich ihre diesbezüglichen Reaktionen über lange Zeiträume beobachten konnte. Eine dieser Personen mit Mond in 39° 37' Zwillinge zeigt keinerlei Krebs-Verhalten, obwohl der Mond so nahe am Zeichen Krebs steht. Oder der Schütze (Sonne, Merkur und Aszendent im Schützen!), dessen Venus in 29° 55' Skorpion steht: Er ist ein Abenteurer durch und durch, der seine Freiheit über alles liebt. Aber was Frauen betrifft, ist er so eifersüchtig, wie man nur sein kann, und bindet sie fest an sich. Der Besitzdrang, der ihm auf anderen Gebieten ganz fremd ist, äußert sich in Liebesdingen extrem stark. Dabei ist Venus nur 0° 05' vom Zeichen Schütze entfernt, und die starke Besetzung des Schützen würde die Vermutung nahelegen, daß Venus dadurch ebenfalls ganz in das Zeichen Schütze gezogen wird. Aber dies ist durchaus nicht der Fall. Aufgrund dieser praktischen Erfahrungen ist also Skepsis bezüglich der Annahme von Übergangsgebieten am Anfang und Ende der Zeichen geboten.

Außerdem können auch andere Horoskopfaktoren eine Rolle spielen und zu einer falschen Bewertung verleiten. Nehmen wir etwa den Fall eines Hobby-Astrologen, der sagte, daß er mit seinem Aszendenten in 28° Waage bei sich einen deutlichen Übergang zum Zeichen Skorpion beobachtete. Er reagierte in der Tat nicht immer Waage-artig auf seine Umgebung, und immer wieder wurde ihm vorgehalten, daß er gern seine Stacheln aufrichtet. Was der Betreffende jedoch übersehen hatte, war, daß bei ihm im 1. Haus im Zeichen Skorpion eine Konjunktion von Mond und Mars vorlag. Für sein Verhalten war also nicht der Aszendent in den letzten Graden der Waage verantwortlich, sondern diese Konjunktion.

Weil in einem Horoskop viele Faktoren eine Rolle spielen, ist es manchmal schwierig zu sagen, woran etwas wirklich liegt. Erfahrungen wie die oben beschriebenen mahnen jedenfalls zu größter Sorgfalt bei der Bestimmung der Aspekte.

Nebenaspekte und der Elementhintergrund

Bei der Charakterdeutung ist der Zeichenhintergrund sehr wichtig, um feststellen zu können, in welcher Weise sich die betreffenden Planeten äußern. Jedermann weiß, daß ein Planet im Krebs (ein Gefühlszeichen) die Reaktion eines Planeten in den Fischen (ebenfalls ein Gefühlszeichen) sehr gut versteht. Diese Zeichen stehen im Trigon zueinander. Wenn die beiden Planeten ebenfalls im Trigon zueinander stehen, dann ist die Wirkung besonders harmonisch und unterstützend.

Aber wie verhält es sich, wenn diese beiden Planeten in denselben Zeichen einen anderen Aspekt bilden? Nehmen wir an, daß der eine Planet in 3° Fische, der andere in 18° Krebs steht. Ihr Hintergrund bildet auch in diesem Fall ein Trigon, doch bilden die Planeten selbst jetzt ein Anderthalbquadrat, einen Aspekt, der durchweg als spannungsbetont gilt. Aber wenn sich die beiden Planeten allein schon durch ihre gleichsinnige Reaktionsweise (diejenige der Wasserzeichen) harmonisch miteinander verbinden können, wie könnte dann das Anderthalbquadrat ihre Beziehung beeinträchtigen? Meine praktischen Erfahrungen haben mir in der Tat unzählige Male gezeigt, daß der Zeichenhintergrund ausschlaggebend ist. Dies liefert auch eine Erklärung dafür, warum keine zwei Anderthalbquadrate gleich sind. Wenn – wie in unserem Beispiel – der Hintergrund mildernd wirkt, werden die schwierigen Seiten des Aspekts kaum spürbar sein. Wenn dagegen schon die Hintergründe konfliktbefrachtet sind, dann entfaltet auch der disharmonische Aspekt eine ausgeprägt disharmonische Wirkung.

Der Zeichenhintergrund, von dem Ptolemäus ausging und die Inder auch heute noch ausgehen, kann auch erklären, warum manche das Halbsextil als schwach harmonisch, andere dagegen als schwach disharmonisch bewerten. Man braucht dazu nur die Zeichen zu betrachten. Ein Halbsextil von Widder auf Stier verbindet diese beiden Planeten miteinander, die sich in vielerlei Hinsicht vollkommen gegensätzlich äußern. Dies muß Spannungen verursachen. Wenn dagegen ein Halbsextil von Jungfrau auf Waage besteht, dann liegt hierin durchaus keine Spannung, sondern im Gegenteil eine sehr gute Verträglichkeit.

Hinsichtlich des Zeichenhintergrunds kann man noch einen Schritt weitergehen und die Elemente betrachten, denen die Zeichen zugehören. Die vier Elemente entsprechen den vier psychologischen Funktionen nach C. G. Jung, die für die vier Grundhaltungen stehen, die jeweils bezeichnen, in welcher Weise jemand überwiegend die Welt der Erscheinungen betrachtet und erfährt. Jung bezeichnete diese vier Funktionen als Empfinden, Denken, Fühlen und Intuition:

- Feuer entspricht der intuitiven Funktion, dem irrationalen »Wissen«, woher eine Erscheinung kommt und/oder wie sie sich weiter entwickeln wird. Feuer blickt auf die inneren Zusammenhänge hinter den äußeren Erscheinungsformen; das Stoffliche nimmt der Betreffende dagegen kaum wahr.
- Erde entspricht der Empfindungsfunktion, der Feststellung, daß etwas »ist«. Erde richtet sich auf die konkrete Erscheinungsform und deren Bestimmtheit. Der Betreffende hält sich an das, was mit den Sinnen wahrgenommen werden kann.
- Luft entspricht der Denkfunktion, der Definition desjenigen, was ist. Dieses Element strebt danach, Dinge in Denkmustern einzufangen und anzuordnen, die miteinander verbunden werden. Dinge werden auf der Grundlage logischer Überlegungen akzeptiert oder verworfen. Luft denkt und kommuniziert.
- Wasser entspricht der Gefühlsfunktion, der Festlegung, ob etwas zusagt oder nicht und demgemäß akzeptiert oder verworfen wird.

Natürlich bedeutet diese Kategorisierung nicht, daß ein Erdtyp sein Gehirn nicht gebrauchen könnte oder daß ein Lufttyp gefühllos sei. Diese Einteilung soll lediglich zeigen, in welcher Weise sich jedes Element mit seinem Bewußtsein an der Außenwelt orientiert und sich in ihr behauptet. Damit ist keinerlei Wertung verbunden. Wir brauchen alle vier Elemente, um die Wirklichkeit in ihrer Gesamtheit erfassen zu können, auch wenn immer ein Element oder manchmal auch zwei tonangebend sind.

Ein wichtiges Element der Jungschen Typologie sind die Polaritäten. In seiner Typologie stellt Jung das Denken dem Fühlen und das Empfinden der Intuition gegenüber. Astrologisch liegt Luft dem Wasser und Erde dem Feuer gegenüber. Es ist nicht möglich, sich einem Ereignis gleichzeitig rational denkend (Luft) und gefühlsmäßig bewertend (Wasser) zuzuwenden, um nur ein Beispiel zu nennen. Die vier Funktionen schließen einander vollständig aus. Der Mensch zieht immer (gemäß seiner persönlichen psychischen Struktur) eine der vier Funktionen heran, um mit einem Ereignis umzugehen. Er würdigt das Ereignis entweder auf der Grundlage seines gefühlsmäßigen Erlebens (Wasser), oder er denkt nach und versucht, das Geschehene logisch zu analysieren und in sein Denkmodell einzufügen (Luft), oder er konstatiert es in vollem Umfang und betrachtet das Geschehene als solches, er bleibt also im reinen Empfinden (Erde), oder er erfährt das Geschehene nur halb und versucht sofort, es in die Abfolge weiterer Möglichkeiten für sich selbst und andere einzufügen (Feuer).

Feuer steht also stets Erde und Luft stets Wasser gegenüber. Diese psychologische Auffassung steht im Widerspruch zu den in der Astrologie gebräuchlichen Gegensatzpaaren, doch hat sie sich in der Praxis hervorragend bewährt. Traditionell heißt es, daß Feuer und Wasser schlechter miteinander auskommen als Feuer und Erde, und doch gibt es erfahrungsgemäß zwischen Feuer- und Wasserzeichen mehr Verständnis für die Haltung des anderen als zwischen Feuer- und Erdzeichen. Feuer und Erde stehen einander aufgrund des Unverständnisses für ihre gegensätzliche Vorgehensweise letztlich viel unpersönlicher gegenüber. Intuition oder Feuer sieht nicht die Fakten als solche, sondern deren Zusammenhang mit anderen Fakten und daher vor allem auch die Möglichkeiten. Feuer ist daher stark auf die Zukunft orientiert, auf die Möglichkeiten, die diese bieten wird, und scheut die Ungewißheit des Abenteuers nicht.

Erde lebt im Heute, das sie als konkrete Folge der Vergangenheit begreift. Sie ist auf Sicherheit ausgerichtet und betont daher sehr stark die »harten« Tatsachen. Erde kann mit den »unrealistischen« Zukunftsträumen von Feuer nichts anfangen. Ein Feuerzeichen reagiert auf die Dinge mit der Haltung: »Was kann ich damit in der Zukunft tun, welche Möglichkeiten liegen hierin für mich?« Erde dagegen prüft zuerst, inwieweit ein Ereignis ihre sichere und konkrete Basis ins Wanken bringen könnte – etwas, was einem Feuerzeichen niemals in den Sinn käme.

Wenn ein Erdzeichen etwas schön findet, dann wegen des gediegenen oder schönen Materials, der gefälligen Formen und Farben, der gelungenen Proportionen und der Harmonie des Gegenstandes als solchem. Feuer kann dasselbe Objekt ebenfalls schön finden, doch liegt für dieses Zeichen das Schöne eher in den Möglichkeiten, die es darin erblickt, oder in der Geschichte, die damit verbunden ist. Feuer kann sich später oft nicht einmal mehr an die Farbe eines Gegenstandes erinnern, weil es kein Auge für Erde-Kriterien hat.

Ähnliches gilt für die Dualität zwischen Luft und Wasser, ebenfalls zwei Welten, die einander gegenüberstehen und die Erscheinungen in ihrer jeweils eigenen Weise betrachten. Zu welchem Typ man gehört, ergibt sich aus dem Gesamthoroskop mit dem Schwerpunkt auf dem Sonnenzeichen. Es geht dabei nur um den Hintergrund der Elemente. Aufgrund dieser Elementebeziehung sollte nun zu erwarten sein, daß Konflikte mit dem gegenüberliegenden Element schwerwiegender sind als Konflikte mit den beiden übrigen Elementen. Nach meiner Erfahrung ist dies in der Tat der Fall. Bei sorgfältiger Betrachtung ergibt sich, daß beispielsweise ein Quadrat zwischen Schütze und Jungfrau (also zwischen Feuer und Erde) durch den unverträglichen Hintergrund für den Betreffenden schwieriger ist als ein Quadrat derselben Planeten zwischen Zwillinge und Jungfrau (Luft und Erde). (Dies ist natürlich nur eine grobe Skizzierung der vier Bewußtseinsfunktionen oder Elemente. Astrologisch ist dies ausführlich dargestellt in meinem Buch »Elemente und Kreuze«.)

Wenn man nicht nur den Zeichenhintergrund, sondern auch die Elemente in die Betrachtung von Aspekten einbezieht, kann man die Möglichkeiten im Zusammenhang mit den Nebenaspekten viel besser abschätzen. Betrachten wir einmal ein Quintil. Kepler zufolge ist dies ein Gaben-Aspekt. Aber wie verhält es sich mit einem Quintil von 29° Steinbock auf 11° Widder? Hinsichtlich der Elemente ist der Hintergrund unverträglich, weshalb sich diese Gabe nicht problemlos manifestieren wird. Aber ist es dann noch eine Gabe? Ich würde dies bejahen. Der

Elementhintergrund bringt nur zum Ausdruck, daß die betreffenden Planeten sich hinsichtlich ihrer Äußerungen weniger gut verstehen. Deshalb geht es eher um eine Gabe in Situationen, die man lieber vermeidet, die sich aber durch diese Gabe zum Guten wenden können. Es ist also eine Gabe, die man nicht ohne weiteres erkennt oder die uns nicht zur Verfügung zu stehen scheint, weil uns die Begleitumstände verunsichern, und doch können wir mit ihr etwas tun.

Wenn der Hintergrund »paßt«, wie bei einem Quintil von 3° Wassermann auf 15° Widder (ein Sextil-Hintergrund mit verträglichen Elementen), dann wird sich diese Gabe leichter, klarer und für das Bewußtsein des Betreffenden erkennbarer manifestieren.

Der Elementhintergrund bietet die Möglichkeit, Aspekte zu »gewichten« und Unterschiede in der Wirkung eines Aspekts zwischen denselben Planeten bei verschiedenen Elementhintergründen herauszuarbeiten. Wenn man diesen Hintergrund unberücksichtigt läßt, steht dies einem richtigen Verständnis der Wirkung der Nebenaspekte im Wege, denn einmal wirken sie deutlich und nach Lehrbuch, ein andermal anscheinend überhaupt nicht, weshalb man dies fälschlich als Unzuverlässigkeit des Aspekts deutet. Die Erklärung findet sich aber stets im Elementhintergrund der Zeichen.

Betrachten wir auf der Grundlage des Elementhintergrunds das oben genannte Beispiel eines Quadrats zwischen Jungfrau und Schütze. Nehmen wir an, daß Merkur in der Jungfrau steht, Mars im Schützen. Dann ergibt sich folgendes Bild:

Merkur wird seine analytischen, ordnenden Fähigkeiten in diesem ebenfalls ordnenden und analytischen Zeichen ungehindert zum Ausdruck bringen können. Weil Jungfrau ein Erdzeichen ist, wird die Ordnungstätigkeit Merkurs vor allem konkret und praktisch sein. Eine solche Stellung verleiht ein gutes Gespür für Proportionen und Wirklichkeitssinn. Merkur in der Jungfrau hält sich an das Sichtbare und Greifbare, dem er sich kritisch, analytisch und systematisch nähert.

Mars im Schützen dagegen beschäftigt sich mit allem möglichen, nur nicht mit dem Konkreten. Die Energie von Mars richtet sich hier auf die Zukunft. Er hofft auf das, was noch nicht eingetreten ist, interessiert sich kaum für das, was der Fall ist, und stürmt mit Feuer und Verve durch das Leben. Er geht Risiken ein und versetzt dadurch den (peinlich) gewissenhaften Merkur in der Jungfrau in Angst und Schrecken. Mars im Schützen bedeutet ein Stück psychischer Energie, die für Merkur in der Jungfrau keinerlei Verständnis aufbringen kann. Das Quadrat zwischen diesen beiden macht den Konflikt akut, denn sobald der eine aktiv wird, geht der andere auf die Barrikaden, und beide beeinflussen einander unmittelbar.

Merkur in der Jungfrau bekommt durch das Quadrat mit Mars zweifellos eine gewisse Intensität, die sich sowohl im Sprechen als auch in fieberhafter geistiger Aktivität äußern kann. Nach außen hin *reagiert* Merkur in der Jungfrau überwiegend sekundär, während Mars im Schützen *agiert.* Hier liegt also ein klarer Konflikt, der jedoch dank der Energie des Quadrats durchgestanden werden kann.

Wenn Mars nicht im Schützen, sondern in den Zwillingen stehen würde und von dort aus ein Quadrat mit Merkur in der Jungfrau bilden würde, dann ist der Hintergrund von Mars Luft. Mars ist in diesem Fall aktiv und geistig wach, macht vielleicht sogar Gedankensprünge, aber beschafft sich mit großem Eifer allerlei Informationen. Seine Neugierde ist groß, und er weiß über alles Bescheid. Das Quadrat zu Merkur im analytischen Zeichen Jungfrau kann zu großer Scharfsinnigkeit, zu Haarspalterei und Besserwisserei führen, doch ist die Spannung hier weniger groß. Merkur in der Jungfrau kommt mit Mars in den Zwillingen ganz gut zurecht. Mars in den Zwillingen ist dem Konkreten viel weniger zugeneigt als der Hals über Kopf in die Zukunft stürmende Mars im Schützen. Der Enthusiasmus von Mars in den Zwillingen ist für Merkur in der Jungfrau verständlicher als derjenige vom Mars im Schützen. Bei Mars in den Zwillingen wird das Problem als weniger akut erfahren. Es liegt hier keine innere Dualität vor. Es kommt vielmehr auf die Art an, wie die Energien eingesetzt werden.

Das Quadrat zwischen Mars im Schützen und Merkur in der Jungfrau ist also ein schwierigeres Quadrat, da die beiden mit diesem Aspekt verbundenen psychischen Inhalte nicht miteinander auskommen und einander kaum verstehen, wodurch die Spannung verschärft wird.

Wenn man dies nun auf das Quinkunx (150°) anwendet, dann ergeben sich ebenfalls zwei Möglichkeiten: das Quinkunx zwischen unverträglichen und das Quinkunx zwischen verträglichen Elementen. Es kann zum Beispiel ein Quinkunx zwischen Widder und Jungfrau oder aber zwischen Widder und Skorpion bestehen, also zwischen Feuer und Erde und zwischen Feuer und Wasser. Es ist klar, daß das erstere Quinkunx mehr Schwierigkeiten mit sich bringen wird als das letztere.

Diese unterschiedlichen Auswirkungen können auch nicht mit Faktoren wie zu- und abnehmenden oder applizierenden oder separierenden Aspekten erklärt werden, da diese völlig andersgeartete Hinweise liefern und wenig darüber aussagen können, warum Aspekte so unterschiedlich zu wirken scheinen.

Zusammenfassung:
- Die Übergänge zwischen den Zeichen sind abrupter, als meist angenommen wird.
- Der Zeichenhintergrund prägt die Art, wie sich ein Planet äußert (aber nicht den Inhalt des Planeten).
- Arbeiten Sie möglichst nicht mit Aspekten außer Zeichen oder verwenden Sie zumindest einen sehr engen Orbis hierfür, da noch nicht geklärt ist, ob außer Zeichen liegende Aspekte überhaupt verwertbar sind.
- Bewerten Sie die Nebenaspekte unter Berücksichtigung des Zeichenhintergrunds, vor allem des Elementhintergrunds. Dies ermöglicht eine brauchbare Unterscheidung zwischen kräftiger und schwächer wirkenden Nebenaspekten.
- Auch die Hauptaspekte können anhand des Elementhintergrunds gewichtet werden.

Kapitel 3
Die psychologische Wirkung von Aspekten

Was sind Aspekte?

Aspekte verbinden zwei oder mehr psychische Inhalte miteinander. Sie zeigen an, in welcher Weise diese Inhalte zusammenwirken oder aber einander entgegenwirken. Sie verfeinern die Deutung eines Horoskops dadurch, daß sie das dynamische Wechselspiel zwischen psychischen Inhalten sichtbar machen. Sie können aber sonstige Elemente im Horoskop niemals aufheben.

Wenn die Elementeverteilung in einem Horoskop auf emotionelle Probleme hinweist (es besteht zum Beispiel ein Luft-Wasser-Konflikt, oder die Wasserzeichen sind unbesetzt), dann kann auch ein harmonischer Aspekt zwischen zwei Gefühlsplaneten einen solchen Hintergrund nicht ungeschehen machen. Ein Aspekt kann je nach den übrigen Horoskopdaten diesen Hintergrund höchstens abschwächen oder aber in schmerzlicher Weise betonen. Die große Empfindlichkeit, die etwa ein Mond-Trigon-Neptun mit sich bringt, wird durchaus nicht einfacher, wenn der Betreffende durch den Hintergrund, wie er anhand der Elementeverteilung gegeben ist, keine Unterstützung erhält. Um einen Aspekt richtig beurteilen zu können, muß also das ganze Horoskop betrachtet werden. Die bedenkenlose Übernahme von Aspektdeutungen aus Aspektbüchern hat daher keinen Sinn, da diese niemals die Nuancierungen wiedergeben können, die man für ein gutes Horoskop braucht. Ihr Wert liegt eher darin, daß sie die Richtung für eine Deutung angeben.

Bei einer Verbindung zwischen zwei psychischen Inhalten (Planeten) geht es jedoch nicht nur um die Art des Aspekts, also um die Frage, ob diese beiden Inhalte miteinander harmonieren oder nicht. Was vor allem untersucht werden muß, ist die Art der betreffenden Planeten. Planeten behalten unter allen Umständen ihren speziellen Charakter. So bleibt Saturn immer nüchtern, einfach, beschränkend und hemmend, gleichgültig, welchen Aspekt er bildet. Dies bedeutet, daß sowohl harmonische als auch disharmonische Aspekte mit Saturn mit Problemen infolge von Beschränkungen einhergehen können. Allerdings kann man sagen, daß Menschen mit harmonischen Aspekten damit etwas besser umgehen können (von Ausnahmen abgesehen, mit denen wir uns noch befassen werden).

Ich kenne aus meiner Praxis verschiedene Fälle von Frauen mit einem Mond-Saturn-Aspekt, teils Trigone, teils Quadrate. Sowohl die Frauen mit einem Trigon als auch diejenigen mit einem Quadrat hatten sich eigenartigerweise mit ihrer Mutter überworfen – in allen Fällen bestanden Probleme mit einer Empfindung der Distanz und eines Mangels an Wärme zwischen Mutter und Kind, also auch beim Trigon. (Dies bedeutet natürlich nicht, daß sich nun jeder mit einem Aspekt zwischen Mond und Saturn mit seiner Mutter überwerfen wird. Mit solchen übereilten Schlußfolgerungen muß man vorsichtig sein.) Ich möchte aber zum Ausdruck bringen, daß Planeten in einem Aspekt ihre Wesensart nicht verlieren und daß man einen Aspekt vielmehr als verbindende Größe zwischen psychischen Inhalten betrachten muß. Worauf es ankommt ist, *daß* es eine Verbindung gibt, und obwohl die Art dieser Verbindung (des Aspekts) eine Rolle spielt, hat diese doch nur ergänzenden Wert. Es hätte sonst bei der harmonischen Aspektierung zwischen Saturn und Mond nicht zum Bruch zwischen den Frauen und ihren Müttern kommen können.

Wenn man in einem Horoskop nur einen einzigen Hinweis auf einen bestimmten Sachverhalt hat, ist die Wirkung noch längst nicht gesichert. Wenn zwei Hinweise in dieselbe Richtung gehen, ist eine Wirkung bereits wahrscheinlicher. Eine an Sicherheit grenzende Wahrscheinlichkeit ergibt sich aber erst bei drei oder mehr Hinweisen. In den Horoskopen der oben erwähnten Frauen gab es in der Tat mehrere entsprechende Hinweise, wobei in den Fällen, in denen ein Trigon vorlag, dieser an sich harmonische Aspekt doch nicht ausreichte, um das Problem zu lösen und den Bruch zu verhindern.

Man betrachtet also einen Aspekt am besten als:

a) eine Verbindung zwischen zwei oder mehr psychischen Inhalten, wobei diese Inhalte in eine Wechselwirkung miteinander treten, ohne darin ihre natürliche Eigenheit zu verlieren;
b) als einen Hinweis darauf, in welcher Weise die jeweiligen Inhalte aufeinander einwirken (die Art der Wechselwirkung).

Deutung von Aspektwirkungen

Zum Üben kann man folgendes tun:

a) Wählen Sie einen Aspekt, den Sie deuten wollen.
b) Schreiben Sie zu den betreffenden Planeten einige Stichworte auf (hierzu kann man Anhang 2 meines Buchs »Deutung der Planeten« verwenden).
c) Versuchen Sie, die Planeteninhalte miteinander zu kombinieren und dies in einigen Sätzen zusammenzufassen.
d) Runden Sie die Zusammenfassung gemäß Punkt c) anhand der Natur des Aspekts ab.

Ein Beispiel:

a) Nehmen wir an, man möchte wissen, wie Mars-Quadrat-Saturn wirkt.
b) Einige Stichworte zu Mars sind: Energie, Tatkraft, Aggressivität, Kampfeslust, Egoismus, Getriebenheit. Stichworte zu Saturn sind: Begrenzung, Hemmung, Einschränkung, Strukturiertheit, Ehrgeiz, Konzentration, Angst, Unsicherheit, Nüchternheit.
c) Die Kombination dieser beiden Planeten ist problematisch, weil sie so gegensätzlich sind. Mars und Saturn können in ihrer Verbindung eine Energieeinbuße mit sich bringen, da Mars viel Energie investieren muß, um das Hemmende und Starre von Saturn zu überwinden. Durch die Getriebenheit von Mars und die Neigung zur Überkompensation von Saturn kann dies manchmal in vorübergehende Überaktivität umschlagen. In einem positiven Sinn kann Saturn die Energie von Mars kanalisieren, wodurch eine stetige Arbeitsenergie zur Verfügung

steht. Bei einem Mars-Saturn-Aspekt kann durch die Kombination von Geltungsdrang und Ambition großer Ehrgeiz entstehen, der wegen Saturn von Angst und Unsicherheit getönt sein kann. Dies kann wiederum zu einer gewissen Härte führen.

d) Ein Quadrat ist ein konfliktbehafteter Aspekt. Es kann Schwierigkeiten und Spannungen erzeugen, weil die Fähigkeit fehlt, die beiden beteiligten Planeten harmonisch miteinander zu verbinden. Dies gilt jedenfalls anfänglich, aber das Quadrat verleiht auch die Kraft und Energie, um Probleme zu lösen. Bei einem Quadrat zwischen Mars und Saturn kommt das Problem mit dem Energieeinsatz (einmal zuwenig, dann wieder Überkompensation) zweifellos zum Tragen, und der Betreffende muß sich mit den unangenehmen Folgen auseinandersetzen. Weiterhin findet man bei einem Quadrat zwischen diesen beiden Planeten oft einen wachsenden Ehrgeiz, der der Angst entspringt, ein Versager zu sein. Aber auch wenn die Ausgangssituation schwierig ist, so ist sie doch nicht hoffnungslos. Deshalb darf man bei einem solchen Aspekt niemals Schlüsse auf angeblich schlechte Charaktereigenschaften ziehen. Der Aspekt drückt eine nicht spannungsfreie Verbindung zwischen beiden Planeten aus, die schwierige Erfahrungen zur Folge hat, aber solche Erfahrungen tragen letztlich erst zur Reifung des Charakters bei. Bei einem Quadrat sind durchaus auch positive Mars-Saturn-Züge vorhanden, auch wenn diese meist erst im reiferen Alter zum Tragen kommen.

Wenn man einmal gelernt hat, selbst zu kombinieren, braucht man keine Nachschlagewerke mehr, sofern man die Grundregeln beachtet. Es ist wichtig, den eigentlichen Inhalt des Planeten nicht aus den Augen zu verlieren und nicht nur auf äußere Dinge zu achten, für die er steht. In dieser Weise lösen sich viele Widersprüche in Deutungsbüchern auf. Auch hierfür ein Beispiel. Wenn man in den verschiedenen Büchern (alten und neueren) nachschlägt, was für das Quadrat zwischen Mars und Jupiter angegeben ist, dann stößt man auf einige offensichtliche Widersprüche. Nachfolgend eine kurze Zusammenfassung der Darstellung des Mars-Jupiter-Aspekts in einigen willkürlich ausgewählten Büchern:

Buch 1: Neigung zu Gewaltanwendung im sozialen Bereich, wobei auch eine Trennung zwischen familiärem und gesellschaftlichem Leben zu beobachten ist. Es werden gern Prozesse geführt oder die Ehescheidung betrieben. Schlechter Einfluß auf den Charakter, Neigung zur Trunksucht.
Buch 2: Skeptisch und atheistisch, achtet weder Gott noch die Gebote. Gleichgültig, verschwendungssüchtig. Falschspieler, jähzornige Menschen, die impulsiv handeln und ihre Pflichten vernachlässigen.
Buch 3: Der Glücksspieler; ein unehrlicher, verlogener Charakter. Handelt stets impulsiv.
Buch 4: Politischer Hochstapler, Aufschneider. Mißverhältnis zwischen Arbeit und Lohn. Rauben, Morden, Faustrecht. Rauschende Feste, bei denen das Inventar zu Bruch geht. Verschwendungssucht. Oder: Die Ambitionen lassen ethische Grenzen überschreiten. Der Sünder, der seinen Versuchungen nicht widerstehen kann. Der Verbrecher. Kann nicht mit Geld umgehen. Konflikte mit dem Gesetz als Sport betrachten und dies ausleben, indem man Kriminalromane liest. In geschäftlichen Dingen ungeschickt.
Buch 5: Übertriebene oder impulsive Großzügigkeit. Sorglosigkeit im Umgang mit Geld. Läßt sich von anderen ausnutzen. Schwierigkeiten in religiösen Dingen. Verluste durch Spekulation und Glücksspiel. Indiskretion, Unehrlichkeit, Betrug, gefälschte Rechnungen. Möglichkeiten im Ausland und auf Reisen.
Buch 6: Der natürliche Mut des Betreffenden äußert sich ungehindert, aber oft in einer unklugen Weise. Körperliche, emotionelle und geschäftliche Risiken werden in bedenkenlosem Vertrauen auf einen guten Ausgang eingegangen. Ausgeprägter Optimismus, der nicht immer berechtigt ist, wodurch man Verluste erleidet, die man hätte vermeiden können.
Buch 7: Normalerweise ein sehr positiver Aspekt, wenn man sich zu einer gewissen Selbstbeherrschung aufraffen kann. Andern-

falls geht man unvernünftige Risiken ein. Eine Tendenz, flüchtig zu arbeiten und Dinge unerledigt zu lassen. Großer Optimismus und viel Energie, volles Vertrauen darauf, daß alles gut geht – was mit einem Mindestmaß an Vorsicht auch der Fall ist. Will immer in Bewegung sein und haßt Stillstand. Ruhelos und ungeduldig. Zieht wegen seiner Energie und seines Enthusiasmus Menschen an. Möglicherweise ist man jedoch auch anderen gegenüber gedankenlos und verletzt sie, weil man ehrlich bis zur Taktlosigkeit ist. Dies wird einem jedoch meist verziehen, weil die anderen sehen, daß es ehrlich gemeint war.

Buch 8: Zweifelhafte Moral und Unehrlichkeit, weil der Behauptungswille des Ich im Widerspruch zum Zusammengehörigkeitsprinzip steht. Daher Absonderung, Unaufrichtigkeit, Egoismus, Verschwendungssucht und Atheismus.

So ließe sich noch eine Fülle weiterer Bücher zitieren. Diese Beispiele genügen jedoch, um die Verwirrung des Anfängers in der Astrologie deutlich zu machen, der in einigen Büchern nur einmal »seine« Aspekte nachschlagen will. Die Beschreibungen gehen weit auseinander und reichen von Verbrechertum, Unehrlichkeit über Enthusiasmus und Ehrlichkeit bis zur Taktlosigkeit. Was soll man nun glauben? Welches Buch hat recht? Auch wenn es vielleicht eigenartig klingt: Sie haben alle auf ihre Weise recht. Man kann sich dies selbst verdeutlichen, indem man die Inhalte in der oben vorgeschlagenen Weise zusammenführt.

a) Nehmen wir Mars-Quadrat-Jupiter.
b) Mars: Aggressive Form des Drangs zur Selbstbehauptung, Selbstdarstellung, Tatkraft, Energie. Kampfeslust, Begierde, starke persönliche Anteilnahme, Heftigkeit, Sexualität, Ungebundenheit, Mut, Unternehmungslust, Rücksichtslosigkeit, Egoismus, Getriebenheit, Grobheit, Abenteuerlust.
   Jupiter: Geistige und religiöse Interessen. Ausdehnung, Erweiterung, Expansion. Wachstum von Bewußtsein und Erkenntnis, Rechtschaffenheit, Edelmut, Milde. Schützend, behütend, heilend. Unkonventionell, selbstüberschätzend, eingebildet, verschwendungssüchtig, Fanatismus, Optimismus.

c) Eine Kombination dieser beiden Planeten ergibt viele Möglichkeiten. Um nur einige zu nennen:
- Ein starkes Bedürfnis, sich zu beweisen.
- Eine gesteigerte Tatkraft; da Mars diese von Natur aus bereits reichlich besitzt, bringt jeder Aspekt zwischen Mars und Jupiter die Neigung mit sich, zuviel Energie aufzuwenden.
- Große Kampfeslust.
- Große Selbständigkeit und Ungebundenheit und ein übertriebener Hang zum Abenteuer.
- Energischer Einsatz für religiöse, geistige und gesellschaftliche Dinge.
- Großes Vertrauen oder überschießende Begeisterung.
- Energisches, manchmal heftiges und ruppiges Durchsetzen der eigenen Erkenntnisse.
- Großzügigkeit und Beschützerdrang, in den viel Energie investiert wird.
- Kampfeslust und Einsatz für noble und gerechte Dinge.
- Verschwendungssucht.

d) Bei einem Quadrat kommen die schwierigen Seiten dieser Verbindung etwas stärker zum Ausdruck, aber aufgrund der vorhandenen Energie kommen auch die positiven Seiten zum Zuge. Das Quadrat verleiht auch die Energie, Probleme zu lösen, weshalb man nicht nur ungünstige Kombinationen anführen darf. Bei einem solchen Aspekt muß man immer ehrlich die Schwierigkeiten und Möglichkeiten nebeneinanderstellen.

Auf dieser Grundlage kann man die Ausführungen in den oben erwähnten Aspektbüchern wie folgt kommentieren:

Buch 1: Die Neigung zur Gewaltanwendung im sozialen Leben ist in der Tat eine mögliche Äußerungsform. Ebenso die trennenden Tendenzen, vor allem, da ein Quadrat zwischen diesen beiden Planeten auf einen Konflikt zwischen den eigenen Ambitionen und dem Geltungsdrang einerseits (Mars) und dem größeren sozialen Geschehen andererseits (Jupiter) hinweisen kann. Aber das Quadrat beschränkt sich durchaus nicht auf diese eine Äußerungsform!

Buch 2: Die atheistische Haltung kann eine Folge der Ich-Bezogenheit (Mars) im Konflikt mit dem Religiösen (Jupiter) sein. Die Praxis lehrt jedoch, daß Menschen mit einem solchen Aspekt häufig religiös sind, wenn auch auf ihre eigene individuelle Art. Der Betreffende sucht aktiv nach einer individuellen (Mars) Erfahrung des Übermenschlichen, des Religiösen (Jupiter). Solche Erfahrungen sind durchaus erreichbar, doch stehen sie sehr oft im Widerspruch zu den üblichen kirchlichen Werten. Man sollte also nicht vorschnell jemanden als Atheisten bezeichnen.

Weder Gott noch das Gesetz zu achten kann eine Äußerungsform sein, wenn Eigensinn und Eigenwilligkeit sehr stark im Vordergrund stehen. Dies ist allerdings nicht immer der Fall. Bei diesem Aspekt findet man durchaus auch den Kampf um Gerechtigkeit und das Streben nach inneren Werten, die Suche nach dem inneren Gott. Die aufgezählten schwierigen Charaktereigenschaften sind in der Tat Äußerungsmöglichkeiten – aber es sind eben nur *Möglichkeiten*.

Buch 3: Kommentar wie oben.

Buch 4: Wenn man dieses Buch mit den Büchern 6 und 7 vergleicht, fällt ein scharfer Kontrast auf. Stellt man die Reihe negativer Kombinationsmöglichkeiten von Mars und Jupiter noch ein wenig krasser dar, dann bekommt man Anweisungen wie in diesem vierten Buch. Bei der Deutung ist man oft mit dem Problem konfrontiert, daß zwei aufeinander einwirkende psychische Inhalte eine große Bandbreite von Interpretationen zulassen. Das Bedürfnis nach konkreten und gebrauchsfertigen Situationsskizzen ist groß, aber es ist gefährlich, etwas Derartiges kommentarlos anzubieten.

Man kann es kaum hinnehmen, daß jeder Mensch mit einem Quadrat zwischen Mars und Jupiter ein politischer Hochstapler sein soll – manche sind vielleicht nicht einmal an Politik interessiert. Und wenn solche Menschen tatsächlich politisch aktiv sind, dann nehmen sie vielleicht einmal den Mund zu voll oder versprechen (Jupiter) mehr, als sie halten können (Mars). Mit anderen Worten, es ist viel sicherer, die psychologischen Wirkungen anzugeben, mit denen man dann auf der praktischen Ebene etwas anfangen kann, als zu sagen, daß jemand mit einem solchen Aspekt ein Verbrecher, ein politischer Hochstapler oder in geschäftlichen Dingen ungeschickt ist. Der Grundkonflikt zwischen Ich (Mars) und dem sozialen und gesellschaftlichen Leben (Jupiter) *kann* im Extremfall zu kriminellem Verhalten führen: Viel wahrscheinlicher ist aber eine aktive Suche nach dem eigenen Platz in der Gesellschaft. Ein solcher Mensch *kann* ein Verschwender, aber auch von einem solchen Verlangen nach einer besseren Gesellschaft beseelt sein, daß er sich aktiv dafür einsetzt und bereit ist, hierfür viel Geld zu opfern.

Buch 5: Kommentar wie oben. Bezüglich des Auslandes kann man sagen, daß Jupiter als Herrscher des Schützen dieses »Ausland« ist. Ein Mars-Konflikt ergibt dann die Möglichkeit von Problemen im Ausland. Aber da es sich hier nur um eine einzige kleine äußere Facette des Gesamtaspekts handelt, ist die Wahrscheinlichkeit groß, daß etwas Derartiges nicht eintreten wird. Auch hier ist also Vorsicht geboten.

Buch 6: Hier finden wir eine etwas nuanciertere und weniger polarisierende Darstellung.

Buch 7: Wie Buch 6. Mit einer solchen Deutung kann man etwas anfangen, kann man arbeiten. Man kann nichts tun, wenn man nur als Krimineller oder Verschwender dargestellt wird, ohne eine Aussicht auf Besserung. Einsichten in bestimmte Handlungen, wie sie etwa Buch 7 ermöglicht, geben einem Menschen eine Richtschnur an die Hand, wie er seine Energien besser ausrichten kann.

Wenn man etwa hört, daß man mit seinem Optimismus sehr viel erreichen, aber auch Fehler machen kann, indem man manchmal zu unüberlegt handelt, dann bietet dies die Möglichkeit, an sich zu arbeiten und etwas zu unternehmen. Darüber hinaus behält man von einer solchen Deutung keinen psychologischen Dämpfer zurück.

Buch 8: Auch hier finden sich wiederum negative Äußerungen des Aspekts, die gewiß auch auftreten können, was aber durchaus nicht immer der Fall sein muß.

Zusammenfassend kann man sagen, daß in allen Deutungen durchaus ein wahrer Kern steckt, daß aber viele Aussagen zu einseitig sind. Weil wir es hier mit einem Quadrat zu tun haben, »müssen« die schlechtesten Kombinationen genannt werden. Ein Quadrat »muß« schlecht sein. Zum Glück findet man in den moderneren Büchern (wie im siebten Buch) eine viel humanere und ausgewogenere Darstellung und eine Abkehr von der früher oft verbreiteten Schwarzweißmalerei.

Die Kehrseite davon ist, daß die Deutung dadurch schwieriger wird. Was trifft nun zu? Um zu einer Entscheidung zu kommen, muß man das ganze übrige Horoskop betrachten. Die Aussage von Buch 5 etwa, daß dieser Aspekt zu Schwierigkeiten auf Reisen führt, könnte dadurch bestätigt werden, daß Mars im 9. Haus steht, dem Haus der Reisen, und durch einen Konflikt zwischen dem Herrscher des 9. Hauses und Uranus. Wenn aber die Sonne im 9. Haus und der Herrscher des 9. Hauses im Trigon mit Jupiter stehen, dann wird von einem solchen Konflikt im Ausland, der Mars-Quadrat-Jupiter zugeschrieben wird, wenig zu spüren sein. Beachten Sie die goldene Regel der Astrologie: Wenn es nur einen Hinweis gibt, dann handelt es sich um eine Möglichkeit. Bei zwei Hinweisen besteht eine Wahrscheinlichkeit, und erst bei drei oder mehr Hinweisen eine an Sicherheit grenzende Wahrscheinlichkeit.

Aus der Grunddeutung lassen sich eine ganze Reihe von Situationen ableiten, die auf das Alltagsleben anwendbar sind. Ein Beispiel.

Mars-Quadrat-Jupiter bedeutet, daß sich der Energieeinsatz, die Tatkraft und der Ich-Trieb in einem Spannungsverhältnis zum eigenen Bedürfnis nach Ausbreitung, Ausdehnung und nach geistigen und religiösen Werten befinden. Dies führt auch zu einem unkontrollierten und/oder unharmonischen Einsatz der Energien. Oft arbeitet der Betreffende zuviel und zu energisch und läuft Gefahr, sich zuviel aufzubürden. Dies kann folgende Ursachen haben:

- Man geht geschäftlich (zu) große Risiken ein und begeistert sich zu schnell für etwas.

- Man übernimmt sich mit seinen Plänen.
- Man hält auf religiösem Gebiet seine eigene Meinung hoch, wobei die Gefahr besteht, daß man als Inquisitor auftritt und andere zu wenig gelten läßt.
- Auf religiösem Gebiet aktiver Einsatz für eine Kirche oder Sekte oder eine andere geistige Strömung, aber auch
- auf religiösem Gebiet innerlich einen eigenen Weg gehen.
- Im physischen Bereich Gefahr der Erschöpfung durch unharmonischen Energieeinsatz und Raubbau mit den eigenen Kräften.
- Weiterhin wird im physischen Bereich auch vor Blut- und Leberkrankheiten gewarnt (Mars oder Jupiter).
- Im täglichen Umgang mit Menschen: Probleme, weil man die eigene Meinung in den Vordergrund rückt, doch sammelt man auch Mitstreiter um sich, weil man den Mut aufbringt, für ein Ideal einzutreten und dafür zu kämpfen.
- Probleme, weil man mehr verspricht, als man halten kann, aber auch
- Anerkennung für den persönlichen Einsatz, Enthusiasmus und Optimismus. Wo gehobelt wird, fallen Späne! Wegen der positiven Haltung werden die Schwierigkeiten und Unannehmlichkeiten meist verziehen.

All dies sind mögliche Ausdrucksformen des Quadrats zwischen Mars und Jupiter, doch gibt es noch viele weitere.

Ich wollte damit zeigen, daß man anhand der Grundeigenschaften der beiden Planeten in ihrer Verbindung miteinander für die vielen Lebensgebiete eine Fülle von Wirkungen feststellen kann. Jemanden nur als politischen Hochstapler zu brandmarken verstellt den Blick auf den Hintergrund des Problems und führt nicht zu fruchtbaren Einsichten. Wenn der Betreffende dagegen erfährt, daß seine eventuell vorhandenen Probleme einer falschen Einschätzung von Situationen oder dem Umstand entspringen, daß Expansionsdrang und Energie in einem Mißverhältnis zueinander stehen, dann kann er auf bestimmte Charaktermerkmale achten und diesbezüglich vielleicht etwas ändern. Wenn man nur liest, daß man angeblich einen kriminellen Zug hat, während dies in keiner Weise zutrifft, dann hat man von einer solchen »Deutung« recht wenig.

Versuchen Sie daher möglichst, selbst eine Grundkombination von zwei Planeten zu bilden, die Sie dann entsprechend der Art der Verbindung, also dem Aspekt, differenzieren. Sehr wichtig ist es auch, daß man seine Befunde wo immer möglich in der Praxis überprüft. Man könnte einmal jemandem mit Mars-Quadrat-Jupiter begegnen, der tatsächlich kriminell ist: Dann kann man dies auf keinen Fall auf alle Mars-Jupiter-Quadrate übertragen! Die künftigen praktischen Erfahrungen werden erweisen, daß dies einfach falsch ist. Wenn ein Mensch wirklich zu einem Verbrecher wird, dann braucht es mehr als nur diesen Aspekt. Die meisten Menschen mit diesem Aspekt dürften ganz normale Bürger sein.

Haben Sie also keine Angst vor den traditionell als schwierig geltenden Aspekten wie Quadrat und Opposition. Astrologisch sind sie die Triebfeder eines Menschen, der Motor seiner charakterlichen Entwicklung. Nur allzuoft habe ich es erlebt, daß Menschen mit einem spannungslosen oder spannungsarmen Horoskop eben wegen dieses Mangels an Spannung in Schwierigkeiten gerieten! Wenn einem alles in den Schoß fällt, ist kaum ein Wachstum durch schwierige Erfahrungen möglich. Allein dies kann einen Menschen sich selbst und anderen entfremden und in eine Einsamkeit führen, die nicht zu den traditionellen Auffassungen von einem »günstigen« Horoskop passen will. Und doch besteht diese Einsamkeit. Menschen mit viel »Rot« in ihrem Horoskop, die ständig mit sich selbst und einem Schicksal im Kampf liegen, das sie scheinbar immer wieder in Schwierigkeiten führt, haben vielleicht, wenn sie etwas älter geworden sind, ein inneres Gleichgewicht und eine Güte erworben, von der etwas Wohltuendes ausgeht. Ein Horoskop voller Spannungsfelder braucht keineswegs einen Verbrecher zu erzeugen, und ebensowenig ein Horoskop mit vielen grünen Linien einen Heiligen. Das Entscheidende ist, wie sich die Situation im übrigen Horoskop darstellt, ob Aspekte in sonstigen Daten ihre Bestätigung finden. Damit wollen wir uns im weiteren in diesem Buch befassen.

Kapitel 4

Applikative und separative und zu- und abnehmende Aspekte

Die Geschwindigkeit der Planeten

Bei der Berechnung des Horoskops empfiehlt es sich, sofort auf einem getrennten Blatt die Tagesdistanz der Planeten zu notieren und aufzubewahren. Es ist bekannt, welche Distanz die Planeten an einem Tag durchschnittlich zurücklegen, aber man kann anhand dieses Durchschnittswerts nicht feststellen, ob ein Aspekt applikativ oder separativ ist. Hierfür braucht man unbedingt die Geschwindigkeit am Geburtsdatum, die tatsächliche Tagesdistanz. Dies macht oft einen erheblichen Unterschied!

So kann Merkur an manchen Tagen eine Entfernung von 1° 58' zurücklegen, während er an anderen Tagen nicht mehr als 0° 07' erreicht. Mars wiederum, der eine niedrigere durchschnittliche Tagesschnelligkeit hat als Merkur, kann an dem Tag, an dem Merkur nur 0° 07' zurücklegt, durchaus eine Geschwindigkeit von 0° 40' haben, womit er dann der schnellere ist.

Um festzustellen, ob ein Aspekt applikativ oder separativ ist, muß man vom Aspekt des schnelleren Planeten ausgehen. Wenn nun bei den zuletzt genannten Tagesdistanzen ein Trigon zwischen Mars und Merkur vorliegt, könnte man geneigt sein, Merkur ohne weiteres als den schnelleren Planeten zu betrachten und als Ausgangspunkt zu nehmen. Er durchläuft den Tierkreis schließlich schneller als Mars. Dies wäre allerdings ein Fehler, denn im vorliegenden Fall ist Mars deutlich schneller als Merkur und muß daher als Ausgangspunkt genommen werden.

Aus diesem Grund ist es sehr wichtig, gleich bei der Horoskopberechnung die genauen Tagesdistanzen der Planeten zu bestimmen, um spätere Irrtümer zu vermeiden.

Applikative und separative Aspekte

Ein applikativer Aspekt liegt vor, wenn der schnellere Planet auf den langsameren zuläuft, ungeachtet der Art des Aspekts. Der schnellere Planet bewegt sich dabei in Richtung der Konjunktion mit dem anderen Planeten.

Ein separativer Aspekt liegt vor, wenn sich der schnellere Planet vom langsameren entfernt und in Richtung der Opposition zieht, wiederum ungeachtet des Aspekts.

Betrachten wir dies anhand des Horoskops von C. G. Jung. Bei ihm bildet der Mond ein Quadrat mit Uranus. Von diesen beiden ist der Mond der schnellere und wird daher als Ausgangspunkt genommen. (Der einzige »Planet«, bei dem diesbezüglich keine Irrtümer möglich sind, ist der Mond. Dieser ist in allen Fällen der bei weitem schnellere Planet.) Folgt man der Bahn des Mondes, dann stellt man fest, daß er sich auf Uranus zubewegt, und zwar auf der Grundlage der aktuellen Tagesgeschwindigkeiten auf die Konjunktion mit diesem. Es liegt also ein applikatives Quadrat vor.

Die Sonne wiederum steht im Quadrat zu Neptun. Von den beiden ist die Sonne die schnellere und wird damit zum Ausgangspunkt. Wenn man ihren Lauf verfolgt, erkennt man, daß sie sich von Neptun entfernt und auf der Grundlage der aktuellen Tagesgeschwindigkeiten auf die Opposition sich auf diesem zubewegt (wenn die Sonne in 3° Skorpion stehen wird). Bei dem Quadrat Sonne-Neptun handelt es sich also um ein separatives Quadrat.

Solange man sich folgendes vor Augen hält, kann man eigentlich nichts falsch machen:

- Wenn der schnellere Planet in Richtung der Konjunktion mit dem langsameren Planeten läuft, ist der Aspekt applikativ, und
- wenn der schnellere Planet sich in Richtung der Opposition zum langsameren Planeten bewegt, ist der Aspekt separativ.

Ein Problem bilden die rückläufigen Planeten. Sie haben zwar eine gewisse Geschwindigkeit, die jedoch gegenüber ihrer Rechtläufigkeit umgekehrt ist. Da es bei der Prüfung, ob ein Aspekt applikativ oder separativ ist, auf die Richtung ankommt, muß die Rückläufigkeit eines Planeten berücksichtigt werden.

Neptun ist beim betrachteten Horoskop rückläufig und bildet ein Quadrat mit dem Aszendenten. Bei der Ermittlung, ob der Aspekt applikativ oder separativ ist, werden Aszendent und Himmelsmitte als stillstehend betrachtet. Daher ist Neptun zwangsläufig schneller und wird damit zum Ausgangspunkt. Wenn er rechtläufig wäre, würde er vom Aszendenten weglaufen. Da er jedoch rückläufig ist, bewegt er sich wieder in Richtung der Konjunktion zu diesem und bildet damit ein applikatives Quadrat. Wenn er wieder rechtläufig wird, ist das Quadrat separativ.

Die Auffassungen bezüglich applikativer und separativer Aspekte gehen auseinander. Sakoian und Acker bezeichnen den separativen Aspekt als persönlicher und subjektiver als den applikativen, der für sie viel allgemeiner, unpersönlicher und sozialer ist. Dies steht im Gegensatz zur Auffassung von Theodor Ram, für den bei separativen Aspekten alles zunächst nach außen, also auf andere und die Umstände projiziert wird. Bei den applikativen Aspekten wäre alles mehr auf das eigene Innere bezogen. Das separative Quadrat bekäme dadurch eine Qualität, die durch äußere Auseinandersetzungen und grobe Arbeit charakterisiert ist, während das applikative Quadrat für innere Kämpfe stünde und ein schmerzlicher Aspekt wäre.

Dieser letztere Gedanke scheint auf alte Vorstellungen bezüglich Neumond und Vollmond zurückzugehen. Bei Neumond (also Sonne-Konjunktion-Mond) ist alles als Potential vorhanden, und die Leuchtkraft des Mondes wächst täglich. Die Aktivitäten liegen in dieser Phase auf der äußeren Ebene. Bei Vollmond (Sonne-Opposition-Mond) erreicht die Konkretisierung ihren Höhepunkt; danach nimmt die Leuchtkraft des Mondes von Tag zu Tag ab. Der Blick wendet sich mehr nach innen, bis die Konjunktion wieder erreicht ist und sich der Prozeß wieder umkehrt.

Bezüglich der Wirkung applikativer und separativer Aspekte sind noch viele Forschungen nötig. Meine eigenen praktischen Erfahrungen scheinen die Annahme von Theodor Ram zu bestätigen, daß applikative Aspekte mehr nach innen, separative mehr nach außen wirken. Allerdings sehe ich das Ganze weniger dramatisch. Die Probleme eines applikativen Quadrats »arbeiten« zwar im Inneren, brauchen jedoch nicht so leidvoll zu sein, wie es das Wort »schmerzlich« nahelegt. Auch Aussagen wie diejenige, daß ein applikatives Quadrat zu innerer Zerrissenheit führen würde, sollte man nicht zu tragisch nehmen. Auch sind separative Quadrate durchaus nicht immer einfacher als applikative. Dies hängt immer von den betreffenden Planeten ab, von ihrer Zeichenherrschaft und vom übrigen Horoskop.

Die Tatsache, daß ein Aspekt applikativ oder separativ ist, dient immer nur der ergänzenden Information. In erster Linie muß das Wesen des Aspekts als solcher berücksichtigt werden. Weiterhin ist bereits die Tatsache, daß zwei (oder mehr) Planeten oder psychische Energien in einer bestimmten Weise miteinander verbunden sind, von großer Bedeutung, ungeachtet der Art des Aspekts. Dinge wie applikativ und separativ bzw. zu- und abnehmend dienen immer nur zur Abrundung der Bewertung. Sie haben durchaus Informationswert, doch muß man zwischen bedeutsamen und weniger bedeutsamen Dingen unterscheiden.

Bei einer Konjunktion gibt es zwei Möglichkeiten: Der schnellere Planet läuft auf den langsameren zu (applikativ), oder er entfernt sich vom langsameren (separativ). Diese letztere Situation wird in der Regel als angenehmer erfahren: Der schnellere Planet wird vom langsameren unterstützt, und die Kräfte verbinden sich in einer natürlichen Weise. Bei der applikativen Konjunktion »zerbricht« der schnellere Planet oft am langsameren, um sich erst danach wieder zu regenerieren. Hier liegt also ein größerer Widerstand vor.

Nehmen wir den Fall einer Konjunktion von Mars und Saturn. Diese beiden Planeten »liegen« einander überhaupt nicht; die Energie von Mars wird durch die Schwere von Saturn gehemmt und gedämpft, und zwar auch bei einer separativen Konjunktion. Von einer natürlichen Vereinigung kann bei diesen Planeten bei einer Konjunktion niemals die Rede sein, weil sie bis zur Unverträglichkeit gegensätzlich sind. Dies bedeutet, daß man die separative Konjunktion allein schon wegen der Separation nicht als günstig, glückbringend und angenehm deuten darf! Zuerst müssen die aspektbildenden Planeten, in diesem Fall also Mars und Saturn, in ihrem Wesensverhältnis und ihrem Aspekt zueinander betrachtet werden. Erst dann kann man fortfahren. Die Separation kann daher, auch wenn sie als angenehmer gilt, niemals mildernd wirken. Umgekehrt kann die Applikation, auch wenn sie als schwieriger gilt, das Bild niemals verschlimmern. Allerdings werden Horoskopeigner mit einer applikativen Konjunktion von Mars mit Saturn eher dazu neigen, in sich zu graben und die Probleme auf sich selbst zu beziehen. Umgekehrt wird man bei einer separativen Konjunktion eher geneigt sein, der Umgebung die Schuld zu geben und Probleme aus seiner Umgebung anzuziehen. Die Frage ist dabei, ob man in letzterem Fall besser dasteht. Gemäß dem aus der Psychologie bekannten Projektionsmechanismus (siehe hierzu die ersten Kapitel meines Buchs »Deutung der Häuser«) zieht man oft aus seiner Umgebung dasjenige an, was in Übereinstimmung mit der eigenen Innenwelt steht. Wenn Mars eine applikative Konjunktion zu Saturn bildet, packt man das Problem eher an der Wurzel an und hat es daher oft schwerer als derjenige mit einer separativen Konjunktion von Mars mit Saturn, der aufgrund seiner unbewußten Erwartungsmuster und seiner inneren psychischen Verfassung unter Umständen dasjenige anzieht, womit er zu kämpfen hat.

Separative Konflikte sind oft deutlicher zu erkennen, weil sie von markanten äußeren Umständen begleitet werden. Bei applikativen Konflikten ist dies in der Regel etwas schwieriger, weil man bei Menschen, bei denen es nur im Inneren »brodelt«, Art und Umfang der Probleme nicht ohne weiteres beobachten kann. Erst aus Äußerungen oder möglichen Auswirkungen solcher Probleme kann man erschließen, was vorging oder daß überhaupt etwas vorging.

Der applikative Aspekt, der nicht auf Umwegen wirkt und daher stets stärker im Inneren empfunden wird, darf nicht mit »schlechter« verwechselt werden und der separative Aspekt nicht mit »besser«; so einfach liegen die Dinge nicht. Es läßt sich aber in gewisser Weise daran ablesen, ob die Folgen eines Aspekts von innen heraus oder von außen her wirken, wobei auch eine solche Aussage nuanciert werden muß. Es gilt auch hier, daß Aussagen nur auf der Grundlage des Gesamthoroskops möglich sind, nicht aufgrund eines einzigen kleinen Hinweises.

Wenn viele applizierende Aspekte vorliegen und im Horoskop eine starke Widder-Tendenz besteht (also eine ausgeprägte Ausrichtung nach außen), dann dürfen diese applikativen Aspekte nicht zu der Annahme verführen, daß der Betreffende ausschließlich auf sein Inneres orientiert ist. Man könnte höchstens sagen, daß er für einen Feuer-Typ etwas mehr an seinem Inneren interessiert ist, als man von einem Widder vielleicht erwarten könnte. Dies darf wiederum nicht mit Introversion verwechselt werden, die etwas völlig anderes bezeichnet.

Die Frage ist, ob man mit applikativen Aspekten mehr verarbeitet; der Verarbeitungsmechanismus ist eher eine Angelegenheit der Verteilung der Kreuze und der Situation um das 8. und 12. Haus und hat nichts mit applikativ oder separativ zu tun. Jemand mit vielen applikativen Aspekten und einer starken Betonung des fixen Kreuzes wird stark dazu neigen, alles langsam, aber gründlich zu verarbeiten, und er wird sehr damit beschäftigt sein, Dinge zu überdenken, wiederzukäuen und auf sich selbst zu beziehen. Jemand mit vielen applikativen Aspekten und einem stark betonten kardinalen Kreuz wird zwar ebenfalls viel auf sich selbst beziehen und mit sich selbst beschäftigt sein, doch wird er seine Erfahrungen trotzdem in der Weise verarbeiten, daß er sich an der Umgebung orientiert. Das kardinale Kreuz braucht seine Umgebung, um Probleme verarbeiten zu können. Diese Kombination ist daher etwas widersprüchlicher als applikative Aspekte in Verbindung mit dem fixen Kreuz. Die Verbindung von applikativen Aspekten mit dem veränderlichen Kreuz nimmt hier etwa eine Mittelstellung ein.

Zu- und abnehmende Aspekte

Die Zunahme oder Abnahme eines Aspekts ist etwas grundsätzlich anderes als die Applikation oder Separation von Aspekten.

Von einem zunehmenden Aspekt spricht man, wenn ein Aspekt noch exakt werden muß. Auch hierbei geht man vom schnelleren Planeten aus, der in seinem Lauf den Aspekt »schließt«. Wenn man das Horoskop von C. G. Jung betrachtet (siehe Seite 32), erkennt man, daß der Mond ein Sextil mit Venus bildet. Der Mond steht in 15° 31' im Stier, Venus in 17° 30' im Krebs, der Abstand beträgt also 61° 59'. Der Mond ist der schnellere von beiden; an seinem Lauf muß daher beurteilt werden, ob der Aspekt schon exakt war oder noch exakt werden muß. Der Sextil-Aspekt ist exakt, wenn der Mond in 17° 30' Stier steht. Im vorliegenden Fall hat der Mond diesen Punkt noch nicht erreicht, er muß noch eine Distanz von 1° 59' zurücklegen. Da der Mond auf Venus zuläuft, wird der Abstand von 61° 59' kleiner und nähert sich immer mehr dem Sextil (60°). Weil der Aspekt noch exakt werden muß, liegt hier ein zunehmender Aspekt vor.

Wenn der Mond im Horoskop von C. G. Jung in 18° 30' stehen würde, dann läge immer noch ein Sextilaspekt zu Venus vor. Der Mond hätte dann einen Abstand von 59°, der noch innerhalb des zulässigen Orbis liegt. Er würde sich aber immer mehr von 17° 30' Stier entfernen, dem genauen Punkt des Sextils, ohne ihn noch zu berühren. Der Abstand nimmt von 59° weiter ab und kann 60° nicht mehr erreichen. Der Aspekt wird damit immer ungenauer, und es läge in diesem Fall ein abnehmender Aspekt vor.

Die Sonne steht in Jungs Horoskop in 3° 19' Löwe, also innerhalb des zulässigen Orbis für eine Opposition zum Aszendenten. Der Aszendent steht in 0° 55' Wassermann. Dies bedeutet, daß die Sonne in ihrem Lauf den exakten Oppositionspunkt bereits überschritten hat und in ihrem Fortschreiten diesen Punkt, nämlich 0° 55' Löwe, nicht mehr passieren wird. Hier liegt also eine abnehmende Opposition vor.

Auch bei der Ermittlung zu- und abnehmender Aspekte werden Aszendent und MC als feste Punkte betrachtet.

Wie bei den applikativen und separativen Aspekten ergeben sich auch hier bei Rückläufigkeit der Planeten einige Probleme. Ein retrograder Planet läuft im Tierkreis rückwärts. Im Horoskop von C. G. Jung steht Neptun in 3° 03' R im Stier. Von dieser Position aus bescheint er den Aszendenten im Quadrat, der in 0° 55' Wassermann liegt. Wenn Neptun rechtläufig wäre, läge hier ein abnehmender Aspekt vor. Er hat den Punkt, an dem das Quadrat exakt ist, bereits überschritten und kann ihn nicht mehr erreichen. Durch seine Rückläufigkeit bewegt er sich wieder auf den Punkt 0° 55' Stier zu, die Position des exakten Quadrats zum Aszendenten, weshalb hier ein zunehmender Aspekt vorliegt. Wenn Neptun wieder rechtläufig wird, bevor er den exakten Punkt erreicht hat, spricht man wieder von einem abnehmenden Aspekt.

Betrachten wir das Sextil zwischen Mars und Saturn. Hier könnte man geneigt sein, von Mars auszugehen, der im Durchschnitt schneller läuft als Saturn. In diesem Fall legt jedoch Saturn eine größere Tagesdistanz zurück als Mars, weshalb Saturn als Ausgangspunkt genommen werden muß. Wenn Saturn rechtläufig wäre, läge ein abnehmendes Sextil vor: Der Aspekt ist in 21° 22' Wassermann exakt, und diesen Punkt hat Saturn bereits überschritten. Aber Saturn ist rückläufig und bewegt sich daher auf den exakten Aspekt zu. Deshalb liegt hier ein zunehmendes Sextil vor.

Für die Deutung hat die Zunahme oder Abnahme eines Aspekts durchaus einen Wert, wenn auch einen subtilen. Ein abnehmender Aspekt bedeutet letztlich, daß der Aspekt vor der Geburt exakt war, ein zunehmender Aspekt, daß er erst nach der Geburt exakt wird. Zunehmende Aspekte bezeichnen damit Erfahrungen, die man in seiner frühen Jugend macht. In Primärdirektionen werden diese Aspekte stets im empfindlichsten Teil der Jugend ausgelöst. Da die Geschwindigkeit primär dirigierter Planeten pro Jahr um ein halbes bis zwei Grad schwankt, je nach der Lage der Häuser des Horoskops, kann man sagen, daß die Mehrzahl der zunehmenden Aspekte durchschnittlich in den ersten sechs bis acht Lebensjahren ausgelöst werden. Nur in Ausnahmefällen kann ein zunehmender Aspekt (immer ausgehend vom schnelleren Planeten!) erst um das zwölfte Lebensjahr ausgelöst werden.

Die zunehmenden Aspekte verweisen daher auf Erfahrungen in einer empfindlichen Lebensphase und können dadurch erheblichen Einfluß auf den weiteren Lebensgang haben. Die Merkmale abnehmender Aspekte sind schon von Geburt an vorhanden und nicht auf psychisch markante Ereignisse zurückzuführen. Als Aspekte spielen sie natürlich eine wichtige Rolle im Horoskop, aber sie haben nicht das Gewicht und die formende Wirkung von Erfahrungen und Ereignissen. Deshalb greifen zunehmende Aspekte viel stärker ein, liefern aber zugleich auch einen Angriffspunkt für die Analyse. Die astrologische Tradition mißt seit jeher zunehmenden Aspekten mehr Wert und eine nachdrücklichere Wirkung bei.

Ein praktisches Beispiel soll den Unterschied zwischen einem zunehmenden und einem abnehmenden Aspekt verdeutlichen. Ich kenne zwei Mädchen, die beide ein Quadrat zwischen Venus und Saturn haben, was auf Hemmungen im Gefühlsleben hindeutet. Beide Mädchen haben Schwierigkeiten, ihre Gefühle direkt und spontan zu äußern, und beide wirken etwas reserviert. Äußerlich scheint die Wirkung des Aspekts dieselbe zu sein. Das Mädchen mit dem abnehmenden Aspekt war jedoch schon von Geburt an recht zurückhaltend und etwas unzugänglich. Das andere Mädchen war als Kleinkind dagegen fröhlich und spontan, bis zu Hause einige einschneidende Ereignisse eintraten, die ihr emotionell sehr nahe gingen. Dies war genau in der Zeit, als das Quadrat zwischen Venus und Saturn in der Primärdirektion fällig wurde. Fotos aus dieser Zeit zeigen, wie sich immer mehr ein Schatten auf das Gesicht des Kindes legte, und ab dieser Zeit wurde sie ernsthafter, stiller und weniger spontan und hatte mehr Schwierigkeiten, ihre Gefühle zu äußern.

Das Mädchen mit dem zunehmenden Venus-Saturn-Quadrat hat mehr oder weniger bewußt eine Wende durchgemacht, die auf bestimmte Ereignisse zurückzuführen ist. Dadurch ist ihr Problem in gewissem Umfang greifbar, weil es im 8. Haus verarbeitet wird. Sie erlebt den Einfluß der Ereignisse auf ihren Charakter als etwas von außen Kommendes, das nicht zu ihrem Charakter gehört, und sie wird versuchen, sich von diesem Einfluß zu befreien. Es besteht ein starker Drang, die Folgen der emotionellen Verletzung zu überwinden und zu bekämpfen, was eine sehr schöpferische Wirkung haben kann. Darüber hinaus kann Psychotherapie einen solchen Jugendschock ins Bewußtsein heben und dadurch seine Verarbeitung fördern.

Bei einem abnehmenden Aspekt fehlt diese Möglichkeit, weil es kein auslösendes Ereignis gibt. Nur die Folgen des Konflikts zu bekämpfen – weil es keinen anderen Angriffspunkt gibt – verschärft den Konflikt nur (ein Konflikt kann nicht mit sich selbst bekämpft werden). Dies lähmt zwar zunächst die schöpferischen Möglichkeiten, doch werden die Energie und die Frustration nach und nach auf eine Integration des Aspekts in die Persönlichkeit umgelenkt werden. Die Ungreifbarkeit des Konflikts und die Unmöglichkeit, ihn zu bekämpfen, sind die Ursache dafür, daß sich der abnehmende Aspekt weniger massiv und einschneidend auszuwirken scheint als der zunehmende. Aber wenn man ihn in seine Persönlichkeit integriert, kann man – wenn auch in einer anderen Weise als beim zunehmenden Aspekt – dennoch lernen, gut mit ihm zu leben.

Die Kombination von zu- und abnehmenden und applikativen und separativen Aspekten

Für den Anfänger ist es wichtig, sich den Unterschied zwischen diesen beiden Arten von Aspekten klarzumachen. Sie werden oft miteinander verwechselt, um so mehr, als sie bei der Konjunktion technisch zusammenfallen. Wenn eine Konjunktion zunehmend ist, ist sie noch nicht exakt. Sie muß vom schnelleren Planeten exakt gemacht werden. Zugleich aber ist es auch eine applikative Konjunktion, da sich der schnellere Planet in Richtung der Konjunktion mit dem anderen Planeten bewegt.

Betrachten wir wiederum im Horoskop von C. G. Jung Merkur und Venus im Krebs. Merkur, der schnellere Planet, steht in 13° 47', Venus in 17° 30'. Es liegt also eine Konjunktion vor, da die beiden Planeten innerhalb des zulässigen Orbis stehen. Merkur läuft als der Schnellere auf Venus zu und bildet daher eine applikative Konjunktion. Da der Aspekt noch exakt werden muß, ist er auch zunehmend. Bei der Konjunktion fallen zunehmend und applikativ stets zusammen, ebenso abnehmend und separativ. Die Bedeutung ist jedoch niemals dieselbe!

Der entgegengesetzte Fall liegt bei der Opposition vor. Im

Horoskop Jungs steht die Sonne in Opposition zum Aszendenten. Die Sonne läuft vom exakten Punkt weg und befindet sich daher in einer abnehmenden Position. Gleichzeitig bewegt sie sich aber in Richtung einer Konjunktion mit dem Aszendenten und weg von der Opposition. Wenn sich aber ein Planet in Richtung der Konjunktion mit seinem Aspektpartner bewegt, nennt man diesen Aspekt applikativ. Bei der Opposition fallen applikativer und abnehmender Aspekt stets zusammen, ebenso separativer und zunehmender Aspekt.

Bei den übrigen Aspekten sind alle vier Kombinationen möglich. Nehmen wir etwa die Merkur-Venus-Konjunktion im Krebs und betrachten wir den Mond. Der Mond bildet sowohl mit Merkur als auch mit Venus ein Sextil. Dabei bewegt sich der Mond in Richtung der Konjunktion mit beiden Planeten, der Aspekt ist in beiden Fällen applikativ. Im Falle Merkurs hat jedoch der Mond das exakte Sextil (13° 47' Stier) bereits überschritten. Dies bedeutet, daß hier ein applikatives und abnehmendes Sextil zwischen Mond und Merkur vorliegt. Bezüglich Venus muß der Aspekt vom Mond aus noch exakt werden; wir haben es hier also ebenfalls mit einem applikativen Sextil zu tun, das jedoch zunehmend ist.

Betrachten wir schließlich noch das Quadrat zwischen Saturn und Pluto. Saturn ist rückläufig und der schnellere Planet. Wir müssen also von ihm ausgehen. Er bewegt sich von Pluto weg und bildet damit ein separatives Quadrat. Er hat den Punkt des genauen Quadrats zu Pluto (der für Saturn in 23° 22' Wassermann liegt) bereits überschritten, weshalb der Aspekt abnehmend und separativ sein sollte. Durch seine Rückläufigkeit bewegt sich Saturn jedoch wieder auf den Punkt 23° 22' Wassermann zu, womit dieser Planet dabei ist, den Aspekt wieder exakter zu machen. Aufgrund dieser Rückläufigkeit liegt also ein separativer zunehmender Aspekt vor.

Bei jedem Aspekt ist zu prüfen, welche Kombination von Applikation und Separation einerseits und Abnahme und Zunahme andererseits vorliegt, damit das in den bisherigen Abschnitten Besprochene auch richtig auf diesen Aspekt angewandt werden kann.

Kapitel 5
Unaspektierte Planeten

Allgemeine Eigenschaften

Unaspektierte Planeten sind mindestens so wichtig wie die Planeten in einer Aspektbeziehung. Als unaspektiert bezeichne ich Planeten, die nicht durch einen Hauptaspekt mit einem anderen Planeten verbunden sind. Planeten mit vielen Nebenaspekten gelten trotzdem als unaspektiert. Ein Planet ohne einen Hauptaspekt manifestiert sich in einer ganz eigentümlichen und spezifischen Weise, was bei der Deutung berücksichtigt werden muß.

Wenn ein Planet in einer Aspektbeziehung steht, ist der psychische Inhalt, den er repräsentiert, mit einem anderen psychischen Inhalt verbunden. Dieser andere Inhalt kann durch einen weiteren Aspekt mit wieder anderen Inhalten verbunden sein. In dieser Weise können mehrere Inhalte miteinander verknüpft sein, die in einem ständigen Austausch miteinander stehen, aufeinander einwirken, einander beeinflussen usw. Ein unverbundener Planet bleibt hiervon unberührt. Er wird von anderen Planeten weder gehemmt noch stimuliert. Er muß gewissermaßen alleine zurechtkommen. Da er in keinerlei Kontakt mit anderen Inhalten steht, entgeht aber seine Wirkung dem Betreffenden oft. Er erkennt die Äußerungen dieser Inhalte nicht ohne weiteres, hat oft das Gefühl, daß dieser Inhalt irgendwie eine Ausdrucksmöglichkeit bietet, weiß aber nicht, wie und wann. Weil dieser Inhalt nicht in die übrige Psyche eingegliedert ist, erfährt der Betreffende diesen Planeten als einen nicht integrierten Seelenanteil, dem er nachspüren muß, weil er eine »geheimnisvolle« Anziehungskraft auf ihn ausübt. Den Inhalt als solchen spürt er durchaus, aber er weiß ihn weder einzuordnen noch zu benennen.

Deshalb wird er irgendwann dazu neigen, den Inhalt des nicht aspektierten Planeten stark zum Ausdruck zu bringen. Durch diese unbewußte Betonung wird der Planet besser »sichtbar«

und kann dadurch eher erkannt werden. Diese Betonung verschärft aber zugleich mögliche Probleme, denn die Umgebung erfährt den nicht aspektierten Planeten auch ohne Betonung sehr wohl und hat möglicherweise unter dieser überkompensierten Äußerung zu leiden. So könnte jemand mit einer nicht aspektierten Sonne Schwierigkeiten haben, sich als Einheit zu erfahren. Er wird also versuchen, die Sonnenkraft besonders zu betonen, um sich selbst zu finden, was ihm in den Augen der Umgebung eine zu starke Ich-Zentrierung verleiht. Daneben können auch andere Eigenschaften der Sonne verstärkt hervortreten wie Herrschsucht und Egoismus, aber auch Loyalität.

Diese Betonung tritt dabei nicht konstant auf. Ein nicht aspektierter Planet äußert sich oft ungleichmäßig und ist in diesem Sinne unzuverlässig. Diese Äußerungen sind sehr oft der Situation (Zeit und Umstände) unangemessen: einmal zu stark, dann wieder zu schwach. Die Unfähigkeit, den Ausdruck eines nicht aspektierten Planeten in den Griff zu bekommen, führt leicht zu Unbeständigkeit oder sogar zu einer Alles-oder-nichts-Haltung. Ein nicht aspektierter Merkur kann einen Menschen sehr spitzfindig und übersprudelnd machen; wenn er einmal am Reden ist, findet er so schnell kein Ende mehr. Derselbe Mensch kann sich aber völlig verschließen, wenn er gezwungen wird, etwas zu sagen, oder wenn die Umstände von ihm Gesprächigkeit verlangen. Dann weiß er plötzlich nicht mehr, wie er sich verhalten soll: Er hat seine merkurischen Fähigkeiten nicht in der Hand. Überhaupt besteht bei unaspektierten Planeten eher die Tendenz, sich von ihrer überkompensierten Seite zu zeigen.

Ein unaspektierter Planet manifestiert sich also in der Regel klar und unverkennbar. Deshalb wäre es auch ein Fehler, nicht aspektierte Planeten als unwichtig beiseite zu lassen, weil sie keine Verbindung mit anderen Planeten haben. Sie sind auf keinen Fall schwache und schon gar nicht schlechte Planeten. Unaspektierte Planeten findet man auch in Horoskopen von sehr begabten Menschen, und nicht selten liefern diese Planeten einen Hinweis auf die Richtung, die das Leben eines solchen Menschen nahm. Ein Beispiel hierfür ist die unaspektierte Venus bei vielen Musikern und anderen Künstlern. Man ist stets auf der Suche nach dem Inhalt eines nicht aspektierten Planeten, und zwar ziemlich zwanghaft, so daß ein solcher Planet sehr wohl einen Beruf anzeigen kann. Außerdem darf man nicht dem Irrtum erliegen, daß man mit einem unaspektierten Planeten nichts anfangen kann und daß er eine schlechtere oder geringere Wirkung hätte. Oft ist gerade das Gegenteil richtig. Er wirkt einfach gemäß seiner speziellen Art. Das einzige ist, daß man die Art dieses Inhalts in sich selbst nicht ohne weiteres erfassen kann. Die Betonung, die ein solcher Planet bekommt, weil man ständig mit ihm beschäftigt ist, kann seine Äußerungsmöglichkeiten sogar vergrößern, auch wenn er in gewisser Weise immer ein wenig ungreifbar und schwer steuerbar bleibt.

Beispiele für die deutlich positive Wirkung eines nicht aspektierten Planeten findet man in der Geschichte zuhauf. Denken wir etwa an den unaspektierten Merkur des Philosophen Bertrand Russell, der sich in seinem Buch »Das menschliche Wissen« mit einem typisch merkurischen Gegenstand befaßte. Man kann hierin eine Studie über einen unverstandenen Teil von ihm selbst sehen, der ihn unablässig beschäftigte. Mit seinen klaren Darlegungen hat er jedoch unzähligen Menschen geholfen. Andere berühmte Menschen mit einem nicht aspektierten Merkur sind Madame Curie, Karl Marx und Mahatma Gandhi.

David Hamblin, der eine Studie über mehr als hundert Komponisten verfaßte, fand klare Hinweise darauf, daß der Charakter ihrer Musik oft mit der Natur eines nicht aspektierten Planeten zusammenhängt. Bei Beethoven war dies Jupiter, bei Haydn und Mozart Venus.

Wie deutet man also einen Planeten, der beispielsweise im Trigon zum Aszendenten steht, aber keine Aspekte zu anderen Planeten bildet? In gewisser Weise ist ein solcher Planet ebenfalls nicht aspektiert, denn er kann sich zwar nach außen hin gut äußern (er hat ja einen guten Aspekt auf einen Ausgang), doch besteht im Inneren keinerlei Zusammenhang mit den übrigen Planeten. Er weist vielleicht die Merkmale eines völlig unaspektierten Planeten weniger stark auf, doch wird man das Übersteigerte, das für unaspektierte Planeten so typisch ist, bei diesem Planeten zweifellos finden. Ein Aspekt auf einen Ausgang stellt also noch keine Verbindung zu anderen Teilen der Psyche her.

Auswege für unaspektierte Planeten

Auch bei einem unaspektierten Planeten gibt es in bestimmten Fällen Auswege, die die Unruhe eines solchen Planeten etwas mildern können. Es hat sich gezeigt, daß eine Rezeption einen solchen Planeten aus seiner Isolierung befreien kann, jedenfalls zu einem großen Teil.

Nehmen wir als Beispiel an, daß Merkur mit verschiedenen Aspekten im Stier steht und Venus unaspektiert in den Zwillingen. Merkur steht im Zeichen der Venus, Venus im Zeichen von Merkur: sie sind also einanders Zeichenherrscher und bilden damit eine sogenannte Rezeption. Eine Rezeption verbindet auf ihre eigene Weise zwei Planeten miteinander, und auch wenn sie kein Aspekt ist, schafft sie doch eine indirekte Verbindung zwischen den betreffenden Planeten. Es liegt also keine direkte Wechselwirkung vor, bei der die betreffenden Inhalte nicht unabhängig voneinander wirken könnten. Da aber die problemlose Funktion des einen Inhalts von der problemlosen Funktion des anderen abhängt, stimmen beide ihre Wirkungsweise doch aufeinander ab und unterstützen einander fortwährend. Durch diesen Zusammenhang ist die Wirkung des nicht aspektierten Planeten eng an die Wirkung seines Rezeptionspartners und der Planeten gekoppelt, zu denen dieser einen Aspekt bildet. Dem verdankt er eine gewisse Unterstützung und Rückenstärkung, wodurch er nicht mehr die reinen Merkmale eines unaspektierten Planeten besitzt. Es hängt natürlich auch von der Art der Rezeptionspartner ab, inwieweit man diese Rezeption als harmonisch erfährt (eine Rezeption zwischen Sonne und Jupiter ist immer angenehmer als eine Rezeption zwischen Mond und Saturn, aber in beiden Fällen bietet die Rezeption einen Ausweg). In den Fällen meiner bisherigen Praxis war die Empfindung des Geteiltseins oder zwei Personen in einer zu sein deutlich weniger ausgeprägt, wenn eine Rezeption vorlag.

Aspekte auf Aszendent oder Himmelsmitte bieten in der Praxis keinen echten Ausweg – es besteht keine Verbindung zu anderen Planeten. Auch Aspekte auf Punkte wie Pars und Drachenkopf kann man vernachlässigen.

Was sehr viel zu einer Überbrückung beitragen kann, ist eine andere Person. Wenn der unaspektierte Planet eines Menschen Planeten eines anderen Menschen aspektiert, dann findet sein unaspektierter Planet gewissermaßen über das andere Horoskop einen Ausweg. Er braucht den anderen dann, und oft erlebt man es, daß ein Band entsteht, das keiner der beiden Menschen in Worte fassen kann und doch beiden sehr viel bedeutet. Dies bedeutet, daß unaspektierte Planeten in der Partnerastrologie nicht vernachlässigt werden dürfen. Sie spielen eine hier nicht zu unterschätzende Rolle. Man kann einen unaspektierten Planeten durchaus als eine empfindliche Stelle betrachten. Wenn ein unaspektierter Planet von einem anderen Menschen Spannungsaspekte empfängt, dann kann sich derjenige mit dem unaspektierten Planeten manchmal so schutzlos und verletzlich fühlen, daß dadurch die Beziehung in Gefahr geraten kann.

Zusammenfassung:
- Unaspektierte Planeten haben die Neigung, stark in den Vordergrund zu treten, allerdings in einer unberechenbaren Weise und stets in einer Alles-oder-nichts-Haltung.
- Sie können eine sehr starke Wirkung haben, sich manchmal aber auch verbergen. In der Regel ist von einer starken Wirkung auszugehen.
- Der Betreffende erkennt den Inhalt dieses Planeten kaum, hat ihn wenig im Griff und ist ständig auf der Suche nach ihm.
- Durch Überkompensation und starke Betonung kann dieser Inhalt zu Problemen mit der Umgebung führen, aber durch dieselbe Betonung auch stark entwickelt werden, wodurch er sogar zu einer positiven Gabe werden kann.
- Unaspektierte Planeten können durch Rezeption oder das Horoskop eines anderen Menschen aufgefangen werden.
- Aspekte zu Aszendent und Himmelsmitte genügen nicht, um einen ansonsten unaspektierten Planeten aufzufangen.

Eine Sonderform der Unaspektiertheit: Das Duett

Es kommt gelegentlich vor, daß zwei Planeten miteinander einen Hauptaspekt bilden, aber innerhalb des Horoskops keine weiteren Aspekte mehr. Diese beiden miteinander verbundenen psychischen Inhalte »treiben« daher irgendwo in der Psyche und haben miteinander ebensowenig Anschluß an den Rest der Psyche, wie es ein unaspektierter Planet hätte. Man kann daher das Duett, wie man eine solche Kombination von zwei Planeten nennt, in derselben Weise deuten wie unaspektierte Planeten. Wir haben es hier also mit einem im übrigen nicht aspektierten Planetenpaar zu tun, jedoch mit dem Unterschied, daß bei einem Duett beide Planeten in Situationen gemeinsam auftreten; die Regel des »Alles oder Nichts« gilt also für sie gemeinsam. Dabei trägt jeder Planet für sich die Merkmale der Unaspektiertheit und drückt diese auch aus. Wer ein Duett in seinem Horoskop hat, sucht also nach zwei Inhalten in sich. Durch die Aspektierung zwischen beiden Planeten kann sich der eine jedoch niemals von dem anderen lösen, und es ist in aller Regel auch deutlich feststellbar, wie die beiden miteinander wirken.

Auch beim Duett gibt es Auswege in Form von Rezeptionen eines oder beider Duettpartner, und auch das Horoskop eines anderen Menschen kann eine Lösung bieten. Ein Duett ist ebenso wie ein einzelner unaspektierter Planet oft unerfreulich, doch rechtfertigt dies keine Aussagen wie etwa »Möglichkeit der Schizophrenie« oder »gespaltener Charakter«. Hiervon ist in der Praxis wenig oder nichts zu finden.

Äußerungsformen unaspektierter Planeten

Um die möglichen Äußerungen unaspektierter Planeten feststellen zu können, kann man wie folgt verfahren: Man nimmt die Bedeutungen des Planeten als solche, betrachtet diese Bedeutungen unter dem Gesichtspunkt ihrer Isolierung und bringt ihre harmonischen und disharmonischen Formen in eine etwas extremere Form. Im folgenden hierfür einige Hinweise.

Sonne

Eine unaspektierte Sonne hat Mühe, ihren eigenen Weg zu finden, zu entdecken, wer sie ist und was sie will. Ihr ist (zunächst) nicht bewußt, daß sie ständig auf ihren eigenen Weg pocht und sich zu jeder passenden und unpassenden Gelegenheit in den Vordergrund drängt.

Der schöpferische Drang ist groß, ebenso die Dynamik und Lebenskraft, doch unterliegt dies erheblichen Schwankungen. Von einer unaspektierten Sonne kann in einem Augenblick viel Wärme ausgehen, während sie sich im nächsten Augenblick unsicher zurückzieht. Häufig wirkt eine unaspektierte Sonne sehr zielbewußt und selbständig, obwohl sich der Betreffende selbst überhaupt nicht so fühlt. Gerade wegen ihrer Unsicherheit kann eine unaspektierte Sonne den Drang haben, ihre Eigenschaften besonders zu betonen, was starken Ehrgeiz, Ehrgefühl, Liebe, Machtstreben und manchmal sogar Herrschsucht zur Folge haben kann. Und trotz dieser Merkmale hat eine unaspektierte Sonne Schwierigkeiten, sich zu behaupten.

Frauen mit einer unaspektierten Sonne haben oft Probleme mit dem Vater und mit dem Partner, und sie können höchst unterschiedliche Partner haben: Ich kenne Frauen, die sich abwechselnd in sehr dominante und sehr willensschwache Männer verliebten.

Eine unaspektierte Sonne kann bei beiden Geschlechtern Identitätsprobleme anzeigen.

Mond

Wenn der Mond unaspektiert ist, hat man Schwierigkeiten, Dingen Form zu geben. Der Mond ist sehr wichtig für formgebende Prozesse, und das Fehlen von Aspekten scheint es mit sich zu bringen, daß sich viele Begabungen nur sehr schwer konkretisieren und in emotioneller Hinsicht ebenfalls Schwierigkeiten bestehen. Anpassungsfähigkeit und Empfindsamkeit des Mondes machen sich ebenfalls höchst unregelmäßig geltend, so daß ein unaspektierter Mond äußerst emotionell, überempfindlich und beeinflußbar sein kann, um sich dann wieder völlig abzuschließen. Es besteht durchweg ein starkes Bedürfnis, die Mondseite auszuleben, und Menschen mit einem unaspektierten Mond erleben sich oft als ausgeprägte Gefühlsmenschen.

Der Mond ist die Haltung, auf die wir uns gerne zurückziehen, wenn wir verunsichert sind und nach Sicherheit verlangen. Mit einem unaspektierten Mond wird man entweder noch unsicherer, oder man isoliert sich, indem man gewissermaßen eine Inselsituation schafft, in der man für niemanden erreichbar ist.

Wenn der Mond keine Aspekte hat, versucht er sich oft besonders nachdrücklich zu äußern, was ausgeprägt fürsorgliche, pflegende, mütterliche und schützende Eigenschaften verleihen kann. Die Phantasie ist bei einem unaspektierten Mond ebenfalls oft gut entwickelt.

Ein aspektloser Mond gibt wenig Halt und wenig Stabilität: Der Mond ist ohnehin schon ein sehr unbeständiger Inhalt, und bei einer oft sogar extremen Alles-oder-nichts-Haltung kann die Instabilität erhebliche Ausmaße annehmen.

Frauen mit einem unaspektierten Mond haben oft Schwierigkeiten, ihre Weiblichkeit zu erfahren. Oft ist (und dies gilt für beide Geschlechter) die Beziehung zur Mutter gestört, und eine Frau hat Probleme mit der Mutterschaft. Bei einem Mann kann dies bedeuten, daß er nicht recht weiß, was er von einer Lebenspartnerin erwarten soll und wie er sich ihr gegenüber verhalten soll.

Merkur

Die psychischen Inhalte, die für das Analysieren, Ordnen, Gliedern, Durchdenken und Austauschen stehen, sind bei einem unaspektierten Merkur besonders auffällig oder manchmal ganz unsichtbar. Es entsteht der Drang, endlos zu analysieren, Details und Probleme wiederzukäuen, alles übertrieben zu organisieren, weil man keinen Blick für den merkurischen Prozeß hat. Das Auffälligste ist aber das Reden. Ein unaspektierter Merkur kann kaum den Mund halten und plappert bei jeder passenden und unpassenden Gelegenheit. Er weiß sehr wohl, daß es Momente gibt, in denen man besser schweigt, aber er durchschaut sein eigenes Kommunikationsverhalten so wenig, daß er das Lassen aus dem Tun erlernen muß.

Besonders ausgeprägt ist die Neugierde auf die unterschiedlichsten Dinge. Aber so rasch das Interesse des Betreffenden sich entzündet, so schnell kann es auch wieder erlöschen. Deshalb ist ein unaspektierter Merkur stets sehr unruhig und kann manchmal sogar gereizt und nervös sein.

Weil bei einem solchen Merkur das Gehirn ständig höchst aktiv ist, denkt er über vieles nach und kommt zu vielen Erkenntnissen. Nicht selten ist ein unaspektierter Merkur zu guten und sogar hervorragenden schulischen Leistungen befähigt. Die Intelligenz leidet unter dieser Stellung nicht – im Gegenteil. Die ständige Wachheit verleiht oft einen Vorsprung, was dem Kind selbst meist nicht bewußt ist. Daher können Kinder mit einem solchen Merkur altklug und ihren Altersgenossen voraus sein. Die dadurch entstehenden Kontaktprobleme gehören auch zu einem unaspektierten Kontaktplaneten Merkur.

Oft wird ausgiebig argumentiert, und Logik und Analyse spielen eine große Rolle, aber ein unaspektierter Merkur wirft auch plötzlich alle Logik über Bord und äußert ganz impulsiv eine unerwartete Meinung. Ein unaspektierter Merkur ist und bleibt unberechenbar.

Venus

Bei einer unaspektierten Venus kann sich die Äußerung des Bedürfnisses nach Sicherheit und Geborgenheit auf dem emotionellen und materiellen Gebiet zwischen Extremen bewegen. Hinsichtlich der Gefühle für andere Menschen muß man bei einer unaspektierten Venus mit heftigen Verliebtheiten rechnen, die sich mit völliger Kühle und Desinteresse abwechseln. Oft besteht im einen Augenblick das Bedürfnis nach einer sicheren und behaglichen Beziehung, während im anderen wieder das Verlangen nach Liebesabenteuern auftaucht.

Bei Unaspektiertheit kann das venustypische Bedürfnis nach Harmonie und Schönheit sehr ausgeprägt sein, wobei aber die Gefahr besteht, daß man auch dann Harmonie schaffen will, wenn eine vorübergehende Disharmonie oder Konfrontation sehr sinnvoll wäre, damit ein Konflikt nicht zementiert und verdrängt wird. Sich auszusprechen und sich die Meinung zu sagen kann die Luft reinigen, so daß sich wieder eine wirklich harmonische Situation einstellen kann, aber eine unaspektierte Venus verträgt eine Streitatmosphäre sehr schlecht. Trotzdem kann sie sich immer wieder selbst in Schwierigkeiten bringen, indem sie ungewollt und unbewußt konfliktträchtige Situationen oder Beziehungen herstellt, die Disharmonie erzeugen. Im besten Falle kann sich ein Charakter entwickeln, der im Leben in harmonischer Weise mit Dissonanzen umzugehen versteht, doch entwickelt sich eine solche Fähigkeit erst im Laufe der Jahre.

Eine unaspektierte Venus hat weniger das Bedürfnis nach Tiefgang als vielmehr nach möglichst viel Genuß, Vergnügen und Zerstreuung. Wenn es darum geht, sich zu amüsieren, macht man einer unaspektierten Venus nicht so leicht etwas vor.

Auch Trägheit und sogar Faulheit kann bei einer unaspektierten Venus vorkommen, und eine spontane Taktlosigkeit kann eine sorgfältig aufgebaute Atmosphäre mit einem Schlag zerstören. Mit ihren Gefühlen für andere kann eine unaspektierte Venus in aller Regel nicht recht umgehen; sie wird sie also einmal übertreiben und ein andermal unterdrücken. Bei Männern kann dies zu Problemen mit Frauen führen.

Mars

Die aggressive Form des eigenen Selbsterhaltungstriebs, der eigenen Tatkraft und Energie neigt zu Extremen, wobei die überkompensierende Seite vorherrscht. Dies kann sich äußern in Rastlosigkeit, der Unfähigkeit stillzusitzen, dem Drang, sich ständig zu beweisen, ständiger Geschäftigkeit, mit viel Energie betriebenen höchst unterschiedlichen Aktivitäten usw. Auch aktiver Sport kann eine Äußerungsform sein.

Ein Mensch mit einem unaspektierten Mars kann sehr draufgängerisch sein. Inwieweit dies nachteilige Folgen haben kann, läßt sich nur mit Blick auf das übrige Horoskop beantworten. Ein unaspektierter Mars muß nicht notwendigerweise gefährliche Situationen heraufbeschwören. Allerdings kann es sehr spontane Äußerungen von Mut und Verwegenheit geben (was dem Betreffenden oft nicht einmal bewußt ist), was natürlich Risiken mit sich bringt.

Mars als Triebplanet und Planet der Gewalt kann in seiner unaspektierten Manifestation plötzliche Aggressivitätsschübe oder kurze, aber heftige innere Explosionen auslösen. Ein unaspektierter Mars hat etwas von einer gespannten Feder, die jeden Augenblick mit geballter Kraft losschnellen kann, was aber in aller Regel nicht geschieht. Er äußert sich etwas krasser und heftiger, einfach weil er ohne böse Absicht Schwierigkeiten hat, den Einsatz von Marsenergie auf eine Situation abzustimmen.

Im sexuellen Bereich hat ein unaspektierter Mars oft aufgrund des verstärkten Drangs nach Selbstbestätigung einen großen Eroberungsdrang. Manchmal unterhält er sogar mehrere Beziehungen gleichzeitig, auch wenn dies durchaus nicht die Regel ist. Die sexuellen Äußerungsmöglichkeiten bei einem unaspektierten Mars sind einerseits groß; er versucht, sich auf diesem Gebiet zu beweisen, aber die Unaspektiertheit spielt ihm auch hier einen Streich, indem er entweder im entscheidenden Augenblick plötzlich das Interesse verliert oder indem er sich in jemanden verliebt, mit dem es auf sexuellem Gebiet überhaupt nicht klappt.

Menschen mit einem unaspektierten Mars wirken manchmal schroff, manchmal auch taktlos und grob, womit sie andere unbeabsichtigt kränken. Der Freundes- und Bekanntenkreis stößt sich oft daran. Frauen mit einem unaspektierten Mars wissen oft nicht, was sie von einem Mann erwarten und wie sie sich ihm gegenüber verhalten sollen; sie neigen daher manchmal dazu, sich selbst sehr männlich zu verhalten.

Mars fängt vieles an und bringt nur wenig zu Ende. Seine Energie ist wenig zielgerichtet. Deshalb müssen Menschen mit einem unaspektierten Mars bestrebt sein, sich auf bestimmte Ziele zu konzentrieren; sie nehmen viel in Angriff, aber es fällt ihnen schwer, es dann auch zu vollenden.

Jupiter

Der Drang nach Expansion, Ausdehnung und Großartigkeit nimmt bei einem unaspektierten Jupiter beeindruckende Formen an. Auch sein religiöses Empfinden ist stets gut entwickelt, was man jedoch nicht mit Konfessionstreue verwechseln darf. Jupiter ist von Natur aus eigenwillig und geht am liebsten den Weg, den ihm sein Gewissen vorschreibt, und dies ist nicht immer der Weg der kirchlichen Autoritäten. Ein unaspektierter Jupiter läuft Gefahr, Dinge zu großartig zu sehen und sie auch in dieser Weise in Angriff zu nehmen. Er frönt in jeder Hinsicht einem übersteigerten Expansionsdrang. Dadurch bewirkt er zwar viel, geht aber auch große Risiken ein, möglicherweise auch gesundheitliche. So gehört auch gut und reichlich zu essen zu den Jupitereigenschaften, und bei einem solchen Jupiter besteht die Gefahr, daß dies übertriebene Formen annimmt.

Jupiter tut gerne etwas für seine Bildung und philosophiert gerne. Unaspektiert neigt er manchmal zu etwas abstrusen oder zu so himmelstürmenden Philosophien, daß ihm niemand mehr folgen kann. Er ist sehr gebildet und hat einen großen Wissensschatz angesammelt. Entweder führt er dies alles zu einer gewaltigen Synthese zusammen, auch die Dinge, die überhaupt nicht dazugehören, oder er verfehlt sein Ziel und bleibt bei halbfertigen Sachen stehen. Er rastet allerdings nicht und gelangt zweifellos auch zu einer bestimmten Lebensvision. Seine Überlegungen und Ideen können überaus stimulierend sein, doch ist er selbst niemals damit zufrieden – er will immer mehr.

Ein unaspektierter Jupiter kann an Selbstüberschätzung leiden und seine Meinung fanatisch propagieren. Aber aus einer zutiefst religiösen Empfindung kann er auch sehr wohltätig und gütig auftreten und Menschen helfen. Mit seinem grenzenlosen (und nicht immer berechtigten) Optimismus kann er anderen Mut machen. In Jupiter-Berufen findet er seine Erfüllung, und diese reichen vom Priester bis zum Arzt, vom Lehrer bis zum Juristen.

Saturn

Der unaspektierte Saturn hat ein starkes Bedürfnis, seine Selbstbeherrschung bis zum Exzeß zu steigern und hart gegenüber sich selbst (und oft auch gegenüber anderen) durch das Leben zu gehen. Aber seine Maske der Starrheit, Unbeugsamkeit und Willenskraft kann hin und wieder fallen und Schüben großer Unbeherrschtheit weichen, nach denen er alle Hände voll zu tun hat, um die Trümmer zu beseitigen und alles wieder unter Kontrolle zu bekommen.

Es besteht ein starkes Bedürfnis nach Strukturen. Vielleicht ist es nicht größer als in manchen anderen Fällen, in denen Saturn aspektiert ist. Aber bevor der Betreffende diesen Teil seines Lebens erkennt, muß er ihn erst sehr nachdrücklich zum Ausdruck bringen.

Ein unaspektierter Saturn hat daher zweifellos seine Qualitäten, wenn es darum geht, Dingen Struktur zu geben. Das Verantwortungsbewußtsein ist oft überentwickelt. Es besteht die Neigung, in kleinen Dingen sehr verantwortungsvoll zu reagieren und an den großen, wirklich wichtigen Dingen verantwortungslos vorüberzugehen.

Auch Angst kann bei einem unaspektierten Saturn eine Rolle spielen und die Überkompensation verstärken. Die beschränkenden und begrenzenden Eigenschaften, die auch ihre positive Seite haben, können in Verbindung mit der Angst einen unaspektierten Saturn daran hindern, Chancen zu nutzen, weil er in seinem Pessimismus glaubt, doch nichts zustande zu bringen. Er kann seine Zielstrebigkeit in kleinen und unbedeutenden Dingen ausleben, womit er sich selbst erheblich im Wege ist.

Ein unaspektierter Saturn kann sehr kühl, hart und unbeugsam wirken, auch unnahbar und unergründlich. So kann es geschehen, daß er ein Problem hat und ihm jemand einen Rat gibt. Er hört bereitwillig zu und nimmt diesen Rat auch dankend an. Er befolgt ihn vielleicht, hat aber eher die Tendenz, ihn in den Wind zu schlagen und sich in aller Unschuld selbst ein Bein zu stellen. Man hat bei einem solchen unaspektierten Saturn das Gefühl, ihn nicht ergründen und begreifen zu können. Aber dieses Gefühl hat er oft auch von sich selbst.

Uranus

Die Inhalte der transsaturnischen Planeten entziehen sich schon unter normalen Umständen unserem bewußten Zugriff. Aus einem anderen Grund ist dies bei Unaspektiertheit ebenfalls der Fall. Unaspektierte transsaturnische Planeten unterscheiden sich von den aspektierten hauptsächlich durch die Extremität ihrer Äußerung, wobei die gesteigerte und verstärkte Aktivität überwiegt.

Eine große Rastlosigkeit, ein fast zwanghaftes Bedürfnis nach Unabhängigkeit und ein großer, in Schüben auftretender Einfallsreichtum sind die Merkmale eines unaspektierten Uranus. Der Drang, Formen zu durchbrechen und Grenzen zu überschreiten, äußert sich hier in extremem Maße, was zu Rebellion, Provokation, Widerspenstigkeit, Opposition und einer Vorliebe für alles führen kann, was als ungewöhnlich, alternativ oder in sonstiger Weise unüblich gilt. Aber auch die Ursprünglichkeit und vor allem der Einfallsreichtum sind stark ausgeprägt. Häufig bestehen blitzartige Wahrnehmungen neuer Möglichkeiten. Auffallend ist dabei, daß technische Probleme oft in einer ganz ungewöhnlichen und unkonventionellen Weise gelöst werden, die oft besser und schneller ist als die üblichen Verfahren. Ein unaspektierter Uranus hat oft Einfälle und Ideen, auf die niemand sonst gekommen wäre, und sie sind durchaus nicht immer unrealistisch. Sie können sehr praktikabel sein.

Ein unaspektierter Uranus ist jedoch sehr unruhig. Lange stillsitzen kann er nicht. Schwierigkeiten und Spannungssituationen können Menschen mit diesem unaspektierten Planeten sehr nervös machen. Deshalb treten Eigenschaften wie Unruhe, starke Nervosität und Launenhaftigkeit neben dem Blitzartigen und uranisch Intuitiven in den Vordergrund. Wenn ein unaspektierter Uranus zu sehr eingeengt wird, kann sich seine Neigung zum Ausbrechen in extremer Weise manifestieren. Wenn man ihm jedoch innerhalb vernünftiger Grenzen seine Freiheit läßt, blüht er auf, und man kann die ungewöhnlichsten Dinge von ihm erwarten. Ein unaspektierter Uranus bereitet seinen Mitmenschen oft Überraschungen, manchmal angenehme, manchmal aber auch unangenehme. Seine Wahrnehmungen grenzen oft an das Paranormale, und man kann sich oft nicht erklären, wie er zu bestimmten Einsichten gelangt ist. Er sagt, daß er es »einfach immer schon wußte« oder »plötzlich sah«. Bei unaspektierten transsaturnischen Planeten sind solche paranormalen Schübe recht häufig.

Uranus als solcher bricht gerne mit alten Werten, um neue an ihre Stelle zu setzen. Aspektlos kann dieses Durchbrechungsprinzip besonders auffällig sein, so daß er einerseits ausgeprägt unkonventionell ist, andererseits ein glühender Vorkämpfer für die gesellschaftliche Erneuerung. Er hängt stets modernen Auffassungen an und gönnt auch anderen die Freiheit und die Entwicklungsmöglichkeiten, auf die er selbst nicht verzichten will.

Man darf nicht überrascht sein, wenn ein Mensch mit einem unaspektierten Uranus hin und wieder plötzliche Kurswechsel vollzieht, auch in beruflichen Dingen. Er hat ein großes Bedürfnis nach Neuem, nach Abwechslung und Veränderung. Auch wenn er unruhig und angespannt wirkt, fühlt er sich doch mit seinem abwechslungsreichen Leben am wohlsten. Innere Rastlosigkeit und äußere Unruhe gehören bei ihm zusammen.

Neptun

Das Bedürfnis nach Verfeinerung, Perfektionierung, Idealisierung und Auflösung ist neben dem Drang, Grenzen zu verwischen, bei einem unaspektierten Neptun sehr ausgeprägt. Die Äußerungsmöglichkeiten sind sehr weit gefächert. Dieser Neptun kann den Betrüger und Schwindler hervorbringen, denjenigen, der schöne Vorspiegelungen und falsche Versprechungen macht. Zu den positiveren Äußerungsmöglichkeiten zählen ein echtes Interesse an spirituellen und metaphysischen Dingen, an neptunischen Angelegenheiten wie Meditation und Yoga. Möglicherweise verleiht dieser Neptun sogar die Begabung des Hellsehens oder Hellfühlens.

Die Fähigkeit, Dinge zu erspüren, ist stets sehr ausgeprägt, auch wenn der Betreffende damit nichts anfangen kann. Sehr wahrscheinlich wird er von dem fasziniert sein, was er fühlt, erlebt und zu sehen glaubt. Eine gewisse Verunsicherung treibt ihn an, diese Seite seiner Erlebenswelt in Worte zu fassen, zu erforschen und in einen Rahmen zu bringen. Manchmal können sehr tiefe Erkenntnisse durchbrechen, aber ebensogut kann er zu völlig unsinnigen Anschauungen gelangen, denn ein unaspektierter Planet läßt sich nicht festlegen, geschweige denn zwingen. Ein nicht aspektierter Neptun kann auf neptunischen Gebieten Großes leisten; ein Musiker mit einem solchen Neptun wird zum Beispiel ein Stück so interpretieren, daß er das Empfinden der Zuhörer unmittelbar anspricht, und ein Magnetiseur wird durch diesen Neptun sofort spüren, wo das Problem liegt.

Ein unaspektierter Neptun verleiht oft eine üppige Phantasie, eine reiche Traumwelt und einen großen Reichtum an inneren Bildern. Möglicherweise sehen solche Menschen mehr als der Durchschnittsmensch. Es gibt Menschen mit einem unaspektierten Neptun, die die Aura anderer Menschen wahrnehmen können. Natürlich ist dies auch mit einem aspektierten Neptun möglich. Es soll damit nur gesagt werden, daß die Wirkung eines unaspektierten Planeten keineswegs geringer zu sein braucht als diejenige eines aspektierten. Bei einem nicht aspektierten Neptun besteht immer die Tendenz, daß sich die Wirklichkeit in subtiler Weise mit Phantasie vermischt. Dies ist hilfreich, wenn man Romane schreibt, während es im Alltag eher hinderlich ist.

Weiterhin sind Menschen mit einem unaspektierten Neptun fähig, in bestimmten Situationen unbewußt auflösend oder unterminierend zu wirken, indem sie ohne Absicht Dinge verfälscht darstellen oder aber in einem weniger konkreten Sinn Dinge in einer bestimmten Atmosphäre schildern, eigene Traumbilder mit wirklichen Ereignissen verwechseln oder in sonstiger Weise Verwirrung stiften. Das übrige Horoskop muß erweisen, ob und inwieweit dies zutrifft; jedenfalls beinhaltet ein unaspektierter Neptun immer die Gefahr, daß der Blick für die Grenzlinie zwischen Phantasie und Wirklichkeit getrübt ist.

Pluto

Wenn Pluto unaspektiert steht, wird er seinem Drang nach Macht, den er symbolisiert, unmißverständlich und doch oft in einer ganz subtilen Weise frönen. Dies geht stets mit einem gewissen Hang zu Manipulationen einher, der nicht direkt nachzuweisen ist, von der Umgebung aber doch deutlich wahrgenommen wird. Ein unaspektierter Pluto kann seinen Willen durchsetzen, ohne daß man ihn als herrisch bezeichnen könnte.

Pluto als die Kraft, die verdrängte und verborgene Inhalte an die Oberfläche bringt, um einen Heilungsprozeß zu beschleunigen, fördert aspektlos ebenfalls unbewußtes Material zutage, ohne jedoch damit etwas anfangen zu können. Er ist ja nicht mit anderen psychischen Inhalten verbunden und deshalb nur auf Umwegen in der Lage, zu seinen eigenen Problemen vorzudringen. Dadurch ist ein unaspektierter Pluto ebenso anfällig für

Ängste wie Saturn, wenn auch aus einem anderen Blickwinkel. Pluto sieht Dinge, die er zum Vorschein gebracht hat, sehr wohl. Er sucht intensiv nach Werkzeugen, mit denen er die Probleme anpacken kann, muß aber feststellen, daß er über diese Werkzeuge nicht verfügt. Andere Planeten müssen auf Umwegen (indem sie ihm beispielsweise durch den Widerstand der Umgebung die Stirn bieten) diese Aufgabe übernehmen, was natürlich einige Zeit dauern kann. Die vorübergehende Folge hiervon können Ängste und Phobien sein, was wiederum zu verschiedenen Zwangshandlungen und neurotischen Zügen führen kann.

Andererseits kann Pluto, eben weil er sich so intensiv für alles Verdrängte interessiert, sehr gute Möglichkeiten bieten, die unbewußten Facetten des Lebens zu erkunden. Menschen mit einem unaspektierten Pluto können anderen, die Ängste haben, oft Ruhe geben und ihnen helfen. Sie wissen selbst nur zu gut, wie es ist, wenn man immer wieder auf Kriegsfuß mit sich selbst steht. Pluto ist an sich schon ein schwieriger Planet für das Bewußtsein: Das Ich läuft Gefahr, von unbewußten Inhalten überflutet zu werden, die Pluto an die Oberfläche bringt. Wenn man sich mit solchen Inhalten identifiziert, kann dies zu Machtkomplexen führen (»Ich bin der Beste«) oder zu einer sogenannten Manna-Persönlichkeit, aber auch Anlaß zur Selbstzerstörung sein. Dies braucht nicht im wörtlichen und negativen Sinn zu sein. Ein unaspektierter Pluto ist in der Lage, an einem bestimmten Punkt in seinem Leben das Ruder so drastisch herumzuwerfen, daß eine echte Transformation eintritt. Dies geht allerdings immer mit einem Schock oder plötzlichen intensiven Erfahrungen einher.

Pluto ist der Planet, der uns unser tiefstes Inneres zeigt. Wenn er unaspektiert ist, dann kommt früher oder später, ob man dies will oder nicht, das Unterste zuoberst. Dies kann eine tiefe Erkenntnis mit sich bringen, doch erfordert dies auch einen zeitweiligen Balanceakt am Rande des Abgrunds.

Kapitel 6

Aspektfiguren und vorherrschender Aspekttyp

Der vorherrschende Aspekttyp

Wenn man in einem Horoskop alle Aspekte eingetragen hat, stellt man manchmal fest, daß ein bestimmter Aspekt vorherrscht. Das Horoskop könnte auffällig viele Sextile und relativ wenig andere Aspekte haben. Das Horoskop wird dann durch den Charakter dieses Aspekts getönt, jedoch nur dann, wenn dieser Aspekt ein klares Übergewicht hat. Bei drei Trigonen und vier Sextilen könnte man nicht von einem typischen »Sextilhoroskop« sprechen. Daher sind längst nicht alle Horoskope von einem bestimmten Aspekttyp geprägt. Wenn jedoch ein Übergewicht eines bestimmten Aspekts besteht, muß dieses bei der Analyse berücksichtigt werden. Im übrigen sollte man diesem Element nicht zuviel Gewicht beimessen – es ist eine Verfeinerungsmöglichkeit, nicht mehr und nicht weniger.

Es ist nicht schwierig, eine solche Verfeinerung durchzuführen, wenn man sich über die Bedeutung der betreffenden Aspekte im klaren ist:

- Die *Konjunktion* als beherrschender Aspekttyp veranlagt in dem Betreffenden viele Möglichkeiten und viel Kraft. Es besteht die Möglichkeit einer gewissen Einseitigkeit, während der Horoskopeigner andererseits durch die Kraft der Konjunktion eine große Zielstrebigkeit erlangt.
- Wenn das *Sextil* der dominante Aspekt ist, sind viele Veranlagungen vorhanden. Es ist grundsätzlich ein harmonischer Aspekt, wobei jedoch die entsprechenden Fähigkeiten erst noch entwickelt werden müssen. Dies kann anfänglich mit einigem Zweifel an den eigenen Fähigkeiten verbunden sein. Daher sind bei einem Überwiegen von Sextilen oft Zweifel zu beobachten.

- Wenn das *Quadrat* der beherrschende Aspekt ist, ist dies zunächst ein Hinweis darauf, daß der Betreffende in seinem Leben auf etliche Schwierigkeiten stoßen wird, doch gehört er nicht zu denjenigen, die den Weg des geringsten Widerstandes wählen. Dadurch kann er eine gewisse Kraft entwickeln. Bei einem Vorherrschen von Quadraten besteht die Gefahr, daß man Kräfte und Verhältnisse nicht richtig einschätzt, wodurch es manchmal Scherben gibt, aber es sind zugleich die Energie und der innere Drang vorhanden, Probleme anzupacken.
- Wenn das *Trigon* der häufigste Aspekt ist, geht das Leben einen relativ ruhigen Gang. Vieles fällt einem ohne eigene Anstrengung in den Schoß. Für den Betreffenden ist dies recht angenehm. Er kommt gut an, trifft kaum auf Widerstand, kann etwas. Die Kehrseite ist jedoch, daß das Horoskop durch das Überwiegen der Trigone spannungsarm wird, wodurch eventuelle Spannungen bei Progressionen (die zwar nur vorübergehender Art sind, aber dem Betreffenden sehr zu schaffen machen) sehr schlecht ertragen werden. Nicht selten brechen Menschen mit vielen Trigonen schneller zusammen als Menschen mit vielen Quadraten. Letztere sind ja an Spannungen gewöhnt und haben durch die Quadrate auch die Mittel zur Hand, um dies aufzufangen und anzugehen. Menschen mit vielen Trigonen im Horoskop leben oft behaglich, doch besteht die Gefahr, daß sie kindlich bleiben, weil alles viel zu einfach geht, so daß kaum ein Wachstum stattfindet. Bequemlichkeit ist daher ein häufiges Merkmal von Trigon-Horoskopen.
- Mit *Opposition* als vorherrschendem Aspekt neigt man dazu, sich immer zuerst gegen dasjenige zu stellen, womit man sich konfrontiert sieht. Dies kann alles mögliche sein: Freunde, Feinde, Ideen, aber auch das eigene Tun und Lassen und alles, was aus dem eigenen Inneren nach oben drängt. Dieser Typus macht daher auch den Eindruck, sich immer querzulegen, gegen den Strom schwimmen zu wollen und buchstäblich zu opponieren. Weil eine Opposition zwei Seiten hat, kommen Menschen mit solchen Aspekten um die andere Seite nicht herum. Ihr Problem ist ein Entscheidungsproblem, weil beide Seiten ihr Gewicht in die Waagschale werfen. Wenn jemand

sich für die eine Seite entscheidet, dann wählen sie die andere, damit das Gleichgewicht gewahrt bleibt und sie beide Standpunkte in ihrem ganzen Umfang sehen können. Auch die anfängliche Quertreiberei entspringt bei diesen Menschen unbedingt einem Gleichgewichtsbedürfnis. Die Opposition ist aber ein Spannungsaspekt, weshalb sie bei den Betreffenden und nicht selten auch bei anderen Spannung und Unsicherheit weckt. Wo Menschen mit einem Quadrathoroskop vielleicht schon aufgrund der Akutheit des Quadrats aktiv werden, halten sich Menschen mit einem Oppositionshoroskop wegen ihrer Zweifel viel länger mit dem Problem auf.

Auch bei den Nebenaspekten kann man prüfen, ob einer von ihnen überwiegt. Allerdings sollte man mit Aussagen aufgrund der Nebenaspekte sehr zurückhaltend sein, weil über ihre Bedeutung große Uneinigkeit herrscht. Die Hauptaspekte dagegen liefern ein Bild, mit dem man recht gut arbeiten kann.

Aspektfiguren

Nicht nur das gehäufte Auftreten eines bestimmten Aspekts kann auffällig sein, sondern auch das Vorliegen bestimmter Muster. Auch solche Muster bieten die Möglichkeit einer weiteren Verfeinerung der Deutung. Die wichtigsten sind:

a) Das Stellatium

Wenn vier oder mehr Planeten in einem Zeichen oder Haus stehen, spricht man von einem Stellatium. Das Zeichen oder Haus, das ein solches Stellatium enthält, spielt eine wichtige Rolle für den Charakter und kann in manchen Fällen andere wichtige Inhalte des Horoskops übertönen. So wird ein Wassermann-Geborener mit einem Stellatium im Steinbock auffällig viele Steinbock-Züge in seinem Wesen haben, wodurch seine Sonne im Wassermann in den Hintergrund tritt. Regeln, Gesetze, Strukturen und Formen spielen in der Lebenswelt eines solchen Menschen eine viel größere Rolle, als man bei einem Wassermann erwarten würde.

Ein Stellatium bedeutet immer sehr viel Kraft. Nicht selten bildet es eine einzige große Konjunktion, sei es direkt, sei es durch den Übertragungseffekt (wenn Planet A in Konjunktion mit B und B in Konjunktion mit C steht, aber A aufgrund des Orbis nicht mehr mit C, dann beeinflussen A und C einander durch die Vermittlung von B trotzdem noch indirekt). Ein Stellatium bezeichnet daher auch oft eine Begabung, eine besondere Fähigkeit und/oder eine große Zielstrebigkeit, deren Kehrseite möglicherweise Einseitigkeit oder fixe Ideen sind oder auch eine »Scheuklappen-Sicht« der Dinge. Menschen mit einem Stellatium haben wegen ihrer zielgerichteten Sichtweise in aller Regel Schwierigkeiten, Kompromisse zu schließen. Dabei sind diese Menschen wegen ihrer gebündelten Energie zu großen Leistungen fähig.

b) Das T-Quadrat

Ein T-Quadrat wird von mindestens drei Planeten gebildet, wenn zwei von ihnen in Opposition zueinander und im Quadrat zum dritten stehen. Planeten können nur dann ein T-Quadrat bilden, wenn sie im selben Kreuz stehen. Man unterscheidet daher zwischen einem kardinalen, einem fixen und einem veränderlichen T-Quadrat. Je kleiner der Orbis ist, desto stärker ist die Wirkung des T-Quadrats.

Das T-Quadrat gehört nicht zu den einfachsten Figuren. Es bringt sehr viel Spannung und Unruhe mit sich und verleiht dem Horoskop eine erhebliche Schubkraft. Es scheint, daß man mit einem T-Quadrat die Energie, für die es steht, ausdrücken »muß«. Man ist viel und intensiv damit beschäftigt, ob man will oder nicht. Andererseits kann man damit sehr viel erreichen – es ist eine der dynamischsten Konfigurationen. Es liegt im Wesen der vorliegenden Aspekte, daß der Konflikt selbst viel Energie aufzehrt, die daher nicht für das eigentliche Ziel zur Verfügung steht, und daß man unangemessen auf Impulse reagiert. Dieses Problem ist nicht so einfach zu bewältigen und beschäftigt den Betreffenden einen erheblichen Teil seines Lebens. Es führt zu unerfreulichen Erfahrungen, frustriert und sorgt dadurch für ständige Unruhe. Und doch können die Energie, die Aktivität und das Verlangen nach Harmonie (Quadrate in Kombination mit einer Opposition) sowie die Tendenz des T-Quadrats zu Überkompensation und Betonung den Betreffenden auch über den Durchschnitt hinausheben. Viele begabte Menschen, die den Drang in sich verspüren, etwas mit ihren Talenten zu tun, haben ein T-Quadrat im Horoskop.

Die genannten Wirkungen werden immer vorhanden sein, doch werden sie durch folgendes modifiziert:

- Das Kreuz, in dem sich das T-Quadrat befindet.
  Das kardinale Kreuz verleiht die meiste Aktivität und das Bedürfnis, die im T-Quadrat liegenden Probleme durch soziale oder gesellschaftliche (auch politische) Aktivität aufzulösen. Menschen mit einem starken kardinalen T-Quadrat brauchen niemanden, um in Bewegung zu kommen. Sie stoßen sich meist selbst zu Aktivitäten an und sind sehr unternehmungslustig. Ungeduld zählt zu ihren häufigsten Eigenschaften.
  Das fixe Kreuz wirkt eher konservierend, und Menschen mit einem fixen T-Quadrat besitzen die besondere Fähigkeit, dasjenige zu bewahren und fortzuführen, wozu das kardinale T-Quadrat Anlaß gab. Bei Problemen kann sich das fixe T-Quadrat weniger leicht von der Spannung lösen, wiederkäut mehr und erlebt dadurch intensiver. Das fixe T-Quadrat ist mehr nach innen gerichtet und hat manchmal die Neigung zum Brüten. Aber auch wenn es nach innen angespannt und nervös ist, wirkt es nach außen sehr stabil und unbeirrbar. Solche Menschen machen oft einen tyrannischen und egoistischen Eindruck – und manchmal sind sie das auch.
  Willenskraft und Beharrlichkeit sind bei einem fixen T-Quadrat besonders groß. Fixe Zeichen sind nicht die schnellsten – ein fixes T-Quadrat kommt relativ langsam in Gang, aber wenn es einmal in Fahrt ist, kann nichts es mehr so leicht aufhalten. Für Arbeiten, die konzentrierte Energie und Konstruktivität über einen langen Zeitraum erfordern, ist ein fixes T-Quadrat ideal. Die äußere Unbeirrbarkeit ergibt in Verbindung mit der inneren Unsicherheit doch einen besseren Blick auch für andere Dinge, die man normalerweise bei einem fixen Kreuz

nicht erwarten würde. Die Anpassungsfähigkeit eines fixen T-Quadrats kann manchmal ganz beachtlich sein.
Das veränderliche T-Quadrat betont die Beweglichkeit in allen Facetten. Die Ruhelosigkeit des T-Quadrats wird hier nochmals verstärkt. Veränderliche Zeichen schieben die Probleme oft vor sich her. Sie sehen sie durchaus, haben aber oft die Vorstellung, daß sie die Probleme schon gelöst hätten, sobald sie sie wahrgenommen haben. Sie dringen oft nicht in ihrem ganzen Umfang zu ihnen durch, weil sie ihnen weniger Aufmerksamkeit widmen. Durch ihre Beweglichkeit sind sie auch nicht leicht »festzunageln«. Wenn ihnen der Ernst einer Situation bewußt wird, packen sie kräftig an. Es ist ein Charakterzug des veränderlichen Kreuzes, daß es sich Auswege schafft. Die Gefahr beim veränderlichen T-Quadrat liegt darin, daß ein Problem durch Irrwege nicht wirklich gelöst wird. Seine Art, Probleme anzugehen, wirkt oft unstet.

- Den Planeten an der Spitze des T-Quadrats, den Apex-Planeten.
  Beim T-Quadrat ist die Gesamtsituation dieses Planeten zu berücksichtigen: das Wesen dieses Planeten, seine Plazierung in Zeichen und Haus und seine Herrschaft über eines oder mehrere andere Häuser im Horoskop. Auch die weitere Aspektierung dieses Planeten ist wichtig. Jeder Planet hat seine eigene Tönung. Mit diesem Apex-Planeten kann man vieles tun. Er ist der Ausgangspunkt für die Aktivierung des T-Quadrats und neigt am ehesten zu Ausrutschern und Unvorsichtigkeit.
- Die in Opposition befindlichen Planeten.
  Auch diese Planeten (oder Häuserspitzen) müssen berücksichtigt werden und damit auch die Natur der beiden Quadrate und der Opposition, denn keine Opposition ist gleich. Wenn persönliche Plätze wie Aszendent, Himmelsmitte und persönliche Planeten beteiligt sind, dann bezeichnet das T-Quadrat stets etwas Konkreteres, als wenn nur langsame Planeten beteiligt sind. Die Planeten in Opposition geben als Hausherrscher auch Informationen über Art und Verlauf des T-Quadrats, weil die Dispositoren immer auch das Haus, das sie regieren, in den Konflikt hineinziehen.

- Der unbesetzte Oppositionspunkt des Apex-Planeten spielt ebenfalls eine Rolle.
  Dieser unbesetzte Punkt wird sehr oft übersehen. Wenn aber ein Planet durch Progression oder Transit über diesen unbesetzten Punkt geht, dann bricht schlagartig die ganze Problematik des T-Quadrats durch. Dies geht fast immer mit einer Krise oder einschneidenden Veränderungen einher, die sich im nachhinein als notwendig erweisen.

c) Das große Quadrat

Wenn zwei T-Quadrate einander gegenüberliegen, deren Apex-Planeten eine Opposition bilden, so daß vier miteinander verbundene Quadrate und zwei Oppositionen vorliegen, dann spricht man von einem großen Quadrat. In gewisser Hinsicht bedeutet dies eine Erweiterung des T-Quadrats, die eine große Spannung erzeugt, aber zugleich auch ganz besonders aktiv macht. Auch hier liegt nur dann ein großes Quadrat vor, wenn die vier (oder mehr) betroffenen Planeten oder Punkte im selben Kreuz liegen.

Ein großes Quadrat verleiht stets starke innere Spannungen und ein auf Selbstverteidigung gerichtetes Verhalten. Andererseits stellt man oft fest, daß Menschen mit einem großen Quadrat, wenn sie vorübergehend etwas Ruhe haben, mit dieser Ruhe nicht zurechtkommen und sofort beginnen, aktiv oder passiv wieder Spannungen zu erzeugen. Mit einem großen Quadrat geht man wie mit einem viereckigen Rad durchs Leben: holpernd und springend. Jedenfalls gibt es Bewegung, und dies ist längst nicht bei allen Aspektbeziehungen der Fall. Allerdings muß an jeder Weggabelung eine neue Entscheidung getroffen werden, und an jeder Ecke taucht ein neues Problem auf. Deshalb kann und wird ein großes Quadrat nicht den Weg des geringsten Widerstands wählen. Auf dem Weg zu seinem Ziel muß der Betreffende viel Energie aufwenden, um die verschiedensten äußeren und inneren Widerstände zu überwinden. Er hat allerdings auch die Kraft dazu.

Wenn jemand mit einem großen Quadrat dieser Spannung Richtung zu verleihen versteht, dann bieten sich ihm eine Fülle von Entfaltungsmöglichkeiten. Auch bei der Nutzung dieser

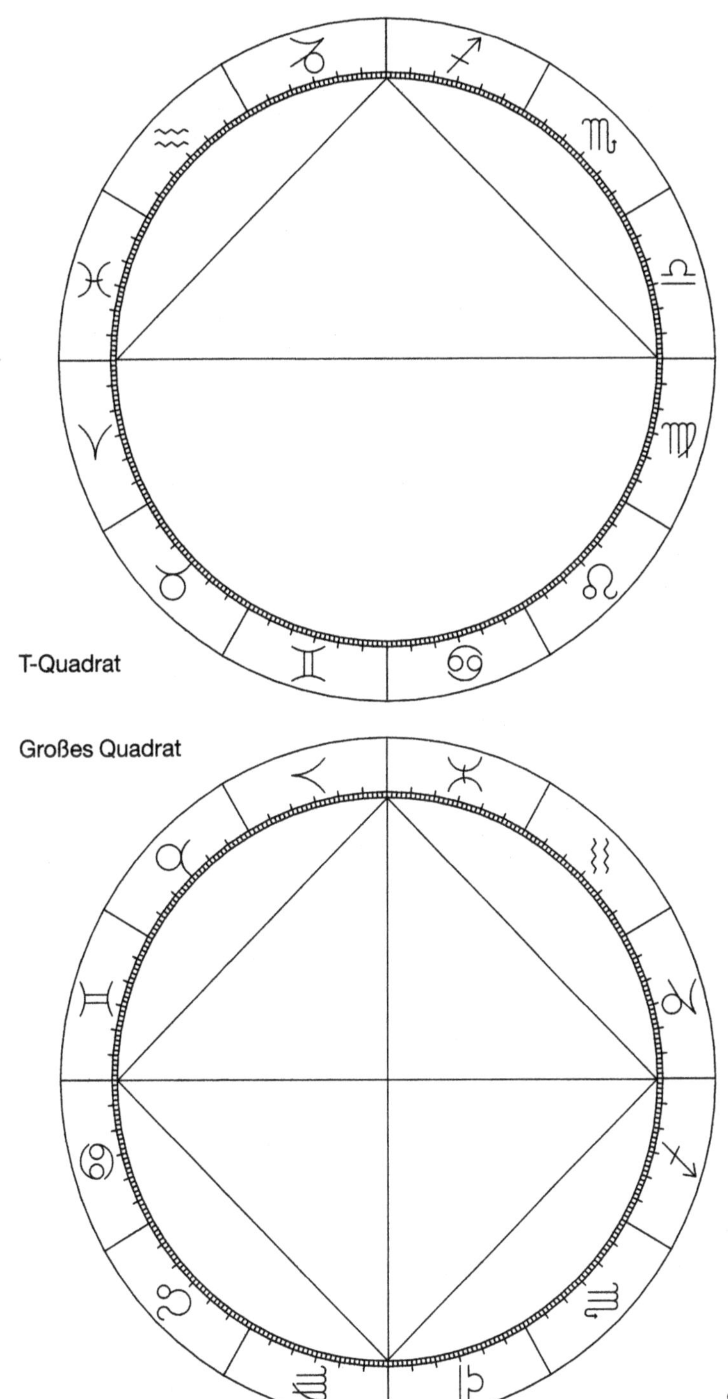

T-Quadrat

Großes Quadrat

Möglichkeiten wird er nicht den Weg des geringsten Widerstands wählen, sondern aktiv etwas unternehmen und die verschiedensten Gesichtspunkte berücksichtigen.

Menschen mit einem großen Quadrat haben oft das Gefühl, daß von allen Seiten an ihnen gezerrt wird und daß sie ständig hin und her geschleudert werden. Dies kann nach außen hin zu widersprüchlichen Reaktionen führen und dadurch den Eindruck der Unberechenbarkeit erwecken. Allein dies erzeugt schon in der Umgebung Spannungen, um so mehr, als die Neigung besteht, immer gerade das Falsche zu tun. Menschen mit einem großen Quadrat denken oft erst nach, nachdem sie etwas unternommen haben, vor allem beim kardinalen und veränderlichen Kreuz. Das fixe Kreuz scheint besonnener zu sein, doch brodelt es bei ihm mehr im Inneren. Man muß also auch hier das Kreuz berücksichtigen (siehe T-Quadrat, Seite 89).

Einen Apex-Planeten gibt es hier nicht, oder es gibt eigentlich vier, denn man kann jeden von ihnen den Apex seines jeweiligen T-Quadrats nennen. Jeder der vier Punkte des großen Quadrats ist deshalb wichtig, und Transite und Progressionen über jeden der vier Punkte setzen das Rad in Bewegung.

d) Das große Trigon

Wenn in allen drei Zeichen eines Elements ein Planet steht und die drei Planeten ein Trigon miteinander bilden, dann spricht man von einem großen Trigon.

Beispiel: Mars in Widder Trigon Sonne in Löwe und beide wiederum Trigon Mond im Schützen. Hier liegt ein großes Feuer-Trigon vor. Wie beim T-Quadrat und dem großen Quadrat der Hintergrund der Kreuze für die Wirkung maßgeblich ist, so ist dies beim großen Trigon das Element.

Bei einem großen Trigon hat man das Gefühl, daß man bezüglich der jeweiligen Inhalte mit allem sehr gut zurechtkommt und auf wenig Widerstand trifft und daß man relativ viel Glück hat. Oft zeigt das große Trigon auch Talente und Begabungen an, doch muß man andererseits auch die Nachteile des großen Trigons überwinden, nämlich Trägheit, Bequemlichkeit und Konfliktscheu.

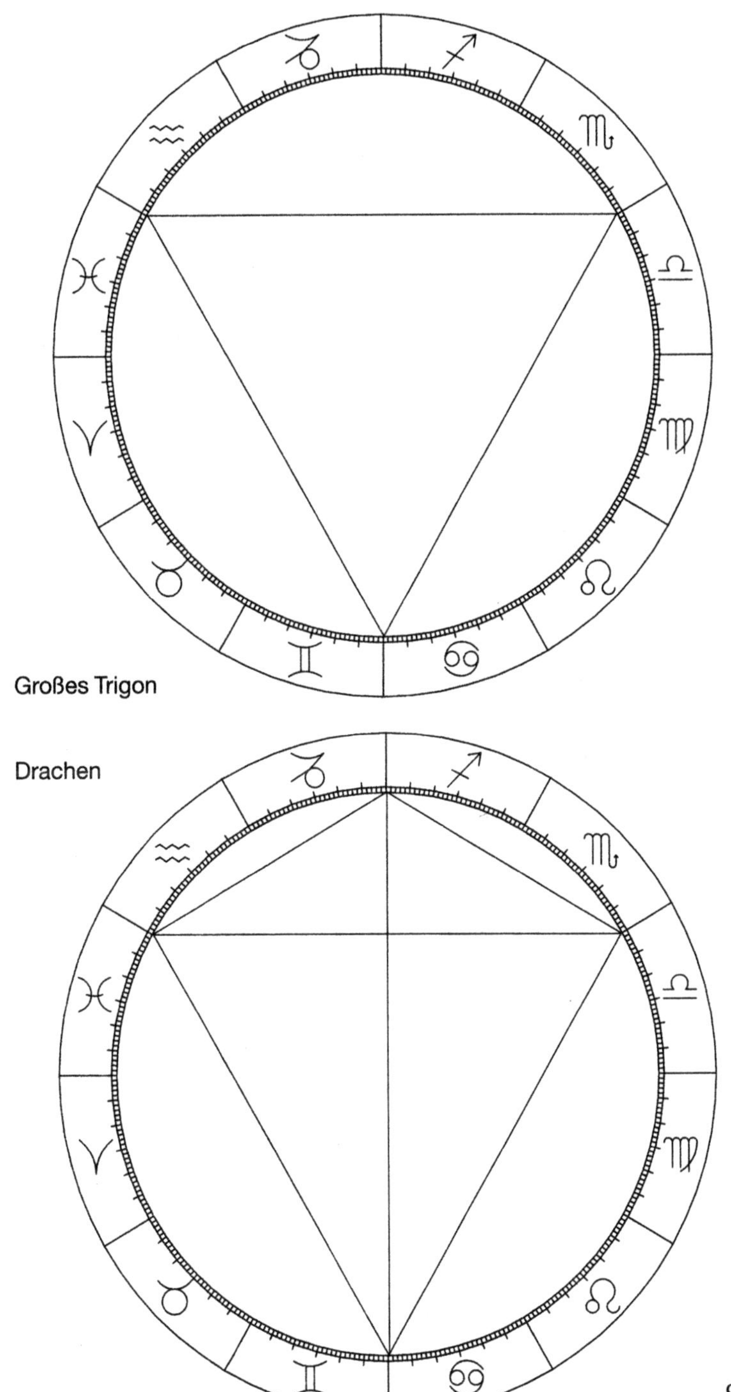

Großes Trigon

Drachen

Das große Trigon bildet einen Ruhepunkt im Horoskop, ein Stück von einem selbst, auf das man sich in Zeiten von Spannungen und Schwierigkeiten stützen kann. Das Element zeigt dabei an, in welcher Weise man das tut. Feuer läßt mit großem Schwung zu Werke gehen und Aktivitäten entfalten. Erde läßt den Betreffenden sich auf seine konkrete sichere Basis zurückziehen und möglicherweise buchstäblich mit »Erde« arbeiten (Kunst, Blumenbinden, Gärtnern usw.). Luft betont die Beschäftigung mit Kommunikation, Kontakte und Austausch, Denken und vielleicht auch Lesen; und Wasser verleiht die Tendenz, sich in das eigene Gefühlsleben oder die eigene Traumwelt zurückzuziehen, Musik zu hören und sich in eine andere, für niemanden zugängliche Sphäre zurückzuziehen.

Dennoch ist ein großes Trigon nicht völlig problemlos, und sei es nur deshalb, weil dem Betreffenden bestimmte Dinge so leicht von der Hand gehen, daß er sich nicht vorstellen kann, daß andere damit Probleme haben könnten. So kann ein großes Feuer-Trigon überaus stimulierend sein, doch kann die überreichlich vorhandene Energie auf die Umgebung sehr ermüdend wirken, der es nicht gelingt, gleichwertigen Kontakt mit dieser Energie aufzunehmen.

Natürlich muß man auch beim großen Trigon das Wesen der Planeten, ihre Plazierung in den Häusern, ihre sonstigen Aspekte und ihre Zeichenherrschaft betrachten und die Interpretation dieser Grundkonstellation darauf abstimmen.

e) Der Drachen

Wenn bei einem großen Trigon ein weiterer Planet in Opposition zu einem der betreffenden Planeten und im Sextil zu den beiden anderen Planeten steht, spricht man von einem Drachen. Der außerhalb des großen Trigons an der Spitze des Drachens liegende Planet spielt bei dieser Aspektfigur eine ganz besondere Rolle. Die Opposition bringt eine gewisse Spannung in diese so ruhige Trigon-Figur, wodurch Menschen mit einem Drachen im Horoskop eher den Antrieb haben, etwas zu unternehmen, als solche mit einem großen Trigon. Man kann daher den Drachen als ein aktives großes Trigon interpretieren, wobei der Apex-Planet der »Motor« der Aktivität ist. Ein Drachen verleiht eine glückliche Hand bei der Lösung von Problemen, weshalb diese Figur im Ruf steht, Dinge stets zu einem guten Ende zu bringen.

f) Das große Sextil

Es gibt zwei Formen eines großen Sextils. Man spricht oft von einem großen Sextil, wenn Planet A im Sextil zu Planet B einerseits und Planet C andererseits und B und C im Trigon zueinander stehen. Dies ist streng genommen nicht richtig. Ein großes Sextil ist eigentlich nur die seltene Konstellation von sechs miteinander verbundenen Sextilen, so daß auch drei Oppositionen bestehen. Es ist aufgrund der Kombination von harmonischen Sextilen und disharmonischen Oppositionen eine eigentümliche Konstellation. Die an sich positiven, aber nur schwach wirkenden Sextile bezeichnen, wie schon in Kapitel 1 dargestellt, ein großes Potential, doch muß sich der Betreffende seiner Möglichkeiten erst bewußt werden und sie sich erarbeiten. Bei einem Sextil gibt es zwar wenig Hindernisse, aber die Dinge treten auch nicht von selbst ein. Daher können beim großen Sextil Zweifel sehr im Vordergrund stehen.

Darüber hinaus hat man es bei dieser Aspektfigur ja nicht nur mit sechs Sextilen, sondern auch mit drei Oppositionen zu tun, und die Opposition ist der Aspekt des Zweifels. Die Folge ist oft Unsicherheit. Man findet deshalb beim großen Trigon eine Mischung aus Suchen, Zweifeln und Entscheidungsproblemen einerseits und andererseits – vor allem durch die disharmonischen Oppositionen – eine Art Drachenwirkung: Die Ruhe der Sextile wird gestört und das Sextil zum Handeln angespornt. Das bedeutet, daß man, wenn Zweifel und Unsicherheit einmal überwunden sind, mit einem großen Sextil viel erreichen kann: Man kann mit Hilfe dieser Konstellation lernen, seinen Lebensweg harmonisch zu gestalten, was – und sei es nach einigem Straucheln – in der Regel auch gelingt.

Die Zielstrebigkeit des Drachens ist größer als diejenige des großen Sextils, während andererseits die Atmosphäre des großen Sextils freundlicher und weniger auffällig ist.

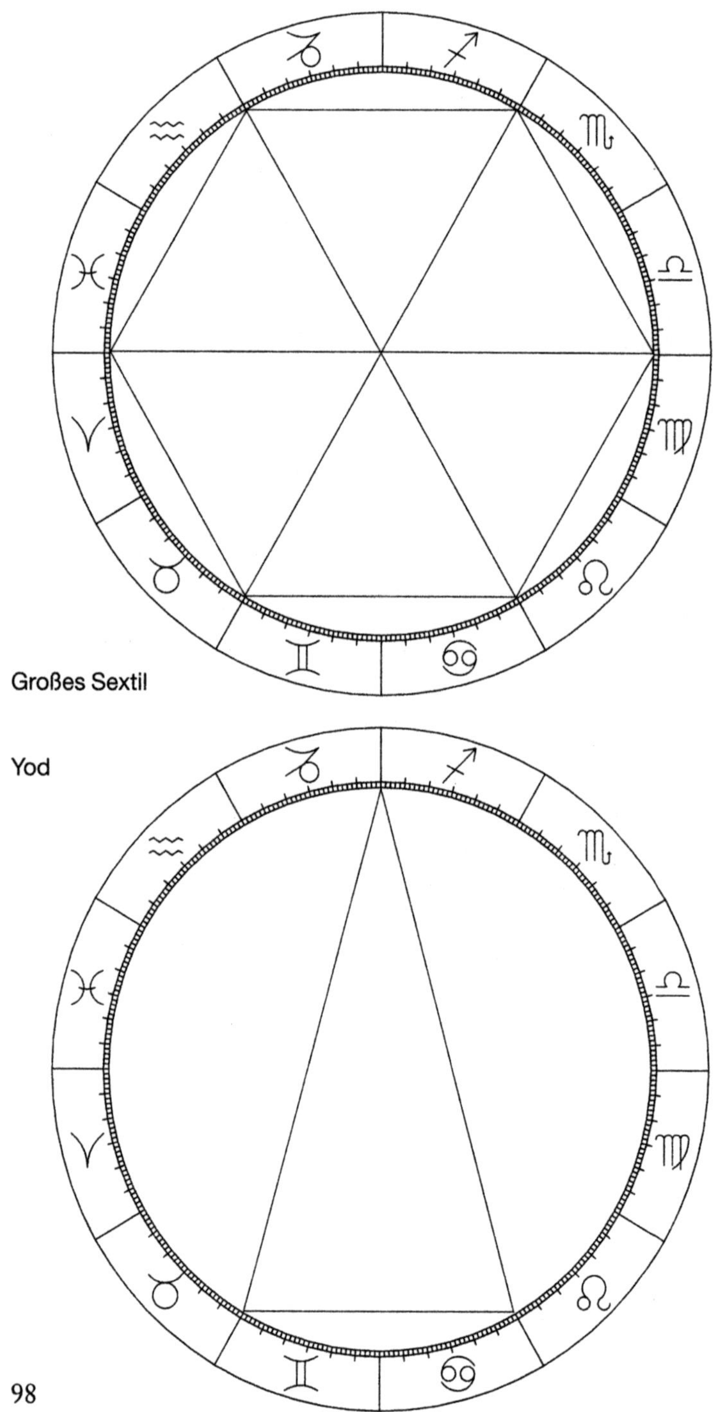
Großes Sextil
Yod

g) Die Yod-Figur

Eine Figur, die noch von vielen übersehen wird, ist die doch so wichtige Yod-Figur. Diese wird gebildet von einem Apex-Planeten, der im Quinkunx zu weiteren Planeten steht, die miteinander ein Sextil bilden. Die Yod-Figur wird auch der »Fingerzeig Gottes« genannt, eine Bezeichnung, die Carl Leipert nach der Untersuchung dieses Musters einführte. Er kam zu dem Schluß, daß die Yod-Figur wie ein Finger auf die eigene Bestimmung hinweist, und zwar in einer sehr deutlichen Weise.

Wenn man die Yod-Figur in der Direktion betrachtet, dann findet man bei seiner Auslösung oft einschneidende Veränderungen im Leben des Betreffenden, die selbst seine Persönlichkeit nicht unberührt lassen. Oft ist dies der Beginn großer innerer Veränderungen, die zur Folge haben, daß man den eigenen Weg durch das Leben viel sicherer beschreitet.

Die beiden Quinkunxe machen die Yod-Figur zu einem schwierigen Gebilde. Ein Quinkunx verbindet Planeten in einer Weise, die viel Unsicherheit mit sich bringt und eine eigentümliche Spannung erzeugt. Diese Spannung läßt sich vielleicht am besten als eine gewisse Unruhe und ein vages »Hungergefühl« beschreiben, ein Verlangen nach etwas, das man nicht kennt, eine Suche nach etwas noch Unbestimmtem. Kepler nannte diesen Aspekt »scharf trennend«, und dies gilt wohl insbesondere im Hinblick auf unsere Empfindung der Einheit: Bei einem Quinkunx und erst recht der Yod-Figur ist diese Empfindung der Einheit verlorengegangen, und man verspürt ein schmerzliches Verlangen nach etwas Ungreifbarem.

Das Sextil an der Basis erweist sich in der Praxis weder als Ruhepunkt noch als Stütze. Das Sextil ist ja nicht nur ein harmonischer Aspekt, sondern auch ein Aspekt des Zweifels, und im Zusammenhang mit einer so spannungsbetonten Figur steht zweifellos dieses Element des Zweifels im Vordergrund.

Bei der Yod-Figur hat man es mit zwei unterschiedlichen Quinkunxen zu tun, und zwar weniger was die betreffenden Planeten anbelangt als vielmehr hinsichtlich des unterschiedlichen Elementhintergrunds, da bei einem der beiden Quinkunxe stets miteinander unverträgliche Elemente vorliegen. Ein Beispiel: Ein

Apex-Planet im Zeichen Widder bildet ein Quinkunx auf Jungfrau und Skorpion. Der Schenkel der Yod-Figur zwischen Widder (Feuer) und Jungfrau (Erde) verbindet dabei unverträgliche Elemente miteinander. Das andere Quinkunx führt ebenfalls zu Problemen, doch stehen Wasser und Feuer einander weniger unversöhnlich gegenüber als Erde und Feuer. Deshalb gibt es in der Yod-Figur auch einen Schwerpunkt: Der Elementhintergrund ist, wie wir schon in Kapitel 2 sahen, dafür verantwortlich, daß das eine Quinkunx eine stärkere Spannungswirkung hat als das andere, auch wenn beim Quinkunx immer eine gewisse Dissonanz zwischen den Planeten in den Zeichen besteht.

Wichtig ist also bei der Yod-Figur, daß sie zwei Quinkunxe enthält, von denen das eine schwieriger ist, nämlich dasjenige zwischen gegensätzlichen Elementen, als das andere, das aber ebenfalls durch die Art der Aspektierung Unverträglichkeit, Unverständnis und Spannung anzeigt. Der Planet mit dem schwierigeren Aspekt auf den Apex-Planeten bildet auch ein Sextil mit dem anderen Planeten, der selbst ebenfalls einen Spannungsaspekt auf den Apex-Planeten hat; dadurch wird der Sextilaspekt, der beide miteinander verbindet, ebenfalls zum Träger von Spannungen. Ein Planet bekommt ja auch die Färbung aller Aspekte, die er im Radix empfängt. Die drei (oder mehr) in einer Yod-Figur verbundenen Planeten bekommen dadurch eine ganz spezielle Spannung, die in ihrer Intensität mit derjenigen des traditionell als so schwierig bezeichneten großen Quadrats zu vergleichen ist, die aber ungreifbarer und unbegreiflicher bleibt und auch nicht unmittelbar in irgendeiner Aktivität manifestiert werden kann. Andererseits ist gerade der schwierigere Schenkel der Yod-Figur eine der wichtigsten Verbindungen zwischen Bewußtem und Unbewußtem.

Die Planeten der Yod-Figur stehen darüber hinaus noch in drei verschiedenen Kreuzen. Es kommt hierin also auch noch die Spannung zwischen kardinal, fix und veränderlich zum Tragen, wodurch das Ganze noch schwieriger wird.

Oft behindert die Yod-Figur den vollständigen Ausdruck der Persönlichkeit, wobei es den Anschein hat, daß äußere Faktoren immer nur behindernd wirken. Nicht selten manövriert man sich mit einer Yod-Figur in Situationen, durch die man in solche Schwierigkeiten kommt (vor allem innerlich), daß man gezwungen ist, etwas zu unternehmen. In aller Regel nimmt man Dinge in Angriff, wenn die Yod-Figur durch Direktion oder Transit der langsameren Planeten (auch über den unbesetzten Punkt gegenüber dem Apex-Planeten) aktiviert wird. Man tritt dann in eine Phase ein, in der man das Gefühl hat, mit dem Rücken zur Wand zu stehen. Man fühlt sich gehetzt und unter Druck, und oft erlebt man es, daß normalerweise ruhige Menschen (jedenfalls äußerlich) plötzlich heftige Reaktionen zeigen, die man niemals von ihnen erwartet hätte.

Immer findet man bei der Yod-Figur einschneidende Lebenserfahrungen, die zu bedeutsamen und gewichtigen Veränderungen in Lebenshaltung, Persönlichkeitsstruktur, Beziehungen, Arbeit, finanziellen Dingen führen, sei es durch schwere Krankheiten, Unfälle, Konfrontationen mit Kriminalität, aber auch durch besonders glückbringende Umstände. Eines steht bei der Yod-Figur aber fest: Wenn man einmal durch das Tal der Ängste gegangen ist und mit seiner Frustration zurechtzukommen gelernt hat, sie in irgendeiner Weise vielleicht auch ausleben konnte, dann folgt stets eine ruhigere und entspanntere Zeit, in der man lernt, seinem eigenen inneren Kurs zu folgen.

Nicht ohne Grund wird das Yod der »Fingerzeig Gottes« genannt: Oft bezeichnet diese Figur verborgene Gaben und Talente, die erst nach einer Konfrontation an die Oberfläche kommen und auf dem Gebiet der jeweiligen Planeten Einsicht, Harmonie und Verständnis schenken. Die Yod-Figur kann daher auch ein Hinweis auf den Beruf sein.

Kapitel 7
Beurteilung des Aspektgefüges

Worauf man achten muß

Auch wenn jeder Aspekt für sich genommen schon viele Informationen liefert, so muß man doch die Aspekte auch in ihrem Zusammenhang betrachten. Wie wir schon bei den unaspektierten Planeten sahen, hat nicht jeder Planet ohne weiteres einen Ausweg, und selbst das Duett »schwebt« irgendwo im Horoskop. Bei der Beurteilung des Aspektgefüges muß man zunächst überprüfen, ob ein Aspekt einen »Ausweg« hat, ob er also direkt oder indirekt mit Aszendent oder MC verbunden ist, den beiden Ausgängen des Horoskops.

Die Energie eines Planeten hat einen Ausgang, wenn er:

- den Aszendenten aspektiert oder
- das MC aspektiert oder
- im 1. Haus steht oder
- den Herrscher des Aszendenten aspektiert oder
- einen Planeten im 1. Haus aspektiert.

Wenn eine dieser Bedingungen erfüllt ist, ist seine Wirkung sichtbar, und man kann diesen Inhalt durch das eigene Handeln in der Außenwelt kennenlernen. Seine Verbindung mit einem Ausgang eröffnet die Möglichkeit, ihn direkt zum Ausdruck zu bringen und seine Wirkung über den Spiegel, den uns die Außenwelt vorhält, in uns selbst zu integrieren.

Planeten ohne Ausgang sind, auch wenn sie andere Planeten aspektieren, gewissermaßen im Horoskop versteckt; man lernt sie erst im Laufe seines Lebens kennen, wenn sie mehrmals durch Direktionen und Transite ausgelöst und in dieser Weise sichtbar wurden.

Hierbei ist zu beachten, daß der Herrscher des Aszendenten immer einen Ausgang hat. Hier gilt außerdem eine besondere Regel: Wenn einer der beiden Planeten eines Duetts der Herrscher des Aszendenten ist, dann ist er nicht mehr unaspektiert, auch wenn er keine Verbindung mit anderen Planeten hat.

Es ist möglich, daß ein an sich unaspektierter Planet (oder ein Duett) doch einen Ausgang hat, wenn er lediglich einen Aspekt auf einen Ausgang bildet. Ein solcher Planet weist alle Merkmale eines unaspektierten Planeten auf. Da er im Horoskop einen Ausgang hat, kann er diese Unaspektiertheit deutlich nach außen manifestieren. Dies kann zweierlei zur Folge haben: Der Betreffende hat die Chance, den Inhalt durch den Spiegel der Außenwelt etwas schneller kennenzulernen und zu erfahren, als wenn kein Aspekt bestehen würde, und andererseits kann die extreme Äußerung dieses Planeten sich über einen Ausgang um so stärker in der Umgebung manifestieren, wodurch auch dessen schwierige Seite deutlicher zutage tritt – mit allen damit verbundenen Problemen. Ein Ausgang kann die Wahrnehmung des Problems eines unaspektierten Planeten beschleunigen, doch kann durch diese Beschleunigung das Problem auch verschärft werden. Meist stellt man beide Wirkungen im Wechsel fest, je nach der Situation, in der man sich befindet.

Ein Planet oder Aspekt steht niemals für sich allein; daher müssen auch die beiden folgenden Punkte beachtet werden:

a) die Tönung, die ein Planet infolge aller seiner Aspekte bekommt,
b) die Frage, ob ein Aspekt durch andere Aspekte überbrückt wird.

Hinsichtlich des ersten Punkts ist zu sagen, daß jeder Planet seine eigenen charakteristischen Reaktionsmuster und Inhalte hat. Er unterscheidet sich dadurch von allen anderen Planeten. Dieser Inhalt bleibt immer gleich. Merkur bleibt also immer der Planet der Kommunikation, des Sammelns von Informationen, des Ordnens von Tatsachen. Ein Planet wird durch das Zeichen getönt, in dem er steht; dieses Zeichen gibt an, in welcher Weise sich die Wesensmerkmale nach außen manifestieren. Daneben unterliegt ein Planet noch dem Einfluß der Aspekte, die er empfängt. Dies läßt sich am besten anhand eines Beispiels illustrieren.

Der Mond zeigt immer die Haltung an, die man einnimmt, wenn man sich unsicher fühlt. Durch das Mondverhalten versucht man, sein Wohlbefinden wiederherzustellen. Wenn der Mond im Stier steht, neigt man in Augenblicken der Unsicherheit eher dazu abzuwarten, etwas in sich zu gehen und zu versuchen, die Dinge zu verarbeiten. Dies macht nach außen den Eindruck der Verschlossenheit. Mit Mond im Stier beschäftigt man sich vielleicht ein wenig im Garten, bastelt oder tut etwas anderes mit seinen Händen. Man schafft jedenfalls Ruhe um sich. Dies genügt meist, um wieder auf die Beine zu kommen.

Wenn der Mond im Stier dagegen im Quadrat zu Mars und zu Uranus steht, dann entsteht ein Problem. Wegen dieser Spannungsaspekte bewirkt die oben beschriebene Reaktion keine Beruhigung, sondern man wird sich im Gegenteil seiner Spannungen noch schmerzlicher bewußt. Das Quadrat zu Mars spornt zu Taten an. Im schlechtesten Fall äußert sich dies als Aggressivität, im besten Fall in sportlicher Betätigung, wobei es alle Zwischenformen gibt. Das Quadrat zu Uranus macht angespannt, ruhelos, nervös, erfinderisch. Dies kann sehr schöpferisch wirken, doch nützt dem Mond im Stier dies überhaupt nichts, wenn er zur Ruhe kommen will. Er braucht Ruhe und Besinnung. Die vom Mond gebildeten Aspekte schenken aber in Augenblicken der Unsicherheit keine Ruhe, weshalb eher damit zu rechnen ist, daß er noch unruhiger und angespannter wird. Der Mond nimmt also nicht nur die Tönung des Zeichens an, in dem er sich befindet, sondern steht auch unter dem Einfluß seiner Aspektierungen. Natürlich kann man mit solchen Spannungsaspekten viel Schöpferisches tun, doch ändert dies nichts daran, daß man nur über Unruhe und Anspannung damit umzugehen lernt.

Auch Aspekte selbst können unter dem Einfluß anderer Aspekte stehen, die sowohl unterstützend als auch hemmend wirken können. Bei schwierigen Aspekten ist immer ein Ausgleich möglich, und sei es durch das Horoskop eines anderen Menschen. Letzteres gehört nicht direkt zur individuellen Charakterdeutung, doch ist es sicher sinnvoll, an dieser Stelle bereits auf diese Möglichkeit hinzuweisen.

So repräsentiert beispielsweise eine Opposition zwischen zwei

Planeten ein Spannungsfeld im Horoskop. Wenn nun ein dritter Planet im Trigon zu dem einen Punkt und im Sextil zum anderen Punkt der Opposition steht, dann bewirkt dieser Planet gewissermaßen eine Überbrückung. Häufig zeigt dieser Planet an, mit Hilfe welcher Aktivitäten der Betreffende zu mehr Entspannung gelangen kann. Man darf daher nicht nur die Opposition als solche betrachten, sondern muß auch den möglichen Ausgleich durch die harmonischen Aspekte einbeziehen. Die Oppositionswirkung wird dadurch natürlich nicht aufgehoben.

Oft bietet das eigene Horoskop diesen Ausgleich nicht. Hier kann dann das Horoskop eines anderen Menschen hilfreich sein, wenn am betreffenden Punkt von dessen Horoskop ein Planet, Aszendent oder MC stehen. Vor allem persönliche Planeten und Jupiter sind in einem solchen Fall sehr hilfreich. Oft stellt man fest, daß die Horoskope von Freund, Freundin und/oder Partner(in) solche Ausgleichspunkte für das eigene Horoskop enthalten, weshalb man sich in ihrer Nähe entspannter fühlt, da die angespannte Energie des eigenen Horoskops über deren Horoskop einen entspannten Ausweg findet.

Es gibt natürlich auch den umgekehrten Fall, daß nämlich an einem Spannungsaspekt im eigenen Horoskop noch ein weiterer Spannungsaspekt anschließt. Dann erhält man Figuren wie das T-Quadrat oder das große Quadrat.

Ebenso können »entspannte« Aspekte wieder an weitere entspannte Aspekte anschließen. Dies bietet einerseits Ruhe, spornt jedoch andererseits nicht zu besonderer Aktivität an, weshalb es günstig ist, wenn ein disharmonischer Aspekt auf einen Planeten besteht, der im übrigen harmonisch aspektiert ist. So kommt Bewegung in das Ganze, und man wird zu Taten angespornt.

Ein Horoskop mit lauter harmonischen Aspekten ist daher nicht nur positiv zu sehen, denn die Kehrseite ist die Gefahr eines (psychischen) Stillstands und einer zu geringen Persönlichkeitsentwicklung. Die besten Wachstumsmöglichkeiten bietet am ehesten ein Horoskop mit einer Mischung aus spannungsarmen und spannungsbetonten Aspekten. Natürlich muß man wiederum das Bild, das sich aus dem Aspektgefüge ergibt, vor dem Hintergrund der Elemente- und Kreuzeverteilung und der Zeichen- und Häuserstellung der Planeten betrachten, da auch dies wiederum eine Nuancierung ermöglicht. Ein Horoskop mit einer ausgeprägten Erde-Wasser-Besetzung profitiert von etwas konfliktgeladeneren Mars-Aspekten, weil Mars die Tatkraft und Energie in diesem etwas passiven Umfeld stimulieren kann. Ein Horoskop mit viel Feuer kann dagegen selbst durch ein Mars-Trigon belastet werden, da ja schon mehr als genug Initiative und Energie vorhanden sind.

Aspekte darf man also nicht schwarzweiß deuten. Buchstäblich alles in einem Horoskop ist miteinander verbunden. Vor allem astrologische Anfänger betrachten Aspekte als die wichtigsten Deutungselemente, weil sie leicht festzustellen und in einer Fülle von Deutungsbüchern bequem nachzuschlagen sind. In Wirklichkeit spielen sie durchaus nicht die Hauptrolle. Aspekte können hervorragend dazu beitragen, die Deutung weiter zu verfeinern, aber sie sind nicht das Entscheidende und werden vom übrigen Horoskop wesentlich beeinflußt.

Ein Punkt, bezüglich dessen noch viel Verunsicherung besteht, ist die sogenannte Verbranntheit von Planeten. Ein Planet ist »verbrannt«, wenn er nur wenige Grade von der Sonne entfernt ist, so daß er von dieser überstrahlt wird und von der Erde aus nicht mehr sichtbar ist. Aus diesem optischen Sachverhalt folgerte man, daß verbrannte Planeten nicht mehr wirken können und daß ihre Inhalte im Horoskop ausgelöscht würden. Verschiedene Studien haben jedoch inzwischen gezeigt, daß diese Ansicht nicht haltbar ist. Dennoch hält sich hartnäckig die Angst vor verbrannten Planeten.

Verbrannte Planeten bilden letztlich eine enge Konjunktion mit der Sonne. Merkur und Venus, die sich am wenigsten weit von der Sonne entfernen können, können am ehesten verbrannt sein. Menschen mit einem verbrannten Merkur haben jedoch eine hervorragende Befähigung zu Kontakten, Gesprächen und analytischem Denken, und eine verbrannte Venus beeinträchtigt das Liebesleben überhaupt nicht. Auf verbrannte Planeten sind die Deutungsregeln für die Konjunktion anzuwenden.

Es wirken also bei einer Sonne-Merkur-Konjunktion beide Inhalte in jeglicher Hinsicht zusammen. Dabei können durchaus einmal schwierige Äußerungsformen auftreten, doch zeigt die Konjunktion als solche dies nicht an. Die Behauptungen über verbrannte Planeten haben sich im Rahmen der Charakterdeutung als falsch erwiesen. Daß die Vorstellung eines verbrannten Planeten bei Stundenwinkeln wiederum zutreffend zu sein scheint, ändert hieran nichts. Im übrigen besteht auch in der Stundenastrologie keine Einigkeit über die Wirkung verbrannter Planeten. Außerdem hat die Stundenastrologie ihre eigenen Regeln und Deutungsvorschriften, die nicht für andere Astrologieformen zu gelten brauchen. Für die Charakterdeutung jedenfalls darf man dieses Thema ohne weiteres außer acht lassen.

Wer sich schon länger mit der Deutung von Horoskopen beschäftigt, wird vielleicht festgestellt haben, daß bei bestimmten Trigonen in unerklärlicher Weise doch ein Widerstand auftritt, während umgekehrt manche Quadrate mit weniger Widerstand zu kämpfen haben, als man erwartet hätte. Aus den Aspekten selbst ist dies nicht zu erklären. Aber Aspekte verbinden nicht nur Planeten in Zeichen, sondern auch Planeten in Häusern.

Die Häuser im Horoskop sind nicht gleich groß. Manche Häuser umfassen zwei Zeichen, andere nur einen Teil eines Zeichens. Dadurch kann ein erheblicher Unterschied zwischen dem Zeichen- und dem Häuserhintergrund entstehen, und hierin liegt die Ursache der oben genannten Erscheinung. So ist es ohne weiteres möglich, daß zwischen zwei Planeten in Häusern, die im Quadrat zueinander stehen, hinsichtlich des Zeichenhintergrunds ein Trigon-Aspekt besteht. Die von den Häusern symbolisierten Lebensbereiche stehen miteinander in einem Konflikt, obwohl der Zeichenhintergrund Harmonie anzeigt. In einem solchen Fall stellt man fest, daß ein Trigon infolge der sich schwieriger gestaltenden Umstände (die Häuser) hin und wieder auf Widerstände trifft, auch wenn die Häuser den Zeichenhintergrund niemals auslöschen können.

Ebenso ist ein Quadrat-Aspekt zwischen Häusern möglich, die im Trigon oder Sextil zueinander stehen. In einem solchen Fall bleibt die Spannung zwar bestehen, doch stellt man immer wieder fest, daß das Schicksal es doch gut mit einem meint. Auch hier wiederum kann der Zeichenhintergrund nicht vom Häuserhintergrund ausgelöscht werden.

Zusammenfassung

Nachfolgend noch einige wichtige Punkte ergänzend zu dem, was wir bereits in den bisherigen Kapiteln zusammengefaßt haben:

a) Achten Sie darauf, ob der Charakter der an einem Aspekt beteiligten Planeten harmoniert. Ein Aspekt ist in erster Linie eine Verbindung zwischen Planeten, wobei die Natur der Planeten eine herausragende Rolle spielt.
b) Achten Sie auf den Zeichenhintergrund; dieser bestimmt die Ausdrucksweise der Planeten.
c) Lassen Sie bei der Deutung die unaspektierten Planeten nicht außer acht.
d) Beachten Sie die Genauigkeit des Aspekts: Je genauer er ist, desto stärker ist seine Wirkung.
e) Betrachten Sie Deutungselemente wie applikative und separative und zu- und abnehmende Aspekte als Möglichkeiten der Verfeinerung, nicht als die Hauptsache.
f) Dasselbe gilt für die Aspektfiguren und den vorherrschenden Aspekttyp.
g) Die Deutung eines Aspekts hat immer zwei Seiten, was häufig übersehen wird. So steht das Quadrat oft für Schwierigkeiten und Probleme, doch verleiht es ebenso psychisches Wachstum und den Willen, Probleme aktiv anzugehen. Ein Trigon bringt oft Entspannung, kann aber auch träge machen. Trigone drängen im allgemeinen viel weniger zu psychischem Wachstum. Dies bedeutet, daß es grundsätzlich keine positiven oder negativen Aspekte gibt, wohl aber spannungsbetonte und spannungsarme Aspekte, die jeweils ihre Kehrseite haben. Ein Quadrathoroskop macht also niemanden zum Verbrecher, ein Trigon-Horoskop niemanden zum Heiligen.

h) Verfeinern Sie die Deutung der Aspekte, indem Sie nicht nur den so wichtigen Zeichenhintergrund betrachten, sondern beziehen Sie auch den Häuserhintergrund mit ein. Damit kann man feststellen, inwieweit die Anlage (Zeichen) sich in Umständen (Häusern) ausdrücken kann.
i) Planeten in Zeichen, mit denen sie gut zurechtkommen (Sonne in Löwe oder Widder, Mond in Krebs oder Stier), besitzen mehr eigene Kraft, um Spannungsaspekte aufzufangen, als Planeten mit einem ungünstigen Zeichenhintergrund (Saturn in Widder oder Mars in Fische oder Waage).
j) Prüfen Sie, ob ein Aspekt im Horoskop eingeschlossen ist oder einen Ausweg hat.
k) Betrachten Sie Aspekte nicht isoliert, sondern prüfen Sie auch, mit welchen weiteren Aspekten sie verbunden sind. Diese bieten entweder eine Überbrückung oder machen diesen Aspekt schwieriger.
l) Haben Sie keine Angst vor »verbrannten« Planeten; in der Charakterdeutung hat sich diese Regel als bedeutungslos erwiesen.
m) Stellen Sie jeden Aspekt in den Gesamtzusammenhang des Horoskops. Das Gesamtbild ist entscheidend! Betrachten Sie Aspekte vor dem Hintergrund der beteiligten Elemente und Kreuze, dem ein besonderes Gewicht beizumessen ist. Wenn jemand beispielsweise überhaupt keine Erde in seinem Horoskop hat, dann mag er zwar ein Trigon von Merkur und Saturn haben, das im Prinzip eine ausgeprägt praktische Veranlagung bedeutet, doch kann sich dieser Aspekt mangels eines geeigneten Hintergrunds in der Praxis nicht besonders stark auswirken. Statt dessen bekommen andere diesem Aspekt zugeordnete Eigenschaften ein größeres Gewicht. Mit anderen Worten: *Aspekte sind ein Teil des Horoskops und entfalten ihre Wirkung ausschließlich innerhalb des Rahmens dieses Horoskops und im Zusammenwirken mit allen anderen Deutungselementen.*

Kapitel 8
Aspektdeutungen

Einleitung

Ein Kapitel wie das vorliegende birgt immer Gefahren. Die Versuchung ist groß, »schnell einmal« nachzuschlagen, wie es sich mit den Aspekten im eigenen Horoskop verhält. Aber allgemeine Aspektdeutungen sind niemals vollständig und niemals nuanciert genug, um die einmalige individuelle Situation richtig würdigen zu können – jede Beschreibung muß vom Deutenden anhand der übrigen Horoskopsituation verfeinert werden.

Ein Beispiel: Bei einer Jupiter-Saturn-Konjunktion gilt im allgemeinen, daß der Expansionsdrang Jupiters durch Saturn in Schranken gehalten wird. Wenn aber diese Konjunktion im Zeichen Schütze liegt, dann ist die beschränkende Wirkung von Saturn nicht sehr groß: Jupiter ist in diesem Zeichen sehr stark, weil er dessen Herrscher ist. Liegt dieselbe Konjunktion dagegen im Steinbock, dann hat Saturn das größere Gewicht, und Jupiter wird entsprechend stärker eingeschränkt.

Es ließen sich unzählige Beispiele dafür anführen, daß man weit mehr Faktoren berücksichtigen muß als nur die Aspekte. Trotzdem muß man natürlich zuerst in der Lage sein, die Aspekte richtig zu interpretieren, bevor man sie in einen umfassenderen Rahmen stellt. Die in diesem Kapitel angegebenen Deutungen dienen daher ausschließlich dem Zweck, Beispiele für mögliche Äußerungsformen zu geben; Vollständigkeit wird dabei nicht angestrebt. Es soll vor allen Dingen das Prinzip des Kombinierens aufgezeigt werden. Daher noch einige Hinweise zum Gebrauch:

– Sie sollten versuchen, auf der Grundlage Ihrer Kenntnis der Planeten und der Aspektaussage selbst zu einer Grunddeutung zu gelangen, die Sie dann anhand der hier skizzierten Angaben überprüfen können.

- Es empfiehlt sich, beim Nachschlagen eines Aspekts *alle* Verbindungen des Planetenpaars durchzulesen, weil dadurch klarer wird, in welcher Weise die Herleitung erfolgt. Wenn man sich zum Beispiel über Sonne-Quadrat-Mars informieren will, dann sollte man alle Aspekte zwischen Sonne und Mars nachlesen. Der Vergleich mit anderen Wirkungen vermittelt einen besseren Eindruck von dieser Verbindung.
- Vor allem bei den transsaturnischen Planeten Uranus, Neptun und Pluto empfiehlt es sich, die harmonischen Aspekte nicht zu stark gegenüber den disharmonischen abzugrenzen. Für alle Planeten jenseits von Saturn gilt, daß wir noch kaum mit ihnen umgehen können. Sie tun mehr mit uns als wir mit ihnen. Daher finden wir hier bei allen Aspekten ein sehr breites Spektrum von Äußerungsmöglichkeiten. Bei den harmonischen Aspekten sind ebenso schwierige Äußerungen möglich, wie bei den disharmonischen Aspekten problemlosere Äußerungen auftreten können. Bei der Deutung von Aspekten der transsaturnischen Planeten ist daher äußerste Vorsicht geboten.
- Und schließlich: Gebrauchen Sie die Deutungen als Ausgangspunkt und *übernehmen Sie sie niemals bedenkenlos!*

Aspekte der Sonne

SONNE UND MOND

Konjunktion

Sonne und Mond finden sich hier zusammen und bilden eine Einheit. Dies hat zweifellos sehr angenehme Seiten, denn die Haltung, die man einnimmt, um sich wohlzufühlen (Mond), fällt mit derjenigen zusammen, die man von Natur aus mitbringt, um sich entfalten und verwirklichen zu können (Sonne). Dies schafft eine gewisse Behaglichkeit und Ruhe. Eine Sonne-Mond-Konjunktion kann aus diesem Einheitsgefühl sowohl für ihre innere Entwicklung als auch gesellschaftlich sehr viel erreichen.

Am Himmel stellt sich eine Sonne-Mond-Konjunktion als Neumond dar: das Symbol des Neubeginns und ein guter Zeitpunkt für die Aussaat. Wenn die Sonne stark steht, kann diese Konjunktion Initiative mit sich bringen und viele Dinge in Gang setzen. Wenn dagegen der Mond stärker steht, werden neue Dinge eher gefühlsmäßig angegangen, ohne daß die Folgen bedacht werden. Dies bedeutet aber nicht, daß solche Initiativen weniger wichtig wären.

Im besten Fall gelingt es der Konjunktion von Sonne und Mond, das männliche und das weibliche Prinzip miteinander zu vereinigen. Sie bezeichnet stets ein Streben nach der Einheit dieser beiden Prinzipien. Dies kann in manchen Fällen zu Beziehungsschwierigkeiten führen, weil der Betreffende oft selbst nicht weiß, welche Seite das Übergewicht haben soll: Einmal ist es die aktive männliche, einmal die passive weibliche Seite. Obwohl das Sonnenzeichen durch diese Konjunktion besonders betont wird, kann es doch zu einem Identitätsproblem kommen, weil Aktivität und Passivität miteinander vermischt sind. Konkret kann dies in einer Partnerschaft zu Verunsicherung führen.

Einerseits können Emotionen (Mond) durch die Konjunktion mit der Sonne verstärkt werden (die Sonne stimuliert in allen ihren Aspekten), andererseits können Emotionen die Energie der Sonne manchmal beeinträchtigen.

Die Konjunktion der beiden Planeten, die für unsere bewußte

Persönlichkeit (Sonne) und unsere unbewußten Reaktionen (Mond) steht, bewirkt oft eine große Zielstrebigkeit des Handelns; wenn man sich einmal zu etwas entschlossen hat, dann ohne Wenn und Aber.

Sextil und Trigon

Die eigene Grundhaltung (Sonne) ist in Harmonie mit der Haltung, in der man nach Sicherheit und Geborgenheit strebt (Mond), was die innere Ruhe fördert. Diesbezüglich wirkt das Trigon stärker; der Mond steht dabei ja im selben Element wie die Sonne, ihr Hintergrund ist also gleichsinnig.

Schöpferische und Gestaltungskraft wirken hier zusammen, was grundsätzlich Kreativität in vielerlei Hinsicht verleiht. Die harmonische Aspektierung zwischen Sonne und Mond kann diese Kreativität in schwierigen Lebensumständen zum Ausdruck bringen, wobei man solchen Schwierigkeiten stets in einer Haltung gegenübertritt, die diese akzeptiert und konstruktiv zu lösen versucht. Da bei harmonischen Sonne-Mond-Aspekten das innere Konfliktpotential sehr gering ist, hat man sehr viel Energie für andere Dinge zur Verfügung.

Harmonische Aspekte zwischen Sonne und Mond haben jedoch auch eine Kehrseite. So angenehm es ist, sich schnell irgendwo behaglich zu fühlen, so kann dies auch träge machen und blind für das wirkliche Ausmaß an Problemen, weil man sorgloser damit umgeht, als dies bei einem konfliktbetonten Aspekt der Fall wäre. Beim Trigon ist diese Gefahr größer als beim Sextil, weil dieses wenigstens noch Zweifel kennt. In einer Ehe, in der es kriselt, wird bei Sonne-Trigon-Mond das Problem lange nicht wahrgenommen, so daß es eine gefährliche Dynamik entwickelt, statt sofort angegangen zu werden.

Auch Trägheit, Bequemlichkeit und Apathie können Folgen eines an sich günstigen Gleichgewichts zwischen Wirklichkeit und Gefühl sein.

Quadrat und Opposition

Die Unsicherheit beim Quadrat ist die Folge der Tatsache, daß die bewußte Haltung (Sonne) in einem akuten Konflikt mit der

Haltung steht, die uns Sicherheit verleiht (Mond). Sonne-Quadrat-Mond kann daher sehr unruhig machen, vor allem, wenn auch der Elementhintergrund spannungsbetont ist.

Bei der Opposition ist die Unsicherheit andersgeartet. Sonne-Opposition-Mond zeigt sich am Himmel als Vollmond: Beide Lichter sind in ihrem vollen Umfang sichtbar. Im Horoskop macht uns diese Opposition unsere Dualität schmerzlich bewußt. Bewußte Haltung und unbewußte Reaktionsmuster stehen einander gegenüber, haben aber trotzdem etwas Gemeinsames, weil die betreffenden Hintergrundzeichen auf einer Achse liegen. Sonne und Mond können daher einander bei einer Opposition gut ergänzen, doch müssen sie erst ihr Gemeinsames entdecken. Solange dies nicht der Fall ist (und dies kann durchaus einige Zeit dauern), besteht ein nagendes Gefühl des Unbehagens und der Unsicherheit.

In beiden Fällen besteht die Neigung, sich für eine bestimmte Haltung zu entscheiden, wodurch die andere Haltung weniger zur Geltung kommen kann und sich daher auf indirektem Wege äußert. Wenn man dagegen beide Haltungen zu ihrem Recht kommen lassen will, bedeutet dies, daß man sich als »zwei Menschen in einem« erlebt, wobei einmal die eine und einmal die andere Haltung überwiegt. In der Umgebung macht dies den Eindruck der Unbeständigkeit, und innerlich hat man wenig Halt. In der Regel bestehen Identitätsprobleme. Man fragt sich oft: »Wer von beiden bin ich eigentlich?« Die Antwort lautet natürlich: »Beide.«

Aus der Unsicherheit kann die Neigung entstehen, viele Dinge nur halb zu tun. Man ändert ständig die Meinung, oder man fühlt sich nicht wohl bei dem, was man tut. Spannungsaspekte zwischen Sonne und Mond zehren also sehr viel Energie auf, bevor man sich der Lösung des Problems zuwenden kann; man muß erst das innere Problem, das der eigenen Unsicherheit, bewältigen.

Andererseits stellen Spannungsaspekte auch Energie bereit. Die Unsicherheit und die Widerstände, die einem durch die Spannung begegnen, zwingen früher oder später dazu, alles etwas besonnener anzugehen. Die Spannung zwischen Sonne und

Mond kann dann aktiv zur Beantwortung von Fragen wie denjenigen hinführen, wer man ist, was der Unterschied zwischen männlich und weiblich bedeutet, was der Sinn von Beziehungen ist.

Häufig führen Konflikte zwischen Sonne und Mond zu Problemen mit dem Lebenspartner. Da die Sonne bei der Frau und der Mond beim Mann anzeigen, was man von seinem Lebenspartner erwartet, verliebt man sich in jemanden, der in einem wichtigen Punkt nicht zur eigenen Sonne oder zum eigenen Mond paßt. Gleichzeitig ist aber mit den Spannungsaspekten auch die Energie gegeben, die man braucht, um entstandene Probleme zu lösen. Man registriert sie eher, weil man durch die eigene Unsicherheit sensibler dafür ist, und kann dadurch einer möglichen Eskalation zuvorkommen. Deshalb findet man häufig glückliche Ehen bei Menschen mit einem Quadrat zwischen Sonne und Mond.

Quinkunx

Das Quinkunx zwischen Sonne und Mond schafft eine latente Spannung, die eine erhebliche Unsicherheit mit sich bringt, aber es ist, als ob der Betreffende sich dessen nicht recht bewußt wäre. Es nagt ständig etwas in ihm, ohne daß er genau wüßte, was die Ursache dafür ist.

Weil beide Lichter mit der Lebenskraft zu tun haben, kann dieser Aspekt die Lebenskraft manchmal in Schüben untergraben. Dies braucht nichts Bedrohliches zu sein. Es ist aber immer die Folge einer Unfähigkeit, sich richtig zu entspannen.

Es besteht ein völliges Unverständnis zwischen der eigenen unbewußten Haltung und dem unbewußten Reaktionsmuster. Dies sorgt im täglichen Leben oft für Verwirrung, weil die äußere Haltung ganz anders ist als die Haltung, in der man sich selbst wohlfühlen würde.

Da die aktive und die passive Seite so völlig unverbunden nebeneinanderstehen, hat man bei diesem Aspekt oft Schwierigkeiten, einen harmonischen Ausgleich zwischen Aktivität und Ruhe zu finden. Diese Unruhe verleiht zudem dauernd das Gefühl, etwas tun zu müssen, weshalb man Gefahr läuft, seine Energie zur falschen Zeit für die falschen Projekte einzusetzen. Probleme, die sich von selbst lösen würden, können durch das Quinkunx verschärft werden, weil man sich aus Unsicherheit zu lange mit ihnen aufhält, oder in anderen Fällen dadurch, daß man gar nichts mehr unternimmt.

Auch Beziehungsprobleme sind bei dieser Aspektierung von Sonne und Mond möglich. Mann und Frau haben ein sehr unterschiedliches Wesen und brauchen ihr eigenes Leben. Das Quinkunx verstellt die Sicht auf diese Problematik mehr als die anderen Spannungsaspekte, wodurch sie schmerzlicher und langwieriger sein kann. Weiterhin besteht beim Quinkunx zwischen Sonne und Mond die Möglichkeit eines falschen Erwartungsmusters bezüglich des Partners, was früher oder später zu Enttäuschungen führen kann.

Die Problematik des Quinkunx kann nach einer Krise deutlich werden, woraufhin sich die Situation einschneidend ändern kann. Anders ausgedrückt, nach einer solchen Krise entwickelt man vielleicht eine Empfindung der Harmonie, doch muß man sich bei diesem Aspekt stets der unsicheren Grundlage dieser Harmonie bewußt bleiben.

SONNE UND MERKUR

Merkur gehört zu den sogenannten inneren Planeten; seine Umlaufbahn liegt zwischen derjenigen der Erde und der Sonne. Von der Erde aus gesehen, steht Merkur immer in Sonnennähe; seine größte Elongation beträgt 28°. Von den Hauptaspekten tritt daher nur die Konjunktion auf.

Konjunktion

Sonne und Merkur stehen bei diesem Aspekt im selben Tierkreiszeichen, weshalb sich Wesensart (Sonne) und Kommunikation und Denken (Merkur) in derselben Weise ausdrücken.

Wenn das Kommunizieren und Denken eines Menschen immer mit der Sonne, mit seinem Ich, verbunden sind, dann wird seine Parteinahme die Neutralität von Merkur nicht unangetastet lassen. Seine Meinung und seine Auffassungen sind für ihn von wesentlicher Bedeutung, und oft erlebt man, daß er ein Gespräch an sich reißt. Sonne und Merkur in Konjunktion verleihen ein intensives Bedürfnis nach Austausch, Information, Gespräch und Analyse, doch hängt die Auswirkung im einzelnen vom Zeichen ab. Menschen mit Sonne und Merkur in Konjunktion haben die Fähigkeit, Gespräche im Gang zu halten; sie können immer mit Neuigkeiten aufwarten, aber wegen ihres Engagements können sie weniger gut zuhören. Sie tun und sagen, was sie selbst für wichtig halten. Daher kann eine Sonne-Merkur-Konjunktion jemanden ebensogut kontaktfreudig machen wie ihm Kontaktprobleme bescheren. Weil solche Menschen sich im Gespräch selbst so wichtig finden, kann dieser Aspekt auch sehr subjektiv machen.

Merkur ist ein sehr beweglicher Planet, und eine Sonne-Merkur-Konjunktion kann in vielerlei Weise beweglicher, aber auch ruheloser machen, manchmal (bei weiteren schwierigen Aspekten) sogar nervös. In Verbindung mit der Beweglichkeit und Geschicklichkeit von Merkur sind solche Menschen (Sonne) nicht leicht auszurechnen. In vielen Fällen haben Menschen mit dieser Konjunktion ein besonderes handwerkliches Geschick.

SONNE UND VENUS

Auch Venus ist ein innerer Planet, doch ist sie weiter von der Sonne entfernt als Merkur. Venus und die Sonne können höchstens 48° voneinander entfernt sein. An Hauptaspekten kann auch Venus nur eine Konjunktion mit der Sonne bilden.

Konjunktion

Wenn die eigene bewußte Haltung (Sonne) mit dem Bedürfnis nach Sicherheit auf dem emotionellen und materiellen Gebiet und dem Bedürfnis nach Schönheit und Harmonie (Venus) zusammenstimmt, dann hat dies stets eine freundliche, nachgiebige Haltung zur Folge. Dadurch schafft man sich leicht Freunde und bewegt sich auch im sozialen Bereich problemlos. Das Gespür für Harmonie in Beziehungen verleiht diplomatische Fähigkeiten.

Auf der anderen Seite haben Menschen mit Sonne-Konjunktion-Venus Schwierigkeiten, Probleme wahrzunehmen und anzusprechen, weil sie die Harmonie nicht stören möchten. Es besteht daher die Gefahr einer Scheinharmonie und Oberflächlichkeit. Diese Konjunktion kann auch einen Mangel an Tiefgang anzeigen, wenn sich der Betreffende damit zufriedengibt, alle Kräuselungen an der Oberfläche sofort zu glätten.

Insgesamt hat diese Konjunktion jedoch viele angenehme Seiten. Menschen mit diesem Aspekt wirken sympathisch, und es fällt ihnen nicht schwer, sich freundlich zu geben und anderen ihre Sympathie zu zeigen. Bei diesem Aspekt besteht auch ein starkes Bedürfnis, Erfahrungen anderen mitzuteilen, vor allem dem Lebenspartner. Solchen Menschen ist es sehr wichtig, Zuneigung zeigen zu können, und sie sind sehr romantisch.

Das ästhetische Empfinden ist oft gut entwickelt, obwohl dies natürlich auch vom Zeichenhintergrund abhängt. Sonne-Konjunktion-Venus liebt den Genuß und die schönen Dinge des Lebens, übertreibt dies manchmal aber auch. Im allgemeinen ist dies jedoch ein angenehmer und harmonischer Aspekt, auch wenn die Tendenz zur Trägheit besteht.

SONNE UND MARS

Konjunktion

Zwei aktive Inhalte verbinden sich hier miteinander, was bedeutet, daß man sich (Sonne) schnell mit seinem Ehrgeiz, seiner Tatkraft und Energie (Mars) identifiziert. Hiermit verbundene Merkmale sind Streitlust, Konkurrenzdenken und Sportlichkeit. Zwei feurige Inhalte wie Sonne und Mars können sehr begeisternd und stimulierend wirken. Durch die Energie dieser Kombination sind Tatkraft und Unternehmungslust groß, aber auch der Geltungsdrang.

Mars entflammt schnell, und in Konjunktion mit der Sonne kann dadurch auch eine leicht entflammbare Persönlichkeit entstehen: Man entzündet sich schnell für etwas, doch ist man oft auch unbeherrscht, manchmal jähzornig oder sogar aggressiv. In Verbindung mit dem Kompromißlosen, das Mars eigen ist, entsteht dadurch ein tatendurstiger und stürmischer Typ, der wenig Rücksicht auf andere nimmt und hauptsächlich an der Entfaltung seiner eigenen Möglichkeiten interessiert ist. Wenn sich Menschen mit diesem Aspekt etwas in den Kopf gesetzt haben, versuchen sie dies mit allen Mitteln zu erreichen und dulden es nicht, daß ihnen etwas in den Weg gelegt wird. Aber wie entflammbar solche Menschen auch sind, so ist meist auch alles schnell wieder vergessen.

Eine Konjunktion von Sonne und Mars bietet dem Betreffenden viele Möglichkeiten auf sportlichem Gebiet (wobei er auch den Alltag als eine Art Wettkampfarena betrachtet). Vor allem Kampfsportarten oder Sportarten, in denen Energie explosionsartig freigesetzt wird, sind gute Ventile. Nicht selten findet man auch ein Interesse an gefährlichen Freizeitaktivitäten, die Mut und oft auch Schnelligkeit erfordern. Sonne-Konjunktion-Mars kann mit einer Neigung zu Gewalttätigkeit einhergehen, doch ist dies nur dann der Fall, wenn es keine anderen Möglichkeiten zur Äußerung der gewaltigen Energiefülle gibt, die diese Konjunktion zur Verfügung hat.

Menschen mit diesem Aspekt können sich gut behaupten und haben keine Scheu, ihre Meinung zu sagen. Dies kann anderen Furcht einflößen, denn sie gehen nicht mit Samthandschuhen zu Werke.

Diese Konjunktion hat mehr Kraft zur Verfügung, als ihr bewußt ist, weshalb sie ungewollt Porzellan zerschlagen kann. Mäßigung ist daher geboten, um so mehr, als die Neigung besteht, erst zu handeln und dann zu überlegen.

Sextil und Trigon

Dies sind zwar an sich harmonische Verbindungen, doch gehen diese bei Sonne und Mars oft mit einem Übermaß an Energie und Selbsteingenommenheit einher. Daneben findet man bei den harmonischen Aspekten zwischen Sonne und Mars auch eine positive und aktive Lebenshaltung; wenn etwas erledigt werden muß, dann wird dies ohne Umstände angepackt. Es besteht eine große Spannkraft und eine rasche Regenerationsfähigkeit.

Die Ichbezogenheit aufgrund der Verbindung dieser beiden

Planeten ist bei Sextil und Trigon nicht aufgehoben, äußert sich aber milder und weniger betont als bei den anderen Aspekten, weshalb auch die Umgebung hierauf gelassener reagiert. Bei harmonischen Aspektierungen zwischen Sonne und Mars findet man oft eine Art natürliche Führerschaft. Solche Menschen strahlen Selbstbewußtsein aus und nehmen gerne alles in die Hand. Schnelligkeit, Streitlust und Ehrgeiz vervollständigen das Bild.

Obwohl solche Horoskopeigner auf weniger Widerstand treffen als bei den disharmonischen Aspekten, lassen sie auch bei den harmonischen Aspekten anderen wenig Raum und bahnen sich wie selbstverständlich ihren Weg. Kinder mit einem solchen Aspekt sind oft eigensinnig und haben schon früh das Bedürfnis nach Unabhängigkeit. Sie lassen sich von Spielkameraden nicht so leicht auf der Nase herumtanzen und wissen sich zu behaupten.

Ebenso wie bei der Konjunktion sind Menschen mit harmonischen Aspekten zwischen Sonne und Mars geneigt, vor allem das zu tun, was ihnen selbst Spaß macht. Sie gehen meist nur von sich selbst aus, und dies kann hin und wieder zu Problemen führen. Wenn die harmonische Verbindung zwischen Sonne und Mars ein geeignetes Ventil findet, dann kann die Begeisterung Berge versetzen.

Quadrat und Opposition

Bei diesen Spannungsaspekten kommt man mit seiner Energie meist nicht so gut zurecht. Oft hat man zuviel Energie oder setzt zuviel Energie ein, wenn dies nicht nötig ist. Es besteht eine Spannung zwischen der bewußten Haltung (Sonne) und der Tatkraft und dem Ehrgeiz (Mars). Daher ist man weniger gut in der Lage, seinem Drang, Dinge zu unternehmen, aktiv zu sein und sich zur Geltung zu bringen, eine Richtung zu geben. Die Folge können Impulsivität, Rücksichtslosigkeit, Aggressivität, übereiltes Handeln, Unüberlegtheit und übertriebene Heftigkeit sein.

Die Schaffenskraft ist auch bei Spannungsaspekten zwischen Sonne und Mars groß. Man muß sich aber davor hüten, mit seinen Kräften Raubbau zu treiben: Man bewältigt viel, aber man kann sich auch übernehmen und wird mit dem, was man sich aufgebürdet hat, nicht mehr fertig.

Bei Sonne-Mars-Konflikten kann der Enthusiasmus groß sein, aber auch die Gereiztheit. Man fährt schneller aus der Haut oder reagiert heftiger, als man eigentlich beabsichtigte. Die Bereitschaft zu streiten ist groß; man neigt zu Aggressivität und wird manchmal sogar handgreiflich. Oder man ist sich seiner Streitlust kaum bewußt, strahlt sie aber dennoch aus, wodurch man in seiner Umgebung Aggressivität erzeugt, ohne zu verstehen, woher sie kommt. Bei Sonne-Mars-Konflikten strahlt man unbewußt etwas Herausforderndes aus, auf das die Umgebung oft anspricht.

Beim Quadrat kommt die Reaktion schneller und unüberlegter, bei der Opposition unregelmäßiger. Beide Aspekte haben jedoch mit dem Grundproblem zu kämpfen, daß Haltung und Tatkraft nicht koordiniert sind und einander in die Quere kommen können. Es ist eine Verbindung, die auch Unfälle heraufbeschwört, nicht zuletzt aufgrund von Unüberlegtheit und Unvorsichtigkeit.

Quinkunx

Viel unbewußter und dadurch schwieriger ist das Quinkunx zwischen Sonne und Mars. Hier ist ebenso wie beim Quadrat und der Opposition die bewußte Haltung nicht im Gleichgewicht mit Handeln und Einsatz, doch erkennt man dies hier kaum. Menschen mit Sonne-Quinkunx-Mars nehmen anfänglich nicht wahr, warum sie diese Unruhe und Aggressivität in sich spüren und daß sie Spannung ausstrahlen. Sie haben das Gefühl, daß irgendetwas nicht stimmt, was in ihnen eine plötzliche starke Aggressivität auslöst, ohne daß dies eine angemessene Ursache hätte.

Wie bei allen Aspekten zwischen Sonne und Mars liegt auch hier ein stark entwickelter Wille und der Drang vor, nur zu tun, wozu man Lust hat. Das Problematische daran ist, daß man bei diesem Aspekt oft nicht weiß, was man eigentlich aktiv tun will, weil keine einzige Aktivität Befriedigung oder Beruhigung schafft. Man ist sich auch nicht darüber im klaren, wie sehr man mit diesem Aspekt seinen Willen durchzusetzen versucht, so daß man oft heftige Reaktionen provoziert.

Weil die Art des Aspekts den Inhalt so schwer erkennbar und ungreifbar macht und man die Ursache nicht zu fassen bekommt, besteht die Gefahr, daß man sich innerlich maßlos erregt. Dies kann gesundheitliche Folgen haben, wobei auch dieser Aspekt zwischen Sonne und Mars die Gefahr von Unfällen beinhaltet.

Ein gutes Ventil für einen solchen Konflikt (wie auch für andere Konflikte zwischen Sonne und Mars) bieten Sportarten, die großen körperlichen Einsatz verlangen. Alles ist geeignet, womit man »Dampf ablassen« kann.

SONNE UND JUPITER

Konjunktion

Das Erweiternde und Verbessernde von Jupiter ist hier gepaart mit der Art, wie unsere Psyche danach strebt, sich zu entfalten; diese Kombination hat oft Selbstvertrauen und Optimismus sowie »Glück« zur Folge. Man strahlt dies auch nach außen aus, was von der Umgebung als stimulierend erfahren wird. Allerdings muß man sich vor der Gefahr einer Selbstüberschätzung hüten. Die Kehrseite Jupiters ist nämlich Eigensinn, Schulmeisterei und Größenwahn. Grundsätzlich wirkt Sonne-Konjunktion-Jupiter heilend und genesend, und zwar sowohl im wörtlichen (der Arzt) als auch im materiellen Sinne. Eigenschaften wie Jovialität, Gerechtigkeitssinn und Optimismus sind stark mit dieser Konjunktion verbunden, und damit kann man auch anderen Mut machen. Weiterhin ist diese Konjunktion oft großzügig, großherzig und beschützend, auch wenn dabei die Gefahr besteht, daß die eigene Größe in den Vordergrund gerückt wird, wodurch die Wärme etwas dahinter verschwindet.

Der Hang zur Selbstüberschätzung kann sich auch in der großspurigen und dabei sorglosen Durchführung von Plänen und im allzu optimistischen Blick auf Dinge äußern, wodurch bei dieser Kombination Irrtümer und Enttäuschungen nicht ausbleiben. Aber Menschen mit dieser Konjunktion wären nicht sie selbst, wenn sie dies nicht mit Bravour bewältigen würden.

Jupiter in Verbindung mit der Sonne sieht die Dinge gerne aus einer weiten Perspektive. Oft besteht Interesse an philosophischen, pädagogischen, religiösen oder anderen kontemplativen und den Horizont erweiternden Dingen. Das tief empfundene Bewußtsein, daß der Mensch seine Freiheit liebt, führt zu Toleranz. Menschen mit diesem Aspekt wollen in ihrem Urteil frei sein und ihr Leben selbst gestalten.

Bescheidenheit ist nicht Jupiters stärkste Seite. Dies kann bei einer Konjunktion mit der Sonne zu psychischen und physischen Problemen führen, weil man sich ungern Beschränkungen auferlegt. Dies gilt sowohl beim Essen und Trinken als auch beim Verkünden der eigenen Meinung. Der unverwüstliche Optimismus macht jedoch vieles gut.

Sextil und Trigon

Normalerweise gelten Sextil und Trigon zwischen Sonne und Jupiter als sehr günstige Aspekte. Mit diesen Aspekten strahlt man Selbstvertrauen und Optimismus aus, und dies allein bewirkt oft schon, daß einem vieles in den Schoß fällt. Die eigene positive Einstellung läßt oft noch Dinge gelingen, die zum Scheitern verurteilt schienen, wodurch der Eindruck entsteht, daß man mit diesem Aspekt immer Glück hat.

Jupiter als Herrscher des Schützen verleiht in seiner Verbindung mit der Sonne nicht nur einen ausgeprägten Optimismus, sondern auch Wärme, Offenheit und Gerechtigkeitssinn. Der Idealismus ist bei allen Verbindungen von Sonne mit Jupiter groß, ebenso das Freiheitsbedürfnis. Bei harmonischen Aspekten bekommt man häufig, was man auf diesem Gebiet braucht, und oft ist man auch bereit, anderen in dieser Hinsicht zu helfen.

Die Schattenseite einer harmonischen Verbindung mit Jupiter liegt darin, daß sie träge und weichlich macht. Man hat so oft Glück, daß man auch in schwierigen Zeiten geneigt ist, (zu) wenig zu unternehmen, um die Schwierigkeiten zu beseitigen. Es ist in der Tat so, daß sich bei diesem Aspekt oft vieles von selbst bereinigt, doch kann Passivität letztlich durchaus zu Problemen führen. Dieser Aspekt stärkt das Vertrauen in den guten Ausgang der Dinge, aber dadurch macht man auch kaum die nötigen Erfahrungen, um mit wirklichen Widerständen fertig zu werden, so daß man möglicherweise mit leeren Händen dasteht, wenn sich das Schicksal einmal wendet.

Im Normalfall jedoch wird man mit der positiven Einstellung, die dieser Aspekt mit sich bringt, viel Freude haben. Man muß nur darauf achten, daß man nicht zum Besserwisser wird, denn Jupiter kann auch in den harmonischen Aspekten belehrend sein.

Bei harmonischen Aspekten hat man die Fähigkeit, anderen Mut zu machen und auf andere heilend zu wirken (Seelsorger oder Arzt). Sie bewirken auch, daß man beliebt ist.

Quadrat und Opposition

Bei Jupiter als erweiterndem und ausdehnendem Inhalt ist oft alles mit dem Wörtchen »zuviel« versehen. In einer disharmonischen Kombination mit der Sonne, die für das Ich steht, besteht daher die Tendenz, Jupiter-Sonne-Eigenschaften sehr stark auszudrücken, wodurch man zu übertriebenem Optimismus, unrealistischem Idealismus, Unbescheidenheit und übermäßigem Freiheitsdrang neigt. Mit diesen Spannungsaspekten holt man sich durch seine Übertreibungen des öfteren eine blutige Nase, aber durch eine unverwüstliche Begeisterung und Energie bekommt man immer wieder Oberwasser. Wenn man lernt, sich ein wenig zu beherrschen, kann man sehr von diesem energiegeladenen und dynamischen Aspekt profitieren.

Eine weitere Gefahr dieses Aspekts ist Selbstüberschätzung, da der Charakterzug des Expansiven in Disharmonie mit dem Ich ist, was leicht zu einer unverhältnismäßigen Aufblähung des Ich führen kann. Die Ichzentriertheit und Unbedachtheit kann Menschen mit diesem Aspekt in Schwierigkeiten bringen, indem sie zum Beispiel aus Selbstüberschätzung oder einem allzu großen Vertrauen auf ihren Schutzengel zu große Risiken eingehen.

Auch Quadrat und Opposition verleihen das Bedürfnis, andere an seinen Lebensauffassungen und seiner Meinung teilhaben zu lassen, doch besteht die Neigung, daß man seine Botschaft etwas zu großartig übermittelt, den Inhalt etwas zu arrogant verpackt oder sich gegenüber Kritik und Vorschlägen verschließt. Zuhören ist nicht die Stärke von Menschen mit einem Konflikt zwischen Sonne und Jupiter.

Trotzdem kann man mit diesem Aspekt viel Wärme geben und sehr großzügig sein. Auch wenn man gerne übertreibt, stehen dahinter keine bösen Absichten; man sieht einfach die Dinge gerne größer und schöner, als sie sind, sich selbst eingeschlossen.

Sonne-Jupiter-Konflikte können in sehr vielen Dingen hilfreich sein, weil es kreative und aktive Aspekte sind, doch ist die Voraussetzung hierfür ein wenig Selbstbeherrschung und ein ruhigeres Planen, statt übereilt und in blindem Vertrauen impulsiv zu handeln.

Quinkunx

Beim Quinkunx treten die schwierigen Seiten einer Sonne-Jupiter-Verbindung in den Vordergrund. Obwohl man bei dieser Verbindung Optimismus und Selbstvertrauen ausstrahlen kann, ist man sich selbst dessen nicht recht bewußt oder versteht nicht, woher dies kommt. Man ist bei diesem Aspekt geneigt, sich selbst hervorzuheben und sich zu beweisen, ohne zu sehen, daß man dies tut. Die Unsicherheit kann entweder einen unbewußten Geltungsdrang zur Folge haben oder ein unbewußtes Bedürfnis, anderen etwas zu bedeuten, damit man Anerkennung erfährt und sich bestätigt fühlt. In beiden Fällen besteht die Gefahr, sich zu übernehmen. Die Folge kann Überarbeitung durch zuviel Verantwortung sein, durch die Unfähigkeit, richtig zu delegieren, oder durch Schwierigkeiten mit seiner Umgebung, weil man seine Versprechungen nicht halten kann.

Es besteht auch die Möglichkeit, daß man bei diesem Aspekt ausgenutzt wird, weil man einerseits aus Unsicherheit gegenüber sich selbst und andererseits durch die Anfälligkeit für Komplimente allzu schnell anderen zu Diensten ist. Jede Verbindung von Sonne mit Jupiter hat die Tendenz zur Selbstverherrlichung, doch kommt das Quinkunx damit am wenigsten zurecht.

Bei Sonne-Quinkunx-Jupiter laufen einem die Dinge oft aus der Hand, weil man nicht besonders gut schätzen und planen kann, weshalb Vorsicht geboten ist. Man übertreibt vielleicht ungewollt zu sehr und ist manchmal arrogant. Andererseits verleiht dieser Aspekt auch einen gewissen Optimismus, der einem wieder weiterhilft. Wenn man diesen Aspekt einmal verstanden hat, kann man viel damit erreichen und es auf den typischen Jupitergebieten (Recht, Philosophie, Religion) sehr weit bringen.

SONNE UND SATURN

Konjunktion

Man ist sich schon als Kind seiner selbst bewußt und erlebt dadurch seine Verletzlichkeit. So optimistisch man mit Jupiter-Aspekten ist, so pessimistisch ist man mit Saturn-Aspekten. Vor allem die Konjunktion neigt zu der Meinung, daß »doch nichts gelingt« und man immer mit einem »Nein« rechnen muß. Menschen mit einer solchen Konjunktion sind daher vorsichtig, gehen auf Nummer Sicher und rechnen immer mit dem Schlimmsten. Dabei kann man höchst erfolgreich sein, denn es kann einem kaum etwas Unangenehmes zustoßen, das man nicht schon einkalkuliert hätte. Durch die etwas negative und pessimistische Ausstrahlung aktiviert man in seiner Umgebung nicht unbedingt Kräfte, die diesen Pessimismus widerlegen könnten. Aber das braucht der Betreffende auch nicht: Er will alles aus eigener Kraft schaffen.

Menschen mit diesem Aspekt können sehr diszipliniert und streng mit sich selbst sein, lange arbeiten, wenn dies notwendig ist, und abwarten, wenn Geduld angezeigt ist. Sie haben eine praktische und nüchterne Einstellung, sind melancholisch und ernst, beherrscht und konservativ und können viel Verantwortung tragen.

Die unsichere und ängstliche Seite von Saturn kann in dieser Konjunktion mit der Sonne auch zurückhaltend machen. Diese abwehrende Haltung ist eine Folge des Mißtrauens aus Unsicherheit und der Verletzlichkeit des Ich, das sich seiner schwachen Seiten schmerzlich bewußt ist und diese um keinen Preis gegenüber der Außenwelt offenbaren will. Daher wirken solche Menschen oft kühl und unnahbar.

Mit einer Sonne-Saturn-Verbindung muß man sich immer vor einer zu großen Unbeugsamkeit des Charakters und einem zu starren Festhalten an vorhandenen Strukturen und Mustern hüten. Aus Unsicherheit und Angst vor dem Neuen läuft man bei dieser Verbindung Gefahr, sich um Chancen zu bringen und den eigenen Fortschritt zu behindern.

Sextil und Trigon

Auch die harmonischen Aspekte zwischen Sonne und Saturn liefern das Bild von Schlichtheit und Nüchternheit, Verschlossenheit und Zurückhaltung. Sie bewirken eine frühe ethische und intellektuelle Reife, so daß man schon in jungen Jahren Verantwortung tragen kann. Oft stellt man fest, daß Kinder mit diesen Aspekten weniger gut mit Gleichaltrigen zurechtkommen und sich lieber mit älteren Spielkameraden abgeben, was sich im späteren Lebensalter in der Bevorzugung ernsterer, reiferer oder älterer Freunde fortsetzt.

Die harmonische Verbindung zeigt an, daß der ernsthafte Einschlag der Persönlichkeit als solcher nicht hinderlich ist. Man kann gut damit umgehen und wird feststellen, daß man, wenn man seine saturnischen Eigenschaften wie die Fähigkeit zu harter und ernsthafter Arbeit, realistischem Planen und ähnlichem auslebt, gesellschaftlich und in den eigenen Augen sehr erfolgreich sein kann, auch wenn dies niemals in solchem Überfluß der Fall sein wird wie bei Jupiter-Aspekten. Mit einem solchen Überfluß käme man auch nicht gut zurecht – man würde sich damit eingeschüchtert und verlegen fühlen.

Verbindungen von Sonne mit Saturn verleihen immer ein bestimmtes Maß an Ehrgeiz und Leistungsdrang; Saturn muß sich auch in harmonischen Aspekten beweisen können. Bei harmonischen Aspekten kann und will man diese Leistungen relativ problemlos erbringen und kann man seinen Ehrgeiz stets auf seine eigene Art ausleben. Um ein Ziel zu erreichen, kann man sehr viel Geduld aufbringen.

Das bei diesen Aspekten vorhandene Verantwortungsgefühl zwingt dazu, sich nach gültigen Verhaltensregeln zu richten; in vielen Fällen verlangt man dies mehr oder weniger stark auch von seiner Umgebung. Man verabscheut alles Unstrukturierte und Schwammige; Ordnung und Regelmaß sind die große Stärke dieser Aspekte. Aus diesem Grund wirkt man aber auch mit harmonischen Verbindungen von Sonne und Saturn auf seine Umgebung ein wenig steif und konservativ.

Generell besteht bei Trigon und Sextil die Gefahr der Trägheit, weil einem ohnehin alles in den Schoß fällt. Durch die dem Saturn eigene Unsicherheit ist diese Gefahr hier jedoch deutlich geringer. Unsicherheit, Pflichtbewußtsein und Durchsetzungsvermögen sorgen auch bei einer solchen Aspektierung dafür, daß man aktiv bleibt.

Quadrat und Opposition

Das Selbstvertrauen ist hier stets recht schwach ausgeprägt. Man fühlt sich gehemmt, oft minderwertig und glaubt, anderen nichts zu bedeuten. Die Verletzlichkeit des Ich ist groß, was sich in vielerlei Weise äußern kann. Saturn nimmt oft seine Zuflucht zu Überkompensation, was bei Konfliktaspekten zwischen Sonne und Saturn das Bild eines Menschen ergibt, der sich selbst überschreit, betont selbstsicher auftritt und alles »mit links« zu erledigen verspricht, während er im Innersten davon überzeugt ist, daß doch niemand an ihn glaubt.

Der Betreffende könnte aber auch zum zynischen Kritiker werden, der sich bissig wehrt, damit ihm niemand zu nahe kommt, um sich dann wieder in sein Schneckenhaus zurückzuziehen, wo er melancholisch viele Stunden brütet. Eine andere Überkompensation ist häufig auch das Ausleben von Ambitionen in einem enormen Leistungsdrang, um sich immer wieder als der Beste zu beweisen, während man Situationen, die das Gegenteil erweisen könnten, lieber aus dem Weg geht. Trotzdem kann jemand mit einem solchen Konfliktaspekt in einer besonders schwierigen Situation mit einem enormen Durchsetzungsvermögen alles auf eine Karte setzen und damit Erfolg haben. Auch wenn diese Kombination gewisse Probleme und Schwierigkeiten mit sich bringt, kann man mit ihr sehr viel erreichen. Es gibt viele Menschen in Spitzenpositionen mit einem Saturnkonflikt (allerdings muß Saturn dann hinsichtlich Zeichen und Haus günstig stehen).

Bei Konflikten zwischen Sonne und Saturn wird man einige Male in seinem Leben wenig Zeit für sich selbst und die angenehmen Dinge des Lebens haben. Die Verantwortung für andere Angelegenheiten, die vielleicht erst in ferner Zukunft Früchte tragen werden, erfordert dann die ganze Aufmerksamkeit.

Da Sonne und Saturn für Autorität stehen, kann ein Konflikt zwischen diesen beiden leicht zu Autoritätsproblemen führen.

Es besteht eine starke Sensibilität für Eingriffe in die eigenen Befugnisse durch Befehle, Bestimmungen und Verbote; solche Beschränkungen lösen durch die Verletzlichkeit des eigenen Ich oft heftige Reaktionen aus. Man findet hier also großen Widerstand gegen Einengungen und Festlegungen, obwohl eine Sonne-Saturn-Verbindung an sich gerade Struktur und ein festes Fundament braucht. Eine solche Selbstverteidigungshaltung kann einen Menschen aber auch dazu anspornen, sich so nach oben zu arbeiten, daß er es schließlich ist, der die Anweisungen gibt.

Quinkunx

Recht schwierig und sensibel ist das Quinkunx zwischen Sonne und Saturn. Man hat das vage Gefühl, weniger wert zu sein, und empfindet eine unbestimmte Angst, die man aber nicht begründen kann.

Solche latenten Minderwertigkeitsgefühle können den Drang erzeugen, sich durch harte Arbeit zu beweisen oder aber sich so völlig in den Dienst anderer Menschen zu stellen und sich so unbedeutend zu machen, daß fast kein Selbstwertgefühl übrigbleibt. In ersterem Fall kann man sich sehr stark von anderen isolieren, weil man für nichts Zeit hat und sich kein Vergnügen gönnt, und in letzterem Fall können andere wenig mit einem anfangen, weil man sich niemals so zeigt, wie man wirklich ist. Beide Haltungen führen also zu Problemen. Saturn bewirkt auch noch, daß man sich lange nicht von ihnen lösen kann. Von seiner derzeitigen Haltung weiß man wenigstens, was sie mit sich bringt, was man bei einer neuen Haltung erst noch abwarten müßte! Lieber Gewißheit mit Beschwernissen als Ungewißheit. Aber genau diese unbewegliche Starre ist das größte Hindernis für jeden Fortschritt.

Trotzdem kann man durch seine Disziplin und sein hartes und sorgfältiges Arbeiten ein gewisses Selbstvertrauen gewinnen, sobald man einmal die Problematik des Quinkunx erkannt hat. Mit dem Bewußtsein, daß man vielleicht nur ein kleines Rädchen im großen Getriebe ist, in diesem aber sehr wohl seine Aufgabe hat, kann man bewußt und strukturierend an die Arbeit gehen.

SONNE UND URANUS

Konjunktion

Hier besteht ein starkes Bedürfnis, die eigene Individualität zu entwickeln, um starre Muster zu durchbrechen und dadurch herauszufinden, ob sich dahinter neue und brauchbare Möglichkeiten zeigen, wiewohl Uranus an sich nicht praktisch zu sein braucht.

Dieses Durchbrechen kann manchmal eher ein Abbrechen sein, Destruktivität aus reiner Opposition und ein Widerwille dagegen, sich in eine Zwangsjacke stecken zu lassen. Der Freiheitsdrang ist manchmal hemmungslos. Die Umwelt kann das Zerstörerische und Schockierende von Uranus als Unberechenbarkeit und Provokationslust, Unzuverlässigkeit und Launenhaftigkeit empfinden, und in gewisser Weise ist die Konjunktion zwischen Sonne und Uranus der Gefahr solcher Haltungen durchaus ausgesetzt.

Andererseits machen eben diese Ungebundenheit und der Drang, vorhandene Strukturen zu durchbrechen, diese Konjunktion so »sprühend«, weshalb Menschen mit diesem Aspekt oft die ausgefallensten Ideen haben. Vieles davon ist vielleicht unbrauchbar, aber sehr oft ist auch etwas dabei, das nützlich ist und erneuernd wirken kann. Nicht ohne Grund wird der Erfinder immer mit Uranus in Verbindung gebracht.

Der Betreffende ist jedoch oft zu ruhelos, um sich mit der Weiterentwicklung seiner Ideen zu beschäftigen. Diese Ruhelosigkeit wirkt sich auf den verschiedensten Gebieten aus: Veränderungen im Beruf, in den Auffassungen, im Lebensstil. Eines steht jedoch unverrückbar im Mittelpunkt: die eigene Freiheit, Unabhängigkeit und Individualität. Natürlich können sich Menschen mit diesem Aspekt auch binden, aber dann muß der Betreffende sich zumindest (nach seinen Vorstellungen) innerhalb dieser Bande frei bewegen und seine Individualität behalten können. Sobald er sich eingeengt fühlt, muß man mit explosiven und zerstörerischen Äußerungen rechnen.

Die Sonne-Uranus-Konjunktion geht wirbelnd durchs Leben und hinterläßt entweder eine Spur der Erneuerung oder eine Spur der Vernichtung – dies hängt vom übrigen Horoskop ab.

Sextil und Trigon

Die harmonischen Aspekte zwischen Uranus und Sonne bringen ebenso wie die Konjunktion den Typ hervor, der frei und ungebunden sein eigenes Leben führen will. Auch die harmonischen Aspekte sind von Ruhelosigkeit, Anspannung, Wachheit und blitzartigen Erkenntnissen geprägt. Man muß sich jedoch darüber im klaren sein, daß die Ideen und Erkenntnisse von Uranus, wie genial und verblüffend sie auch sein mögen, nicht immer sinnvoll oder praktisch brauchbar sind.

Menschen mit Sonne-Uranus-Aspekten begeistern sich für neue und aufregende Ideen, die oft genug von ihnen selbst stammen. Die harmonischen Aspekte zeigen dabei an, daß man in der Lage ist, solche Ideen in einer weniger zerstörerischen Weise in den Alltag zu integrieren, als dies bei den disharmonischen Aspekten der Fall ist. Zwar machen auch die harmonischen Aspekte ruhelos, doch verleihen sie in jedem Fall die Fähigkeit, mit Neuem auf dem Alten aufzubauen, und oft findet man hierfür auch in seiner Umgebung die notwendige Unterstützung und Hilfe.

In vielen Fällen haben Menschen mit Sonne-Uranus-Verbindungen ein Gespür für technische Dinge, und zwar im weitesten Sinne. Alles, was mit Neuem und Grenzüberschreitendem zu tun hat, interessiert sie, wie Luftfahrt und Modellbau, Radar- und Funktechnik, Elektrotechnik, aber auch verschiedene andere Dinge, für die Intelligenz, Intuition und praktisches Geschick notwendig sind. Harmonische Sonne-Uranus-Verbindungen verschaffen einen großen Einfallsreichtum.

Da die individuelle Entfaltung so sehr im Vordergrund steht, können Menschen mit Sonne-Uranus-Aspekten keine Autorität über sich dulden, sind aber Ratschlägen gegenüber offen. Sie sehen andere gerne als gleichberechtigt an, nicht über sich, aber auch nicht unter sich. Oft geht auch eine Art lose Führerschaft von den harmonischen Aspekten zwischen Sonne und Uranus aus: Sie geben den Ton und die Richtung an und wirken inspirierend, wobei sie dafür sorgen, daß sowohl sie selbst als auch die anderen ihre Freiheit behalten.

Menschen mit solchen Aspekten müssen sich allerdings davor

hüten, die Realität nicht aus den Augen zu verlieren, da sie sich ohne viele Widerstände auf ungewöhnliche Wege begeben können, die nirgendwohin führen.

Quadrat und Opposition

Bei den disharmonischen Aspekten zwischen Sonne und Uranus besteht die Neigung, etwas unvorsichtig und allzu impulsiv vorzugehen. Die Rastlosigkeit, die Ungeduld und das Provokative von Uranus treten sehr deutlich zutage. Bei diesen disharmonischen Aspekten besteht das Bedürfnis, seinen eigenen Weg zu gehen, aber auch das Bedürfnis nach Erneuerung und Veränderung. Die innere Spannung strahlt man jedoch auch in die Umgebung aus, weshalb man von außen Provokationen zurückempfängt.

Da man Schwierigkeiten hat, seinen Drang nach Veränderung in einer besonnenen und ausgeglichenen Weise zu äußern, zeigen sich hier oft ausgeprägt zerstörerische Tendenzen.

Bei disharmonischen Aspekten reißt man alte Strukturen oft völlig ab und zerreißt alte Bande vollständig, damit man das Gefühl hat, wieder weitermachen zu können. Damit läuft man allerdings Gefahr, das Kind mit dem Bade auszuschütten; diesen Drang hat man nicht unter Kontrolle.

Disharmonische Aspekte schaffen Interesse auf technischen, wissenschaftlichen oder ungewöhnlichen und neuartigen Gebieten. Quadrat und Opposition können einen aktiven Einsatz auf diesen Gebieten sogar stimulieren.

Durch seine Impulsivität und das spontane Eingehen auf plötzliche Einfälle zeigt man ein etwas abruptes Reaktionsmuster und setzt sich Risiken aus. Mit diesen Aspekten handelt man unbeherrscht; man neigt zu ruckartigen Bewegungen und kann nicht stillsitzen. So können Überholmanöver, zu denen man in einer Zornaufwallung angesetzt hat, weniger glimpflich enden, als man sich vielleicht zunächst vorstellen konnte. Deshalb zwingen solche Konflikte auch zu Vorsicht im Verkehr – sie können ein erhöhtes Unfallrisiko anzeigen.

Bei disharmonischen Aspekten läuft das Leben in einem sehr hohen Tempo ab. Ruhe und Stillstand gibt es nicht – man verträgt dies nicht und kann es nicht ausstehen, aufgehalten zu werden. Manchmal kann man auch mit sich selber nicht Schritt halten, so daß die eigene Anspannung in Überspanntheit umschlagen kann.

Quinkunx

Beim Quinkunx hat man ebenso wie bei den übrigen Aspekten zwischen Sonne und Uranus die Neigung, seinen eigenen Weg zu gehen. Das tut man auch, aber man nimmt dies selbst nicht richtig wahr. Für das eigene Gefühl ist man immer noch auf der Suche nach einem Weg, und dadurch ist man bezüglich seiner eigenen Individualität sehr verletzlich. Aus diesem Grund kann man recht störrisch auf Befehle und Aufträge anderer reagieren. Alles, was sich einem in den Weg zu stellen scheint, erzeugt einen enormen Widerstand, und dies hat zur Folge, daß man sich oft gegen Dinge sperrt, die einem eigentlich weiterhelfen könnten. Dadurch läuft man Gefahr, in einen Sog rastloser Bewegung zu geraten. Die Ruhelosigkeit ist das Übel aller Uranus-Aspekte, doch handelt es sich beim Quinkunx speziell um die ungreifbare fieberhafte Unruhe des Suchens.

Bei diesem Aspekt besteht eine große Nervosität, was sich in unzähligen Formen äußern kann, vom Nägelbeißen bis zu Hyperaktivität. Abrupte Bewegungen sind immer wieder Anlaß kleinerer Unglücksfälle.

Mit einem Quinkunx ist man stets auf der Suche nach einer erneuernden Individualität, die man nicht in sich selbst erkennt, nach einem vermeintlich »anderen Leben« voller Neuerungen und unkonventioneller Dinge. Deshalb besteht bei vielen Uranus-Aspekten Interesse an Okkultismus und ähnlichen Dingen, und dies ist beim Quinkunx besonders ausgeprägt. Dieses Bedürfnis und Verlangen nach einem »anderen Leben« kann in einem selbst, ohne daß dies ins Bewußtsein dränge, Kräfte wecken, durch die man sich in ständige Kurswechsel manövriert. Dies ist höchst anstrengend – es ist, als ob einem keine Ruhe gegönnt wäre. Irgendwann entdeckt man dann, daß man selbst unbewußt diese Situationen verursacht hat. Dann kann man sich für ein Leben entscheiden, in dem man sein Bedürfnis nach Abwechslung bewußter und ruhiger äußern kann; dieser Aspekt wirkt dann in der Weise, daß man seine eigene Entwicklung wie auch die in anderen veranlagten Möglichkeiten stimuliert.

SONNE UND NEPTUN

Konjunktion

Neptun bietet in allen seinen Konjunktionen die Möglichkeit, über die Grenzen des Individuums hinauszublicken und so das Individuelle zu verfeinern. Dies kann der Sonne, dem Ich, Tiefe und Perspektive verleihen, doch bleiben zugleich die Grenzen des Ich vage, so daß man in eine Art unwirkliches Niemandsland geraten kann, eine Traumwelt, der man mit dieser Konjunktion kaum entkommen kann, weil Schein und Wirklichkeit ineinander zu fließen scheinen. Man kann bei diesem Aspekt gewissermaßen durch das Individuelle hindurchblicken und spüren, was Menschen erleben und meinen, auch wenn sie aus einer ganz anderen Erlebniswelt sprechen.

Neptun-Konjunktion-Sonne bietet dem Ich also wenig Halt, weshalb man bei diesem Aspekt leicht beeinflußbar ist. Man kann sich aber auch sehr unsicher fühlen, und die Flucht in die so vertraute Traumwelt erscheint dann als eine sichere Alternative. Aber die Traumwelt hinter den ohnehin schon verschwommenen Grenzen des Ich birgt die Gefahr, daß man sich mit den nichtindividuellen, kollektiven Inhalten des Unbewußten identifiziert. Das kann für dieses ohnehin schon unsichere Ich gefährlich sein.

Die Unsicherheit kann zu Zurückgezogenheit führen oder den Betreffenden daran hindern, für seine eigenen Interessen angemessen einzutreten. Hinzu kommt, daß die Konjunktion von Sonne und Neptun (wie auch andere Neptun-Aspekte) unbewußten Kontakt mit den Gefühlen und Emotionen anderer Menschen schafft. Man erfährt in dieser Weise auch unbewußte Widerstände, Probleme und Aggressionen aus der Umgebung, ohne daß man diese Gefühle anfänglich einordnen könnte. Man fühlt sich dann plötzlich »ganz anders«, was die Zurückhaltung und die Unsicherheit verschärfen kann.

Dabei hat Neptun sehr viel zu bieten. Seine verfeinernde Wirkung und subtile Kreativität kommen aber erst dann gut zum

Ausdruck, wenn man den Mut findet, sich in Musik, Kunst und anderen Formen des Gefühlsausdrucks oder auch in spirituellen und religiösen Dingen zu äußern. Neptun kann in diesem Fall sehr inspirierend wirken und eine Brücke zwischen der Traumwelt und dem Alltag schlagen.

Die Konjunktion von Sonne und Neptun macht überempfindlich, und zwar sowohl hinsichtlich der Identitätsentwicklung als auch der körperlichen Wahrnehmung. Man ist zwar nicht bei schlechter Gesundheit, reagiert aber manchmal schon auf die kleinsten Dinge.

Sextil und Trigon

Wenn Neptun und Sonne harmonisch miteinander verbunden sind, bleibt die Gefahr eines Hinausgleitens aus der Wirklichkeit infolge der gegebenen Übersensibilität bestehen und ist eher noch größer als bei den schwierigeren Aspekten. Die Sicherheit dieses Zufluchtsorts bleibt lange unangetastet, weil man bei harmonischen Aspekten das Glück auf seiner Seite hat. Damit können harmonische Aspekte zwischen Sonne und Neptun den Menschen seiner Umgebung und der Welt entfremden, und wenn man den Blick für die Grenzen des Ich verliert, letztlich auch sich selbst. Die Neigung zum Träumen, Tagträumen und Phantasieren ist sehr ausgeprägt. Außerdem kann bei harmonischen Aspekten Suchtverhalten auftreten.

Prozesse, die sich in der eigenen Umgebung abspielen, wie unsichtbar sie für andere auch sein mögen, nimmt man sehr gut wahr. Kinder mit solchen Aspekten können auf solche Unterströmungen reagieren, so daß die Eltern oft vor dem Rätsel stehen, warum das Kind eigentlich weint.

Eine harmonische Verbindung zwischen Sonne und Neptun kann die bestehende Sensibilität hervorragend zu Aktivitäten nutzen, bei denen Gefühle ausgedrückt werden (Musik und andere Formen künstlerischer Kreativität), oder zu Tätigkeiten, bei denen ein großes Einfühlungsvermögen notwendig ist. Dies können Tätigkeiten sein, für die paranormale Eigenschaften erforderlich sind (magnetisieren oder anderen mittels Hellsichtigkeit helfen), oder Tätigkeiten, bei denen man sich in die Erlebniswelt anderer versetzen muß, wie ein sozialer Beruf oder die Betreuung von Kleinkindern. Vor allem in letzterem Fall profitiert man sehr von der Leichtigkeit, mit der man sich in Dinge hineinversetzen kann, die für den Erwachsenen bloß »eigenartig« sind, für das Kind aber sehr real.

Wie bei allen Neptun-Aspekten muß man sich davor hüten, Traum und Wirklichkeit zu verwechseln. Andernfalls bekommt man es mit Enttäuschungen, Lügen und Betrug (als Betrüger ebenso wie als Betrogener) zu tun, auch bei den harmonischen Aspekten.

Quadrat und Opposition

Die für Neptun so typische Traum- und Phantasiewelt schiebt sich bei Konflikten mit der Sonne noch weiter in den Vordergrund. Bei Kindern stellt man oft fest, daß sie etwas länger in der mythischen Welt der Märchen und Sagen bleiben und vielleicht Probleme mit der Entwicklung ihrer eigenen Identität bekommen.

Die Folge hiervon können Minderwertigkeitsgefühle sein, weshalb man geneigt ist, sich von der Umwelt ausnutzen zu lassen und seine eigenen berechtigten Interessen hintenanzustellen. Diese Minderwertigkeitsgefühle haben zwei Ursachen. Die erste ist die Eigenschaft Neptuns, Grenzen zu verwischen, weshalb man Probleme hat wahrzunehmen, wer man ist und was man will. Die zweite ist das ständige Gefühl, daß da »noch mehr ist«, die Wahrnehmung einer Welt hinter der beobachtbaren Welt, der gegenüber die individuelle Beschränktheit, Nichtigkeit und Unvollkommenheit in scharfem Kontrast erlebt wird. Dies ist auch eine Folge der Anfälligkeit für die verwischenden und unterminierenden Tendenzen Neptuns, der im Konflikt mit der Sonne unablässig das Selbstvertrauen in subtiler Weise untergräbt.

Dadurch kann man zum Sklaven einer Sekte, einer Glaubensrichtung oder eines Ideals werden, durch die man eine (spirituelle) Identität und einen gewissen Halt bekommt. Dann hat man etwas, wofür man sich einsetzen kann, ohne daß es einem selbst zugute kommt. Man ist auf der Suche nach der anderen, unsichtbaren Welt, und dadurch wird man zum Suchenden auf dem spirituellen Weg. Konflikte können dabei gerade zu derjenigen Aktivität anspornen, die man braucht, um einen Stillstand zu vermeiden. Gerade die Spannungen des Konflikts und die Konfrontation mit Fehltritten spornen zur Aktivität an. Mit Neptun ist man ständig in Gefahr, falsche Wege einzuschlagen, weil er kaum einen konkreten Halt bietet. Menschen mit Aspekten zwischen Neptun und Sonne suchen dies auch überhaupt nicht – sie möchten ihren Halt in Idealen und Gefühlen finden. Deshalb suchen sie so lange, bis sie ein Ideal gefunden haben, mit dem sie etwas anfangen oder nach dem sie leben können, ein Ideal, das zu ihrer Sensibilität paßt und möglichst nicht in einem Spannungsverhältnis zu ihrem Wesen steht.

Das Verantwortungsgefühl kann durch das Vorgesagte etwas gering entwickelt sein, doch kann man natürlich auch lernen, verantwortungsbewußter zu sein. Neptunische Ausdrucksformen wie Musik, Dichtkunst oder andere kreative Tätigkeiten spielen auch in den Konfliktaspekten eine große Rolle, aber auch Mystik, Metaphysik und Spiritualität.

Quinkunx

Beim Quinkunx zwischen Sonne und Neptun hat man es mit der größten Verletzlichkeit und Empfindsamkeit zu tun. Man ist von Unsicherheit heimgesucht, ohne ihre Quelle feststellen zu können. Einen Teil seines Lebens verbringt man mit der Suche nach dem »großen Wunder«, ohne eine Vorstellung davon zu haben, was es sein könnte und wo es zu finden ist. Es liegt etwas Unerfülltes in den eigenen Gefühlen.

Die Empfindsamkeit ist so groß, daß man erheblich unter der Ausstrahlung anderer Menschen leiden kann. Das eigene Wesen (Sonne) begreift die Welt Neptuns nicht, die sich über die kaum festzustellenden Grenzen des Ich bis in das ungreifbare Kollektive erstreckt. Unbewußt ist man ständig auf der Flucht, weil man keinen sicheren, nicht unterminierenden Platz finden kann. Dieses Flüchten und diese Unsicherheit können beim Betreffenden immer wieder körperliche Symptome hervorrufen. In dieser Weise verursachte Krankheiten sind stets psychosomatischer Natur und können manchmal nicht einmal diagnostiziert werden. Neptun kann bei einem solchen Quinkunx viel Lebensfreude zunichte machen und passiv und verträumt machen.

Fluchtverhalten und Eskapismus sind eine Gefahr, um so mehr, als dieser Aspekt besonders anfällig für einen Mißbrauch macht. Unbewußt manövriert man sich immer wieder in Situationen, in denen Chaos herrscht: in der Arbeit, zu Hause oder wo auch immer. Irgendwann entdeckt man dann, daß man sich unbewußt selbst viel Lebensfreude und viele Möglichkeiten verdirbt, weil man sich nirgendwo an seinem Platz fühlt. So gerät man von einer unterminierenden Situation in die andere, und es besteht die konkrete Gefahr einer Abwärtsspirale.

Wenn man sich jedoch dieses unbewußten Verhaltens bewußt wird, kann man entdecken, daß man das Wunder nicht außerhalb seiner selbst, sondern in sich selbst suchen muß, ebenso Sicherheit und geistige Ruhe, die einem die Außenwelt niemals geben kann. Wenn man sich dann wieder für das öffnet, was sich außerhalb von einem selbst abspielt, verfügt man über ein äußerst feinfühliges Instrument, durch das man Stimmungen und Atmosphären so gut aufzufangen und zu interpretieren versteht wie niemand sonst.

SONNE UND PLUTO

Konjunktion

Wenn Sonne und Pluto beisammenstehen, erfährt man seine Probleme und Verdrängungen, aber auch die Kraft und Macht des Lebens in sich mit höchster Intensität. Man steht im Grunde ständig auf Kriegsfuß mit sich selbst, weil Pluto kraftvoll unbewußte und für das Bewußtsein oft bedrohliche Inhalte an die Oberfläche holt, die ein Anschlag auf die eigene Identität und das Ich sind.

Die Konjunktion verbindet uns mit den Tiefen des persönlichen Unbewußten, in die wir Inhalte verbannen, die das Bewußtsein mit seinem Untergang assoziiert, also mit dem persönlichen psychischen Tod. Pluto konfrontiert uns mit diesem persönlichen unbewußten Material, das an der Oberfläche eine schwere Verunsicherung erzeugt. Aufgrund dieser Unsicherheit will und kann man sich keine Blöße geben; man fühlt sich viel zu verletzlich. Man hat Möglichkeiten, doch ist man sich ihrer nicht wirklich bewußt, sondern erfährt sie mehr als eine große Angespanntheit des Bewußtseins.

Menschen mit dieser Konjunktion umgeben sich oft mit einer unüberwindlichen Mauer, die die Möglichkeit bietet, andere auszukundschaften, ohne selbst ausgekundschaftet werden zu können. Daher ist eine Konjunktion von Sonne und Pluto unzugänglich und kann durch die vorhandene Angst oder Unsicherheit hart und heftig wirken. Intensität ist immer ein Merkmal von Pluto-Aspekten.

Pluto ist jedoch kein persönlicher Inhalt. Seine Wurzeln reichen bis in das kollektive Unbewußte, weshalb das, was er an die Oberfläche zieht, eine kollektive Tönung hat und damit für das persönliche Bewußtsein zu umfassend ist. Eine direkte Verbindung mit dem Ich (Sonne) kann jedoch dazu führen, daß man sich mit ihm identifiziert und einen Machtkomplex entwickelt oder in Allmachtsphantasien gerät. Die Verbindung Plutos mit dem Ich verleiht oft auch eine starke Ausstrahlung, so daß man schnell Anhänger findet. Bei einer Konjunktion von Sonne und Pluto befindet sich das persönliche Schicksal auf einem Grat: Man kann außerordentlich hoch steigen, aber man kann auch sehr tief fallen.

Durch die inneren Auseinandersetzungen ist man so an Provokation (wenn auch in einer ganz anderen Weise als bei Uranus) und Konfrontation gewöhnt, daß man ohne weiteres auch auf Konfrontationskurs mit der Außenwelt geht. Mit enormer Willenskraft und großer Durchschlagskraft wendet man sich gegen alles, was einem nicht gefällt, und zwar meist in Situationen, in denen es um Macht geht. Deshalb wehren sich Menschen mit dieser Konjunktion gegen Eingriffe von Ämtern, aber auch gegen die Macht von Gewohnheiten oder die ungreifbare Macht von Tabus. Sie brechen verkrustete Strukturen auf und schaffen sich damit oft Probleme, geben dadurch aber sich und anderen auch die Möglichkeit zu einer Transformation.

Dies ist keine einfache Konjunktion, vor allem auch, weil man keine Kompromisse kennt und statt dessen eine Politik des Alles oder Nichts betreibt. Immerhin ist man fähig, sich in Geduld zu üben, aber es ist eine angespannte Ruhe, mit der man auf den Augenblick des Losschlagens wartet. Deshalb ist die Konjunktion von Sonne und Pluto gefürchtet. Man kann durch sie zu einem großen Detektiv oder Strategen werden. Aber durch die allzu starke Identifikation mit unbewußten Dingen oder intensiven Erfahrungen kann man tief in einen Sumpf von Schwierigkeiten versinken.

Sextil und Trigon

Bei den harmonischen Verbindungen von Pluto und Sonne spielt der Drang zu Konfrontation ebenso eine Rolle wie bei der Konjunktion. Weil aber die Verbindung ihrem Wesen nach harmonisch ist, führt dies zu keinen direkten Konflikten mit der Umgebung. Andererseits erfährt man auch bei diesen Aspekten die Dinge sehr intensiv, kann sehr tief auf Angelegenheiten eingehen und sich auch durch die verschiedensten Inhalte aus dem Unbewußten bedrängt fühlen. Es herrscht eine gewisse Unsicherheit, die sich hier aber mehr in Form einer Unzufriedenheit mit dem Erreichten äußert. Pluto intensiviert jeden Inhalt, mit dem er in Berührung kommt, und gräbt immer tiefer. Diesbezüglich ist er unersättlich. Deshalb besteht auch bei den harmonischen Aspekten zwischen Sonne und Pluto die Gefahr, daß sich das Ich mit Inhalten aus dem Unbewußten aufbläht. Die harmonischen Aspekte gehen auch mit Machtkonflikten und Machtkomplexen einher. Nur wird man bei harmonischen Aspekten weniger durch unmittelbare Konfrontationen behindert, weil der Widerstand von außen geringer ist. Dies kann dazu führen, daß man in einer Haltung verharrt, die sehr dogmatisch und unbeugsam ist.

Weil Pluto so schwierig zu greifen und oft nicht direkt wahrnehmbar ist, kann man bei einer harmonischen Verbindung von Sonne und Pluto Dinge tun, deren man sich anfänglich überhaupt nicht bewußt ist. So verleiht Pluto die Fähigkeit, mit sicherem Instinkt die richtigen Mittel in der richtigen Dosis zum richtigen Zeitpunkt einzusetzen, um eine Situation zu manipulieren oder um nach der Macht zu greifen. Herrschsucht und Dominanz sind bei den harmonischen Aspekten genauso ausgeprägt wie bei den disharmonischen.

Alle Verbindungen von Sonne mit Pluto sind mit Kraft ausgestattet, wodurch man bei einer solchen Verbindung Einfluß auf seine Umgebung hat. Daher sind bei diesen Aspekten Führungsqualitäten nicht selten.

Weiterhin fühlt man sich zum Verborgenen und Geheimnisvollen hingezogen. Deshalb ist dies eine Verbindung, die bei Forschertätigkeiten wie Parapsychologie oder der Kernforschung hilfreich ist. Erkenntnisse infolge der tiefen analytischen Fähigkeiten können Veränderungen in einem selbst, in der Wissenschaft oder in sonstiger Weise bewirken, die sehr tiefgreifend und transformierend sein können.

Quadrat und Opposition

Vieles von dem hinsichtlich der Konjunktion von Sonne und Pluto Gesagten gilt auch für die beiden Spannungsaspekte, bei denen jedoch das Bedürfnis zu handeln stärker ausgeprägt ist. Man findet Widerstand, der sehr hartnäckig sein kann, gegen Beschlüsse und Entscheidungen von höherer Stelle. Darauf, ob dies zerstörerische Folgen für die eigene Position oder den eigenen Lebensweg hat, nehmen Menschen mit einem Konflikt zwischen Sonne und Pluto wenig Rücksicht. Außerdem kommen bei diesen Aspekten oft bewußt oder unbewußt einschneidende Veränderungen im eigenen Leben zustande.

Die Kraft, die diese Aspekte ausstrahlen, ist groß, aber voller Anspannung. Dies kann der Umgebung eine gewisse Angst einflößen, und Menschen mit einem solchen Aspekt zwischen Sonne und Pluto müssen dies berücksichtigen. Sie können, auch wenn sie etwas gar nicht so energisch anpacken wollen, massiver auftreten, als ihnen selbst bewußt ist. Aus diesem Grund findet man bei diesen Aspekten immer wieder Kontaktschwierigkeiten.

Die Konfliktaspekte zwischen Sonne und Pluto verleihen auch Führungsqualitäten, mit denen man jedoch umzugehen lernen muß. Man verlangt oft zuviel von anderen (aber auch von sich selbst) und geht auch heftigen Konfrontationen niemals aus dem Wege. Dies kann bis zur Gewalttätigkeit führen, doch ist dies keineswegs die Regel. Auch psychisch können diese Spannungsaspekte schwierige Folgen haben: Man neigt dazu, sich selbst oder anderen gegenüber so lange unerbittlich zu bleiben, bis man an den Kern eines Problems gelangt ist. Dies erregt in der Umgebung starke Widerstände, und auch sich selbst macht man es damit nicht leichter.

Bei Konflikten zwischen Sonne und Pluto besteht eine ausgeprägte Tendenz, sich durch das Leben zu kämpfen. Diese Kampfeslust ist vor allem eine Folge der inneren Auseinandersetzungen, von denen diese Konflikte ständig begleitet sind, damit man die Oberhand behält. Die Einflüsse des Unbewußten drängen sich unabweisbar auf, und dies spornt wiederum an, nach der Ursache zu suchen. Dadurch wird man auch für die Spannungen und empfindlichen Stellen anderer Menschen empfänglich und spürt diese mit sicherem Instinkt auf. Konfliktaspektierungen zwischen Sonne und Pluto können daher hervorragende Forscher oder Psychiater hervorbringen, die nicht ruhen, bis sie einem Problem auf den Grund gegangen sind.

Da die Konfliktaspekte in vielerlei Hinsicht der Konjunktion ähneln, empfehle ich, auch diesen Aspekt nachzulesen.

Quinkunx

Mit dem Quinkunx sind wir beim schwierigsten Aspekt zwischen Sonne und Pluto angelangt. Alle Spannungen der vorherigen Aspekte treten auch beim Quinkunx auf, nur mit dem Unterschied, daß man nichts als eine intensive Anspannung und äußerste Unruhe verspürt, ohne diese irgendwie entladen oder eine Ursache hierfür angeben zu können.

Das Quinkunx zwischen diesen beiden Planeten verleiht oft außerordentlichen Ehrgeiz und Energie, die dafür sorgen, daß man den Kopf über Wasser behält. Man kommt nur nicht auf den Gedanken, daß man mit der halben Energie genauso weit käme; die Triebfeder hierfür ist die Unsicherheit.

Während man sich aus dieser Unsicherheit heftig für andere einsetzen kann, neigt man zugleich auch zu manipulativem Verhalten. Aufgrund der Unsicherheit möchte man gegen alles Vorkehrungen treffen, und der machtgierige Planet Pluto wird dies immer so einrichten, daß er selbst die Fäden in der Hand behält. Pluto ist ein Meister der Kunst, gezielt Bemerkungen fallenzulassen, wodurch er einer Situation genau die Wendung gibt, durch die er Herr über sie bleibt. Es ist klar, daß er dabei auch zum Opfer seiner eigenen Taktik werden kann. Er ist sich seines Verhaltens nicht bewußt, sondern versucht vielmehr, es von seinem Bewußtsein fernzuhalten. Er übersieht sein »Operationsfeld« nicht und kann daher nicht alle Fäden in der Hand haben. Daher versucht er bewußt, solchen Angelegenheiten möglichst aus dem Wege zu gehen, bis er schließlich entdeckt, daß er unbewußt gerade das Gegenteil tut und sich immer wieder in Situationen bringt, in denen Konfrontationen und Machtkonflikte ausbrechen müssen.

Er kennt auch das Bedürfnis nach Wachstum durch Konfrontation. Er kann aber auch zum Opfer solcher Konflikte werden. Wenn er sich seines entgegengesetzten Kurses bewußt wird, kann er Wollen und Tun besser in Einklang bringen und sich so das gewaltige Potential erschließen, das ein Quinkunx stets mit sich bringt. Untersuchungen über Machtverhalten, das Unbewußte oder okkulte Dinge können in einem solchen Fall bevorzugte Betätigungsfelder sein.

SONNE UND ASZENDENT

Konjunktion

Wir haben es hier mit einer direkten Manifestation von uns selbst in der äußeren Welt zu tun, in der unser Auftreten nicht unbemerkt bleibt. Man strahlt Selbstvertrauen aus und neigt dazu, rasch das Ruder in die Hand zu nehmen. Bei einer solchen Konjunktion geht Autorität von einem aus, und man verfügt über Führungsqualitäten. Man möchte Anerkennung und reagiert daher nicht immer bereitwillig auf Anweisungen anderer. Man will selbst bestimmen, was man tut und wie man es tut.

Sonne-Konjunktion-Aszendent macht für Komplimente empfänglich, wenn auch nicht in jedem Zeichen in gleichem Maße, weil diese Komplimente (scheinbar) die eigene Position bestätigen.

Andere Menschen bekommen bei dieser Konjunktion, die sehr stark von sich selbst ausgeht, nicht immer besonders viel Raum.

Allerdings sind Menschen mit diesem Aspekt in der Regel durchaus großzügig, ehrlich und herzlich. Auch in den Kontakten stehen die Merkmale der Sonne stark im Vordergrund.

Sextil und Trigon

Bei den harmonischen Aspekten zwischen Aszendent und Sonne hat man kaum Probleme mit der eigenen Manifestation nach außen. Man wirkt wie bei der Konjunktion dynamisch und voller Selbstvertrauen, wenn auch in einer weniger ausgeprägten und dominanten Weise (und beim Trigon wiederum etwas stärker als beim Sextil).

Da man so sehr mit sich selbst im reinen ist, hat man bei diesen Aspekten oft ein ausgeprägtes Bedürfnis nach Kontakten, vor allem solchen gesellschaftlicher Art, durch die man bestätigt wird, obwohl man eine solche Bestätigung eigentlich nicht nötig hat. Bei den harmonischen Verbindungen von Sonne und Aszendent hat man auch die Fähigkeit, eine Gruppe von Menschen zu führen und dafür zu sorgen, daß alles nach Wunsch verläuft.

Die Sonne ist auch bei harmonischen Verbindungen auf sich selbst orientiert, und die Betreffenden neigen sehr dazu, nur das zu tun, was ihnen Spaß macht. Dies geht normalerweise auch gut, weil sie dabei so überzeugend sind.

Quadrat und Opposition

Etwas problematischer verhält es sich, wenn Spannungsaspekte zwischen Sonne und Aszendent vorliegen. Die eigene Ausstrahlung ist immer noch sehr stark in der Umgebung spürbar, und man hat das Bedürfnis, sich in ihr zu manifestieren. Allerdings besteht eine erhebliche Unsicherheit darüber, in welcher Weise dies geschehen soll. Daher gibt man sich einmal sehr dominant und berstend vor Selbstvertrauen, um sich dann wieder völlig zu verschließen, weil man sich mit sich selbst nicht auskennt. Dadurch ist man manchmal unausstehlich und bekommt Kontaktschwierigkeiten. Man verträgt Kritik sehr schlecht, weil diese die Unsicherheit noch verschärft. Dann wieder verkriecht man sich ganz in sein Schneckenhaus, und es kann sogar geschehen, daß man in der Umgebung Beschützerinstinkte weckt.

Bei den Spannungsaspekten steht das Ich in einem Mißverhältnis zu den eigenen Erwartungen und der eigenen Haltung gegenüber der Außenwelt und damit den von dieser zurückwirkenden Reaktionen. Um hieran etwas zu ändern, muß man sich anpassen.

Quinkunx

Beim Quinkunx zwischen Sonne und Aszendent ist das Selbstvertrauen nach außen hin am geringsten, während umgekehrt das Bedürfnis, gut zur Wirkung zu kommen, besonders ausgeprägt ist. Die größten Probleme entstehen durch die Gegensätzlichkeit des Sonnenzeichens und des Zeichens im Aszendenten, die einander kaum oder gar nicht verstehen. Die bewußte Haltung (Sonne) kann sich nur sehr schwierig mit der Art identifizieren, wie man sich selbst nach außen gibt, und mit dem, was aus der Außenwelt an einen herantritt. Wenn auch noch ein unverträgliches Quinkunx vorliegt, dann sind Unsicherheit und vor allem auch Ungeschicklichkeit im Auftreten die Folge.

Dies allein schon kann zu Kontaktschwierigkeiten mit der Umgebung führen. Aber trotz der eigenen Unsicherheit betont man unbewußt die eigene Bedeutung. Dies kann großen Ehrgeiz und Perfektionismus zur Folge haben, weshalb man sich mehr zumutet, als man bewältigen kann. Dies kann bis zum physischen Zusammenbruch führen. Trotzdem kann man zu verstehen lernen, daß man es hier mit zwei Seiten zu tun hat, die einander akzeptieren müssen und nicht ausschließen dürfen. Dann sind die beiden Haltungen, die des Aszendenten und die der Sonne, in den jeweils passenden Situationen gut zu gebrauchen, so daß eine Unsicherheit ganz und gar unbegründet ist.

SONNE UND MC

Konjunktion

Das Ich ist gut entwickelt, und gesellschaftlich weiß man sich zu behaupten. Das Angenehme an dieser Verfassung ist, daß man sehr kompetent wirkt. Die Außenwelt nimmt das energische und selbstbewußte Auftreten wahr und läßt sich davon beeindrucken. Dies kann bei Bewerbungen ein großes Plus sein.

Trotzdem hat diese Konjunktion auch eine Kehrseite: Man läuft Gefahr, sich selbst sehr gut zu finden und großartiger aufzutreten, als dies das übrige Horoskop rechtfertigt. Auch duldet man bei dieser Konstellation nicht gerne Widerspruch: Man erlebt sich als wichtig, und alle anderen müssen zu einem aufschauen. Diese Haltung kann Widerstand hervorrufen, oder man zieht Menschen an, von denen man nicht wirklich stimuliert wird. Daneben kann diese Haltung zu dem Wunsch führen, selbständig zu sein oder freiberuflich zu arbeiten, so daß man niemandem Rechenschaft schuldig ist. Diese starke Stellung der Sonne kann Erfolg im Leben bringen, wenn man ihre selbstüberschätzende und etwas arrogante Art im Auge behält.

Sextil und Trigon

Bei den harmonischen Verbindungen zwischen Sonne und MC versteht man es meist, sich in einer unverkennbaren, aber ausgewogenen Weise zu präsentieren, und man kommt wie bei der Konjunktion bei anderen gut an. Es scheint, als ob man von der Vorsehung für seine Aufgabe bestimmt sei, und man macht einen zielbewußten und dynamischen Eindruck. Die Menschen spüren, daß sie mit einem rechnen müssen, doch erzeugt dies keine Spannungen. Auch diese Aspekte sind beispielsweise bei Bewerbungen vorteilhaft. Wenn man sich ein Ziel gesetzt hat, kann man dies mit seiner ausgewogenen Energie auch erreichen. Das Ich ist in Harmonie mit dem eigenen gesellschaftlichen Auftreten (MC), und dadurch strahlt man eine gelassene Kraft aus.

Auch bei diesen Aspekten besteht das Bedürfnis, eine führende Rolle zu spielen, vielleicht auch nach beruflicher Selbständigkeit. Doch werden Menschen mit der Sonne in jedem beliebigen Aspekt mit dem MC immer bestrebt sein, die Fäden in Händen zu halten. Dies gelingt in der Regel sehr gut, sei es im größeren Maßstab oder im kleineren Maßstab zu Hause. Aufgrund seines Auftretens wird man von anderen beachtet.

Quadrat und Opposition

Bei den Spannungsaspekten besteht die Gefahr, daß man sich sehr betont in den Vordergrund drängt, um (gesellschaftliche)

Anerkennung zu gelangen. Die geht oft mit einer (unbeabsichtigten) Herrschsucht einher.

Die bewußte Haltung, das Ich, steht nicht im Einklang mit den eigenen gesellschaftlichen Ansprüchen. Die Motivation, etwas zu erreichen, ist wegen der Unsicherheit stets sehr groß, so daß man bei Konflikten mit dem MC einem recht ausgeprägten Ehrgeiz begegnen kann. Sehr oft findet man hier hervorragende Betriebsleiter und Direktoren, Menschen, die sich ganz für ihre Arbeit einsetzen und bereit sind, für ihren Beruf und ihren guten Namen Opfer zu bringen. Da Spannungsaspekte immer auch Handlungsaspekte sind, besteht ein großer Tatendrang, und man geht gegen Rückschläge energisch an.

Wenn das eigene Horoskop eher passiv getönt ist, kann es vorkommen, daß man sich aufgrund dieser Konfliktaspekte in sein Schneckenhaus zurückzieht und dem Wettbewerb, der mit diesen Aspekten unvermeidlich einhergeht, aus dem Weg geht.

Bei Konflikten zwischen Sonne und MC ist man mindestens einmal in seinem Leben (von innen oder von außen) gezwungen, sein Selbstbild und seine Rolle im gesellschaftlichen Leben neu zu überdenken und einen anderen Kurs einzuschlagen. Man verfügt aber stets über die nötigen Mittel, um eine solche Wendung vollziehen zu können.

Quinkunx

Mit der durch das Quinkunx zwischen Sonne und MC erzeugten Spannung liegt man oft im Zwiespalt mit sich selbst. Man bekommt keine Klarheit über seine gesellschaftliche Identität und seine gesellschaftlichen Ziele. Die Folge sind häufige Meinungsänderungen, wodurch man auf seine Umgebung unberechenbar und manchmal auch unnahbar wirkt.

Dabei hat man ein großes Bedürfnis nach Beachtung und Unterstützung, um Selbstvertrauen entwickeln zu können, weshalb man sehr sensibel auf die Meinung anderer Menschen reagiert. Weil man so begierig auf der Suche nach einer eigenen Rolle und einer Empfindung der Selbständigkeit ist, lehnt man jegliche Form von Autorität ab. Gleichzeitig sucht man anderswo Unterstützung, um ein wenig Richtung zu bekommen. Dadurch untergräbt man aber seine eigenen Möglichkeiten und die Chance auf eine wirkliche Unterstützung, weil man einmal eigensinnig und dominant, dann wieder unberechenbar und unnahbar ist.

Wenn man jedoch einmal erkannt hat, daß die bewußte Haltung im Widerspruch zum eigenen gesellschaftlichen Verhalten steht und daß dies die Ursache der eigenen Identitätsprobleme ist, kann man dem Leben und vor allem seiner eigenen Rolle darin mit größerem Vertrauen entgegensehen. Dann kann man wiederum anderen helfen, *ihre* Schwierigkeiten zu überwinden. Man hat sich schließlich selbst einmal so »unfertig« gefühlt.

Aspekte des Mondes

MOND UND MERKUR

Konjunktion

Weder Mond noch Merkur sind besonders stabil, wodurch eine große Beweglichkeit und Ruhelosigkeit entsteht. Inwieweit dies zum Ausdruck kommt, hängt jedoch vom Zeichen ab. Die Empfänglichkeit, Beeinflußbarkeit und Emotionalität des Mondes können das eigene Denken prägen, die Art, wie man Tatsachen ordnet und analysiert und wie man spricht.

Nicht selten besteht bei Verbindungen zwischen Merkur und Mond eine rasche Auffassungsgabe; der Mond hält viele Eindrücke fest und kann dadurch ein gutes Gedächtnis schenken, aber auch hier gibt das Zeichen den Ausschlag.

Bei einer Konjunktion von Mond und Merkur spricht oder schreibt man mühelos über die Dinge, die einen emotionell bewegen. Man hat allerdings die ausgeprägte Neigung, die Dinge aus seinem Gefühlserleben und seinen eigenen Konditionierungen (Mond) zu betrachten und zu analysieren. Trotzdem kann man bei dieser Konjunktion oft hervorragend die Gefühle anderer Menschen »übersetzen«, und nicht selten knüpft man in dieser Weise mühelos Gespräche an. Mit einer gewissen Leichtigkeit versetzt man sich in andere Menschen, was durchaus auch Probleme hervorrufen kann. Der Mond gibt ja die Haltung an, in der man vor allem ein Gefühl der Sicherheit sucht. Wenn man sich in andere Menschen versetzt, kann dadurch dieses Gefühl verlorengehen, weil man fremden Einflüssen ausgesetzt ist. Es besteht dann die Gefahr, daß man entweder schauspielert oder sich unberechenbar und launisch verhält.

Um ein Gefühl der Sicherheit zu gewinnen, kann man aber auch Merkur aktivieren, indem man Dinge durchdenkt und analysiert, mit anderen darüber spricht, schreibt (ein Tagebuch) oder Gedichte verfaßt. Mond und Merkur kommen an sich gut miteinander aus, und die einzige Schwierigkeit könnte in der ständigen Ruhelosigkeit durch die Verbindung von zwei ruhelosen Inhalten liegen.

Sextil und Trigon

Trotz der Harmonie der Verbindung zwischen Mond und Merkur tritt die Unruhe beider Planeten in den Vordergrund. Dies kann zu Konzentrationsschwierigkeiten führen, die jedoch rasch beseitigt sind, sobald man sich auf die gefühlsmäßige Seite eines Sachverhalts einstimmt. Wenn man es bei einer harmonischen Aspektierung von Mond und Merkur versteht, die emotionelle Beteiligung zu wecken, dann entsteht ein spielerisches, aber darum nicht weniger konzentriertes Denken.

Bei harmonischen Verbindungen zwischen Mond und Merkur kann man sich oft gut ausdrücken: Man wird verstanden, und man selbst versteht sehr schnell, was andere meinen, wodurch man in Diskussionen schlagfertig ist. Mond-Merkur-Aspekte können Daten sehr schnell aus ihrer Umgebung aufnehmen, und ebenso groß ist das Kombinationsvermögen. Bei den harmonischen Aspekten zwischen Merkur und dem formgebenden Prinzip des Mondes versteht man sich auch auf klare und deutliche Beschreibungen. Die Umsetzung in das gesprochene oder geschriebene Wort ist Menschen mit diesem Aspekt gewissermaßen angeboren, weshalb er besonders für Schriftsteller und Journalisten vorteilhaft ist.

Mond und Merkur sind sehr beweglich. In einer harmonischen Kombination führt dies zu einer großen geistigen und körperlichen Flexibilität. Da es beiden Planeten ein wenig an Orientierung mangelt, besteht auch bei harmonischen Aspekten die Gefahr, daß man sein Mäntelchen in den Wind hängt.

Gedächtnis und Auffassungsgabe sind bei dieser Verbindung oft sehr gut entwickelt. Der Mond, der viel mit der Vergangenheit, dem Vertrauten und der individuellen Konditionierung zu tun hat, neigt dazu, Eindrücke festzuhalten, die der neugierige und auf Informationen gerichtete Merkur noch verstärkt. Dadurch versteht man es auch in seiner Arbeit, mit Wissen und Informationen geschickt umzugehen, und man dokumentiert sich auch gerne ausführlich.

Quadrat und Opposition

Bei den Spannungsaspekten zwischen Mond und Merkur tritt oft die ruhelose Seite in den Vordergrund. Die Aufmerksamkeit ist bei diesen Aspekten ständig bis zur Nervosität angespannt. Dadurch entgeht einem wenig, doch büßt man dies oft mit Schlaflosigkeit oder ähnlichen Beschwerden, weil man so viele Eindrücke aufnimmt, die man alle verarbeiten muß. Zudem steht die Haltung, die nach Sicherheit streben läßt (Mond), hier in Konflikt mit dem Antrieb, die verschiedensten Erfahrungen zu ordnen, und mit dem eigenen Kommunikationsbedürfnis. Dies kann bei Kontakten hinderlich sein, weil man sich im Gespräch (Merkur) nicht besonders wohl fühlt (Mond). Dieses Unbehagen kann verschiedene Aktionen hervorrufen, beispielsweise (je nach dem Zeichenhintergrund) schnell und viel Sprechen ohne Punkt und Komma, also eine Art Überkompensierung. Daher faßt man Informationen oft zu persönlich auf, und die Reaktion hierauf kann Schwierigkeiten mit sich bringen.

Die nervösen Beschwerden, die manchmal bei einem Konflikt zwischen Mond und Merkur auftreten, können mit Konzentrationsschwierigkeiten einhergehen. Diese können wiederum die Neigung zur Folge haben, sich nicht genügend zu orientieren und voreilige Schlüsse zu ziehen. Dies kann auch dadurch verursacht sein, daß man sich auf eine große Fülle kleiner, zusammenhangloser Fakten stützt, ohne den Überblick über das Ganze zu haben. Dies nimmt die Umgebung zwangsläufig wahr, und es besteht daher die Möglichkeit, daß man bei solchen Konflikten auf andere nicht immer erwachsen und ausgeglichen wirkt.

Auch diese Aspekte haben eine kreative Seite. Schreiben ist eine der Möglichkeiten. Durch seine Ruhelosigkeit und Neugierde stößt man immer wieder auf ungewöhnliche oder unbekannte Dinge, die man zu seinem Vorteil nutzen kann. Nur muß man sich vor übereilten Schlußfolgerungen hüten! Aufgrund der Spannung zwischen emotionell formgebender und mentaler Aktivität ist man mit seiner Arbeit nicht so schnell zufrieden. Aus Unsicherheit zerreißt man vielleicht einmal eine Arbeit, die eigentlich nicht so schlecht war. Oder man überarbeitet sie immer und immer wieder, bis man ganz nervös wird. Trotzdem können solche Konflikte sehr schöpferisch sein.

Quinkunx

Bei einem Quinkunx zwischen Mond und Merkur wird man von einer latenten, ungreifbaren Ruhelosigkeit heimgesucht, ohne daß man ihre Ursache finden könnte. Die Art, wie man kommuniziert und Tatsachen ordnet, scheint das eigene Bedürfnis nach Sicherheit zu unterminieren. Dies hat zur Folge, daß man sich in seinem Redebedürfnis nicht recht wohl fühlt und sich in seinen Kontakten nervös und unsicher fühlt. Dies kann sogar zu gesundheitlichen Problemen führen, aber auch zu Konzentrationsschwierigkeiten oder flüchtigem oder ineffektivem Arbeiten. Manchmal wagt man sich nicht über seine vertrauten Kreise hinaus.

Gelegentlich erzeugt das Bedürfnis nach gefühlsmäßiger Sicherheit Interesse an Dingen, die im Gegensatz zu den geistigen Interessen stehen. Diese Unsicherheit kann die Neugierde auf die Erlebnisse anderer Menschen wecken. Die mögliche Folge sind Klatschsucht und Scharfzüngigkeit als Abwehrmechanismen gegen die eigene Unsicherheit.

Der kommunikative Austausch ist nicht selten problematisch. Man versteht sich nicht recht auszudrücken, wird immer wieder einmal falsch verstanden und weiß seine Gesprächspartner nicht gut einzuschätzen, so daß man im Gespräch Dinge vergißt, auf die man den Nachdruck legen sollte, und sich mit Dingen lange aufhält, die gar niemand bestreitet. Wenn man dann noch die Ruhelosigkeit des Geistes hinzunimmt, sind alle Voraussetzungen für eine Sprachverwirrung gegeben.

Dies alles verleiht den unwiderstehlichen Drang, sich bei einer Verunsicherung in eine bestimmte Haltung zurückzuziehen, um wieder zur Ruhe zu kommen (Mond). Dieser Drang kollidiert jedoch mit dem eigenen Kommunikationsbedürfnis (Merkur). Sooft man in einem Gespräch zu seinem Mondverhalten übergeht, fühlt man sich wieder kommunikativ gehemmt. In diesem Gegensatz liegt viel Energie, die sich nach einer Krise durchaus kreativ äußern kann.

MOND UND VENUS

Konjunktion

Die Verbindung von Mond und Venus führt zwei Inhalte zusammen, die beide auf Sicherheit ausgerichtet sind, wenn auch in unterschiedlicher Weise. Dies verstärkt das Bedürfnis des Betreffenden nach Harmonie. Man fühlt sich nicht nur besonders wohl, wenn man das Gefühl hat, daß man um sich herum eine freundliche Stimmung schaffen kann, sondern man möchte auch selbst die Dinge stets im Gleichgewicht halten. Die Gefahr dabei liegt darin, daß man Konfrontationen aus dem Weg geht, um wenigstens den äußeren Schein der Harmonie zu wahren. Mond-Venus-Verbindungen findet man daher nicht selten in den Horoskopen von Diplomaten.

Bei der Deutung dieser beiden Gefühlsinhalte wird oft vergessen, daß bei einer Konjunktion oder einer anderen harmonischen Verbindung von Mond und Venus die vorherrschende Empfindung Ruhe ist. Man ist entweder innerlich im Gleichgewicht oder stellt ein gestörtes Gleichgewicht so schnell wie möglich wieder her. Die innere Gefühlsruhe versetzt den Betreffenden in die Lage, in allen Lebenssituationen gelassen zu bleiben, weshalb man bei Menschen mit diesem Aspekt ein ausgeglichenes Urteil und eine Haltung der Unerschütterlichkeit findet. Die Auswirkungen dieser Aspektierung reichen also über das bloß Gefühlsmäßige hinaus.

Da der Planet Venus alles »schön« machen will, sind harmonische Verbindungen zwischen Mond und Venus (zu denen auch die Konjunktion zählt) ein Faktor, der auf Kunstsinn und Kreativität hinweisen kann. Passiv ist oft auch ein sicheres Gespür für das Schöne vorhanden, für Kunst, Farben, Formen und Proportionen, und gelegentlich bringt dieser Aspekt auch einen gewissen Hang zum Luxus mit sich.

Venus ist nicht unbedingt ein aktiver Planet, und in ihrer Konjunktion mit dem Mond kann sie eine gewisse Trägheit anzeigen, vor allem als Haltung, um mit sich selbst wieder ins reine zu kommen.

Sextil und Trigon

Das für die Konjunktion Gesagte gilt in gewisser Weise auch für Sextil und Trigon. Man findet stets ein harmonisches Gefühlsleben, eine freundliche und nicht selten auch fröhliche Haltung, und natürlich ein ausgeprägtes Bedürfnis, alles in harmonische Bahnen zu lenken.

Menschen mit diesen Aspekten wirken daher oft warmherzig, freundlich, ausgeglichen, sozial und in gewisser Weise auch kultiviert. Sie treten oft als Schlichter auf, weil sie Streit und Unfrieden nicht ertragen können. Aber wie bei der Konjunktion besteht auch hier die Tendenz, Konfrontationen aus dem Wege zu gehen. Um bei dieser Haltung bleiben zu können, muß man immer wieder Dinge »schlucken«. Wenn man jedoch ständig die Augen vor Dissonanzen verschließt, entwickelt sich ein harmonischer Aspekt zwischen Mond und Venus in Richtung Oberflächlichkeit. Dies ergibt einen Menschen, der sich im Sozialen vorzüglich bewegt und viele Situationen zu einem guten Ende führt, aber selbst kein tiefes Gefühlsleben pflegt, obwohl er eigentlich die idealen Voraussetzungen mit sich bringt, um aus der harmonischen Verbindung zwischen zwei solchen Gefühlsinhalten einen großen Gefühlsreichtum zu entwickeln.

Diese Menschen können ihr Gefühl sehr gut in einer künstlerischen Betätigung ausdrücken, die sie wieder in Kontakt mit sich selbst bringt. Wenn die übrigen Aspekte den Mut anzeigen, Konfrontationen anzunehmen, dann verheißen diese harmonischen Aspekte ein reiches und harmonisches Gefühlsleben, und die Betreffenden strahlen dieses Gleichgewicht auch aus. Auch hier führt dies zu einem besonnenen Urteil, weil man sich emotionell nicht so schnell aus dem Gleichgewicht bringen läßt.

Wie bei allen Verbindungen zwischen Mond und Venus ist hier ebenfalls Trägheit und ein Hang nach Luxus als Äußerungsmöglichkeit gegeben. Wahrscheinlicher ist jedoch das Bedürfnis, das Leben von der angenehmen und erfreulichen Seite zu nehmen und das Hier und Jetzt zu genießen.

Quadrat und Opposition

Bei den Spannungsaspekten steht das Bedürfnis nach Sicherheit und Wärme in Beziehungen (Venus) im Konflikt mit der Haltung, die man einnimmt, wenn man sich unsicher fühlt (Mond). Konkret bedeutet dies eine innere Verunsicherung, wenn man einen angenehmen affektiven Kontakt hat, oder daß man sich in diesem Kontakt unsicher fühlt, wenn man sich in sich selbst zurückgezogen hat. Diese Unsicherheit im Zusammenhang mit zwei so auf emotionale Sicherheit ausgerichteten Planeten verstärkt aber gerade das Bedürfnis nach Zuwendung und emotionaler Geborgenheit. Deshalb weiß man bei einem solchen Spannungsaspekt nicht recht, was man eigentlich will, was auch den Partner verwirrt. Einmal äußert man sich überschwenglich, dann wieder schüchtern und voller Zweifel.

Diese Spannung kann man in verschiedener Weise kompensieren. So ist man besonders anfällig für Komplimente und fast abhängig von der Zuwendung anderer Menschen. Oder man versucht, sich durch Essen und Trinken (Venus liebt auch Leckereien) von dieser Spannung zu befreien. Manche stürzen sich auch von einem Liebesabenteuer in das andere, angetrieben von ständigen Zweifeln, ob man diesmal den richtigen Partner gefunden hat.

Weiterhin zeigen Mond und Venus im Horoskop von Männern ihr Frauenbild an. Bei Konflikten hegen sie also widersprüchliche Erwartungen bezüglich der Partnerin. Bei Frauen bezieht sich dies mehr darauf, wie sie ihre eigene Weiblichkeit erfahren, mit der sie in diesem Fall gewisse Probleme haben. Andererseits können Konflikte zwischen Mond und Venus genau jene gewisse Spannung ausstrahlen, durch die man für das andere Geschlecht besonders attraktiv wird.

Auch Trägheit als Überkompensation gibt es bei diesen Aspekten, jedoch in geringerem Maße als bei den harmonischen Aspekten. Kreativität und künstlerische Veranlagung sind zweifellos vorhanden.

Quinkunx

Bei einem Quinkunx zwischen zwei so sehr mit Gefühl und Zuneigung verbundenen Planeten wird für den Betreffenden das Reich der Emotionen zu einem sehr unsicheren Gebiet. Nicht selten hat man bei diesem Aspekt ein fast unstillbares Bedürfnis nach menschlicher Wärme; man möchte bei jedermann beliebt sein und ist zutiefst verunsichert, wenn dies einmal nicht der Fall zu sein scheint. Man geht ständig auf Zehenspitzen, um nirgendwo anzuecken, und geht damit geradewegs an sich selbst vorbei, was sich früher oder später rächt. Die Kompromißbereitschaft ist bei diesem Aspekt zu stark ausgeprägt.

Die Haltung, in der man Sicherheit sucht (Mond), paßt so wenig zu der Haltung, die man in gefühlsmäßigen Kontakten mit anderen einnimmt (Venus), daß man diese Diskrepanz in sich selbst nicht begreift und sich in keiner der beiden Haltungen wohl fühlt. Man hat daher auch ständig das Gefühl, emotionell oder in seinen Kontakten nicht zu »funktionieren«, was im emotionellen Bereich zu Minderwertigkeitsgefühlen führen kann. Solche stets halbbewußten, unruhig machenden Gefühle verfolgen den Betreffenden an allen Fronten, an denen er mit Menschen zu tun hat, und untergraben die Kontakte, wie sehr man auch versucht, dies hinter einer freundlichen und zuvorkommenden Haltung zu verbergen.

Wenn man jedoch lernt, die Existenz dieser beiden divergierenden Bedürfnisse zu akzeptieren, die sich beide zu realisieren versuchen, dann löst sich damit die Unsicherheit, und man kann das Quinkunx in einer kreativeren und ruhigeren Weise nutzen. Man muß erkennen, daß man, wenn man sich hin und wieder seiner Haut wehrt, nicht gleich alle Zuneigung anderer Menschen verliert, sondern höchstens an Autorität gewinnt.

MOND UND MARS

Konjunktion

Wenn die Haltung, in der man nach Sicherheit strebt (Mond), mit dem energischen, heftigen und tatkräftigen Mars verschmilzt, dann ist die Wahrscheinlichkeit groß, daß man in unsicheren Situationen schnell in die Offensive geht, daß man ungeduldig und hitzig, aber auch mutig und dynamisch ist. Das prompte Handeln, zu dem man insbesondere in Verbindung mit dem Mond neigt, birgt die Gefahr in sich, daß man allzu impulsiv ist und dadurch Porzellan zerschlägt. Man äußert sich oft heftig und kraß, meist auch unüberlegt, und auch wenn man mit dieser Äußerung seine Laune rasch wieder vergessen hat, kann man dadurch doch Schwierigkeiten auslösen, mit denen man längere Zeit zu tun hat.

Ein hervorragendes Ventil für die innere Anspannung ist aktive körperliche Betätigung. Am besten eignen sich Sportarten mit einem Element individueller Konfrontation. Mars ist nicht der Planet des Teamworks – er ist ein Einzelkämpfer, der sich bestätigen will. Eine Konjunktion zwischen Mond und Mars macht wehrhaft und verleiht unverzagte Kampfeslust, die nicht immer physisch zu sein braucht, sondern auch im Geistigen ausgeprägt sein kann. Wenn man sich auf einen Konflikt mit einem Menschen mit einer solchen Konjunktion einläßt, muß man sich darüber im klaren sein, daß der Gegner über eine große Energie verfügt. Mars sitzt nicht gerne still und handelt auch in Verbindung mit dem Mond eher unüberlegt.

Diese Streitbarkeit können Menschen mit einer Mond-Mars-Konjunktion auch gut in der Rolle des Pioniers und Vorkämpfers verschiedener Ideen äußern, die durchaus nicht neuartig zu sein brauchen (dies gehört eher zu Uranus). Eine solche Konjunktion kämpft vielmehr für ihre eigenen Ideen.

Die Kampfeslust und Wehrhaftigkeit dieser Konjunktion darf aber nicht in eine Verbindung mit Militarismus gebracht werden. Eine Mond-Mars-Konjunktion ist allergisch gegen die straffe Disziplin, die beim Militär gilt. Solche Menschen sind und bleiben »Einzelkämpfer«.

Sextil und Trigon

Auch die harmonischen Verbindungen zwischen Mond und Mars weisen auf eine große Tatkraft und Energie und einen großen Einsatz hin. Auch das Heftige und manchmal Hitzige ist hier zu finden. Der Freiheitsdrang ist in dem Sinne ausgeprägt, daß man, wenn man sich wohl fühlt, dies auch ganz selbstverständlich für sich genießen will. Wenn man Langeweile hat, wird man sehr schnell unleidlich, ob dies für die Umgebung angenehm ist oder nicht. Man neigt auch zur Ausgelassenheit, wenn es einem gutgeht, wiederum ohne Rücksicht darauf, ob dies im Augenblick gerade passend ist oder nicht. Mond-Mars-Aspekte sind sehr auf sich selbst bezogen und nehmen wenig Rücksicht auf andere, wenn auch ohne jede böse Absicht. Dadurch läßt man sich keine Steine in den Weg legen und kann bestürzend ungeschminkt und taktlos auftreten.

Trotz der hier vorhandenen harmonischen Aspektierung bleibt das Unüberlegte und Unbesonnene von Mars bestehen. Daher findet man auch bei diesen Aspekten einerseits Tapferkeit und andererseits Rücksichtslosigkeit. Das Himmelstürmende und Energische liegt den Betreffenden im Blut.

Mit Aspekten zwischen Mond und Mars kann man sehr gut als einzelner arbeiten. Bei einer harmonischen Aspektierung findet man in sich ohne äußere Stimulierung genügend inneren Antrieb; man braucht keine äußere Motivation. Auch hier können Dinge wie Sport dazu dienen, die überschüssige Energie abzuführen.

Bei Frauen bedeutet dieser Aspekt oft, daß sie gewisse männliche Eigenschaften haben und in Mars-Dingen kräftig mithalten. Männer mit einem solchen Aspekt fühlen sich besonders von etwas marshaften Frauen angezogen.

Quadrat und Opposition

Spannungsaspekte zwischen Mond und Mars verleihen eine kräftige Dosis Unruhe. Der Mond, den man so dringend braucht, um sich behaglich zu fühlen, steht ständig in einem Spannungsverhältnis zu diesem ungestümen, energischen und ruhelosen Planeten. Durch diesen Spannungsaspekt hat man zunächst Schwierigkeiten, seine Energie harmonisch einzusetzen. Es besteht die ausgeprägte Gefahr eines allzu impulsiven und unbedachten Handelns, weshalb dieser Aspekt zu den »Scherbenaspekten« zählt. Durch Unvorsichtigkeit kann man sich selbst Schaden zufügen. Dies muß nicht unbedingt körperlicher Schaden sein, obwohl auch dies möglich ist. Oft zerschlägt man bei diesen Aspekten psychisches Porzellan, weil man wegen dieser Spannung etwas zu sehr darauf bedacht ist, sich zu beweisen und zu behaupten. Oft reagiert die Umgebung hierauf in einer Weise, die uns einige Zeit zu schaffen macht. Selbstbeherrschung ist nicht die stärkste Seite von Menschen mit dieser Aspektierung, weil sie mit ihrer Energie nicht dosiert umgehen können.

Auch eine Unsicherheit in den Emotionen und Gefühlen stachelt schnell die Kampfeslust an, wodurch man in gefühlsbetonten Situationen oft zu heftig, zu aggressiv oder scharf reagiert.

Auch im Sport neigt man zum Übertreiben; am besten fährt man vielleicht mit Kampfsportarten oder Sportarten, die einem das Äußerste abverlangen.

In Beziehungen können diese Aspekte immer wieder zu Schwierigkeiten führen. Eine Frau mit einem solchen Aspekt gibt sich (oft unbewußt und ungewollt) dominant, oder sie äußert sich zu heftig und stürmisch, wobei auch Temperamentsausbrüche nicht selten sind (soweit das übrige Horoskop dies zuläßt). Männer mit solchen Aspekten ziehen oft heftige Frauen an oder Frauen, die in ihrer eigenen Weise deutlich machen, daß sie ihr eigener Herr sind und ihren eigenen Weg gehen wollen.

Quinkunx

Bei Mond-Quinkunx-Mars fühlt man sich sehr schnell angegriffen, verletzt und provoziert, ohne daß einem klar wäre, warum dies so ist. Man reagiert gereizt oder explodiert innerlich, und es besteht eine ständige aggressionsgeladene Spannung. Unvorsichtigkeit spielt auch bei diesem Aspekt eine Rolle, jedoch nicht nur auf dem Gebiet des Physischen. Auch im Umgang mit anderen Menschen neigt man dazu, zu schnell und unüberlegt aus den eigenen Emotionen zu reagieren und zu handeln. Dadurch besteht auch die Gefahr, daß man sich emotionell manipulieren oder sich sogar gegen andere Menschen aufbringen läßt. Man beurteilt eine Situation nicht nüchtern, sondern reagiert immer gleich mit Entrüstung.

Man setzt sich mit diesem Aspekt oft sehr für andere ein, während man mit seinem Selbstschutz Probleme hat. Einmal ist man aus Unsicherheit unnötig heftig, dann wieder zieht man sich ohne Grund in den Schmollwinkel zurück. Durch all die latente aggressive Spannung in sich hat man Angst vor seiner eigenen Haltung, was zu diesen extremen Äußerungsformen führt. Wenn der Mars in einem selbst aktiviert wird, erzeugt er durch das Quinkunx sofort Unsicherheit, weil der Mond, der Inhalt, der einem das Gefühl der Sicherheit geben soll, die Mars-Energie einfach nicht versteht.

Wenn man lernt, die eigene Mars-Energie auch zu benutzen, um sich »aufzurappeln«, dann kann man diese wie bei den anderen Aspekten zwischen Mond und Mars in der Arbeit, beim Sport und bei anderen Aktivitäten nutzen, die Energie erfordern. Wenn man sich durch die Mars-Energie nicht zu einem Schleuderkurs zwingen läßt, kann man mehr Selbstvertrauen entwickeln.

MOND UND JUPITER

Konjunktion

Man bezieht hier in sein Bestreben, ein Gefühl der Sicherheit zu erlangen (Mond), den Optimismus, das Joviale und Ausdehnende von Jupiter ein. Dadurch besitzt man einen großen Optimismus. Man sieht die Sonnenseiten des Lebens, amüsiert sich gerne und betrachtet alles von der heiteren Seite. Dies allein schon verleiht eine psychische Verfassung, die regelrecht heilend wirken kann. Man besitzt die Gabe, seiner Umgebung Mut zu machen.

Jupiter steht jedoch auch für die Suche nach einer Synthese, nach einem weiteren Horizont, und man hat bei einer solchen Konjunktion das Bestreben, den Sinn von Ereignissen zu erforschen. Durch die Verbindung mit dem Mond hat man Interesse an fernen Völkern, anderen Kulturen, an religiösen und Erziehungsfragen, an der Heilkunde. Wenn man mit diesem Aspekt geschäftlich tätig ist, äußert sich das Merkmal der Perspektive und Synthese in einer ausgeglichenen Sichtweise und darin, daß man ein »Gespür« für künftige Ereignisse hat, weshalb man in dem Ruf steht, einen »Riecher« oder einfach Glück zu haben. Darüber hinaus ist man auch immer bereit, ein Spielchen zu wagen.

Um sich wohl fühlen zu können, ist man geneigt, auch in seiner Umgebung den Jupiter-Aspekt deutlich zu realisieren. Man steht darum sehr gerne jedem mit Rat und Tat zur Seite – auch dann, wenn dies gar nicht erwartet wird. Man bietet großzügig seine Hilfe an. Wenn diese Konjunktion jedoch im Horoskop zu sehr betont ist, kann man dies auch übertreiben und sich snobistisch und dünkelhaft aufblasen. Aber selbst dies tut man sehr überzeugend.

Bei Jupiter-Aspekten besteht immer die Gefahr eines »Zuviel«, also erst recht bei einer Konjunktion, der stärksten Aspektierung überhaupt.

Sextil und Trigon

Die harmonischen Verbindungen zwischen Mond und Jupiter verleihen innerlich Harmonie und Optimismus und äußerlich immer gute Laune. Man ist so felsenfest vom guten Ausgang der Dinge überzeugt, daß man allein schon durch diese Haltung viel Positives auf sich zieht. Nicht ohne Grund gelten diese Aspekte seit jeher als besonders günstig.

Diese beiden harmonischen Aspektierungen verleihen von Natur aus eine gesunde Portion Selbstvertrauen, und selbst wenn das übrige Horoskop keinerlei Selbstvertrauen anzeigt, findet man an seiner innerlichen Unerschütterlichkeit immer großen Halt.

Wenn man sich in seine Mondhaltung zurückzieht, eine Haltung, in der man Ruhe und Gleichgewicht zu finden hofft, dann gelingt dies mit einem harmonischen Aspekt auf Jupiter mühelos. Man hat die Fähigkeit, die Dinge auch in schwierigen und mißlichen Zeiten optimistisch zu betrachten. Dabei ist man immer geneigt, das Leben aus einer weiteren Perspektive zu sehen und über seine religiösen und vielleicht auch metaphysischen Seiten nachzudenken, wodurch man auch sich selbst in einem anderen Licht erfährt.

Das Verhältnis zu anderen Menschen ist alleine schon durch den eigenen Optimismus und die eigene Herzlichkeit sehr gut. Mit diesen Aspekten bewegt man sich in allen Kreisen mühelos.

Sozialarbeiter, Ärzte und Psychiater können oft allein schon durch ihre Haltung ihre Patienten auf den Weg der Heilung bringen, weshalb dies ein hervorragender Aspekt für solche Berufe ist. Mit solchen Aspekten hilft man anderen immer mehr oder weniger aus einer bestimmten Sichtweise, sei es eine gesellschaftliche (soziales Engagement, Idealismus oder Gerechtigkeitsempfinden) oder eine weltanschauliche (religiös oder metaphysisch).

Es sind zwei Aspekte, an denen man viel Halt finden kann, aber da sie wenig »Reibung« erzeugen, tragen sie auch die Gefahr der Trägheit und Bequemlichkeit in sich. Zugleich muß man sich davor hüten, sich nicht selbst auf ein Podest zu stellen.

Quadrat und Opposition

Die Spannungsaspekte zwischen Mond und Jupiter teilen den Optimismus der harmonischen Aspekte. Allerdings kann man hier gewisse Probleme mit der expansiven Seite Jupiters bekommen. Auch in der Konjunktion und bei den harmonischen Aspekten liebt Jupiter die Fülle und manchmal auch das Übermaß. Bei den Spannungsaspekten kann sich dies bis zur Unmäßigkeit steigern, weil man bei diesen Aspekten Schwierigkeiten hat, die Energie der beiden Planeten aufeinander abzustimmen.

Man kann daher bei diesen Aspekten einerseits großherzig und fröhlich sein, andererseits sich aber auch aufblasen und ein snobistisches Verhalten zeigen, wodurch man letztlich seine Empfindung der Sicherheit (Mond) aufs Spiel setzt. Auch Eigensinn und ein gewisses Maß an Bindungslosigkeit können hier auftreten. Man wird sorglos bis zur Bedenkenlosigkeit, schlägt gute Ratschläge in den Wind, riskiert zuviel oder wirft mit Geld um sich (und sei es nur aus dem Bedürfnis, sich einen Lebensstil in Saus und Braus zu gönnen).

Ebensogut aber kann man von einer Weltanschauung oder Lebenshaltung fasziniert sein und sich mit all seiner Kraft dafür einsetzen. Dies kann für einen selbst fruchtbar sein, weil man dieses Bedürfnis selbst befriedigen will, aber auch für andere, die man aktiv stimuliert. Es ist natürlich möglich, daß man nicht immer gleich dem richtigen Ideal begegnet und an irgendeine Sekte oder Strömung gerät, bei der man sich letztlich keineswegs zu Hause fühlt.

Die Spannungsaspekte zwischen Mond und Jupiter verleihen oft eine gewisse Ruhelosigkeit. In einigen wenigen Fällen trifft man auch Trägheit an, jedoch nur, wenn das ganze übrige Horoskop in Richtung einer Passivität weist. Normalerweise nimmt man jedoch vieles in Angriff, macht viel mit und erlebt viel, was oft zur Folge hat, daß man atemlos hinter sich selbst herhechelt. Dennoch kann man viele Menschen durch seine positive Haltung stimulieren und mitreißen. Wenn man aber nicht achtgibt, kann dies zu gesundheitlichen Rückschlägen führen.

Quinkunx

Sobald man sich in eine Haltung hineinbegibt, in der man sich gefühlsmäßig sicher fühlt (Mond), wird man bei einem Quinkunx mit Jupiter mit einer großen Unsicherheit hinsichtlich des eigenen Expansionsdrangs konfrontiert. Man möchte viel und fühlt sich unbehaglich, weil irgendwo das nagende Bewußtsein besteht, daß es noch »mehr« gibt, ohne daß man eine bestimmte Richtung erkennen könnte. Dies hat zur Folge, daß man außerhalb seiner selbst in anderen Dingen sucht oder sich zurückzieht, weil einem dieses unstillbare Empfinden eines »Mehr« angst macht und man befürchtet, daß dieses ferne Ideal doch unerreichbar bleiben wird.

Diese Suche nach anderen Dingen kann sich auf vielerlei Ebenen äußern. Man beschäftigt sich vielleicht aktiv mit Jupiter-Themen wie Religion, Philosophie, fernen Ländern, Reisen, um irgendwo tiefere Werte aufzuspüren. Aber ebensogut kann man auch ganz andere Dinge suchen; man weiß ja nicht, was man sucht, und hat gegenüber all diesen Dingen ein ungutes Gefühl. Weil man außerhalb seiner selbst sucht, kann man auch eine gewisse Habgier entwickeln, wenn man haben will, was andere haben, weil diese sich offensichtlich an ihrem Platz sehr wohl fühlen. Oder man beginnt aus Unzufriedenheit viel zu essen oder sich sonstigen Exzessen hinzugeben.

Wenn man jedoch einmal erkannt hat, daß dieses Suchen eine Folge einer unnötigen Unsicherheit ist, kann man seine Jupiter-Inhalte in einer gelasseneren Weise entfalten. Selbstvertrauen, Großmut und das Bedürfnis, zu helfen und zu beschützen, bringen sich dann harmonischer zur Geltung. Dies kann einen guten Therapeuten ergeben oder einen Menschen, der die Unsicherheit anderer aus eigener Erfahrung kennt und aufzufangen vermag.

MOND UND SATURN

Konjunktion

Sooft sich unbewußte emotionelle Reaktionen in einem regen (Mond), erfährt man seine Empfindsamkeit und Verletzlichkeit, so daß man Schwierigkeiten hat, sich zu äußern. Emotionelle Verschlossenheit ist daher ein typisches Merkmal dieses Aspekts.

Das eigene Gefühl für Sicherheit hängt unwiderruflich mit Saturn zusammen, weshalb man dazu neigt, viel Verantwortung zu übernehmen, hart zu arbeiten und sich viele kleine und große Freuden zu versagen. Durch die Unsicherheit entsteht ein großer Hang zum Perfektionismus, so daß man für die Außenwelt als zuverlässige, belastbare Arbeitskraft gilt, während man innerlich unsicher, verletzlich und wohl auch ein wenig auf der Flucht vor sich selbst ist.

Es besteht die ausgeprägte Neigung, sich auf dasjenige zu beschränken, was man kennt und überschauen kann. Sobald sich also bestimmte Zukunftsperspektiven eröffnen, ist man aus Unsicherheit geneigt, die sich bietenden Chancen nicht zu ergreifen, oder man prüft zuerst die Angelegenheit in aller Sorgfalt, bevor man sich darauf einläßt. Dies geht oft mit einer gewissen Begrenztheit des Horizonts und Starre der Auffassungen einher. Die Flexibilität ist gering, allerdings nur infolge der großen Verletzlichkeit, was jedoch die Außenwelt nicht sieht. Man verbirgt diese Verletzlichkeit ängstlich hinter der Maske des disziplinierten, fleißigen Arbeiters oder, wenn das Horoskop sehr passiv ist, der Maske der Trägheit und Niedergeschlagenheit.

Man erfährt das Leben oft als eine gewisse Last und wagt nicht, spontanen Einfällen nachzugeben. Bevor man seine Gefühle äußert, muß man das Gefühl haben, den anderen sehr gut zu kennen, und dies kann sehr lange dauern. Die Kühle und Distanziertheit dieses Aspekts sind nichts als Selbstschutz. Trotzdem verleiht Saturn eine schier unerschütterliche Treue und Anhänglichkeit, wenn man sich einmal für jemanden entschieden hat, und in diesem Fall ist kaum eine stabilere Beziehung vorstellbar. Bevor es jedoch soweit ist, muß man viele Hindernisse, Ängste, viel Mißtrauen und Verletzlichkeit überwinden.

Sextil und Trigon

Auch harmonische Aspekte zwischen Mond und Saturn geben das Gefühl, verletzlich zu sein, und gehen andererseits auch mit Nüchternheit, Tätigkeit und der Übernahme von Verantwortung einher. Man äußert sich auch hier nicht gerne über seine Gefühle und versteckt sich hinter einer disziplinierten, gesellschaftlich oft sogar sehr achtenswerten Maske. Man wird geschätzt, weil man unter allen Umständen beherrscht und gelassen bleibt. Ungeachtet dessen hat man innerlich durchaus Zweifel und Ängste.

Harmonische Mond-Saturn-Verbindungen verleihen stets einen sehr seriösen Einschlag und eine praktische Sicht auf die Dinge. Durch die Kombination dieser Eigenschaften mit der Einstellung, daß man alles zu Ende führt, was man begonnen hat (die ihren Ursprung im gut entwickelten Verantwortungsbewußtsein hat), kann man gesellschaftlich sehr weit kommen. Im Gefühlsmäßigen hat man jedoch Schwierigkeiten; Kinder mit diesen (aber auch mit anderen) Aspekten zwischen Mond und Saturn sind nie wirklich unbeschwert jung. Man stellt oft fest, daß sie bevorzugt Freundschaft mit älteren Spielkameraden schließen.

Frauen mit einer Mond-Saturn-Verbindung haben auch bei harmonischen Aspekten Schwierigkeiten, ihr Frausein zu äußern. Dies kann die Unsicherheit auf emotionalem Gebiet verstärken und Anlaß zu einem entweder männlicheren und energischen oder aber mütterlichen und strukturierenden Verhalten sein. In beiden Haltungen werden jedoch ganz direkte persönliche Emotionen nicht preisgegeben, wodurch man sich Sicherheit schafft. In gewisser Weise gehört Distanz also auch zu den harmonischen Aspekten.

Männer mit solchen Aspektbeziehungen fühlen sich meist zu eher saturnischen Frauen hingezogen, also zu einer eher älteren und reiferen, keinesfalls aber ausgelassenen oder verspielten Partnerin.

Menschen mit harmonischen Verbindungen zwischen Mond und Saturn können oft hervorragend Form geben und innerhalb vorhandener Strukturen vorzügliche Aufbauarbeit leisten. Mond und Saturn sind die beiden Formgeber par excellence: der Mond für die inhaltliche Form und Saturn als Struktur und Rückgrat der äußeren Form. Wo also etwas aufgebaut, weiter strukturiert und haltbarer gemacht werden soll, ist der harmonische Aspekt zwischen Mond und Saturn in seinem Element. Initiative ist hier nicht unbedingt vorhanden; hierfür sind andere Horoskopfaktoren erforderlich.

Quadrat und Opposition

Spannungsaspekte ziehen die Aufmerksamkeit mehr auf die eigene Verletzlichkeit. Sooft man nach Sicherheit strebt (Mond), wird man bei einem Spannungsaspekt unwiderruflich mit seinem schwachen Punkt, seinen Ängsten und seiner Unsicherheit (Saturn) konfrontiert. Daher findet man bei diesen Aspekten oft emotionale Hemmung und in jedem Fall Schwierigkeiten, sich emotionell zu äußern. Man kämpft mit Einsamkeits- und oft auch Minderwertigkeitsgefühlen. Oft ist Angst und daher manchmal auch Mißtrauen ein Element der persönlichen Haltung. Man sieht alles eher von der düsteren Seite und ist davon überzeugt, daß alles bloß besser werden kann, wenn man nur davon ausgeht, daß alles schiefgeht. Diese Haltung ist vor allem dann ausgeprägt, wenn es um die eigene Gefühlswelt (Mond) und das Bedürfnis nach Geborgenheit geht.

Für Frauen sind dies schwierige Aspekte. Sie erleben ihre Weiblichkeit als Problem. Dabei können Frauen mit diesen Aspekten ein überaus weibliches Äußeres haben, aber es fehlt ihnen die Unterstützung von innen. Eine andere Ausdrucksweise ist gerade sehr männliches Verhalten – Saturn-Konflikte verleihen immer durch Überkompensation den Hang zu Extremen.

Die Selbstbeherrschung ist auch bei den Spannungsaspekten groß, ebenso die Neigung zu harter Arbeit, Selbstdisziplin und Kühle. Menschen mit Konflikten zwischen diesen beiden Inhalten können im gestalterischen Bereich sehr kreativ sein, doch bleiben ihnen immer Minderwertigkeitsgefühle und die Angst, daß das, was sie tun, niemals perfekt ist. Gerade deshalb leisten sie Großartiges, wenn sie einmal ihren Mut zusammennehmen. Obwohl man es hier mit aktiven Aspekten (und dies sind Spannungsaspekte) zu tun hat, kann Saturn so hemmend wirken, daß er entweder die eigenen Aktivitäten anfänglich lähmt oder bewirkt, daß man bei vielen Aktivitäten kein Selbstvertrauen hat. Aufgrund seiner Verletzlichkeit glaubt man, sich keine Fehler leisten zu können. Schüchternheit ist bei diesen Aspekten häufig. Auf der ständigen Suche nach einer richtigen Form für sich selbst ist man anfänglich unpraktisch und ineffizient. Durch seine Unsicherheit unternimmt man alles mögliche, fühlt sich aber eigentlich zu nichts imstande. Aus Angst vor dem Unbekannten kann man in eine starre Haltung verfallen, so daß man auf andere hart und unbeugsam wirkt.

Wenn man es jedoch schafft, über diesen harten Panzer hinauszugelangen, ist man gerüstet, um mit Geduld und Festigkeit alle Rückschläge abzuwehren, die das Leben mit sich bringen kann, und auch unter den schwierigsten Umständen seiner Aufgabe treu zu bleiben. Beständigkeit und Beharrlichkeit sind die positiveren Seiten von Saturn, die nach der Überwindung der schwierigeren Seiten erreichbar werden.

Quinkunx

Wenn die Haltung, in der man nach Sicherheit strebt (Mond), durch ein Quinkunx mit dem verletzlichen Punkt verbunden ist, den Saturn darstellt, fühlt man sich immer gerade dann, wenn man nach Sicherheit strebt, äußerst verunsichert, ohne die Ursache hierfür erkennen zu können. Irgendwie hat man das Gefühl, das etwas über einem schwebt, daß man etwas doch nicht kann. Vielleicht wird man auch von Schuld- und Angstgefühlen heimgesucht, die ohne Ursache zu sein scheinen. Dies verschärft wiederum das Bedürfnis nach emotioneller Sicherheit, was sich in ganz unterschiedlicher Weise äußern kann.

Das eine Extrem besteht darin, daß man um die Unterstützung und Wertschätzung anderer bittet und bettelt. Dies beseitigt die ungreifbaren Gefühle der Unsicherheit ebenso wenig wie das andere Extrem: daß man sich in sich selbst zurückzieht, weil man befürchtet, daß Reaktionen der Außenwelt die eigene schwankende Basis noch weiter erschüttern könnten. Charakterzüge wie Nüchternheit, Fleiß und ähnliches findet man ebenfalls beim Quinkunx, ebenso die Schwierigkeit, Probleme zu äußern. Wenn man jedoch einmal gelernt hat, daß Emotionen und Angst nicht zwangsläufig zusammengehören, kann man erkennen, daß Struktur und Geborgenheit einander weniger gegensätzlich gegenüberstehen. Aus dem Bewußtsein, daß man über eine sichere und geschützte Basis in sich selbst verfügt, ist man dann in der Lage, andere in ihrer emotionellen Verletzlichkeit anzusprechen und ihnen über die Schwelle zu helfen.

MOND UND URANUS

Konjunktion

Viel Ruhe findet man mit einer Mond-Uranus-Konjunktion nicht. Der unruhige, originelle, flüchtige und bizarre Uranus ist hier unauflöslich mit einer Haltung verbunden, in der man nach Sicherheit und Halt sucht. Sicherheit im üblichen Sinne wird man daher weniger erfahren. Man kann diesem Bedürfnis mit Uranus Gestalt verleihen, indem man sich in einer individuellen und ursprünglichen Weise manifestiert. Man fühlt sich mit dieser Haltung wohl, auch wenn diese hin und wieder zu Zusammenstößen mit der Umgebung führen kann.

Andererseits stellt man bei der Konjunktion eine große Gespanntheit in Form von Wachheit und Ruhelosigkeit fest. Man wird nervös, ist schnell irritiert und kann jähzornig sein. Man stürzt sich am liebsten auf alles zugleich und dann möglichst noch auf Dinge, bei denen mit Sicherheit Widerstände zu erwarten sind. Das hängt auch mit der Provokationslust zusammen, die bei dieser Konjunktion sehr oft besteht.

So veränderlich und wechselhaft man bei einer Mond-Uranus-Konjunktion sein kann, so unbeirrt kann man auf einem einmal eingeschlagenen Weg fortschreiten. Wenn man ganz hinter einer Idee steht, dann reagiert Uranus störrisch und unbelehrbar auf Kritik von außen. Diese auf den ersten Blick widersprüchliche Haltung (das Veränderliche und die Neigung zum hartnäckigen Festhalten) findet man jedoch bei allen Verbindungen zwischen Mond und Uranus. Vor allem die Abneigung einer Mond-Uranus-Konjunktion, sich an die Umgebung anzupassen, kann diese Starre noch verstärken.

Innere Stabilität ist nicht die größte Stärke der Betreffenden. Wegen der starken Impulsivität von Uranus, die hier an einen unbewußten und veränderlichen Mond gekoppelt ist, lauern Unglücksfälle schon in kleinen Dingen. Auch bei diesem Aspekt ist es klug, wenn man seine Heftigkeit ein wenig zähmt. Mit demselben Aspekt kann man sich aber auch in einer ganz unerwarteten Weise wieder regenerieren und neue Wege einschlagen. Es scheint, daß Veränderung und Wandel die Losung der Betreffenden ist.

Sextil und Trigon

Bei diesen harmonischen Aspekten hat man ein großes Bedürfnis nach Freiheit und Entfaltungsmöglichkeiten, die sich in aller Regel auch bieten. Weiterhin besteht ein großer Drang nach Veränderung und Erneuerung, nach allem, was das Etablierte durchbricht und Grenzen überschreitet.

Sooft man sich in sein Mond-Verhalten zurückzieht, um wieder zu Sicherheit und Ruhe zu gelangen, ist auch immer ein Uranus-Element vorhanden, das hier zwar harmonisch mitwirkt, aber doch eine gewisse Unruhe und Impulsivität verleiht. In seinem Drang, Grenzen zu überschreiten, sucht man oft bewußt das Ungewöhnliche. So kann ein Interesse an Dingen wie Astrologie oder Okkultismus entstehen, die über das etablierte Weltbild hinausgehen. Natürlich wird nicht jeder mit starken Uranus-Verbindungen Astrologe; es geht einfach darum, daß man Grenzen durchbrechen will. So ist auch ein Interesse an Technik, unter anderem Radartechnik, möglich, mit der man andere »Grenzen« überschreiten kann.

Wenn man sich einmal für eine Sache interessiert, kann man sich ihr mit Leib und Seele verschreiben. Man hat einen Geistesblitz nach dem anderen und geht ganz in ihr auf. Allerdings sind die Ideen, die man hat, nicht immer brauchbar. Den Betreffenden stört das wenig; er ist ganz mit seinem Einfall beschäftigt und hört nicht auf die Kritik oder die Kommentare anderer. Man lebt seine Individualität aus und tut, was man in diesem Augenblick interessant findet. Man bringt vielleicht in seiner Umgebung oder in der Gesellschaft viele Erneuerungen zustande, doch kann eine solche Haltung auch in die Isolation führen. Nicht ohne Grund wird Uranus als exzentrischer, einsamer Planet bezeichnet. Er muß sich einfach in den Vordergrund rücken, um seine Individualität auszudrücken; dies erlebt er aber nicht als Egoismus oder Ichbezogenheit.

Mit harmonischen Mond-Uranus-Aspekten fühlt man sich überall dort zu Hause, wo man sich selbst sein kann. Wenn man allerdings eingeengt wird, dann können auch bei den harmonischen Aspekten die Durchbruchsneigungen von Uranus zum Vorschein kommen, und dies kann zu sehr unbeständigen, manchmal auch unzuverlässigen Reaktionen führen.

Quadrat und Opposition

Die Spannungsaspekte zwischen Mond und Uranus schaffen Rastlosigkeit und einen Provokationsdrang, den man kaum beherrschen kann. Etwas in einem treibt einen zu ständig neuen Dingen, und man hat wenig innere Sicherheit und Ruhe. Man ist emotionell angespannt und reagiert daher oft scharf und sarkastisch oder überzogen auf bestimmte Situationen, immer in einer Weise, die aus dem Rahmen des Üblichen fällt.

Man ist mit diesen Aspekten impulsiv und schnell irritiert, wodurch diese wie die Konjunktion einen Hang zu zerschlagenem Porzellan mit sich bringen. Man findet jedoch in seinem Drang nach Veränderung genügend Halt, um auch nach dem Zusammenbruch seiner Welt weitermachen zu können. Manchmal wirken die destruktiven Neigungen von Uranus so stark, daß man, wenn einmal zu lange Ruhe geherrscht hat, mit diesen Aspekten »einfach so« alles auf den Kopf stellt, damit sich wieder einmal etwas bewegt. Man kann ohne Abwechslung und neue Impulse nicht leben.

Oft findet man einen außergewöhnlichen Einfallsreichtum gerade bei den Konfliktaspekten, die weniger starr und konservativ bezüglich neuer Formen sind als die harmonischen Aspekte und die Konjunktion. Die Konflikte drängen ständig zu neuen, anderen Dingen und geben aufgrund der vermehrten Unruhe und Spannung ein höheres Maß an Flexibilität, wodurch man eher geneigt ist, die Dinge auch aus einem anderen Blickwinkel zu betrachten, wenn auch immer innerhalb der Grenzen des eigenen

Weltbilds. Man kann sich mit diesen Aspekten ebensosehr für eine eigene Idee einsetzen wie bei den übrigen Mond-Uranus-Aspekten, manchmal sogar mit erheblicher Stoßkraft.

Emotionell sind jedoch bei diesen Aspekten gewisse Probleme zu erwarten. Durch die eigene wenig stabile Haltung zieht man in Verbindung mit dem starken Drang nach Abwechslung und Veränderung unbewußt oft Menschen an, die selbst wenig gefestigt, unbeständig und manchmal in ihren Reaktionen sogar labil sein können. Mit seiner Unbeständigkeit stößt man andererseits gefestigtere und, wie man findet, konventionellere Menschen ab, so daß die noch verbleibenden Kontakte sich nicht immer allzu ruhig gestalten.

Quinkunx

Sooft man nach Sicherheit und Ruhe strebt (Mond), wird man unterschwellig mit dem Gegenteil (Uranus) konfrontiert. Je mehr man versucht, zu einer Empfindung der Ruhe und Sicherheit zu gelangen, desto heftiger stört man das sich entwickelnde Gefühl wieder, entweder durch einen plötzlichen unbeherrschten Ausbruch oder dadurch, daß man deswegen eine so große Spannung aufbaut, daß man andere abschreckt. Oft nimmt man eine betont unabhängige und provozierende Haltung ein, um so zu sich selbst zu kommen, doch fühlt man sich in dieser Haltung wiederum nicht behaglich, und die Unsicherheit bleibt.

Mit diesem latenten Spannungsaspekt ist man oft außerordentlich ruhelos und sucht stets nach neuen Wegen, um mit sich ins reine zu kommen. Dabei spielt der Drang, Grenzen zu überschreiten und originell zu sein, eine große, wenn auch in der Regel unbewußte Rolle. Wenn man auf seine Handlungen zurückblickt, erkennt man, daß man sehr erfinderisch und kreativ sein kann und oft mit den ausgefallensten Lösungen aufwartet, die nicht immer unrealistisch zu sein brauchen. Geschick und spontane Einfälle sind ebenfalls Merkmale dieses Aspekts, doch weil man dies nicht weiß, hat man wenig Selbstvertrauen. Trotzdem kann man es nicht ausstehen, wenn andere sich um einen kümmern oder Anweisungen geben. Als Überkompensation kann man sogar eine besserwisserische Haltung einnehmen.

Wenn man einmal zu der Einsicht kommt, daß die eigene Unsicherheit unnötig ist und daß sich das Bedürfnis nach Originalität und Individualität nun einmal anders zu äußern versucht als das Bedürfnis nach Sicherheit, dann kann man mit seiner erfinderisch-kreativen Art und seinen ungewöhnlichen Interessen sehr viel erreichen.

MOND UND NEPTUN

Konjunktion

Wenn der Geborgenheit suchende und empfindsame Mond sich mit dem verfeinernden und auflösenden Neptun verbindet, der die Grenzen zwischen Individuum und Kollektiv verwischt, entsteht eine große Empfänglichkeit für Gefühlsströmungen, die in der Umgebung unter der Oberfläche aktiv sind. Man ist daher immer wieder Stimmungsschwankungen ausgesetzt, die ihre Ursache nicht in den eigenen Emotionen, sondern in dem haben, was man in seiner Umgebung spürt, auch wenn man sich dessen selten bewußt ist.

Neptun verstärkt durch seine Grenzenlosigkeit auch die Veränderlichkeit des Mondes. Daher findet man bei einer Mond-Neptun-Konjunktion des öfteren unstetes Verhalten, das ebenfalls durch Dinge wie aufgeblähte Emotionen und ähnliches bedingt ist. Man kann in einem Augenblick die gegenteilige emotionale Reaktion zeigen wie einen Augenblick zuvor.

Weil Neptun so selbstverständlich über alle Grenzen hinweggeht, kann er in eine lebendige Traum- und Phantasiewelt hineinführen, die für den Betreffenden eine Art zweiter Wirklichkeit wird und in der er mehr Sicherheit findet als im Alltag. Die Folge sind eine üppige Phantasie, ein intensives Einfühlungsvermögen und eine Neigung zu Tagträumen, wobei auch die Gefahr besteht, daß man zu einem bestimmten Zeitpunkt die Grenze zwischen Traum und Wirklichkeit nicht mehr wahrnimmt. Man kann aber auch das Gefühl für das »Unwirkliche« nutzen, zum Beispiel in schöpferischen Äußerungen wie Musik, Malerei oder Poesie, da man mit diesem Gefühl eine Dimension mehr hat.

Neptun versucht sich oft auf der religiösen und spirituellen

Ebene zu äußern, und in Verbindung mit dem Mond erhofft man sich nicht selten dort Sicherheit. Dadurch kann man zu einem Sucher auf der metaphysischen Ebene werden, denn um einer Empfindung der Sicherheit willen ist man bestrebt, einen festen Platz in dieser Erlebenswelt zu bekommen. Deshalb hat die Konjunktion zwischen Mond und Neptun oft etwas Unwirkliches.

Sextil und Trigon

Wenn Mond und Neptun harmonisch miteinander verbunden sind, ändert dies nichts an der Empfindsamkeit, der starken Phantasie und dem Einfühlungsvermögen dieser Kombination. Auch hier trübt Neptun dem Mond den Blick auf Grenzen. Gegenüber der Konjunktion besteht jedoch der Unterschied, daß die harmonischen Aspekte etwas mehr Stabilität zu haben scheinen, sich im allgemeinen müheloser äußern können und zudem von der Umgebung besser verstanden werden.

Nicht selten ist es so, daß man mit diesen Aspekten seine Empfindsamkeit für »Unterströmungen« in der Umgebung und in der Gesellschaft (ohne böse Absicht) ausnutzen kann. Man spürt »etwas«, ist sich dessen aber nicht wirklich bewußt. Trotzdem spielen aber diese Gefühlswahrnehmungen eine Rolle im eigenen Handeln und für die eigenen Entscheidungen, weshalb man oft eine Richtung einschlägt, in der man von allen Seiten Unterstützung bekommt oder sich mühelos im Strom seiner Zeit bewegt. Deshalb gilt dieser Aspekt oft als gewinnbringend und kann zu gesellschaftlichem und geschäftlichem Erfolg führen, obwohl Neptun an sich wenig mit der stofflichen Welt zu tun hat. Woran dies liegt, ist Menschen mit einem Mond-Neptun-Aspekt meist nicht klar.

Das Interesse an spirituellen und religiösen Dingen ist stets auch bei den harmonischen Aspekten vorhanden, und das Grenzenlose von Neptun kann in dieser Hinsicht einen unstillbaren Hunger anzeigen. Man kann daher sehr idealistisch und tief religiös sein, doch besteht die Gefahr, daß man hier das Maß verliert oder die Wirklichkeit nicht mehr in ihren richtigen Proportionen wahrnimmt.

Wie bei allen Verbindungen zwischen Mond und Neptun kann

man im kreativen Bereich sehr viel aktiv zustande bringen oder passiv ein gutes Verständnis hierfür haben. Man hat ein Gespür für Zusammenhänge und Stimmungen, wodurch man einen besseren Zugang zur Gefühlswelt eines Gemäldes bekommt, als wenn man das Sujet und die Pinselführung analysiert.

Die harmonischen Verbindungen zwischen Mond und Neptun verleihen, wie schon gesagt, ein starkes Bedürfnis nach einer eigenen Traum- und Erlebniswelt. Man muß bei diesen Aspekten jedoch darauf achten, daß man nicht in diesen Welten versinkt, weil man nur wenig Widerstand von außen erfährt.

Quadrat und Opposition

Die Möglichkeiten der Verbindungen zwischen Mond und Neptun sind auch bei den Spannungsaspekten vorhanden, aber in einer für einen selbst kaum greifbaren und sogar problematischen Weise. Man ist überempfindlich, denn sooft man in seinem Mond-Verhalten Sicherheit sucht, spürt man eine unbestimmte, aber unverkennbare Unruhe infolge der unterminierenden und verwässernden Tendenzen von Neptun. Dies untergräbt das Vertrauen und erschwert es, eine Empfindung der Sicherheit aufzubauen. Hierin liegen Gefahren. Man ist zum Beispiel emotionell so wenig belastbar, daß man sich gerne in eine Opferrolle begibt. Oder man interpretiert Gefühle falsch – was bei diesen Spannungsaspekten des öfteren vorkommen kann –, so daß man auch emotionell nicht angemessen reagiert. Oft enden beispielsweise Liebesdinge in Enttäuschung, weil man alles zu schön macht, so als ob man in einer Märchenwelt leben würde. Oder man interpretiert andere Dinge falsch, so daß man manchmal den Eindruck macht, manipulieren oder intrigieren zu wollen. Neptun-Konflikte werden oft als Aspekte bezeichnet, bei denen man andere betrügt oder hinters Licht führt. Dabei darf man jedoch nicht vergessen, daß die Ursache der falschen Handlungen von Neptun-Konflikten vor allem darin liegt, daß man im Unbewußten falsch wahrnimmt. Daher kann man nicht ohne weiteres von Betrügen sprechen. Sehr oft hat dies auch eine amüsante Seite: Man kann sich ein Ereignis mit seiner neptunischen Phantasie so farbig ausmalen, daß man wegen Dingen, die gar nicht geschehen sind, in sich hineinkichert. Diese Aspekte können daher auch auf der schöpferischen und künstlerischen Ebene sehr kreativ sein.

Wie bei allen Neptun-Aspekten spielt auch hier das Religiöse und Spirituelle eine Rolle. Man sucht unablässig, denn auf der neptunischen Ebene ist man sehr aktiv. Durch die Spannungsaspekte kann man allerdings in seiner Umgebung erhebliche Widerstände wecken, doch kann dies sehr stimulierend sein, weil es das geistige Wachstum fördert.

Quinkunx

Beim Quinkunx begreift man meist nicht, woher die Verletzlichkeit und Empfindlichkeit kommen. Man hat das Gefühl, daß irgend etwas nicht stimmt, aber man kann nicht klar erkennen, was es ist. Man fühlt sich daher sehr unsicher und unbehaglich, wobei noch hinzukommt, daß man Gefühlsströmungen in seiner Umgebung intensiver aufnimmt, als einem lieb ist, und diese so äußert, als ob es die eigenen wären. Dies kräftigt nun nicht gerade das ohnehin etwas angeschlagene Selbstbild.

Neptun läßt Menschen mit diesem Aspekt immer wieder ins Leere laufen, wenn sie nach Sicherheit (Mond) suchen. Da die Haltungen und Hintergründe der beiden Inhalte so unterschiedlich sind, erkennt man oft das Problem nicht. Es besteht oft auf den unterschiedlichsten Gebieten die Empfindung, daß man mit sich selbst nicht zurechtkommt oder unterlegen ist, was sich entweder in großer Zurückgezogenheit oder extremer Dienstbarkeit äußern kann. Man ist dann bereit, sich vollständig aufzuopfern.

In Beziehungen kann man mit Mond-Quinkunx-Neptun Gefahr laufen, den Partner so sehr zu idealisieren, daß Enttäuschungen nicht ausbleiben können. Oft hat man Schwierigkeiten, den richtigen Partner zu finden, da die eigene Gefühlswelt so verletzlich und durch die Unbegrenztheit so unersättlich ist, daß nur wenige den Erwartungen gerecht werden (was in gewissem Umfang auch für die anderen Verbindungen von Mond und Neptun gilt).

Das Quinkunx verleiht die Neigung, sich etwas zu schnell in andere Menschen zu versetzen. (Unbewußte) Identifizierung mit anderen kann das Selbstvertrauen untergraben, im positiven

Sinne aber Möglichkeiten bieten, seine Einfühlungsgabe in einem sozialen oder Pflegeberuf zu nutzen. Wie bei allen Mond-Neptun-Aspekten sind auch die Kreativität und der Kunstsinn hoch entwickelt. Wenn man einmal erkannt hat, daß die Selbstzweifel unbegründet sind, dann kann man seiner Sensibilität in dienenden und schöpferischen Tätigkeiten hervorragend Ausdruck verleihen.

MOND UND PLUTO

Konjunktion

Die Verbindung dieser beiden Inhalte hat eine sehr starke Wirkung. Sooft man nach Sicherheit sucht und die Haltung einnimmt, in der man sich sicher fühlen möchte (Mond), wird man genau mit dem konfrontiert, dem man zu entgehen versucht, oder mit anderen zwingenden Inhalten aus dem Unbewußten. Da Pluto auch dasjenige in einem ist, das sich zu behaupten versucht, indem es Situationen vollkommen beherrscht, also Macht ausübt, bekommt man bei einer Konjunktion zwischen Mond und Pluto erst dann Sicherheit, wenn man das Gefühl hat, alles im Griff zu haben. Sobald sich zeigt, daß dies nicht der Fall ist, kann man mit einer Konjunktion zwischen Mond und Pluto sehr heftig reagieren oder aber abwarten, bis der Zeitpunkt zum Eingreifen günstig ist. Weil die Konfrontation mit verdrängten und unbewußten Inhalten innerlich verunsichert und zum Handeln zwingt, kann man von einer Konjunktion zwischen Mond und Pluto auch tatsächlich früher oder später ein nachdrückliches Handeln erwarten.

Die Konfrontation mit der Unsicherheit im eigenen Unbewußten führt bei dieser Konjunktion oft dazu, daß man sich nicht über sein Erleben und seine Gefühle äußert. Trotzdem hat man ein intensives Bedürfnis nach Gefühlskontakten, was sich in Verbindung mit dem Machtprinzip in einem ausgeprägten Hang zum Pflegen und Bemuttern äußern kann. Es besteht die Gefahr tyrannischer und zwingender Äußerungen.

Das Stichwort bei Mond-Pluto-Verbindungen ist Intensität. Der Mond bekommt durch Pluto eine enorme Aufladung, denn

Pluto wirkt in allen Dingen vergrößernd und vertiefend. Diese Konjunktion kann das Gefühlsleben intensivieren, aber auch in Gefühlsdingen gegenüber anderen sehr anspruchsvoll machen. So ist man beispielsweise mit einer normalen Beziehung niemals zufrieden: Man verlangt Tiefe, Intensität und »verborgene Seiten«. Menschen mit einer Konjunktion zwischen Mond und Pluto sind auf der Suche nach den verborgenen Seiten anderer. Es ist daher ein Aspekt für Forscher, (Para-)Psychologen und ähnliche Berufe. Man muß sich jedoch bei dieser Konjunktion hüten, sich zu sehr von seinen Emotionen mitreißen zu lassen – diese Gefahr ist ständig vorhanden.

Sextil und Trigon

Was für die Konjunktion gilt, gilt teilweise auch für diese Aspekte. Auch bei ihnen besteht Unsicherheit und der Drang nach Macht. Das Gefühlsleben ist nicht weniger intensiv, und auch das Bedürfnis, dies zu äußern, indem man die »große Mutter« spielt, ist ebenso vorhanden.

Man hat die Neigung, seinen eigenen verborgenen und verdrängten Inhalten nachzuspüren, sobald man sich in die Haltung zurückzieht, von der man Sicherheit erwartet (Mond). Dieselbe Neigung besteht bezüglich anderer Menschen. Man ist nicht mit oberflächlichen Aussagen zufrieden und verlangt Tiefgang. Man wird von allem Verborgenen angezogen, und daher geht eine magische Kraft von Dingen wie unlösbaren Rätseln, geheimnisvollen alten Kulturen, der Welt der Tiefsee und den tieferen Schichten der Seele aus. Nicht selten beschäftigen sich Menschen mit diesen Aspekten mit einem oder mehreren dieser Gebiete.

Durch dieses Suchen in der Tiefe erlangt man nicht selten eine gewisse Kontrolle über seine Umgebung. Oft strahlt man mit Pluto-Aspekten etwas Kraftvolles und Überlegenes aus, weshalb man nicht immer auf offenen Widerstand stößt. Dies bedeutet aber noch nicht, daß man immer recht hätte. Pluto ist ein Inhalt, der erheblich verformen und vor allem vergrößern kann, und mit einer Mond-Pluto-Verbindung dehnt man sein Gefühlsleben manchmal so sehr aus, daß verformende oder nichtpersönliche Inhalte aus dem Unbewußten eindringen, durch die man »aufgeblasen« wird, so daß eine echte Gefühlsbeziehung mit der Umgebung gefährdet ist. In der Regel entdeckt man dies zwar durch Nachforschen, doch Vorsicht ist geboten.

Angst vor Konfrontationen hat man bei diesen Verbindungen normalerweise nicht. Dazu ist man viel zu neugierig auf die Hintergründe und Motivationen anderer, die man in mehr oder weniger subtiler Weise zu erforschen versucht. Die eigenen Motivationen hält man gerne verborgen, um sich anderen nicht auszuliefern. Durch eine scheinbar autoritäre Haltung richtet man vieles nach seinem Willen ein.

Durch all dieses Ergründen und den ständigen Kontakt mit den Tiefen in sich selbst kann man mit Mond-Pluto-Verbindungen immer wieder erhebliche innere Veränderungen erleben. Bei den harmonischen Aspekten scheinen diese noch am problemlosesten zu verlaufen, obwohl kein Pluto-Aspekt wirklich problemlos ist.

Quadrat und Opposition

Die spannungsbetonten Verbindungen zwischen Mond und Pluto haben eine sehr intensive und zwingende Wirkung. Man spürt Kräfte in sich, denen man nicht entgehen kann; es ist, als ob man unter einem Einfluß stünde, aus dem man das Beste machen muß. Sooft man nach Sicherheit sucht, verspürt man eine schneidende Unsicherheit. Allerlei unbewußte und verdrängte Inhalte tauchen auf oder beeinflussen das emotionelle Wohlbefinden, wodurch eine starke emotionelle Unruhe entsteht.

Stärker noch als bei den harmonischen Aspekten verspürt man einen Zwang, das Verborgene, den Quell der Dinge zu ergründen, und dabei stößt man oft auf sehr tiefe Probleme bei sich selbst und bei anderen. Da Spannungsaspekte aktivieren, fühlt man sich gedrängt, etwas zu unternehmen. Dies kann zu einer Haltung führen, in der man seine Neigung zu bemuttern auslebt, ohne seine eigenen Gefühle zu offenbaren. Ein gutes Beispiel hierfür ist die Mutter Oberin. Im weltlichen Leben kann sich dieser Aspekt so äußern, daß man allen Leuten helfen und sie unterstützen will, wobei man gegenüber sich selbst oft hart ist und sich zuviel versagt.

Diese Aspekte neigen auch dazu, die verschiedensten Tabus zu durchbrechen. Tabus beschränken die Bewegungsfreiheit, und dies erfährt man sehr stark. Der transformierende Pluto wirft am liebsten alles Beschränkende von sich ab, damit er selbst die Situation beherrschen kann und nicht von Tabus im Zaum gehalten wird. Man findet daher auch eine gewisse Neigung zur Provokation bei diesen Aspekten, wenn auch in einer subtileren Weise als bei Uranus.

Bei diesen Aspekten ist man zwischen Minderwertigkeits- und Überlegenheitsgefühlen hin- und hergerissen, und diese Unsicherheit schafft bei diesen Verbindungen den rastlos getriebenen Suchenden. In seinen emotionellen Kontakten ist man daher eher unbequem. Man kann sich ganz und gar für jemanden einsetzen, aber erwartet dies auch von anderen. Pluto bekommt niemals genug! Daher begeben sich Menschen mit einer Mond-Pluto-Verbindung auch bei den Spannungsaspekten gerne auf die unpersönliche Ebene, die des Mysteriums, des Verborgenen, Ungesehenen und Unsichtbaren. Auf diesem Gebiet können sie sehr weit gelangen.

Mit hohen Ansprüchen und manchmal auch dem unbescheidenen und zu direkten (manchmal auch schamlosen) Eindringen in andere kann man bei diesen Spannungsaspekten erhebliche Widerstände auslösen. Andere Menschen fühlen sich belauert und manipuliert, aber die Konfrontation mit diesen kann heilsame Verhaltenskorrekturen bewirken und echte Einsichten in das eigene Verhalten und das anderer Menschen geben.

Quinkunx

Keinem der bisher beschriebenen Aspekte zwischen Mond und Pluto war viel Ruhe beschieden; Konfrontationen und die damit einhergehende Sicherheit standen deutlich im Vordergrund. Beim Quinkunx ist dies nicht anders, doch besteht hier der Unterschied, daß man all die Spannung und Unruhe als ein latentes Gefühl des Unbehagens und einen Drang zu suchen erfährt. Beim Quinkunx zwischen Mond und Pluto kann man emotionell außerordentlich angespannt und unsicher sein, ohne eine Ursache hierfür finden zu können. Dies kann den Betreffenden emotionell sehr mißtrauisch machen; man fühlt sich unsicher, und wenn man keine innere Ursache erkennen kann, neigt man dazu, diese bei anderen Menschen zu suchen, zu denen man eine emotionelle Beziehung hat. Dieses Mißtrauen erkennt man jedoch nicht direkt in sich selbst, sondern erlebt es mehr als eine ausweichende und irgendwie vage Haltung.

Weil der Mond Pluto sowenig versteht, nimmt man es in der Regel auch nicht wahr, daß man den Machtdrang Plutos ausdrückt und daß man manchmal ganz erheblich manipulieren kann, weshalb man aus seiner Umgebung Reaktionen bekommt, die man überhaupt nicht begreift. Dies kann wiederum die Neigung verstärken, um dieses »Ungreifbare« einen großen Bogen zu machen.

Dies alles treibt bei einem Quinkunx zwischen Mond und Pluto immer zum Forschen und Fahnden an, so daß auch bei dieser Planetenverbindung das Verborgene und Okkulte sehr im Vordergrund stehen. Man sucht nach dem Wesentlichen und versucht, dieses unter seine Kontrolle zu bekommen, was zum Scheitern verurteilt ist, auch wenn man durch dieses zwanghafte Suchen in sehr große Tiefen vordringen kann.

Die emotionellen Beziehungen zu anderen Menschen sind oft erheblich belastet. Man verlangt sehr viel von seinen Mitmenschen und von denen, die einem lieb sind, wodurch man sie oft von sich abstoßen kann. Das Ärgerliche daran ist, daß einem anfänglich kaum bewußt ist, daß man soviel verlangt. Hinzu kommt noch, daß die eigenen emotionellen Reaktionen oft eine Mischung von Versteckspielen, Unsicherheit (auch in den Reaktionen) und Schwierigkeiten ist, seine Gefühle zu äußern.

Wenn man jedoch zu sehen lernt, daß die Konfrontationen Plutos wertvoll sind und daß man durch sie längst nicht immer Schaden leiden muß, dann kann man (oft durch eine Krise) eine große Transformation erleben und der positiven Seite dieses Aspektes in jeder nur denkbaren Weise Gestalt geben.

MOND UND ASZENDENT

Konjunktion

Mond-Eigenschaften treten bei der Konjunktion im persönlichen Kontakt sehr stark in den Vordergrund. Ein Gefühlsaustausch mit der Umgebung ist dem Betreffenden von größter Wichtigkeit, der auch selbst stets seine Gefühle und vor allem sein Bedürfnis, zu bemuttern und für andere zu sorgen, der Außenwelt deutlich machen will. Man verfügt über eine große Empfänglichkeit, was immer wieder einmal Anlaß zu Stimmungsschwankungen ist – der Mond ist und bleibt ein veränderlicher und wenig stabiler Inhalt. Menschen mit dieser Konjunktion können sehr emotional sein.

Häufig stellt man bei dieser Konjunktion eine große Verbundenheit mit Familie und Verwandtschaft fest, und auf Häuslichkeit wird oft großer Wert gelegt.

Sextil und Trigon

Im emotionellen Bereich hat man wenig Probleme, seine Gefühle nach außen zu zeigen; die Umgebung wird nicht als Bedrohung für das eigene Wohlbefinden erfahren.

Man hilft gerne anderen, um die man sich fürsorglich kümmert, doch weiß man sehr wohl, daß man andere Menschen nicht einengen darf, sondern ihnen auch im Rahmen der Hilfe, die man ihnen gewährt, ihre Freiheit lassen muß. Dennoch ist man sehr auf seine Umgebung fixiert, was manchmal auch zu Schwierigkeiten führen kann, indem man lieber unter Menschen ist als sich alleine amüsiert. Nicht jeder ist ohne weiteres in der Lage, das Bedürfnis nach einer solchen Verbindung zu befriedigen.

Im allgemeinen aber kann man sich in bezug auf seine Umgebung emotionell stabil entwickeln und sein Bedürfnis nach Umhegen und Umsorgen in Familie, Verwandtschaft, in sozialer Tätigkeit und am Arbeitsplatz gut ausleben.

Quadrat und Opposition

Bei den Spannungsaspekten zwischen Mond und Aszendent fühlt man sich erheblich unbehaglicher und unruhiger. Man erlebt die Umgebung und alles Unvertraute als Bedrohung für die eigene Sicherheit oder als Unruhefaktor, weshalb man hierauf nicht immer ausgeglichen reagiert und sich in der Regel schwer tut, wenn es darum geht, Kontakte zu knüpfen.

Der Mond als Prinzip der Veränderlichkeit und des Wechsels kann auch hier Stimmungsschwankungen anzeigen, die bei der Außenwelt nicht immer auf Verständnis stoßen. Dies kann zu einer Kettenreaktion führen, in der man sich verletzlich fühlt, sich in sich selbst zurückzieht, während man im Grunde wie bei jedem Kontakt zwischen Mond und Aszendent doch ein großes Bedürfnis nach einem emotionellen Austausch mit der Umgebung hat.

Manchmal weiß man nicht, wie man sich in emotionellen Situationen oder in Situationen verhalten soll, in denen man Zuwendung und Fürsorge zeigen muß (als Mutter oder Vater). Man neigt dann dazu, Unterstützung und Rat bei vertrauten Menschen zu suchen oder dies in einer anderen Weise zu lösen. Durch die Aktivität, die mit Spannungsaspekten verbunden ist, sucht man oft auch andere Wege.

Quinkunx

Beim Quinkunx zwischen Mond und Aszendenten fühlt man sich am wenigsten wohl. Die Haltung, in der man sich nach außen manifestiert (Aszendent), ist so sehr von der Haltung verschieden, aus der man eine Empfindung der Sicherheit sucht, daß man beide als unvereinbar erlebt, wodurch eine große emotionelle Verunsicherung entsteht. Man ist in seinem Auftreten verletzlich und kriecht je nach den beteiligten Zeichen entweder in sein Schneckenhaus oder schlüpft in eine Rolle. Die Außenwelt erfährt daher wenig über die eigenen Gefühle und Emotionen und bekommt dadurch ein falsches Bild, was in einen Teufelskreis führen kann.

Wenn man einmal einzusehen und anzuerkennen gelernt hat, daß man verschiedene Haltungen in sich hat, dann schwächt sich dieses Gefühl der Gespaltenheit ab und kann man je nach den Erfordernissen in einer harmonischeren Weise eine Haltung festlegen. Dann können sich auch die positiven Inhalte einer jeden

Verbindung zwischen Mond und Aszendent in vollem Umfang entfalten.

MOND UND MC

Konjunktion

Bei der Aspektbeziehung Mond-Konjunktion-MC ist man für emotionelle Reaktionen aus der Umgebung und der Gesellschaft ganz besonders empfindlich. Kritik verträgt man sehr schlecht. Man lebt gewissermaßen nur für die Beliebtheit, die man erstrebt, denn man möchte bei dieser Konjunktion um jeden Preis »nett« gefunden werden. Die Folge ist, daß man bei diesem Aspekt in der Tat oft sympathisch, sensibel und freundlich auf andere wirkt. Um nett gefunden zu werden, ist man manchmal auch bereit, eine Rolle zu spielen.

Nicht selten hat man bei dieser Konjunktion das Bedürfnis, sich an größere Gruppen zu wenden; man kann stets gut mit Menschen umgehen. Der Mond im MC zeigt an, daß man Sicherheit durch gesellschaftliche Aktivität sucht, indem man entweder aufzufallen oder als Mensch etwas zu bedeuten versucht.

Der Mond ist aber auch wechselhaft und veränderlich, und aus diesem Grund ist man bei einer solchen Konjunktion doch auch ruhelos und hat einen Drang nach Veränderung und Abwechslung. Solange man dies auf die Umstände projiziert, kann man mehrmals die soziale und gesellschaftliche Position ändern. Im Grunde kann man jedoch auch Abwechslung in ein und derselben Position finden.

Sextil und Trigon

Bei den harmonischen Verbindungen zwischen Mond und MC besteht eine ausgeprägte Sensibilität für die Rolle anderer Menschen für einen selbst, insbesondere die Haltung und die Gefühle, die sie einem entgegenbringen. Man kann dabei stets gut mit Menschen umgehen und wirkt ruhig und gelassen. Da die nach Sicherheit strebende Haltung (Mond) in der Umgebung keine Konflikte erzeugt, fühlt man sich grundsätzlich behaglich. Man ist daher auch immer bereit, in emotionell schwierigen Situationen eine hilfreiche Hand zu reichen oder Menschen zu unterstützen. Auch in seiner sozialen und gesellschaftlichen Situation hat man immer das Bedürfnis nach Umgang mit Menschen.

Die Veränderlichkeit ist hier weniger groß als bei der Konjunktion, doch zeigen Verbindungen zwischen Mond und MC immer ein gewisses Bedürfnis nach Abwechslung und Veränderung an. Bei harmonischen Aspekten ist dieses Bedürfnis jedoch weniger stark ausgeprägt, und man ist besser in der Lage, einen günstigeren Zeitpunkt abzuwarten. Nicht selten gewinnt man bei diesen Aspekten die Unterstützung anderer Menschen. Da der Mond ein weibliches Prinzip ist, findet man bei diesen Aspekten besonders oft Unterstützung von Frauen.

Quadrat und Opposition

In gesellschaftlichen Funktionszusammenhängen (MC) wird man immer von einer Unsicherheit befallen, weil die Haltung, aus der man emotionelle Sicherheit gewinnen muß (Mond), mit diesem Punkt im Konflikt steht. Durch diese Unsicherheit wird man verletzlich. Da man diese Ruhelosigkeit in jeder Situation verspürt, die entweder mit dem Ich-Bild oder der eigenen sozialen und gesellschaftlichen Position zu tun hat, ist man immer spontan geneigt, der Außenwelt die Schuld zu geben und die Haltung oder den Beruf zu wechseln. Weil man seine Emotionen nicht so gut äußern kann, besteht immer die Gefahr, daß die Außenwelt sie falsch interpretiert oder daß der Gefühlsausdruck mit der Außenwelt kollidiert oder nicht im Einklang mit bestehenden Strukturen steht.

Bei Quadrat und Opposition neigt man dazu, sich eine eigene kleine Welt zu errichten, die aber für die Außenwelt unzugänglich bleibt. Dann spielt man, was beim Mond ohnehin immer eine Gefahr ist, nach außen eine Rolle. Trotzdem bleibt das Bedürfnis nach einem emotionellen Kontakt mit der Umgebung, doch muß man damit umzugehen lernen. Deshalb findet man auch bei den Konfliktaspekten oft Menschen in Berufen, die etwas mit emotionellem Ausdruck oder Pflege und Fürsorge zu tun haben. Wenn andernorts im Horoskop ebenfalls Probleme mit der Äußerung von Gefühlen bestehen, kann sich dieses Fürsorgebedürfnis auch in Dingen wie einer großen Tierliebe äußern, in der man weniger verletzlich ist als in seinen Kontakten mit Menschen.

Quinkunx

Beim Quinkunx zwischen MC und Mond fühlt man sich nicht besonders behaglich. Man gelangt nicht nur zu keinem Selbstbild, sondern weiß auch nicht, wie man seine Haltung in der Außenwelt festlegen soll. Man schwankt sehr in seiner Auffassung von sich selbst und ändert sich daher auch ständig gegenüber der Außenwelt, die dadurch kein klares Bild von einem bekommt.

Die Unsicherheit und Unbeständigkeit geben so wenig Halt, daß auch eine eventuelle Unterstützung aus der Außenwelt nur manchmal Erfolg bringt, weil man diese Unterstützung nicht im richtigen Augenblick, wenn überhaupt akzeptiert.

Durch Gefühlsäußerungen anderer Menschen wird man verunsichert, und doch verläßt man sich aus Unsicherheit immer wieder darauf, was andere von einem sagen, weil man Schwierigkeiten hat, zu einem Selbstbild zu kommen. Allein schon dadurch macht man innerlich und äußerlich viele Veränderungen durch, bis man entdeckt, daß man selbst der Ausgangspunkt für solche Veränderungen ist und eben nicht das Opfer der verschiedensten Zufälle.

Aspekte von Merkur

MERKUR UND VENUS

Diese beiden Planeten können höchstens 72° voneinander entfernt sein, weshalb nur zwei Hauptaspekte möglich sind, nämlich Konjunktion und Sextil. Weil sie einander so nahe sind, sind ihre Aspekte häufig.

In der Praxis sind kaum Wirkungsunterschiede zwischen Konjunktion und Sextil festzustellen, wenn man einmal davon absieht, daß die Konjunktion vielleicht kräftiger wirkt. Daher werden die beiden Aspekte gemeinsam behandelt.

Konjunktion und Sextil

Merkur als Kontaktplanet ergibt in Verbindung mit der so sehr auf Harmonie bedachten Venus stets eine besondere Freundlichkeit im Gespräch und beim Anknüpfen von Kontakten. Man hat hier das Bedürfnis, Gespräche angenehm zu gestalten, und ist dabei durchaus auch zu Zugeständnissen bereit. Bei dieser Verbindung hat man gerne Umgang mit Menschen und achtet sehr auf eine angenehme Atmosphäre.

Beim Analysieren von Fakten unterliegt man ebenfalls Venus-Einflüssen, wodurch ein Bedürfnis entstehen kann, alles in einem freundlichen Licht zu sehen. Oft stellt man dabei fest, daß eine Merkur-Venus-Verbindung an sich nicht besonders nach Tiefgang strebt. Die äußere Harmonie ist für Venus leichter zugänglich, und hierfür interessiert sie sich auch mehr.

Eine Verbindung zwischen Merkur und Venus wirkt in Kontakten freundlich und sozial, doch hat diese Verbindung oft auch etwas Kindliches. Nicht selten stellt man fest, daß Kinder mit einer solchen Aspektierung länger Kind bleiben (sofern nicht andere Horoskopfaktoren wie ein starker Saturn dem entgegenstehen).

Mit Konflikten können Menschen mit diesen Aspekten weniger gut umgehen. Man weiß nicht, wie man sich seiner Haut wehren muß, und Störungen der Atmosphäre erlebt man als unangenehm und schwer zu verarbeiten. Man ist daher auch geneigt, schnell nachzugeben und einen Rückzug zu machen, wenn dies nur die Atmosphäre rettet. Dadurch wird man verletzlich. Diese Aspekte verleihen aber auch diplomatische Eigenschaften und geben die Fähigkeit, bei Schwierigkeiten und Meinungsverschiedenheiten eine Mittlerrolle zu spielen.

Die Art, wie man sein Bedürfnis nach Sicherheit in Beziehungen und auf der materiellen Ebene (Venus) befriedigt, hat in Verbindung mit Merkur immer ein mentales und kommunikatives Element. Man strebt also Beziehungen an, in denen Gespräche (die nicht unbedingt Tiefgang haben müssen) möglich sind und der (mündliche) Austausch im Vordergrund steht.

Manchmal kann eine Verbindung zwischen Merkur und Venus eine gewisse Trägheit im Denken und Analysieren ergeben. Venus ist nicht unbedingt der aktivste Planet, und da Merkur mit der Lern- und Aufnahmekapazität und damit den schulischen Leistungen zu tun hat, sehen Kinder mit einer solchen Verbindung oft nicht ein, warum sie sich in der Schule anstrengen sollen. Sie neigen mehr zu Geselligkeit und einem angenehmen Umgang mit Menschen, oder sie haben ihre Stärke in den künstlerischen Fächern. Das bedeutet nicht, daß sie nicht lernen könnten, aber ihre Interessen liegen woanders.

MERKUR UND MARS

Konjunktion

Die Art, wie man spricht und Kontakte knüpft (Merkur), wird durch Mars beschleunigt. Man spricht schnell und pointiert, ist geistig beweglich und »spricht« schnell auf Dinge an. Es scheint, als ob man erst handeln und dann denken würde. In Kontakten und Gesprächen weiß man sich sehr gut zu behaupten, und man ist nicht sonderlich daran interessiert, ob andere mit einem einer Meinung sind oder nicht. Man kann sich sehr energisch für Ideen einsetzen, manchmal etwas zu energisch, und man ist nicht zimperlich, wenn es darum geht, andere mit Worten zu »beschießen«.

Die Gedanken stehen bei dieser Konjunktion nicht still, auch wenn sie nicht immer zielgerichtet sind. Mars ist von Natur aus ein eher richtungsloser Planet, und auch Merkur kommt gerne vom Hundertsten ins Tausendste. Deshalb ist dies nicht die günstigste Konstellation für anhaltende Konzentration, wohl aber dafür, rasch eine Fülle unterschiedlicher Informationen aufzunehmen, zu ordnen und gegebenenfalls wiederzugeben.

Im Gespräch muß man darauf achten, nicht zu direkt zu sein. Mars ist sehr taktlos, und es entschlüpfen einem manchmal Dinge, die andere unangenehm berühren. Mars-Merkur-Verbindungen haben immer eine scharfe Zunge. Menschen mit diesem Aspekt können sehr sarkastische und ironische Bemerkungen machen. In Diskussionen verleiht dies Schlagfertigkeit, aber man kann sich damit auch Feinde schaffen.

Mit einer Konjunktion zwischen Merkur und Mars wird man ungeduldig, wenn andere zu lange brauchen, um ihre Sätze zu formulieren. Man neigt dann dazu, ihnen ins Wort zu fallen und Sätze für sie zu vollenden, weshalb solche Menschen oft schlechte Zuhörer sind. Aktive Teilnahme an Kontakten, Gesprächen, am Sammeln von Informationen ist viel eher ihre starke Seite als passiv zuhören. Aber ob man nun mit seiner Meinung herausplatzt oder nicht – man ist bei dieser Verbindung immer schockierend ehrlich und aufrichtig.

Sextil und Trigon

Vieles von dem bereits bei der Konjunktion Gesagten trifft auch auf die harmonischen Verbindungen zu. Mit Mars-Sextil oder Trigon-Merkur ist man geistig wach, scharfsinnig und kommunikationsfreudig. Man spricht lebhaft und schnell, streitbar und energisch, wobei man sehr rasch auf das eingeht, was andere vorbringen. Dies ist ein Aspekt, der durch seine rasche Auffassungsgabe einen Vorsprung gegenüber dem Gesprächspartner verleiht und in Diskussionen schlagfertig macht. Aufgrund der harmonischen Stellung erregt man hier weniger schnell bei anderen Aggressionen als bei der Konjunktion oder den disharmonischen Aspekten, wodurch es weniger oft zu verbalen Auseinandersetzungen kommt.

Die Ruhelosigkeit des Denkens ist bei den harmonischen Verbindungen ebenso groß wie bei der Konjunktion; man stellt rasch Verbindungen her und geht auch im Denken auf die unterschiedlichsten Impulse ein, die von außen kommen. Man nimmt eine Fülle von Informationen aus der Außenwelt auf und sieht durch seine ständige Wachheit sehr viel.

Wichtig ist auch, daß man seine eigene Meinung äußern kann. Man bildet sich ein selbständiges Urteil über die Dinge, die einem begegnen. Nachdenken und Überlegen ist nicht unbedingt die starke Seite von Mars (weshalb er auch zu vorschnellen Schlüssen neigt), doch wird dies weitgehend dadurch wettgemacht, daß er in diesen Aspekten sehr schnell Zusammenhänge herstellen und Sachverhalte überblicken kann. Schon beim jungen Menschen zeigt sich das Bedürfnis nach Unabhängigkeit im Denken und Handeln, doch gibt die Offenheit einer Verbindung zwischen Mars und Merkur auch die Fähigkeit, einmal einen Irrtum einzusehen.

Merkur sagt oft auch etwas über die Geschicklichkeit aus, und bei harmonischen Verbindungen mit Mars findet man oft eine große Fingerfertigkeit und praktische Veranlagung, wobei Mars sich nicht immer darauf versteht, Dinge auch sorgfältig zu vollenden.

Quadrat und Opposition

Bei den Spannungsaspekten ist mehr Vorsicht geboten, weil hier Schwierigkeiten mit der Koordination der Kontaktfreude Merkurs mit der streitlustigen, ichbetonten Tatkraft von Mars auftreten können.

Im Gespräch ist man sehr wach und scharfsinnig, wirkt jedoch oft zu aggressiv oder heftig, was erhebliche Widerstände wecken kann. Im Gespräch hat man oft Schwierigkeiten, sich zu beherrschen, und wenn man angegriffen wird, erregt man sich sehr leicht und schadet sich dadurch selbst. Diese Aspekte bereiten gewisse Probleme, wenn es darum geht, Kontakte zu knüpfen und zu pflegen, doch kann man diese Probleme beseitigen, indem man zu akzeptieren lernt, daß andere Menschen auch anderer Meinung sein können.

Unter höchster Anspannung kann man großartige geistige Leistungen erbringen, doch läuft man Gefahr, sich auch in ruhigeren

Zeiten an den Rand der Überspanntheit zu bringen, indem man ständig mit seinen Gedanken beschäftigt ist. Durch diese Anspannung wächst auch die Reizbarkeit, was zu heftigen und überzogenen Reaktionen führen kann. Man neigt auch dazu, sich selbst im Handeln und Denken in den Vordergrund zu stellen. Da man andere kaum zum Zug kommen läßt (wenn auch oft ohne böse Absicht), bekommt man immer wieder die Folgen seines Handelns zu spüren. Man übernimmt ohne weiteres Dinge, die andere gesagt oder geschrieben haben, wenn einem dies gerade paßt, und geht damit hausieren, als ob es von einem selbst wäre.

Das größte Problem bei den Spannungsaspekten liegt im Mangel an Gleichgewicht zwischen dem flinken Merkur und dem eiligen, unbesonnenen Mars. Dies kann nicht nur zu Verhaltensproblemen führen, sondern auch die Gefahr von Unfällen durch überhastetes Handeln heraufbeschwören.

Quinkunx

Bei einem Quinkunx zwischen Mars und Merkur hat das Denken eine bestimmte Richtung, doch liegt das Handeln auf einer so anderen Ebene, daß man früher oder später feststellt, daß man ganz andere Dinge tut, als man zu tun behauptet. Es ist klar, daß die Umgebung hierauf entsprechend reagiert.

Bei dieser schwierigen Verbindung scheint man allen guten Rat in den Wind zu schlagen – man handelt ja aus einem ganz anderen Hintergrund als dem, aus dem man denkt und spricht. Es ist aber sehr gut möglich, daß man *glaubt*, den Rat anderer Menschen anzunehmen.

Die Spannung zwischen diesen beiden psychischen Inhalten verursacht auch ein latentes Unbehaglichkeitsgefühl (wie bei allen Quinkunxen). Dieses Unbehagen kann sich bei einer Verbindung zwischen Merkur und Mars in größerer Gereiztheit, einer größeren Nervosität und auch einer größeren Streitbarkeit äußern. Ehe man sich darüber klar wird, hat man schon wieder »losgelegt« oder ist mit seiner Meinung herausgeplatzt. Daß dies Kontakte erschweren kann, versteht sich von selbst.

Sooft man glaubt, für seine Interessen eintreten zu müssen

(Mars), kommt der latente Konflikt mit der eigenen Fähigkeit dazwischen, Fakten klar und objektiv zu betrachten (Merkur), wodurch man zu subjektiv und zu unüberlegt reagiert. Wenn man etwas sagen oder über etwas nachdenken will, stört einen der aggressive Drang, sich in den Vordergrund zu drängen. Wenn man aber einmal verstanden hat, daß die beiden Energien, die hier miteinander im Widerstreit liegen, auch zusammenwirken können, wenn man lernt, sich zu beherrschen, dann kann man in seinem Denken und in seinen Kontakten auch die Früchte seines Scharfsinns und der geistigen Fähigkeiten ernten, die diese Verbindung bereithält.

MERKUR UND JUPITER

Konjunktion

Das Sprechen und Kommunizieren (Merkur) ist bei einer Konjunktion mit Jupiter in der Regel jovial und warmherzig, oft aber auch langatmig. Man kann in dem, was man mitteilt, Begeisterung und Optimismus ausstrahlen, ohne dabei seine eigene Meinung zu unterdrücken.

Im allgemeinen kommt man bei anderen Menschen gut an, weshalb dieser Aspekt für den sozialen Umgang günstig ist.

Jupiter als erweiternder Planet kann bei der Konjunktion manchmal auch zu erweiternd wirken. In jedem Aspekt mit Merkur wirkt er expansiv auf das Denken, auf das Vorstellungs- und Begriffsvermögen, weshalb man zumindest bei der Konjunktion Gefahr läuft, manchmal mehr zu sehen, als da ist. Die Phantasie oder (was öfter der Fall ist) das Bedürfnis, die Dinge größer darzustellen, als sie sind, kann mit einem durchgehen. Deshalb neigt man zu Übertreibungen, und auch, wenn man Pläne macht, läßt man in diese sehr viele Zukunftserwartungen einfließen. Dabei kann das Erweiternde von Jupiter dazu führen, daß man recht amüsante Geschichten erzählt.

Jupiter hat auch mit Vision und Urteilsbildung zu tun. In Konjunktion mit Merkur kann dies im Reden und Denken zu einem gewissen Eigensinn und Schulmeisterei führen. Auch eine moralisierende Seite kann zum Vorschein kommen.

Das Bedürfnis, seinen Horizont zu erweitern, kann sich physisch in Reisen und geistig in Studien ausdrücken. Typisch sind für diese Konjunktion stets vielseitige Interessen. Jupiter gibt sich jedoch meist schon damit zufrieden, etwas abgeschlossen zu haben oder zu überschauen. Er versucht lieber, insbesondere in Verbindung mit Merkur, einen Zusammenhang mit anderen Dingen herzustellen. Dies führt zwar zu breitgefächerten Interessen, andererseits aber auch zu einer gewissen Oberflächlichkeit.

Für die Lern- und Aufnahmefähigkeit ist dies eine günstige Stellung, und wenn der Eigensinn nicht die Oberhand gewinnt, findet man bei diesem Aspekt oft eine große Toleranz und ein großes Wohlwollen sowohl im Bereich der Kontakte als auch in der geistigen Haltung.

Sextil und Trigon

Jupiter ergibt in einem harmonischen Aspekt mit Merkur ebenso umfassende Interessen wie bei der Konjunktion und einen ebenso herzlichen, wohlwollenden und begeisterten Gedankenaustausch mit anderen. Menschen mit diesen Aspekten wirken oft sympathisch auf ihre Umgebung. Darüber hinaus macht man mit seiner Art zu sprechen Menschen oft Mut, um so mehr, als man selbst geneigt ist, in seinem Denken die Dinge eher von der Sonnenseite zu betrachten.

Menschen mit dieser Verbindung möchten gerne über alles auf dem laufenden sein und sammeln möglichst viele Informationen, um diese zu einer Synthese zusammenzuführen. Man versucht, zu einer Gesamtschau zu gelangen. Aber wie bei allen Jupiter-Aspekten bricht hier manchmal auch eine gewisse Rechthaberei durch. Man neigt von Natur aus ein wenig zum Schulmeistern. Dies ergibt oft hervorragende Lehrer, die mit Begeisterung und Autorität Dinge vermitteln können, doch wird dies im alltäglichen Umgang nicht immer geschätzt. Durch den mangelnden Widerstand aus der Umgebung, wie er für harmonische Aspekte typisch ist, fällt einem das eigene Übertreiben weniger schnell auf, weshalb die Gefahr besteht, daß man dies zu weit treibt und allzu selbstsicher wirkt.

Andererseits kann man sich bei dieser Verbindung rasch umstellen, wenn man einmal eingesehen hat, worum es geht. Hierfür bringt man mit dieser Verbindung oft die nötige Toleranz und das nötige Verständnis mit.

Alles, was den Geist weiter macht, ist hier in allen Facetten vorhanden: Studium, Reisen, vielfältige Interessen. Der Blick ist auf die Zukunft gerichtet. Weil man aber Fakten so mühelos aufnimmt und die harmonischen Aspekte nicht unbedingt die energischsten sind, können sie Anlaß zu Trägheit oder zu Bequemlichkeit sein, »weil doch alles bestens läuft«. Daher werden diese Aspekte nicht immer optimal ausgenutzt, wie vielversprechend ihre Veranlagung auch ist.

Quadrat und Opposition

Durch einen disharmonischen Einsatz der Energie übertreibt man bei Spannungsaspekten nicht selten das Expansive von Jupiter, so daß die Verbindung mit dem wortgewandten Merkur zu Prahlerei, Selbsteingenommenheit im Gespräch, Rechthaberei und Oberflächlichkeit (weil man zuviel auf einmal will) führen kann. Auch allzu große Risikobereitschaft in merkurischen Dingen (Handel, Kontakten, Verkehr) kann die Folge sein.

Der Enthusiasmus und die Wärme im Kontakt mit anderen Menschen spielen auch bei den Spannungsaspekten eine große Rolle. Man will andere gerne an seinen Erlebnissen und seiner Meinung teilhaben lassen, weshalb man aktiv Ideen verbreiten und ein guter Lehrer oder Vorkämpfer sein kann. Die Breite Jupiters kann sich durch die Aktivität der Spannungsaspekte auch in einer aktiven Beschäftigung mit vielfältigen Interessen äußern. Dadurch kann man mit diesen Aspekten in vielerlei Hinsicht leichter etwas erreichen als mit den harmonischen Aspekten, auch wenn man bei Übertreibungen oder falscher Wahl des Zeitpunkts und der Mittel einige Widerstände überwinden muß. Man ist auch im Denken unruhiger, oft sogar hyperaktiv, und neigt dazu, alles nur Erdenkliche miteinander zu verbinden. Die Folge ist oft eine mangelnde Beständigkeit.

Man wird des öfteren feststellen, daß Merkur als objektiver, ordnender Inhalt in einem in Aufruhr gerät, wenn man sich auf einem Jupiter-Gebiet betätigt (Ausdehnung, Religion und Erweiterung des Horizonts). Dies kann zu innerer Unsicherheit bezüglich dieser Beschäftigungen führen, was nicht selten zur Folge hat, daß man sich davon zu überzeugen versucht, daß man recht hat, indem man andere überzeugt. Dies ist nicht unbedenklich. Man muß daher bei der Bildung seiner Meinung und ihrer Verkündung und damit auch mit Empfehlungen vorsichtig sein. Bei Spannungsaspekten neigt man oft dazu, zu unüberlegt oder zu übertrieben zu reagieren.

Quinkunx

Sobald man Kontakte mit anderen Menschen knüpft (Merkur), kommt der Drang zu Jovialität, zu Enthusiasmus, aber auch zum Moralisieren zum Vorschein, was Einfluß auf das Verhalten haben kann. So kann es sein, daß man sich plötzlich aufgrund irgendeiner neuen ethischen Idee anders verhält, als man sollte. Es kann auch sein, daß man sich sehr belehrend gibt, mehr verspricht oder andeutet, als man wahrmachen kann, oder sich größer macht, als man ist. Gleichzeitig fühlt man sich verletzlich und unsicher, weil man das Gefühl hat, irgendwo einen Mangel zu haben.

Wenn man sich mit den Details (Merkur) beschäftigt, fühlt man sich unzufrieden, weil das Bedürfnis nach dem Großen (Jupiter) in einem latenten Konflikt hierzu steht. Umgekehrt bringt die Beschäftigung mit dem Großen und mit Plänen für die ferne Zukunft ebensosehr eine Spannung für das Denken (Merkur) mit sich, so daß die Gedanken keine Ruhe finden. Dies kann zu Nervosität und geistiger Anspannung führen. Es können sogar körperliche Beschwerden auftreten, weil man sich geistig nicht entspannen kann.

Gelegentlich kommt es vor, daß man sich mit einem Quinkunx zwischen Jupiter und Merkur nicht gut auszudrücken versteht. Man überschlägt beispielsweise Schritte bei der Darstellung eines Sachverhalts, betont ein Element zuviel und vergißt ein anderes. Dies kann zu Mißverständnissen und Unverständnis führen, was das Selbstvertrauen in Kontakten untergräbt, das ohnehin schon unter Druck steht. Wenn man jedoch den Hintergrund der Anspannungen erkannt hat, kann man aus einer entspannteren Haltung heraus viele der guten Seiten der Verbindung zwischen Merkur und Jupiter entwickeln.

MERKUR UND SATURN

Konjunktion

Beim Anknüpfen von Kontakten, Sprechen oder Analysieren spürt man stets den Druck von Saturn. Man ist dann in diesen Dingen nicht sehr initiativ – man bleibt lieber auf der sicheren Seite und nimmt eine zurückhaltende und abwartende Haltung ein. Im Gespräch wirkt man stets sehr nüchtern und gelassen und beharrt sehr hartnäckig auf seinem Standpunkt. Besonders großen Optimismus strahlt man nicht aus, weshalb man auf andere oft schwermütig wirkt oder zumindest als ein Mensch, der sehr realistisch ist und immer mit Widrigkeiten rechnet. Nicht selten leidet man unter Niedergeschlagenheit oder melancholischen Anwandlungen, die von Zeit zu Zeit durch ein enormes Bedürfnis nach Ausgelassenheit überkompensiert werden, um dadurch die im Inneren empfundene Isolierung zu durchbrechen.

Einsamkeitsgefühle sind Menschen mit einer Konjunktion zwischen Merkur und Saturn sehr vertraut; sie sind sich ihrer selbst schmerzlich bewußt. Dabei hat diese Konjunktion große Qualitäten, insbesondere eine hochentwickelte Konzentrationsfähigkeit und die Fähigkeit, Fakten zu gliedern. Untersuchungen, die Menschen mit dieser Konjunktion durchführen, sind bis ins Detail exakt, weil allein schon ihre Unsicherheit sie antreibt, alles genau zu betrachten und zu organisieren.

Weil Menschen mit dieser Aspektierung Schritt für Schritt aufbauen und vor allen Dingen ohne Umwege denken, findet man diese Verbindung oft auch bei Lehrberufen. Vorsichtig und gut dosiert vermitteln die Betreffenden die Fakten, wobei sie die Rahmenbedingungen sorgfältig im Auge behalten.

Beim Sprechen wirkt man oft älter, als man ist: Saturn ist nun einmal ein »greiser« Planet. Man neigt daher auch dazu, Dinge zu ernst zu nehmen, so daß man oft auf kleine Späße empfindlich reagiert. Das Denken ist statisch und konservativ. Es hält an vertrauten Mustern fest, weil dies Sicherheit verleiht. Dadurch neigt man zu starren Meinungen, und zwar um so mehr, je stärker Saturn steht. Wenn Merkur die stärkere Position hat, ist hier noch eine gewisse Flexibilität vorhanden.

Entspannt ist das Denken bei einer Konjunktion mit Saturn in den seltensten Fällen. Selbst in den Augenblicken größter Entspannung plant man immer noch, überlegt man, was morgen zu tun ist, gleichgültig, ob es um die Leitung eines Betriebs oder den Einkaufszettel geht.

Sextil und Trigon

Die harmonischen Aspekte zwischen diesen beiden Planeten vermitteln ebenfalls das Bild der Nüchternheit: Geradlinigkeit des Denkens, Verschlossenheit und Distanz im Gespräch, eine seriöse Haltung und ein kritisches, auf Zweckdienlichkeit ausgerichtetes Urteil. Saturn ist ein effizienter und ökonomischer Planet, und in Verbindung mit dem praktischen Merkur verleiht er Organisationstalent, Durchsetzungsvermögen und eine beherrschte Art zu sprechen, wodurch man für Führungspositionen zum Beispiel in der Industrie oder in der Politik prädestiniert ist.

Man kann sich mit diesen Aspekten voll und ganz für eine Sache einsetzen, doch muß sie praktisch, konkret und greifbar und in der unmittelbaren Zukunft zu realisieren sein. Wenn man ein realistisches Ziel vor Augen hat, kann man sehr unbeirrt und beständig darauf hinarbeiten. Saturn ist immer bereit, Berge zu versetzen; er hat eine gehörige Portion Ehrgeiz, die er hier in Verbindung mit Merkur ausleben kann. Seine Ambitionen richten sich auf merkurische Gebiete wie Handel, Journalismus oder Schriftstellerei, wobei den Betreffenden jedoch nicht die Flinkheit Merkurs auszeichnet, sondern eher die Fähigkeit zu tiefschürfender und (trockener) wissenschaftlicher Arbeit.

Merkur besitzt in jeder Verbindung mit Saturn nicht das übliche bewegliche Denken und die rasche Auffassungsgabe, doch versteht er alles, was Schritt für Schritt erklärt wird, und er vergißt dies auch nicht wieder.

Die Neigung zum Praktischen und Konkreten bedeutet nicht, daß man nicht auch an Astrologie oder ähnlichen Dingen interessiert sein könnte. Dies ist sehr wohl möglich, nur will man es dann auch ganz und gar verstehen, den Dingen auf den Grund gehen, sie auf eine strukturierte Basis stellen und vor allem von allem Schwärmerischen befreien. Die Verbindung zwischen Merkur und Saturn zeigt weniger an, woran man interessiert ist, als vielmehr, wie man an die Dinge geistig herangeht.

Quadrat und Opposition

Die Spannungsaspekte zwischen diesen beiden Planeten machen recht schwerblütig. Wenn man über Dinge nachdenkt oder diese analysiert (Merkur), regt sich stets sofort das Bedürfnis zur Beschränkung und Begrenzung. Im schlechtesten Fall kann dies geistige Enge und ein Mißtrauen gegenüber allem bedeuten, womit man zu tun bekommt. Dies muß allerdings nicht immer so sein. Angst, eine abwartende Haltung, Sicherheitsdenken oder Schüchternheit spielen in der Regel bei den Kontakten und auch im Denken eine Rolle. Man ist seriös, vorsichtig, zurückhaltend bis zur Kühle und denkt über das nach, was andere sagen. Dabei geht es einem weniger darum, sich deren Kritik zu Herzen zu nehmen, als darum herauszufinden, welche Absichten oder Motive sie haben. Man will alles ganz genau wissen, um die eigene Unsicherheit in Beziehungen und Kontakten nicht zeigen zu müssen. Für die Mitmenschen ist dies nicht einfach. Man ist nicht spontan, sondern gehemmt und manchmal als Überkompensation auch dominant und starr im Gespräch. Man wirkt oft auf andere wie ein unverrückbarer Betonblock, und man betrachtet vieles pessimistisch.

Auch wenn die Spannungsaspekte eine schwierige Verbindung zwischen diesen beiden Planeten anzeigen, lassen sie uns gerade durch die Konfrontationen, in die sie uns führen, erkennen, was in uns vorgeht. Die Energie des Quadrats oder der Opposition verleiht die Möglichkeit, beide Planeten optimal zu nutzen, so daß man auch bei den Konfliktaspekten viele der wertvollen Eigenschaften der Verbindung zwischen Merkur und Saturn findet: die Bereitschaft zu harter Arbeit, ein ernsthaftes und forschendes Wesen, ein praktisches, ökonomisches und nüchternes Denken und eine gut entwickelte Konzentrationsfähigkeit.

Quinkunx

Bei diesem Aspekt wird man in seinen Kontakten, die man mittels Merkurs anknüpft, von verschiedenen unterschwelligen Ängsten heimgesucht. Durch die unbewußte, aber trotzdem spürbare Angst und Unsicherheit (Saturn) ist man geneigt, Dinge, die auf einen zukommen, falsch zu interpretieren, aus Angst zu leugnen, ihnen mit Mißtrauen zu begegnen usw. Bei diesem Aspekt drückt man sich oft auch nicht klar oder richtig aus, so daß man immer wieder für Verwirrung sorgt.

Auch in seinem Denken spürt man diese Angst und Einsamkeit, so daß die Möglichkeit besteht, daß man in seinem Leben vielleicht einmal von einer Phobie heimgesucht wird.

Probleme in den Kontakten können sich in unterschiedlicher Weise äußern. Man unternimmt vielleicht alles, um die Gunst anderer Menschen zu erlangen, wozu vielleicht harte Arbeit das geeignete Mittel ist, oder man wird sehr zynisch und entwickelt einen sarkastischen Humor, oder man zieht sich in sein Schneckenhaus zurück, wo man für alles unangreifbar ist.

Manchmal ist man sich selbst gegenüber unerbittlich und denkt sehr diszipliniert. Allerdings hat man kein großes Zutrauen in sein eigenes Durchsetzungsvermögen und seine Fähigkeiten, so daß man sich mehr einschränkt als nötig ist. Wenn man die Möglichkeit bekommt, im Rahmen innerbetrieblicher Weiterbildungsmaßnahmen einen beruflichen Aufstieg zu machen, dann hat man das Gefühl, es nicht zu können, und beteiligt sich nicht daran. Wenn man es doch tut und erfolgreich ist, kann man es kaum fassen.

Wenn man sich jedoch darauf besinnt, was man kann, und erkennt, daß die Ängste unbegründet sind, kann man durch ernsthafte Arbeit sehr weit kommen. Alles, was mit strukturierender Formgebung zu tun hat, kann dann als Begabung entwickelt werden, und dies kann von der wirtschaftlichen Leitung eines Geschäftsbetriebs über Architektur bis zu wissenschaftlicher Forschungstätigkeit reichen.

MERKUR UND URANUS

Konjunktion

Das plötzliche »Sehen« von Uranus kann in Verbindung mit der Gewandtheit im schriftlichen und mündlichen Ausdruck, wie sie Merkur verleiht, zu besonders originellen und ursprünglichen Ideen und Auffassungen führen, die jedoch noch strukturiert werden müssen. Der Einfallsreichtum ist groß, doch besteht zugleich eine außerordentliche Ruhelosigkeit und Veränderlichkeit. Uranus ist kapriziös, impulsiv und unvorhersagbar, was nicht nur das Denken nervös und angespannt machen kann, sondern sich auch in den Kontakten äußern kann.

Man begeistert sich für neue, originelle Dinge und sucht in seinen Kontakten das Ungewöhnliche und Erneuernde. Man kann mit seinen Ideen andere Menschen stimulieren, doch ist man sehr ungeduldig, wenn diese sich den eigenen Gedanken nicht sofort anschließen.

Das Durchbrechende von Uranus kann sich in der Art zu sprechen äußern. Man neigt dazu, Schritte zu überspringen, doch kann sich dies auch in einer scharfen Zunge und in hingeworfenen, manchmal verletzenden Bemerkungen äußern. Bei dieser Konjunktion hat man oft die unerwartetsten Einfälle, aber in seiner uranischen Eile denkt man nicht nach, bevor man etwas sagt.

Uranus und Merkur haben mit dem Nervensystem zu tun, und diese Konjunktion bringt eine Anfälligkeit für Überspanntheit mit sich, weil man sich im Denken und in seinen Kontakten kaum entspannen kann. Die Gedanken kreisen ständig weiter. Dies führt zwar zu schöpferischen Ideen, doch treibt man dabei Raubbau mit seinen Kräften. Dadurch kann man reizbar und mürrisch werden.

Oft fällt bei diesen Verbindungen ein technisches Interesse auf, vor allem auf Gebieten, die mit einem Durchbrechen oder Überschreiten von Grenzen zu tun haben (Luftfahrt, Radar, Elektrotechnik usw.). Während man einerseits rasch das Wesentliche einer Sache erfassen kann, ist der Geist oft doch zu unruhig, um sich konzentrieren zu können, weshalb man nicht immer die besten schulischen Ergebnisse erzielt. Dies liegt aber nicht an den an sich vorhandenen geistigen Fähigkeiten!

Sextil und Trigon

Bei den harmonischen Aspekten zwischen Merkur und Uranus ist das Denken kreativ und unabhängig, obwohl auch hier Unruhe eine Rolle spielt. Wo es um Erneuerung und das Durchbrechen bestehender Strukturen geht, ist man mit einem regen Geist ausgestattet, der viel bewirken kann, während man mit den alltäglichen Dingen eher Probleme hat, die man langweilig und fade findet, weil sie nichts Neuartiges und Kreatives zu bieten haben. Deshalb findet man bei allen Verbindungen zwischen Merkur und Uranus, auch den harmonischen, manchmal recht unbeholfene Menschen, die in verschiedener Hinsicht durchaus begabt sind, aber mit der Realität des Alltags Schwierigkeiten haben. Dadurch entsteht oft das Bild des Sonderlings, der in seiner eigenen Welt lebt. Vor allem bei den harmonischen Aspekten kann dieser Zustand sehr lange andauern, weil der von außen kommende Widerstand hier stets weniger ausgeprägt ist als bei den Konfliktaspekten.

Jede Verbindung zwischen Merkur und Uranus verleiht Erfindungsgabe, weshalb sie in vielerlei Hinsicht eine günstige Kombination bildet. Aber vor allem für die harmonischen Aspekte gilt, daß man lernen muß, Dinge durchzuhalten und zu Ende zu führen, weil eine gewisse Trägheit bestehen kann, wie aktiv der Geist auch ist. Obwohl diese Kombination also eine hervorragende Stellung für neuartige Forschungen in der Wissenschaft sein kann, muß das Horoskop hierfür auch saturnische Tendenzen aufweisen, damit die Ideen auch ausgearbeitet und konkretisiert werden.

Oft findet man lebhaftes Interesse an allem, was vom Üblichen und Akzeptierten abweicht. Dies bringt es mit sich, daß man sich schnell für Dinge wie Astrologie, Wahrsagerei, Okkultismus, aber auch für revolutionäre Ideen oder auch Utopien begeistert.

Die flinke Zunge, durch die man Dinge zu schnell und oft zu taktlos ausspricht, macht sich auch bei den harmonischen Aspekten geltend, ebenso die Gefahr, sich durch seine eigene geistige

Aktivität zu überlasten, obwohl dies weniger stark ausgeprägt ist als bei der Konjunktion und den Spannungsaspekten.

Quadrat und Opposition

Wenn man bei einem Spannungsaspekt zwischen Merkur und Uranus versucht, sich verbal zu äußern oder Kontakte zu knüpfen, spürt man sofort, daß sich dabei der Drang nach Unabhängigkeit, aber auch zur Zerstörung in einer zunächst unbeherrschten Weise geltend macht. Taktlosigkeit und Impulsivität führen dazu, daß man wegen seiner scharfen Zunge gefürchtet wird. Die Reaktionen hierauf hat man sich selbst zuzuschreiben. Hinzu kommt, daß man wegen der Ruhelosigkeit und der markanten Ungeduld dieser Verbindung oft nicht bereit ist, anderen zuzuhören. Dies ist ein Problem aller Verbindungen zwischen Merkur und Uranus, aber im besonderen der Spannungsaspekte. Das Denken anderer Menschen geht den Betreffenden oft zu langsam, so daß sie ihnen ins Wort fallen und nicht mehr zuhören. So stoßen sie andere ab und legen sich selbst Steine in den Weg, wenn es darum geht, Kontakte mit anderen Menschen zu knüpfen und zu pflegen.

Da man viele Menschen von sich abstößt und doch geistig sehr kreativ tätig bleibt, kann man auf unrealistische Vorstellungen bezüglich seiner selbst und anderer verfallen, die nicht unmittelbar überprüft werden können. Man ist dabei, wenn man sich mit einer solchen Idee ganz und gar identifizieren kann, oft sehr fanatisch und unbeirrbar. Uranus geht eben von sich selbst aus und von niemand anderem. Aus diesem Grund erlebt man bei Uranus-Konflikten ebensoviel Einsamkeit wie bei Saturn-Konflikten, auch wenn man sich darüber weniger den Kopf zerbricht: Mit seiner ruhelosen Innenwelt hat man keine Zeit dafür, über Alltagsdinge nachzudenken. Dies verschärft zugleich die Gefahr einer Überspanntheit. Meist merkt man bei diesen Aspekten erst dann, wenn man »durchzudrehen« beginnt, woran es eigentlich fehlt.

Ein Interesse an grenzüberschreitenden Themen wie alternativer Wissenschaft und Astrologie oder aber bestimmten Formen der Technik oder Visionen der gesellschaftlichen Erneuerung sind auch hier vorhanden, und man wendet vielleicht einen großen Teil seiner Energie hierfür auf.

Quinkunx

Der Kontrast zwischen der Art, wie man seiner Ursprünglichkeit und Individualität (Uranus) und wie man seinem Bedürfnis nach Kontakten, Kommunikation und Analyse (Merkur) Ausdruck verleiht, ist so stark, daß man oft eine sehr große Unruhe in seinen Kontakten erfährt. Sooft man denkt, liest oder mit Informationen umgeht, spielt einem die Ungeduld und Veränderlichkeit von Uranus einen Streich.

Durch die unbewußte Wirkung von Uranus ist man in seiner Kommunikation so völlig anders, als man zu sein glaubt, daß man auf andere Menschen sprunghaft und unbeständig wirkt. Sooft man seiner Individualität Ausdruck verleihen will, machen sich die latente Unruhe und Unsicherheit des Urteils und der Kontakte (Merkur) bemerkbar.

Einmal ist man unzugänglich, hat nur ein Auge für seine eigenen Ideen und Auffassungen (und zeigt damit die Kontaktschwierigkeiten, die auch bei den disharmonischen Aspekten vorhanden sind), und dann wiederum weiß man nicht, wie sehr man seine Originalität und seinen Einfallsreichtum dem unterordnen soll, was man von anderen gesagt bekommt. Dieses Hin- und Hergerissensein zwischen diesen beiden Haltungen führt zu einem ruhelosen Suchen, was wiederum Überspanntheit und Nervosität zur Folge haben kann. Da man diese Schwierigkeiten vor allem im täglichen Umgang erlebt, ist man beim Quinkunx geneigt, sich auf die nicht alltäglichen Dinge zu konzentrieren, so daß die Uranus-Qualitäten stark in den Vordergrund treten.

Wenn man jedoch seine Unsicherheit überwindet, kann man uranische Qualitäten wie Einfallsreichtum und Originalität sehr gut entwickeln. Darüber hinaus kann man Sicherheit erlangen und es in uranischen Berufen zu etwas bringen. Eine unbewußte Neigung, Dinge zu rasch und zu ruhelos anzugehen, bleibt jedoch bestehen. Menschen mit dieser Aspektierung schadet es daher nicht, ab und zu ein wenig Zeit zu vergeuden, indem sie es langsam angehen lassen.

MERKUR UND NEPTUN

Konjunktion

Bei dieser Aspektierung ist die Art, wie man kommuniziert, analysiert und Fakten wahrnimmt und ordnet, unauflöslich mit einem Inhalt verbunden, der Grenzen verwischt und unsichtbar macht. Neptun hat kein Auge für Details und exakte Fakten, sondern richtet sich vielmehr auf das Ungesehene und Unsichtbare. Dies äußert sich in chaotischem und unsystematischem Denken und Ordnen von Fakten. Man kann Informationen versehentlich falsch auffassen und deshalb auch falsch wiedergeben. Dies wird oft als Verlogenheit ausgelegt, doch liegt hier niemals böse Absicht vor. Darüber hinaus verwässert Neptun das Denken und Analysieren durch eine ungezügelte Phantasie, so daß man auch aus diesem Grund Fakten ausschmücken oder verdrehen kann.

Die Grenzenlosigkeit Neptuns verleiht die Fähigkeit, weiter zu »blicken« oder den geheimen Sinn von Worten zu erspüren. Aus dem Tonfall des Gesprächspartners kann man »erspüren«, was er nicht sagen wollte. Deshalb wissen Menschen mit einer Konjunktion zwischen Merkur und Neptun oft die Antwort auf Fragen, die nicht konkret gestellt wurden, aber doch gemeint waren. Hellsichtigkeit oder zumindest eine ausgeprägte Intuition sind bei dieser Konjunktion nicht selten, sofern dies auch im übrigen Horoskop Bestätigung findet.

Mit dieser Konjunktion lebt man vielleicht in einer anderen Wirklichkeit, wobei die Grenze zwischen Traum und Wirklichkeit oft nicht deutlich ist. Dies hat auf der praktischen Ebene Nachteile, ist aber andererseits für Ausdrucksformen wie Schriftstellerei, Poesie oder Musik sehr günstig.

Neptun ist nicht der Planet der Stabilität, sondern neigt zum Unterminieren. In der Gesellschaft von Menschen kann man sich sehr unsicher fühlen. Man läuft dabei Gefahr, sich im Gespräch mit anderen zu schnell mit ihnen zu identifizieren. Geistige Unbeständigkeit und wechselnde Meinungen sind bei dieser Konjunktion ebenfalls häufig.

Man muß darauf achten, daß man weder selbst betrügt, indem man Schein und Wirklichkeit miteinander vermengt, noch selbst betrogen wird, weil man Vorgespiegeltes nicht von den Fakten unterscheiden kann.

Sextil und Trigon

Das subtile Wahrnehmen in den Kontakten und im Denken ist auch bei den harmonischen Aspekten zwischen Merkur und Neptun vorhanden. Man kann »hören«, was Gesprächspartner unausgesprochen lassen, und zwischen den Zeilen lesen. Dadurch bekommt die Welt von Menschen mit dieser Aspektierung eine zusätzliche Dimension. Weiterhin verleihen diese Aspekte eine lebhafte Phantasie, ein großes Einfühlungsvermögen und große gestalterische Fähigkeiten, mit denen man Gefühle und Situationen (künstlerisch) auszudrücken versteht.

Ohne daß man bewußt sagen könnte wie, fühlt man oft, was im Gange ist, oft sogar, wie die Dinge sich entwickeln werden. Diese Fähigkeit kann für die Einschätzung von Menschen und Situationen ein großer Vorteil sein. Solche unbewußten, ungreifbaren Faktoren helfen oft, die richtige Entscheidung zu treffen. Diese Entscheidungen fallen dann oft auch eher gefühlsmäßig als durch Überlegung.

In seinen Kontakten und in seinem Denken ist man, wenn Neptun im Spiel ist, oft idealistisch, und obwohl dieser Planet hilft, Situationen instinktiv zu erfassen, kann er trotz der harmonischen Aspektierung auch verwirrend wirken. Man neigt zur Idealisierung, auch von einem nahestehenden Menschen. Oder man sieht alles durch die rosarote Brille. Das Idealistische in den eigenen Kontakten verleiht auch eine erhöhte Sensibilität für die in diesen vorhandene Harmonie. Streit oder Probleme verträgt man nicht. Man nimmt auch die Spannungen im anderen Menschen wahr, von denen man stärker beeinflußt wird, als einem bewußt ist. Mit diesen Aspekten wirkt man im allgemeinen auf andere Menschen sehr freundlich.

Obwohl Neptun in Verbindung mit Merkur für das logische und klare Denken nicht förderlich sein sollte, stellt man doch fest, daß es Menschen mit dieser Kombination in Wissenschaft und Technik weit bringen können. Dies liegt daran, daß die Intuition den richtigen Weg weist. Ein Programmierer zum Beispiel »überblickt« das Programm, das er schreibt, weil er unbewußt »Teil« des Programms ist und Fehler intuitiv erspürt. Man wird allerdings in der Regel bei dieser Aspektierung einen starken Widerwillen dagegen haben, trockene Fakten einfach auswendig zu lernen. Dies liegt dieser Verbindung nicht.

Quadrat und Opposition

Bei einer disharmonischen Verbindung zwischen Merkur und Neptun läuft man stets Gefahr, Fakten, die man so objektiv wie möglich wahrnehmen oder wiedergeben will (Merkur), unbewußt sofort zu untergraben, undeutlich zu machen oder zu verändern (Neptun), so daß die große Wahrscheinlichkeit besteht, daß man der Wirklichkeit Gewalt antut, wozu auch Betrügen und Betrogenwerden gehört. Durch die disharmonische Aspektierung spürt man jedoch, daß etwas nicht in Ordnung ist, um so mehr, als auch hier diese Spannungsaspekte entsprechende Reaktionen in der Außenwelt auslösen, die den Anstoß zum Nachdenken geben. Das Gefühl der Unvollständigkeit, das hieraus entsteht, ist in vielen Fällen Anlaß, nach neuen Fakten oder einem anderen Blickwinkel auf diese Ausschau zu halten. Dabei besteht allerdings die Gefahr, an irgendeine Sekte zu geraten. Eine andere Möglichkeit ist, daß man von Kontakten so verunsichert oder enttäuscht ist, daß man eine Art Einsiedlerleben zu führen beginnt und sich in Einsamkeit und Stille zurückzieht, um dort nur noch in seiner eigenen (sehr reichen) Gedanken- und Erlebniswelt zu verweilen. In früheren Zeiten galten diese Aspekte vielfach als Hinweis darauf, daß jemand die Ruhe und Stille eines Klosters gegen die Auseinandersetzungen des weltlichen Lebens eintauschte.

Auch bei den Konfliktaspekten kann man viel spüren und erspüren. Die Bilder, die man sieht, oder die Empfindungen, die man hat, müssen jedoch nicht immer falsch sein, nur weil man disharmonische Aspekte hat. Man läuft höchstens Gefahr, diese Empfindungen falsch zu deuten.

Man muß aber damit rechnen, daß andere nicht immer richtig verstehen, was man sagen will. Andererseits verleihen die disharmonischen Aspekte ein hohes Maß an Kreativität, und die Leichtigkeit, mit der Neptun die unsichtbare Welt in das Alltagsleben einbezieht, kann zu sehr vielen fruchtbaren Ideen führen. Man hat eine so reiche Phantasie, daß es wenig im eigenen Geist gibt, das nicht möglich wäre. Die Gefahr, die bei Neptun-Aspekten immer besteht, daß man Wirklichkeit und Schein nicht voneinander trennen kann, ist bei einer solchen Aspektierung stärker ausgeprägt als bei harmonischen Verbindungen.

Quinkunx

Die größte Unsicherheit in den Kontakten besteht beim Quinkunx zwischen Neptun und Merkur. Man hat mit diesem Aspekt große Schwierigkeiten, sich ein zutreffendes Bild vom eigenen Verhalten und dem anderer zu machen und die Wirklichkeit so zu sehen, wie sie ist. Hinzu kommt, daß man oft unbewußt von den verschiedensten Emotionen und Empfindungen aus der eigenen Umgebung beeinflußt wird, wobei es sehr schwierig ist zu unterscheiden, ob eine Stimmung aus einem selbst stammt oder von anderen übertragen ist.

Aufgrund dieser Probleme hat man das wachsende Bedürfnis, sich zurückzuziehen, was ganz konkret in einem abgeschiedenen Einsiedlerdasein oder aber in einer Traumwelt Ausdruck finden kann, zu der andere keinen Zugang haben und die man selbst nicht als solche erkennt.

Andererseits weiß man bei diesem Aspekt oft sehr genau, wo andere »der Schuh drückt«, und auch die Gabe des Hellfühlens oder Hellsehens findet man bei diesem Aspekt häufig.

Wenn man einmal zu erkennen vermag, daß eine Traumwelt nichts schaden kann, daß es aber auch eine andere Welt gibt, die Anforderungen stellt, und daß die eigenen sensiblen Wahrnehmungen hauptsächlich einer unbewußten Identifikation mit anderen entspringen, dann kann man sich aus der Gelassenheit dieses Wissens aktiv auf der Ebene des Künstlerischen, Spirituellen oder des Dienstes am Nächsten betätigen und dort seine Erfüllung finden.

MERKUR UND PLUTO

Konjunktion

Das Bedürfnis nach Kontakten und Kommunikation, denkendem Erfassen und Analysieren und die Fähigkeit, Tatsachen wahrzunehmen (Merkur), werden von Pluto stark intensiviert. Es entsteht dadurch nicht nur ein drängendes Bedürfnis nach Kontakten, sondern oft auch eine zwanghafte Art zu kommunizieren und zu sprechen. Die unbewußte Kraft Plutos verleiht eine solche Aufladung, daß etwas Zwingendes vom Betreffenden auszugehen scheint; die Wirkung der eigenen Worte ist oft größer, als man absehen kann. Dies kann Kontaktprobleme zur Folge haben.

Auch das Denken ist von einer intensiven Zielgerichtetheit. Wenn man etwas wissen will, setzt man sich mit ganzer Kraft dafür ein; man beschäftigt sich intensiv mit dem Thema und kehrt das Unterste zuoberst. Dieselbe Intensität zeigt man bei der Betrachtung und Analyse von Tatsachen, die von der unbewußten Kraft Plutos aber oft auch verformt werden. Wenn man sich einmal seine Meinung gebildet hat, überprüft man sie nicht weiter an der Wirklichkeit. Man hat seine eigene Wirklichkeit und sammelt alle Fakten, um diese zu untermauern. Man bringt dann seine Ideen anderen gegenüber in einer so zwingenden Weise vor, daß man auf diese sehr starrsinnig und eigensinnig wirkt.

Das Zwanghafte und Intensive dieser Konjunktion kann Anlaß zu Streit und Meinungsverschiedenheiten sein. Man verteidigt seinen Standpunkt ohne Rücksicht auf Verluste und muß daher auf entsprechend heftige Widerstände gefaßt sein. Solche Menschen sind wegen ihrer scharfen Zunge gefürchtet; sie stürzen sich gerne in Konfrontationen und fürchten die Folgen nicht. Weil Pluto die Fähigkeit zu tiefem Eindringen verleiht, legt man oft auch den Finger auf die wunde Stelle anderer Menschen.

Für Forscher ist dies eine vorzügliche Kombination, vor allem auf neuen Wissensgebieten oder Gebieten, die Tabus durchbrechen; alle Pluto-Aspekte haben etwas Herausforderndes und Provozierendes und vertragen es daher nicht, daß ihnen etwas in den Weg gelegt wird. Pluto rastet nicht, bevor er nicht zum Kern der Dinge vorgestoßen ist; in Verbindung mit Merkur ruht er nicht, bis er Dinge geistig bis auf den Grund ausgelotet oder völlig auf den Kopf gestellt hat.

Sextil und Trigon

Zwar nimmt die Umgebung das zudringliche Sprechen und Analysieren von Menschen mit solchen Aspektierungen eher hin als bei der Konjunktion oder den Spannungsaspekten, man findet aber auch hier den nötigen Widerstand. Man kann sehr überzeugend sprechen und seine Botschaft sehr nachdrücklich verkünden, ist aber seinerseits nicht immer bereit, auch anderen zuzuhören. Man umgibt sich bevorzugt mit Menschen, die zuhören können, so daß man im Hinblick auf seine Kontakte eine gewisse Machtposition innehat. Indem man andere überzeugt, überzeugt man sich selbst immer wieder, und dies stärkt wiederum die Selbstsicherheit. Man muß jedoch vorsichtig sein, denn auch wenn es sich um harmonische Aspekte handelt, bedeutet dies noch nicht, daß die eigene Meinung immer richtig ist.

Der »Spürsinn« ist gut entwickelt. Diese Aspektierung ist also ideal für tiefgehende Forschungen, für Psychologie und Parapsychologie. In seinen Kontakten versucht man stets, andere Menschen zu analysieren und ihre Motivationen und ihre schwachen Stellen zu ergründen, so daß man im Laufe seines Lebens eine sehr gute Menschenkenntnis entwickelt. Weil aber Menschen mit harmonischen Verbindungen zwischen Merkur und Pluto auf wenig offene Konfrontation stoßen (oder diese einfach nicht wahrnehmen), wenden sie diese Kenntnis nicht immer auch auf sich selbst an. Falls sie jedoch auf diesen Gedanken kommen, zögern sie andererseits nicht, Maßnahmen zu ergreifen.

Diese Aspektierung beinhaltet oft einen nicht geringen Geltungsdrang auf der merkurischen Ebene (Kommunikation, Schriftstellerei, Lehren usw.). Dieser Geltungsdrang ist aber immer an eine Willensentscheidung gekoppelt: Wenn man an etwas Interesse findet, dann richtet man seine ganze Aufmerksamkeit darauf. Wenn man aber etwas nicht interessant findet, dann läßt man sich von nichts und niemanden dazu bewegen, sich dafür einzusetzen. Auch bei den harmonischen Aspekten findet man also Eigensinn, Sturheit und eine gewisse Unzugänglichkeit.

Quadrat und Opposition

Die Anspannung und das Zwingende der Verbindung zwischen Merkur und Pluto ist bei den disharmonischen Aspekten am stärksten ausgeprägt, weshalb man immer wieder Konfrontationen provoziert. Das Zwingende, das man unbewußt in seine Worte legt, und der übertriebene Nachdruck, mit dem man seine Meinung kundtut, erregen Widerstand. Man kann sehr heftig und nachdrücklich für seine Ideen eintreten. Und selbst wenn man glaubt, etwas liebenswürdig vorzubringen, liegt immer noch viel Intensität und Schärfe darin. Weil man sich auch nicht scheut, den schwachen Punkt anderer Menschen bloßzulegen, schafft man sich immer wieder Feinde. Der Hang zum »Wühlen« (aus Unsicherheit) ist auch bei dieser Verbindung vorhanden.

Letztlich liegt man im ständigen Kampf mit sich selbst. Man spürt seine eigenen Probleme, die Pluto an die Oberfläche befördert, und nur mit Kraft und Beherrschung kann man sie ertragen oder beseitigen. Die Projektion auf die Außenwelt und die Unsicherheit dieser gegenüber haben zur Folge, daß man auch hier auf eine starke Position erpicht ist. Man muß sich jedoch sehr davor hüten, andere Menschen nicht zu unterjochen, denn bei dieser Verbindung ist man oft unerbittlich, ohne sich darüber im klaren zu sein. Pluto ist eben alles oder nichts.

In Gesprächen und im Denken läuft man Gefahr, sich in Ideen zu verrennen, die einem wichtig erscheinen, was bis zur Besessenheit gehen kann. Diese Weigerung, im Denken und Reden Zugeständnisse zu machen, kann einen zu einem Fanatismus antreiben, der unvermeidlich zu großen Auseinandersetzungen in einem selbst (Überspanntheit) oder mit der Umgebung führt. Tabus erkennt man nicht an oder überschreit sie, wodurch diese Aspekte etwas sehr Revolutionäres bekommen können.

Die disharmonischen Aspekte zwischen Merkur und Pluto sind auf wissenschaftlichem Gebiet sehr konstruktiv und können sehr viel zuwege bringen, wenn man sich ein wenig beherrschen kann.

Quinkunx

Wenn man mit anderen Menschen in Kontakt tritt, Fakten registriert oder über diese nachdenkt (Merkur), erlebt man wegen Pluto eine latente Spannung. Das Machtbedürfnis und der Drang, das Unterste zuoberst zu kehren, machen sich immer wieder geltend, wodurch man manchmal von einer ebenso großen Zwanghaftigkeit erfüllt ist wie bei den disharmonischen Aspekten. Man muß daher auch mit Widerstand und Kontaktproblemen rechnen. Andererseits tendiert man dazu, aus einer (unbewußten) Angst vor einem unbestimmten Unheil, das einen treffen könnte (Konfrontationsangst), sich zu verstecken und sich nicht geradeheraus zu behaupten. Überkompensation dieser Angst kann zu manipulierendem Verhalten und Intrigen führen. Bei der Wahrnehmung von Fakten kann das Quinkunx zu Pluto ebenso verformend auftreten, vor allem aufgrund dieser unbewußten, aber tiefsitzenden Angst und dem Unverständnis für den eigenen Machtdrang.

Beim Quinkunx muß man mit Fakten und mit der eigenen Haltung hinsichtlich Kontakten sehr vorsichtig umgehen. Man glaubt und behauptet, ein anderer zu sein, als man sich mit Pluto manifestiert, und da der neutrale und freundliche Merkur so ganz anders ist als der düstere, unauslotbare, tiefschürfende, abweisende und in gewisser Weise auch machtgierige Pluto, verwirrt man seine Umgebung. Andere Menschen wissen wegen dieser Zwiespältigkeit nicht, was sie von einem halten sollen, und man setzt sich damit manchmal sogar dem Vorwurf der Unehrlichkeit oder Manipulation aus. Die Umgebung weiß ja nicht, daß man sich dieser Äußerungen selbst nicht bewußt ist.

Unbewußt zieht man viel Macht auf sich und versucht in Beziehungen die Zügel in der Hand zu halten. Daher findet man bei diesem Aspekt oft Menschen, die hart arbeiten können, sich unentbehrlich machen und hieraus eine gewisse Identität beziehen. Die Disharmonie dieses Aspekts führt jedoch dazu, daß Konfrontationen und Spannungen nicht ausbleiben können, wenn man sich nicht rechtzeitig zurückhält. Oft erleben Menschen mit diesem Aspekt intensive innere Veränderungen, nach denen sie an sich die Fähigkeit entdecken, viele Dinge zu durchschauen.

MERKUR UND ASZENDENT

Konjunktion

Merkur-Konjunktion-Aszendent bewirkt ein besonders kontaktfreudiges Auftreten nach außen; man hat ein starkes Bedürfnis nach Abwechslung und Austausch. Es besteht eine ausgeprägte Neugierde, wodurch man oft altklug wirkt.

Merkur ist ein beweglicher Planet, der im Aszendenten buchstäblich Beweglichkeit und Unruhe verleiht, manchmal auch Nervosität, aber auch Fingerfertigkeit und praktisches Geschick. Diese stets geistige Fähigkeiten anzeigende Konjunktion braucht jedoch noch nicht zu bedeuten, daß man gute schulische Leistungen erbringt, weil man gewisse Schwierigkeiten hat, sich zu konzentrieren. Wenn man jedoch Abwechslung hat und die Möglichkeit bekommt, mehrere Dinge gleichzeitig zu tun, dann fühlt man sich richtig wohl (wobei der Grad der Unbeständigkeit vom Zeichenhintergrund abhängt).

Sextil und Trigon

Im täglichen Umgang liebt man Gespräche und viel Abwechslung, Scherze und einen heiteren Umgang. Ein guter Schuß Neugierde bewirkt, daß man auch selbst etwas zu erzählen hat. Man hat daher auch keine Schwierigkeiten im Umgang mit Menschen.

Bei den harmonischen Aspekten ist man sehr zungengewandt, und die mentalen und kommunikativen Fähigkeiten können sehr gut entwickelt sein. Das Objektive von Merkur verleiht im Auftreten nach außen ein großes Bedürfnis nach Veränderung, womit jedoch keine Veränderungen im Sinne von Stimmungs- oder Gefühlsschwankungen gemeint sind: Gefühlsausbrüche und ähnliche Dinge lehnt man bei solchen Merkur-Aspektierungen üblicherweise ab. Man bevorzugt ein gutes Gespräch, das keinen großen Tiefgang zu haben braucht, aber doch intensiv ist.

Auch die harmonischen Aspekte verleihen wie alle Verbindungen zwischen Merkur und Aszendent ein gutes praktisches Geschick.

Quadrat und Opposition

Wenn man im täglichen Umgang mit Menschen etwas formulieren will, muß man oft zweimal nachdenken, bevor man die richtigen Worte findet, oder etwas zweimal erklären, weil man irgendwie nicht richtig verstanden wird. Die mündliche Kommunikation (Merkur) ist hier nicht auf den Aszendenten abgestimmt, der den Weg nach außen öffnet. So kommt es oft zu Mißverständnissen oder sogar verbalen Auseinandersetzungen.

Man ist sehr neugierig, doch muß man lernen, daß man nicht in alles seine Nase stecken darf und daß es eine Zeit zum Reden und eine Zeit zum Schweigen gibt. Über diesen Unterschied ist man sich bei den disharmonischen Aspekten nicht immer im klaren.

Man ist sehr praktisch veranlagt und ist daher vielen Menschen zu schnell mit allem fertig, wobei man oft auch recht nachlässig arbeitet. Durch eine andere Art von Nachlässigkeit ist man in seinen Äußerungen nicht immer taktvoll. Darüber hinaus ist man leicht beeinflußbar, so daß man sich in seinen Äußerungen widerspricht. Dadurch machen solche Menschen einen sehr unruhigen und unbeständigen Eindruck, was den Bestand ihrer eigenen Kontakte gefährdet. Dagegen ist man auch bei den disharmonischen Aspekten energisch, findig und meist sehr aktiv.

Quinkunx

Die Unsicherheit des Quinkunx hat man nicht in der Hand. Diese macht einem jedesmal zu schaffen, wenn man in Kontakt mit seiner Umgebung tritt. Man weiß sich nicht gut auszudrücken oder sagt Dinge im falschen Augenblick. Dies bringt viel Unruhe mit sich, und die Reaktionen anderer Menschen können dazu zwingen, über die Ursache nachzudenken. Diese liegt einfach darin, daß das Auftreten nach außen (Aszendent) in starker Diskrepanz dazu steht, wie man von Natur aus mit anderen Menschen sprechen und über Dinge nachdenken würde (Merkur). Dieser Zwiespalt macht unbeständig und nervös. Die Spannung des Quinkunx setzt das Bedürfnis, zu sprechen, nachzudenken und zu ordnen, so unter Druck, daß man sich nur sehr schwer entspannen kann. Nicht selten wird man durch diese innere Ruhelosigkeit so sehr zur Beschäftigung mit geistigen und kommunikativen Dingen gezwungen, daß man diese schließlich recht gut zu beherrschen lernt. Dazu muß man jedoch erst die Wurzel der Unruhe ausfindig machen.

MERKUR UND MC

Konjunktion

Wenn das Bedürfnis nach Kommunikation, nach dem Erfassen und Ordnen von Fakten sich mit dem Punkt verbindet, der die eigene Haltung bezüglich seiner selbst und der Gesellschaft widerspiegelt (MC), dann ist man nicht nur sich selbst gegenüber veränderlich, sondern es wird auch in der eigenen gesellschaftlichen Position etwas von Veränderung und Wechsel zu finden sein, insbesondere im zwischenmenschlichen und intellektuellen Bereich. Das kann viele verschiedene Tätigkeiten gleichzeitig oder nacheinander oder viel Abwechslung innerhalb einer bestimmten Arbeitsumgebung bedeuten. Dies hängt natürlich mit einer ständig sich ändernden Selbsteinschätzung zusammen.

Man kann oft Dinge gut in Worte fassen, sie gut vermitteln und hat Fähigkeiten als Lehrer oder – im materiellen Austausch – ein gutes kaufmännisches Geschick. Mit merkurischen Aktivitäten kann man sehr gut sein Brot verdienen, also in Berufen wie Journalist oder Bibliothekar, Vertreter, Kaufmann oder Lehrer. Wichtig ist immer die Abwechslung und der menschliche Kontakt.

Bei dieser Konjunktion ist man eher ruhelos, manchmal nervös und neigt dazu, Dinge stets neu zu durchdenken und zu objektivieren, selbst wenn dies in einer bestimmten Situation nicht die beste Vorgehensweise ist.

Sextil und Trigon

Gesellschaftlich versteht man sich gut darzustellen; so ist man zum Beispiel bei Bewerbungsgesprächen redegewandt, und was man zu sagen hat, kommt auch gut an. Andere Menschen haben rasch den Eindruck, daß mit einem ein gutes Gespräch möglich ist. Deshalb sind diese Aspekte besonders günstig für Berufe, in denen nicht nur Abwechslung eine Rolle spielt, sondern man auch mit Menschen sprechen oder Fakten vermitteln kann. Auch

Analysieren, die andere Seite Merkurs, liegt den Betreffenden, weshalb sie besonders für wissenschaftliche Tätigkeiten geeignet sind, sofern diese Berufe nicht zu einseitig sind und keine lange Konzentration auf Details verlangen. Das Ordnen einer Fülle von Informationen liegt den Betreffenden mehr.

Wie bei der Konjunktion liegt auch hier der Schwerpunkt auf dem Austausch mit anderen, weniger auf der emotionellen Bindung (sofern die Wasserzeichen nicht besonders stark vertreten sind).

Quadrat und Opposition

Konflikte zwischen Merkur und dem MC verleihen zwar ein waches und bewegliches Denken, aber wenn man seine Ideen und Auffassungen anderen mitteilt, vor allem in einem gesellschaftlichen Zusammenhang, spürt man immer wieder, daß man nicht verstanden wird, oder es zeigt sich, daß man sich zu rasch ein Urteil gebildet hat, ohne alle Fakten zu berücksichtigen, oder daß man die Situation oder die Auffassungen anderer Menschen außer acht gelassen hat.

Das Problem liegt darin, daß die Art, wie man Kontakte knüpft, in einem inneren Widerspruch zu dem Bild steht, das man von sich selbst hat, so daß die Haltung, in der man etwas mitteilt, und die äußere Form dieser Mitteilung nicht zusammenpassen. Dies erzeugt Unruhe und Verwirrung. Im Denken ignoriert man Dinge, die nicht in das gewünschte Bild passen. Deshalb bekommt man trotz seines kreativen Denkens doch immer wieder Probleme. Merkur im Konflikt mit dem MC trägt oft auch das Herz auf der Zunge, weshalb er immer wieder Dinge sagt, die er danach bereut.

Oberflächlichkeit ist bei diesen Konfliktaspekten ebenfalls häufig. Dies ist einfach die Folge einer Verbindung von Unruhe einerseits und der Unfähigkeit andererseits, sich länger für etwas zu interessieren; man braucht immer wieder neue Impulse. Dadurch neigt man dazu, Dinge nicht zu Ende zu führen. Man wechselt häufig den Beruf, bis man die innere Unruhe in den Griff bekommt.

Quinkunx

Das Wechselhafte der Aspekte zwischen Merkur und Himmelsmitte ist hier am stärksten und zugleich am wenigsten greifbar ausgeprägt. Man fühlt sich in der Gesellschaft nicht am richtigen Platz, und sooft man über die Dinge nachdenkt, wird man mit diesem Konflikt konfrontiert. Man weiß nicht recht, wie man sich ein Bild von sich selbst machen soll, weil die Art, wie man Fakten aufnimmt und ordnet, so völlig im Widerstreit mit der eigenen Manifestation in der Gesellschaft liegt. Dies hat nicht nur Anspannung und Nervosität zur Folge, sondern führt auch zu einem ständig wechselnden Selbstbild, so daß man stets auf der Suche nach einer anderen gesellschaftlichen Position ist. Eine andere Möglichkeit ist, daß man sich in sein Schneckenhaus zurückzieht. Jedenfalls macht man es sich zunächst nicht einfach.

Die merkurischen Gaben der Kommunikation und Analyse werden jedoch durch die Spannung nicht eingeschränkt. Wenn man spürt, daß man seine geistige Kreativität auf anderen Ebenen äußern kann und daß der Mangel an Selbstvertrauen unbegründet ist, kann man lernen, lockerer mit anderen Menschen und seinen eigenen Gedanken umzugehen. Wahrscheinlich hat man zunächst gewisse Konfrontationen durchgemacht, weil man sich auf der gesellschaftlichen Ebene mit diesem Quinkunx zunächst nicht gut ausdrücken kann, nicht zu formulieren weiß oder einmal zuviel und einmal zuwenig redet. Diese aus einer Unsicherheit resultierenden Erscheinungen muß man erst überwinden.

Aspekte von Venus

VENUS UND MARS

Konjunktion

Bei der Konjunktion zwischen Venus und Mars verbinden sich der aktive und der passive Selbsterhaltungsdrang, das Bedürfnis nach der Sicherheit von harmonischen und angenehmen Kontakten mit dem Bedürfnis, sich zu verteidigen und zu behaupten. Je nach der Stimmung des übrigen Horoskops kann dies zu unterschiedlichen Reaktionen führen. Wenn man jemanden liebt oder gerne hat (Venus), ist man bereit, für den Betreffenden durch das Feuer zu gehen (Mars), doch wird man gleichzeitig von diesem Menschen viel verlangen, weil Mars einen stark ichzentrierten Inhalt hat. Die Folge ist, daß die Emotionen oft heftig aufwallen und die Sinnlichkeit sehr ausgeprägt ist.

Mars-Konjunktion-Venus kann einen Hang zu amourösen Abenteuern verleihen, wobei die Betreffenden zugleich aktive Lebensgenießer sind. Untreue kommt bei diesem Aspekt zwar vor, ist aber kein unumstößliches Gesetz. Man sucht nach einem Partner, mit dem man sich sexuell und emotionell versteht. Wenn man einen solchen Partner gefunden hat, besteht oft eine intensive Bindung, die auch gelegentliche Turbulenzen verträgt.

Die scharfen Kanten von Mars werden durch Venus geglättet, aber durch diese Verbindung bekommt Venus auch eine Mars-Tönung, was bedeutet, daß man mit dieser Kombination in Beziehungen nicht immer sehr taktvoll auftritt; man ist beispielsweise ein wenig ungeschickt, etwas zu scharf im Ton, aktiver, als es der Augenblick erfordert. Bei einer Konjunktion zwischen Mars und Venus spielt das andere Geschlecht immer eine wichtige Rolle, was sich schon in der Kindheit in Form einer starken Bindung an den gegengeschlechtlichen Elternteil äußern kann.

Sextil und Trigon

Bei den harmonischen Verbindungen zwischen Mars und Venus hat man die Fähigkeit, Aktivität und Passivität, Tatendrang und Harmonie miteinander in Einklang zu bringen, wodurch man auf andere Menschen oft sympathisch wirkt. Zuneigung spielt eine wichtige Rolle im Leben der Betreffenden, die ihrerseits auch keine Schwierigkeiten haben, sie anderen gegenüber auszudrücken. Dies ist eine Planetenstellung, die Kontakte angenehm macht, weil man einerseits eine aktive Rolle spielt (Mars), aber auch weiß, wann man sich zurückhalten muß, um Reibungen zu vermeiden (Venus).

Wie bei allen Aspekten zwischen Venus und Mars spielt auch hier die Sexualität und überhaupt der sinnliche Genuß der angenehmen Dinge des Lebens eine wichtige Rolle. Tanzen und Ausgehen können Lieblingsbeschäftigungen sein.

Oft verfügt man über ausgeprägte kreative Anlagen. Venus ist ein Planet mit einem Gefühl für Formen, Proportionen und Farben, und in Verbindung mit dem aktiven Mars sind alle Voraussetzungen für schöpferisches Tun gegeben. Allerdings mangelt es den harmonischen Aspekten oft an Energie, so daß sich solche Anlagen nicht immer manifestieren.

In Liebesdingen kann man sehr leidenschaftlich sein. Der Partner bedeutet einem alles, und man ist ihm sehr zugetan. Andererseits erwartet man auch viel von ihm. Die harmonischen Verbindungen gelten stets als günstig für Liebesdinge. Das Bedürfnis, sich zu verbinden und zu vereinigen (Venus) harmoniert mit dem Bedürfnis, Bestehendes aufzubrechen, um sich zu beweisen (Mars). Diese Verbindungen zeigen auch an, daß eine gewisse Selbständigkeit in einer Beziehung erwartet wird und daß die Partner nicht völlig ineinander aufgehen.

Quadrat und Opposition

Die Spannung zwischen dem Bedürfnis nach Harmonie und Gleichgewicht, nach freundschaftlichen und angenehmen Kontakten einerseits und dem Drang, man selbst zu sein und sich zu beweisen, andererseits vergrößert zwar das Bedürfnis nach Kontakten, insbesondere solchen emotioneller Art, aber da das Gespür dafür, wann man sich zurückhalten und wann man aktiv werden oder sich beweisen muß, nicht besonders gut entwickelt ist, gibt es immer wieder Spannungen in Freundschafts- und Liebesdingen. Meist weiß man selbst nicht genau, was man will; einmal bedeutet einem der Partner alles, und man fühlt sich intensiv zu ihm hingezogen, dann wieder sieht man seine Freiheit bedroht und versucht sich zu behaupten (Mars). Aus diesem Grund verbindet man damit oft auch eine Haßliebe.

Immer wenn man zu einem Kompromiß bereit ist, verdirbt der Konflikt mit Mars wieder alles, weil man die Meinung ändert oder mit diesem Kompromiß doch nicht zurechtkommt. Sooft man sich aber in den Vordergrund drängt (Mars), regt sich sofort ein Gefühl des Unbehagens, weil Venus disharmonisch steht und sich mit dieser Haltung nicht abfinden kann. Die Folge ist eine innere Unruhe, die sich in einer labilen Haltung gegenüber der Umgebung äußert. Der Drang, sich zu verbinden (Venus), und der Drang, sich zu lösen (Mars), können nicht miteinander in Einklang gebracht werden.

Andererseits sind solche disharmonischen Aspekte, wenn man einmal ein wenig zur Ruhe gelangt ist, oft in höchstem Maße schöpferisch, auch wenn dies stets mit Ungeduld einhergeht. Die mit Venus doch immer verbundene Trägheit wird hier sowohl durch den Aspekt mit Mars als auch durch die Aktivität der Spannungsaspekte verringert, so daß man mit diesen sehr viel leisten kann. Sie können zu Beziehungsproblemen führen, die aber nicht von langer Dauer sein müssen. Mars ist zwar hitzig, doch beruhigt er sich rasch wieder, und Venus ist immer bereit, die Scherben zu kitten.

Quinkunx

Beim Quinkunx zwischen Venus und Mars wirken das Bedürfnis nach Harmonie und der Drang nach Ichbestätigung aus so unterschiedlichen Gründen, daß sie einander nicht verstehen. Wenn man sich freundlich und herzlich geben möchte (Venus), schafft man trotzdem Dissonanzen (Mars), was zu Reaktionen führt, die man nicht nachvollziehen kann. Man reagiert selbst oft heftiger oder emotioneller, als einem bewußt ist. Dies hat häufig Enttäuschungen und Mißverständnisse in Freundschaft und Liebe zur Folge.

Umgekehrt spürt man, daß man immer dann, wenn man seine eigenen Interessen vertreten oder sich beweisen will (Mars), durch Venus-Inhalte behindert wird, was Unsicherheit erzeugt. Einzig aufgrund dieser Unsicherheit ist man oft bereit, Kompromisse zu schließen, die man eigentlich nicht möchte, oder sich erst der Unterstützung und Zustimmung anderer zu versichern, bevor man aktiv wird. Gerade dann also, wenn man sich selbst beweisen will, verspürt man eine eigentümliche Abhängigkeit von emotionellen und harmonischen Kontakten.

Das Quinkunx zwischen Venus und Mars ergibt daher bei Kontakten mit anderen Menschen entweder eine große Abhängigkeit oder eine starke Betonung der eigenen Person, ohne daß man dies in den Griff bekommen könnte. Das emotionelle Leben ist wenig stabil; wenn man jedoch für Venus und Mars geeignete Ventile findet, zum Beispiel in Kreativität und Aktivitäten wie Sport, dann findet man eher Ruhe. Eine harmonische Beziehung ist natürlich durchaus auch bei dieser Planetenstellung möglich, sofern man sich wie bei allen Verbindungen zwischen Venus und Mars emotionell sehr verbunden fühlt und zugleich versteht, eine gewisse Freiheit zu wahren.

VENUS UND JUPITER

Konjunktion

Das Ausdehnende, Erweiternde und Verbessernde des Planeten Jupiter verbindet sich hier mit der so sehr auf Harmonie und Gleichgewicht ausgerichteten Venus, was zu einer sehr liebenswürdigen, freundlichen, jovialen Haltung führt, durch die man bekannt und beliebt werden kann. Man liebt gesellige Kontakte, Atmosphäre und Amüsement, und man versteht es bei dieser Konjunktion, das Leben zu genießen.

In Liebe und Freundschaft kann man sehr viel Wärme schenken, doch kann das Ausdehnende von Jupiter oft bedeuten, daß man sie nicht nur einem Menschen gibt.

In den sozialen Kontakten spielt man gerne eine stimulierende Rolle. Man liebt es, sich mit anderen Menschen in verschiedene Dinge zu vertiefen, für die man sich interessiert, oft solche weltanschaulicher Art (Jupiter). Venus ist jedoch ein etwas träger Planet, und eine Konjunktion zwischen Venus und Jupiter kann in

Jupiter-Themen wie Bildung, Reisen und Philosophie etwas träge oder selbstzufrieden machen. Genuß und Behagen erhalten dann den Vorzug vor geistiger Vertiefung. Daher heißt es auch oft, daß Selbstdisziplin nicht die stärkste Seite dieser Konjunktion ist.

Venus steht auch für die Suche nach materieller Sicherheit, und in Konjunktion mit Jupiter wird dieses Bedürfnis verstärkt. Deshalb versucht man, es sich im Leben behaglich einzurichten und sich einen gewissen materiellen Wohlstand zu sichern.

Sextil und Trigon

Sehr charmant und liebenswert ist der Eindruck, den Menschen machen, bei denen sich diese beiden Planeten harmonisch aspektieren. Soziale Harmonie und Jovialität zeichnen sie aus. Sie wissen instinktiv genau, wie sie sich verhalten müssen, um gut anzukommen. Mit einem von Herzen kommenden Wort, einer freundlichen Geste oder einem Späßchen nehmen sie andere Menschen für sich ein, weshalb diese Aspekte als besonders günstig gelten.

Die Problemlosigkeit, mit der man durch das Leben geht, beruht zum größten Teil auf einer vertrauensvollen sozialen Haltung, die selbstverstärkend wirkt. Für die Schaffung von Sicherheit in Beziehungen und auf der emotionellen und materiellen Ebene ist dies eine sehr günstige Verbindung, sofern man sich beherrschen kann. Auch wenn es harmonische Aspekte sind, die eine relativ problemlose Verknüpfung anzeigen, so läßt Jupiter doch die Ansprüche von Venus wachsen, was bedeuten kann, daß man in emotioneller und materieller Hinsicht immer mehr will. Deshalb findet man bei diesen Aspekten auch nicht immer permanent glückliche Ehen, auch wenn die Anlage zu Sicherheit in einer Beziehung vorhanden ist.

Weitere typische Merkmale sind Loyalität, Behaglichkeit, Genuß und ein Bedürfnis nach schönen und auch luxuriösen Dingen.

Quadrat und Opposition

Obwohl man auch bei disharmonischen Aspekten zwischen Venus und Jupiter viel Wärme und Herzlichkeit zu geben hat, nimmt das Ganze doch leicht übertriebene Züge an. Man liebt angenehme Kontakte und die schönen Dinge des Lebens. Zu den Mauerblümchen zählt man kaum, jedoch drängt man sich manchmal auf, wenn dies nicht unbedingt erwünscht ist.

Das Verlangen nach Freundschaft und Liebe (Venus) kann unter dem Druck Jupiters leicht allzu intensiv werden und sich zu einem massiven Eroberungsdrang auswachsen, um so mehr, als Jupiter im wörtlichen wie übertragenen Sinne ebenfalls gerne auf Entdeckungsreise geht. Obwohl hier zwei Planeten miteinander verbunden sind, die sich eigentlich gut vertragen, bewirkt die Kombination auf der physischen und emotionellen Ebene Unruhe. Die Spannungsaspekte stacheln auf, und Jupiter als Erweiterer mag vielleicht ruhig erscheinen, zeigt aber innerlich oft eine gewisse Anspannung, und sei es nur die optimistische und erwartungsvolle Spannung. Deshalb kann jedes Jupiter-Quadrat eine gewisse Unruhe und etwas Herausforderndes verleihen. In Verbindung mit Venus kann dies Attraktivität verleihen, doch muß man bei den disharmonischen Aspekten darauf achten, dies nicht allzusehr zu betonen.

Da man die schönen und angenehmen Dinge liebt und dem Luxus nicht abgeneigt ist, ist diese Kombination nicht direkt passiv, auch wenn hier zwei »behagliche« Planeten miteinander verbunden sind. Die Unruhe der disharmonischen Aspekte in Verbindung mit der Unruhe Jupiters kann auf der schöpferischen und künstlerischen Ebene (Venus) Berge versetzen. Im Weltanschaulichen wirkt sich diese Kombination stets weniger ausgeprägt aus, da Venus Jupiter diesbezüglich stimulieren müßte, doch geht von ihr wenig Aktivität aus.

Wie bei allen Aspekten zwischen Venus und Jupiter ist Selbstdisziplin nicht die stärkste Seite der Betreffenden, doch ist diese sehr nötig, damit man mit dem so Lebenslustigen dieser Aspekte gut zurechtkommt.

Quinkunx

Die ungreifbare Spannung des Quinkunx führt nicht zu einer offenen Konfrontation zwischen den betreffenden Inhalten und aktiviert daher auch kaum. Aus diesem Grund findet man beim Quinkunx zwischen Venus und Jupiter oft Passivität und eine gewisse Trägheit oder Bequemlichkeit. Es besteht ein latentes Unbehagen, das unterschwellige Gefühl, daß »es noch mehr geben muß«, wenn man sich in soziale Kontakte begibt, Freundschaften schließt oder sich verliebt. Dieses »Mehr« macht sich ausschließlich auf der expansiven Ebene geltend; es geht also nicht um ein »Mehr« im transpersonalen oder spirituellen Sinne, wie man dies bei Neptun findet.

Irgendwie versucht man aus Unsicherheit in seinen sozialen Kontakten immer so jovial und herzlich wie möglich zu sein, um Zuneigung zu erlangen und sich sozial sicher zu fühlen. Andererseits kann man aus Eigensinn (Jupiter) plötzlich alle Menschen im Stich lassen und seinen eigenen Weg gehen. Man hat also in seinem Handeln gegenüber den Menschen, die einem nahestehen, keinen festen Kurs.

Diese Unbeständigkeit stellt einen vor Probleme, denn man entfremdet sich von den Menschen, die man so dringend braucht. Aufgrund der Unsicherheit braucht man sehr viel Wärme und Bestätigung aus seiner Umgebung. Man sehnt sich nach dem, was man selbst in subtiler Weise untergräbt.

Das Bedürfnis nach Wärme und diesem ständigen »Mehr« verleiht eine Neigung zu Liebesabenteuern. Möglicherweise erlebt man einige Enttäuschungen, doch kann man letztlich auch mit dem Quinkunx eine erfreuliche Beziehung zu einem anderen Menschen aufbauen. Dazu muß man jedoch erst entdecken, daß die Unsicherheit die Folge des Umstands ist, daß trotz allem Optimismus und allem Vertrauen, das in einem vorhanden ist (Jupiter), das Verständnis für das eigene Bedürfnis nach Sicherheit in Beziehungen und materiellen Dingen (Venus) fehlt.

VENUS UND SATURN

Konjunktion

Das Bedürfnis nach Wärme und Liebe, nach Sicherheit und Harmonie (Venus) wird bei allen Saturn-Aspekten (und ganz besonders bei der Konjunktion) zu einer schwachen und empfindlichen Stelle in einem selbst. Man hat Schwierigkeiten, seine Wärme nach außen deutlich zu machen und ist oft so empfindlich, daß man aus Angst und Unsicherheit eine Mauer um sich errichtet und äußerlich kühl und ungerührt wirkt. Niemand kann dann wahrnehmen, wie sehr man sich nach ein wenig Herzlichkeit und Wärme sehnt, die man so dringend braucht, um ein Eigenwertgefühl zu entwickeln. Die Aspekte zwischen Venus und Saturn gelten daher als sehr schwierig, und die klassische Astrologie schrieb diesen Aspekten wenig Lebensfreude und großes emotionelles Leid zu.

Und doch ist man mit dieser Aspektierung in der Lage, Menschen zu lieben und eine dauerhafte und stabile Beziehung aufzubauen – dies ist nämlich die andere Seite von Saturn. Man findet bei diesen Aspekten mehr Treue als bei den Aspekten zwischen Venus und Jupiter! Bevor man sich jedoch schenkt, muß man den anderen ganz genau kennen und ihm ganz vertrauen können. Saturn geht Sicherheit über alles. Dies kann natürlich viel Zeit in Anspruch nehmen. Man muß sich davor hüten, dem Faktor Sicherheit ein allzu großes Gewicht einzuräumen (in Gestalt eines väterlichen oder mütterlichen Partners).

Die Unsicherheit und Verletzlichkeit kann zu Mißtrauen in den Beziehungen führen. Man ist so sehr darauf erpicht, seinen Partner festzuhalten, daß man ihn von allen Seiten einschränkt. Durch eine solche ängstliche Haltung belastet man die Beziehung und bringt sie manchmal sogar zum Scheitern. Oft zeigt sich auch eine ausgeprägt dienstbare Haltung; man tut dann alles Erdenkliche, um es seinem Partner äußerlich in allen Dingen recht zu machen, während man innerlich weiter sehr zurückhaltend bleibt. Man muß daher lernen zu sehen, daß die Reaktion hierauf nicht Undank ist, sondern die Folge der eigenen unbewußt ängstlichen und gehemmten Ausstrahlung.

Selbstvertrauen zu gewinnen und sich selbst zu akzeptieren ist eine Voraussetzung dafür, daß die gelasseneren und besseren Seiten zur Geltung kommen können. Sobald man akzeptiert hat, daß man kein Luftikus ist, sondern zuverlässig und vertrauenswürdig und daß man Sicherheit braucht und sich auch einmal von seiner schwachen Seite zeigen darf, dann kann man mit dieser Konjunktion sehr gut eine dauerhafte Ehe oder Freundschaft haben.

Sextil und Trigon

Auch wenn die Empfindung der Verletzlichkeit bei diesen Verbindungen weniger drückend ist, ist sie doch vorhanden. Man ist in seinen Freundschaften und emotionellen Kontakten immer etwas verschlossen und distanziert und niemals überschwenglich.

Saturn gibt auch hier wenig Selbstvertrauen, obwohl man durch seine weniger angespannte Haltung etwas leichter in seiner Umgebung Halt findet als bei der Konjunktion und den Spannungsaspekten.

Bei den harmonischen Aspekten wirkt man entschlossen, zuverlässig und solide, und jeder sieht einem an, daß man sich nicht von Emotionen mitreißen läßt – jedenfalls nicht äußerlich. Im Inneren spielen diese Emotionen nämlich sehr wohl eine Rolle, auch wenn man geneigt ist, diese Emotionen beiseite zu schieben, und zwar so weit, daß man später in der Tat nur mehr wenig Emotionen erlebt. Es ist hier sehr wichtig, ein Ventil zu finden. Frauen mit solchen Aspekten stürzen sich oft ins Berufsleben und können es sehr weit bringen. Männer spüren ihre emotionelle Verletzlichkeit nicht weniger, was sich ebenfalls in einer Betonung des Berufslebens äußern kann.

Bei seinen emotionellen Kontakten hat man wie bei der Konjunktion das Bedürfnis nach Sicherheit. Auch hier baut man bevorzugt mit älteren oder reiferen Menschen eine Freundschafts- oder Liebesbeziehung auf. Bei Venus-Saturn-Verbindungen hat man meist wenig Freunde; man schätzt eine einzige tiefe Freundschaft mehr als eine Schar fröhlicher Bekannter. Die Beziehungen zu anderen Menschen nimmt man ernst – wie überhaupt alle Dinge. Man hat eine nüchterne Einstellung, und in abgeschwächter Form erlebt man auch bei den harmonischen Aspekten das bei der Konjunktion Gesagte.

Quadrat und Opposition

Bei den Spannungsaspekten zwischen Venus und Saturn wird man sich schon früh seiner emotionellen Verletzlichkeit bewußt und mit den Auswirkungen konfrontiert. Daher bezeichnet die traditionelle Astrologie diese Aspekte als schmerzlich. Sie machen das bei der Konjunktion Gesagte noch etwas akuter und direkter; ihre Wirkung deckt sich weitgehend mit der der Konjunktion, so daß die dort gemachten Aussagen ohne weiteres auf die Spannungsaspekte übertragen werden können.

In Situationen, in denen es darauf ankommt, Liebe und Wärme zu schenken und zu empfangen, fühlt man sich unbehaglich. Aufgrund der disharmonischen Aspekte wird man von Saturn gehemmt, so daß man nicht ohne weiteres Wärme geben und ebensowenig »Danke« sagen kann. Man neigt dazu, solchen Situationen auszuweichen, was in die Isolation und Einsamkeit führen kann. Auch hier ist die Entwicklung von Selbstvertrauen und Selbstwertgefühl wichtig, damit man die schmerzliche Seite dieser Aspekte überwinden und eine stabile Beziehung zu den Menschen aufbauen kann, die einem lieb sind.

Quinkunx

Das Problematische am Quinkunx ist, daß man den Ursprung seiner Verletzlichkeit nicht recht ergründen kann. Wenn man Wärme oder Liebe schenken will, verspürt man eine ungreifbare Angst und Hemmung und hat das Gefühl, daß man über einen Abgrund springen muß, bevor man Kontakt zu anderen Menschen bekommt. Oder man spürt die Last der Verantwortung so sehr, daß man sich völlig verschließt. Nicht selten sucht man unbewußt einen (hilfsbedürftigen) Partner, auf den man sein ganzes Verantwortungsgefühl richten kann. Man sorgt in jeder Hinsicht für ihn, wodurch aber mehr eine Eltern-Kind-Beziehung als eine wirkliche Liebesbeziehung entsteht. Hinzu kommt, daß man oft unter einem Minderwertigkeitskomplex leidet, so daß man sich besonders anstrengt, um sich die Gunst nicht zu verscherzen. Aber gerade dadurch entfernt man sich noch weiter von seinem Partner und vereinsamt noch mehr.

Diese negative Spirale kann sich lange fortsetzen, und wenn man nicht achtgibt, meint man schließlich, es nicht wert zu sein, geliebt zu werden. Dies strahlt man auch nach außen aus, wodurch man für andere eine unüberwindliche Mauer errichtet. Auch hier liegt der Schlüssel darin, daß man sich selbst akzeptiert und sich bewußt macht, daß jeder Mensch seine Schwächen hat und daß die eigenen nicht schlimmer sind als diejenigen anderer –

sie sind lediglich anders. Selbstvertrauen verleiht eine ausgeglichenere Haltung in Kontakten mit anderen Menschen. Man wird Wärme und Sicherheit in Beziehungen immer brauchen, aber man kann lernen, damit ausgeglichener umzugehen.

VENUS UND URANUS

Konjunktion

Das Bedürfnis nach Harmonie und Wärme ist hier mit dem diesbezüglich gegensätzlichen Uranus verbunden, dem Drang nach einer eigenen Individualität, einem eigenen Leben und Freiheit. Darüber hinaus besitzt Uranus einen durchbrechenden Inhalt, der von den üblichen Pfaden abweichen läßt, um so zu sich selbst zu finden. Dies ist der Grund, warum Verbindungen zwischen Venus und Uranus und insbesondere die Konjunktion und die disharmonischen Aspekte traditionell etwas zu pauschal in Verbindung mit Homosexualität oder Perversionen gebracht werden. In der Praxis sind solche Manifestationen sehr selten.

Mit diesem Aspekt fühlt man sich zu Menschen hingezogen, die ihren eigenen Weg zu gehen wagen, die etwas Eigenes haben, etwas Exzentrisches oder Erneuerndes. Man sucht in seinen Freundschaften und Liebesbeziehungen das Stimulans der Abwechslung und Veränderung. Man selbst ist ebenfalls nicht sehr beständig. Das Ruhelose, Enervierende von Uranus drückt sich auch in seinen Gefühlen aus. Das Nervöse und der betont egozentrische Freiheitsdrang führen manchmal zu einer Bindungsscheu. Dies erzeugt Spannung und macht nervös und unsicher, weil man ungebunden man selbst bleiben und gleichzeitig eine harmonische Beziehung mit einem anderen Menschen aufbauen will, was aber nur möglich ist, wenn man Zugeständnisse macht. Dies kann manchmal zu kühler Distanz führen, zur Betonung von Äußerlichkeiten und zur Unterdrückung tieferer Gefühlsregungen. Nur in extremen Fällen können Perversionen oder ähnliche Dinge als Ausdrucksformen auftreten, aber nur dann, wenn das ganze übrige Horoskop in diese Richtung weist.

Bei einer Konjunktion zwischen Venus und Uranus hat man einen Horror vor einer der üblichen Kirche-Küche-Kinder-Beziehungen, was aber nicht bedeutet, daß man nicht doch eine gute Partnerschaft haben könnte. Die Voraussetzung hierfür ist, daß man das Gefühl hat, nicht an konventionelle Regeln gebunden zu sein, daß man sich weiter entfalten kann und vor allem auch, daß vom Partner etwas Unkonventionelles und Stimulierendes ausgeht.

Sextil und Trigon

Das Gefühl, daß man sein eigenes Leben führen und sich in einer Beziehung entfalten kann, ist auch bei den harmonischen Aspekten zwischen Venus und Uranus wichtig. Sobald der Partner oder Freunde einem Fesseln anlegen wollen, läßt Uranus seinen Durchbruchsneigungen freien Lauf, ob nun Spannungs- oder harmonische Aspekte vorliegen. Man wird vom Ungewöhnlichen, Schillernden und Unkonventionellen anderer Menschen angezogen und drückt dies auch selbst aus. Frauen mit einer solchen Verbindung sind oft von Natur aus betont unabhängig und erwecken den Eindruck, daß sie wissen, was sie wollen. Männer mit dieser Verbindung suchen stets diesen Frauentyp.

Man hat einen wachen Blick für die eigene Individualität und die anderer Menschen. Weil man das Ungewöhnliche liebt, ist man in der Lage, den ausgefallensten Dingen im Leben offen zu begegnen. Man hält nicht schnell etwas für eigenartig, findet Verrücktes eher aufregend und liebt die Abwechslung ungewöhnlicher Ereignisse. Manchmal führt man eine solche Abwechslung auch selbst herbei (zum Beispiel im Beruf). Daher besteht auch bei den harmonischen Aspekten die Möglichkeit, daß das emotionelle Leben wenig stabil ist.

Quadrat und Opposition

Die disharmonischen Verbindungen zwischen Venus und Uranus werden in der traditionellen Astrologie durchweg schlecht bewertet. Dies ist verständlich, wenn man bedenkt, daß die Spannung und Unruhe dieser Aspekte im Zusammenhang mit Uranus die Belastbarkeit einer engen Beziehung zu anderen Menschen erheblich auf die Probe stellen. Berücksichtigt man, daß Uranus der Zerstörer und Individualist ist, dann hat man alle Elemente beisammen, um das Scheitern von Ehen und Freundschaften vorhersagen zu können.

In der Tat ist man mit diesen Aspekten angespannt, nervös und unsicher in seinen Beziehungen zu anderen Menschen, weshalb man schnell irritiert ist oder sich zu wenig Zeit für den Aufbau einer Beziehung nimmt. Man wechselt schnell in eine andere Beziehung, auch weil man ständig den Drang nach Veränderung und Erneuerung in sich spürt. Man sucht dauernd nach Abwechslung, ohne zu bemerken, daß die Ursache der Unruhe in der eigenen emotionellen Verfassung liegt. In seiner Unbeständigkeit und Abneigung gegen starre Bindungen projiziert man sein Bedürfnis nach einer bunten Reihe schwankender und nur halb wahrgenommener Beziehungen, ohne sich selbst und dem anderen eine Chance zu geben. Dadurch entsteht in der Tat die Möglichkeit instabiler Beziehungen, die ebenso plötzlich enden, wie sie angeknüpft wurden.

Auch kann die Nervosität zu einer gewissen Angst führen (die anders geartet ist als diejenige Saturns), so daß man keine enge Bindung einzugehen wagt (siehe Konjunktion). Durch die disharmonischen Aspekte wird man jedoch immer wieder mit den Folgen konfrontiert, bis man lernt, mit der Ursache der Spannungen umzugehen. Dann kann man das Schöpferische dieser Aspekte in einer sehr stimulierenden Beziehung mit einem Menschen zum Ausdruck bringen, der ebensosehr auf die Wahrung seiner eigenen Entwicklungsmöglichkeiten bedacht und charakterlich für einen interessant genug ist. Dies sind nicht immer die einfachsten Beziehungen, doch würde man sich bei einem solchen Aspekt bloß langweilen, wenn alles reibungslos verliefe. Eine gute Beziehung ist also durchaus auch bei disharmonischen Aspekten möglich.

Quinkunx

Immer dann, wenn man auf seine Freiheit pocht (Uranus), entstehen Unsicherheiten, weil einem das Quinkunx zu Venus in einer subtilen Weise spüren läßt, daß man auch Wärme und Harmonie braucht. Sobald man aber dieses Bedürfnis nach Wärme und Harmonie ausdrücken will, machen sich in nicht minder subtiler Weise Freiheitsdrang und das Bedürfnis nach Individualität geltend. Dies führt dazu, daß man in Freundschaft und Partnerschaft sehr unstet sein und daher die Tendenz haben kann, bizarre oder launische Menschen oder Menschen, die überhaupt nicht zu einem passen, anzuziehen. Dies verschärft die Unsicherheit, die für ein Quinkunx charakteristisch ist, wodurch man andere Uranus-Qualitäten, wie das Durchbrechende oder Angst vor emotioneller Nähe, an die Oberfläche zieht. Dies setzt des öfteren eine schwierige Spirale in Gang: Einmal will man Wärme, dann wieder Freiheit, einmal gemeinsam etwas Schönes unternehmen, dann wieder für sich sein. Was man überhaupt nicht verträgt, ist eine Erwartungshaltung anderer Menschen; man kann daher in Beziehungen oft verantwortungslos agieren. Wenn Venus im Horoskop deutlich stärker steht, dann zeigt sich oft auch das andere Extrem, nämlich daß man seine eigene Freiheit und Individualität opfert, nur um eine Beziehung aufbauen zu können. Die Unterdrückung eines solchen wichtigen Inhalts schafft jedoch ebenfalls Probleme.

Wenn man sich über die Ursachen der inneren Spannung und Unsicherheit einigermaßen klar ist, kann man auch lernen, gelassener auf andere zu reagieren. Man wird seine Individualität immer ausdrücken müssen, aber man kann lernen einzusehen, daß andere Menschen einem dabei helfen können und nicht immer ein Hindernis auf diesem Weg sein müssen.

VENUS UND NEPTUN

Konjunktion

Die Verbindung der Bedürfnisse nach emotioneller sowie materieller Sicherheit und nach harmonischen Beziehungen (Venus) mit dem verfeinernden und idealisierenden Neptun erzeugt eine starke Vertiefung des Gefühlslebens. Diese Vertiefung birgt die Gefahr in sich, zu Lasten des Persönlichen zu gehen. Man neigt dazu, Freunde und geliebte Menschen zu idealisieren und möchte in einer rosaroten Traumwelt leben. Eine solche Idealisierung der Wirklichkeit führt nicht selten zu Enttäuschungen. Man nimmt das Leid anderer Menschen sehr intensiv wahr und versucht, es zu lindern. Daher findet man bei dieser Verbindung oft Liebe aus Mitleid und Opfer emotioneller Manipulationen.

Für andere Menschen ist man kein Halt. Weil man nach einer Art universeller Liebe sucht, ist man zu jedem nett, und eigentlich liebt man in seinem Partner die ganze Menschheit. Dies kann einer echten Liebesbeziehung im Wege sein, weil der Partner zu der idealisierten Welt des Betreffenden keinen Zugang findet.

In Freundschaft und Liebe sucht man oft spirituelle Werte, und vielfach bestehen mystische Neigungen. Hinsichtlich der materiellen Seite von Venus zeigt die Verbindung mit Neptun hochentwickelte künstlerische Fähigkeiten an. Der Ausdruck auf künstlerischem und damit zusammenhängenden Gebieten ist verfeinert und subtil und spricht aufgrund der Wesensart Neptuns (das Kollektive) auch mehr Menschen an. Man hat ein gut entwickeltes Empfinden für Formen, Proportionen und Farben und weiß damit umzugehen. Gelegentlich findet man eine Art Flucht in eine Flitterwelt (zum Beispiel die Welt der Filmstars), die sich nicht selten in der persönlichen Lebenswelt spiegelt.

Bei dieser Aspektierung muß man im Umgang mit Freunden und Verwandten auf sich selbst achten. Man ist oft unfähig, ihnen etwas abzuschlagen, wird leicht Opfer von Täuschungen und stellt seine berechtigten Interessen allzu schnell hintan, weil man Schwierigkeiten hat, Beziehungen realistisch zu betrachten.

Sextil und Trigon

Die Idealisierung und die Suche nach einem »göttlichen« Partner findet man auch bei den harmonischen Verbindungen zwischen Venus und Neptun. Man sucht die ideale Liebe und eine göttliche Inspiration im anderen Menschen, erwartet eine Liebe von hohem spirituellem Gehalt und läuft damit ebenso wie bei den anderen Aspekten zwischen Venus und Neptun Gefahr, hart auf dem Boden der Wirklichkeit zu landen, wenn das Idealbild des Traumpartners wieder einmal wie eine Seifenblase zerplatzt.

Durch den Mangel an Aktivität kann man bei den harmonischen Aspekten lange in seiner Traumwelt verweilen, weshalb diese Aspekte eine Gefahr für den Realitätssinn darstellen. Andererseits kann man seine Traumwelt im künstlerischen Bereich sehr gut zum Ausdruck bringen, denn jede Verbindung zwischen Venus und Neptun verleiht schöpferische Fähigkeiten. Allerdings fehlt bei den harmonischen Aspekten der innere Antrieb hierzu. Es müssen also an anderer Stelle im Horoskop entsprechende Stellungen vorhanden sein, um einen solchen Antrieb zu schaffen.

Im Kontakt mit Freunden und Verwandten liebt man das Angenehme und Erfreuliche und vermeidet es stets, eine gute Stimmung zu verderben. Man hat eine mitfühlende, warme und herzliche Art, ist aber unpersönlich, wenn es um den Ausdruck tieferer Gefühle geht. Hiermit hat man ebenso wie bei der Konjunktion gewisse Schwierigkeiten.

Quadrat und Opposition

Die disharmonischen Aspekte zwischen Venus und Neptun werden manchmal auch die Aspekte der Gottsucher genannt. Man spürt eine permanente Spannung auf dem Gebiet der Liebe und Freundschaft, eine Spannung, die eine intensive Sehnsucht nach einer idealeren Welt verleiht, in der man eine mystische Einheit zu finden hofft. Die disharmonischen Aspekte erzeugen höher gespannte Erwartungen hinsichtlich Liebe, Freundschaft und zwischenmenschlichen Kontakten, als die alltägliche Wirklichkeit bieten kann. Dieses Idealisieren und dieser Hunger nach einer Traumwelt bereiten daher den Boden für Enttäuschungen jeglicher Art. Diese Aspekte findet man oft in den Horoskopen großer Künstler, die der Menschheit großartige Werke hinterlassen haben, die aber in ihren Beziehungen oft von einer Enttäuschung in die andere gerieten.

Vielfach besteht bei den Konfliktaspekten eine übersteigerte Empfindsamkeit, die die Stabilität der emotionellen Reaktionen beeinträchtigt. Hinzu kommt, daß bei diesen Aspekten häufig ein übertriebenes Mitleiden mit anderen Menschen oder eine Haltung zu beobachten ist, in der man sich selbst völlig außer acht läßt, weil man sich als sehr klein und nichtswürdig erlebt. Unterwürfigkeit in Beziehungen ist verbreitet, und nicht selten ist man geneigt, anderen in allem zu folgen und sie auf ein Podest zu stellen.

Die Enttäuschungen der disharmonischen Aspekte erweisen sich in der Praxis als Stimulans für ihre Auflösung, weshalb Konflikte zwischen Venus und Neptun zwar schwierig sind, aber auch viel Kreativität bieten.

Quinkunx

Sooft man eine harmonische Beziehung mit einem Menschen eingehen will (Venus), wird man durch die unterminierende Wirkung Neptuns verunsichert. Dies schafft Zweifel an den Gefühlen gegenüber dem anderen, oder man fragt sich, ob man die Gefühle des anderen Menschen überhaupt verdient hat, während man sich zugleich übersteigerte idealistische Vorstellungen von der Beziehung macht. Aus dieser Unsicherheit reagiert man in einer ungreifbaren Weise, und dies schafft neue Irritationen. Das Quinkunx zwischen Neptun und Venus erzeugt eine große Sensibilität für die Atmosphäre in Beziehungen, und dies führt zu übertriebener Dienstbarkeit und Kompromißbereitschaft bis hin zum Sklavischen, oder aber man zieht sich ganz in sich selbst zurück, zeigt keine Reaktionen mehr und flüchtet sich in eine Traumwelt, in der das Idealbild des anderen eine willenlose Rolle spielt.

Man ist sehr für Täuschungen und Irreführung auf emotionellem Gebiet anfällig und läßt sich schnell mitreißen. Ohne daß man es weiß, schafft auch die eigene Haltung Mißverständnisse. So ungreifbar, wie man sich verhält, gibt man den Menschen, die einen gern haben, zuwenig Sicherheit, als daß sie Gefühle und Emotionen, die einen bewegen, richtig einschätzen könnten, weshalb man oft ganz falsch beurteilt wird. Aber man weiß selbst oft nicht genau, wie man ist. Die hieraus entstehende Verwirrung verschärft wiederum die eigene Verletzlichkeit und Unsicherheit.

Wenn man einmal die Ursache dieser Unsicherheit verstanden hat, stellt man fest, daß man ein ungeahntes künstlerisches und kreatives Potential besitzt, das man zum Äußern seiner Gefühle nutzen kann.

VENUS UND PLUTO

Konjunktion

Das »Alles oder Nichts« von Pluto ist hier mit der so auf Harmonie ausgerichteten Venus vereinigt. Diese Kombination ergibt eine seltsame Mischung von äußerem Charme und einer düsteren, bezwingenden Anziehungskraft. Pluto kehrt das Unterste zuoberst und ist unersättlich. Er kann viel geben, aber in seiner Verbindung mit Venus fordert er in Liebe und Freundschaft auch alles. Es ist eine zwingende Verbindung, weil die unbewußten Tiefen der eigenen Psyche immer wieder deutlich machen, daß es noch mehr gibt, weshalb man auch noch mehr haben will. Man will eine intensive emotionelle Verbindung mit dem anderen und geht dabei bis zum Äußersten. Dies führt dazu, daß man in Beziehungen immer wieder am Rande des Abgrunds wandelt und Gefahr läuft, sie zu ruinieren.

Das Machtstreben Plutos äußert sich hier in einer verbindlichen Form, weil er durch Venus »verfeinert« wird. Man kann andere Menschen mit dem nettesten Lächeln »einwickeln« und dazu bringen, daß geschieht, was man selbst will. Unnötig zu sagen, daß die Konjunktion (wie auch andere Verbindungen zwischen Venus und Pluto) Machtkonflikte in Beziehungen mit sich bringt.

Das Intensive an Pluto kann in Freundschaft und Liebe eifersüchtig und besitzergreifend machen, und man strahlt zweifellos eine gewisse Dominanz aus. Manchmal neigt man auch dazu, dominante Partner oder Freunde anzuziehen. Da Pluto niemals genug bekommt, findet man auch selten Befriedigung oder Erfüllung in einer Beziehung. Durch die maßlosen Ansprüche können Beziehungen in die Brüche gehen, weshalb Pluto auch hier wiederum Einsamkeit und Verlassenheit als Folge des zwanghaften Handelns mit sich bringt. Er gibt einem aber auch die Mittel an die Hand, um zu den tieferen Ursachen der Ereignisse vorzudringen und so die Grundlage für Transformation und Erneuerung zu schaffen. Bei einer Konjunktion zwischen Venus und Pluto lernt man durch Beziehungen seine eigenen Tiefen und damit seine Schwächen und Probleme kennen.

Sextil und Trigon

Die harmonischen Verbindungen verleihen oft eine ebenso große Anziehungskraft auf das andere Geschlecht wie die Konjunktion. Hier bringt es jedoch die Art der Verbindung mit sich, daß diese sich in einer gefälligeren Form äußert. Man findet schnell Verehrer, man hat »etwas«, man strahlt etwas Faszinierendes aus, das sich nicht ausloten läßt. Trotz des freundlichen und charmanten Äußeren ist man jedoch emotionell auch bei den harmonischen Aspekten sehr anspruchsvoll. Man kann einen Teil seines Machtstrebens ausleben, aber man möchte den anderen auch in sich selbst erleben können. Dies bietet die große Möglichkeit zu innerem Wachstum durch Beziehungen.

Man muß sehr darauf achten, gegenüber Freunden und Partnern nicht zu dominant, zu nachdrücklich oder zu anspruchsvoll aufzutreten. Auch wenn man dies sehr elegant macht und kaum auf Widerstand trifft, kann dies doch zu Problemen führen. Wie bei allen Verbindungen zwischen Venus und Pluto zieht man häufig schwierige Beziehungen an. Man kann in seinen Beziehungen viel erfahren und fühlen, wird aber zugleich mit seinen tiefsten Gefühlen konfrontiert. Pluto ist die Kraft, die die verdrängten und unbewußten Inhalte an die Oberfläche holt, und bei einer Verbindung mit Venus spielen diese Inhalte natürlich in allen Beziehungen und emotionellen Kontakten eine wichtige Rolle. Deshalb sind Schwierigkeiten und Konfrontationen auch bei den harmonischen Aspekten nicht ausgeschlossen.

Man nimmt bei diesen Aspektierungen Beziehungen meist sehr ernst, auch wenn das eigene Verhalten, das sich auf dem Gebiet von Freundschaft und Liebe oft über Tabus hinwegsetzt, bei anderen vielleicht nicht diesen Eindruck macht. Solange der Partner Emotionen zu wecken vermag, bleibt die Bindung bestehen, die sogar zwanghaft sein kann. Man ist dann bereit, dem anderen alles zu sein.

Quadrat und Opposition

Die heftigsten Emotionen treten bei den disharmonischen Aspekten zwischen Pluto und Venus auf. Die Intensität der Gefühle und das Bedürfnis nach Tiefe und einer zwanghaften Verbundenheit sind hier besonders ausgeprägt, wobei Pluto die im Grunde so sanfte Venus immer wieder anstachelt, mehr erleben zu wollen, mehr aus einer Beziehung herauszuholen und nicht an der Oberfläche zu bleiben. Diese Haltung des »Alles oder Nichts« ist hier ebenso stark entwickelt wie bei der Konjunktion, und in vielen Fällen ähneln deren Äußerungsformen auch sehr denen der disharmonischen Aspekte.

Sooft man sich verliebt oder eine Freundschaft schließt, werden die eigenen Gefühle durch die intensiven Spannungen von Pluto unter Druck gesetzt, wobei man – stets ohne böse Absicht – den anderen emotionell stark in Beschlag nimmt. Allein schon durch seine Haltung hält man den anderen in einem eisernen Griff, auch wenn man dies bewußt gar nicht beabsichtigt. Die Unsicherheit der disharmonischen Aspekte verbindet sich hier mit der Gier nach mehr und der Unersättlichkeit Plutos, weshalb man mit dem Erreichten selten zufrieden ist. Hinzu kommt noch, daß der so sehr mit unbewußten Inhalten aufgeladene Pluto es sehr erschwert, eine persönliche Beziehung aufzubauen, in der man ungezwungen auf seinen Partner reagieren kann. Man »spielt« mit dem anderen, ohne dies selbst wahrzunehmen. Die Beziehung wird damit zum Schauplatz eines Machtkampfs, und der Partner wird zum Prüfstein und zum Resonanzboden für das eigene provozierende Verhalten.

Man bewegt sich mühelos in einer größeren Gruppe, in der man zweifellos auf die eine oder andere Art Aufmerksamkeit findet. Man kann sich sehr in der Sexualität verlieren. Bei einer disharmonischen Aspektierung zwischen Venus und Pluto muß man im Zusammenhang mit intimeren Beziehungen zunächst einige unausweichliche Auseinandersetzungen überwinden, um sein Verhalten zu korrigieren, so daß die Beziehung reibungsloser klappt.

Quinkunx

In Freundschaft und Liebe verspürt man stets eine nagende Unsicherheit, einen starken Drang, sich beweisen zu müssen oder zumindest Situationen im Griff zu haben. Man kann etwas sehr Zwingendes haben, wobei man die persönlichsten Emotionen verbirgt, weil man Angst hat, sich gehenzulassen und damit nicht mehr Herr der Situation zu sein. Die unpersönliche und zugleich herausfordernde Maske legt man unbewußt an, während man überzeugt ist, zuvorkommend, kompromißbereit und freundlich zu sein (Venus). Viele Reaktionen oder Stimmungen in der eigenen Umgebung versteht man daher anfänglich nicht, obwohl man selbst ihr Urheber ist.

Es besteht auch die Tendenz, schwierige oder widersprüchliche Menschen anzuziehen, mit denen man einen unbewußten Machtkampf führt. Man nimmt wahr, daß sie einen übertrumpfen möchten, ohne zu sehen, daß man selbst genau dasselbe tut. Bei einem Quinkunx kann man sogar eine Haltung großer Gefügigkeit und Unterwürfigkeit zur Schau tragen, wobei auch dies nur ein Mittel ist, den anderen an sich zu binden. Andererseits kann man beim Quinkunx auch Opfer anderer werden, die dies tun. Verwirrende Beziehungen, in denen die verschiedensten unbewußten Prozesse ablaufen, sind bei diesem Aspekt sehr häufig.

Mit diesem Quinkunx kann man zu einem hervorragenden Beziehungstherapeuten werden, wenn man einmal zum Kern seines Problems durchgedrungen ist. Die Einsicht in das eigene Handeln und die Erkundung der Ursachen kann einen zum geeigneten Helfer für andere mit ähnlichen Problemen machen, weil man die damit verbundenen Spannungen und Schwierigkeiten sehr gut versteht.

VENUS UND ASZENDENT

Konjunktion

Bei einer Konjunktion auf den Aszendenten strahlt man die Kompromißbereitschaft, das Freundliche und Charmante von Venus ungehindert aus. Dies verleiht dem persönlichen Auftreten Herzlichkeit und Wärme, weshalb auch die Umgebung entsprechend freundlich und wohlwollend auf einen reagiert. Man kann sehr gut vermitteln und hat allein schon durch seine Abneigung gegen Streit die Fähigkeit, Harmonie in seiner Umgebung zu schaffen oder wiederherzustellen.

Durch seine zuvorkommende und verbindliche Art erreicht

man, daß die Umgebung viel für einen tut, und wenn man möchte, kann man andere auch mühelos übervorteilen. Die Gefahr bei dieser ansonsten durchweg angenehmen Stellung von Venus liegt darin, daß man selbstzufrieden ist, vielleicht auch etwas träge und eitel. Man betrachtet dann die Dinge zu oberflächlich.

Sextil und Trigon

Bei den harmonischen Aspekten zwischen Venus und Aszendent wirkt man auf seine Umgebung ausgeglichen und freundlich. Man spielt eine wichtige Rolle, wenn es darum geht, Frieden zu stiften und Mißhelligkeiten aus der Welt zu schaffen. Man pflegt gerne soziale Kontakte und liebt das Heitere und Angenehme, wodurch man manchmal die ernsthafteren Seiten des Lebens aus dem Auge verlieren kann. Im emotionellen Umgang mit anderen Menschen ist man geschickt.

Zwar zeigen alle Verbindungen zwischen Venus und Aszendent schöpferische und künstlerische Qualitäten, doch drängen die harmonischen Aspekte nicht direkt zum Handeln, auch deshalb, weil Venus lieber an der Oberfläche bleibt. Trägheit, Selbstzufriedenheit und ein gewisser Hang zum Luxus sind bei den harmonischen Verbindungen ebenso stark vorhanden wie bei den disharmonischen.

Quadrat und Opposition

Venus-Konflikte auf den Aszendenten erweisen sich in der Praxis stets als weniger problematisch. Die Spannung der disharmonischen Aspekte verleiht im Gegenteil nicht selten einen charmanten Zug, der die Attraktivität steigert. Daher kann man auch bei den disharmonischen Aspekten einen problemlosen sozialen Umgang und ein ausgeprägtes Bedürfnis erwarten, Frieden und Harmonie in seiner Umgebung zu erhalten. Dies heißt nicht, daß einem dies immer ohne weiteres gelingt – einmal übertreibt man ein wenig, ein andermal unterschätzt man die Situation. Ein disharmonischer Aspekt bedeutet immer, daß man Energieverhältnisse einschätzen lernen muß.

Obwohl auch diese Aspekte im Prinzip träge machen können

und man auch hier Selbstzufriedenheit und ein Bedürfnis nach Luxus finden kann, bietet das Wirken der Spannungsaspekte doch die Gewähr dafür, daß man Dinge energischer anpackt. Kunstsinn und andere ästhetische Äußerungsformen können sich dadurch rascher äußern. Manchmal ist eine Warnung angebracht, den eigenen Geschmack nicht überzubetonen.

Quinkunx

Obwohl man sich einerseits im Umgang mit Menschen nicht besonders wohl fühlt, hat man andererseits doch ein starkes Bedürfnis nach Kontakten. Die Art, wie man nach außen auftritt (Aszendent), steht so sehr damit im Widerspruch, wie man seinem Bedürfnis nach Sicherheit auf der Ebene der Beziehungen zu anderen Menschen Gestalt verleiht, daß Unsicherheit und Ungeschicklichkeit die Folge sind. Dies empfindet jedoch die Umgebung oft als kindlichen Charme, und aus diesem Grund löst auch dieser Aspekt letztlich doch wohlwollende Reaktionen aus. Man weiß nur nicht genau, wie man diese Reaktionen in seine eigene Haltung integrieren soll, weil man die Ursache hierfür nicht erkennen kann.

Man ist deshalb geneigt, sich zurückzuziehen oder sich nur um der äußeren Form willen in seiner Umgebung zu bewegen, ohne persönlich eine Rolle in ihr übernehmen zu wollen, weil man eben nicht weiß, wie man damit umgehen soll. Dadurch aber macht man es sich schwer, weil andere diese Seite in einem selbst nicht kennenlernen, die aber gerade für die Beziehungen mit anderen so wichtig ist.

Wie bei allen Venus-Aspekten sind auch hier künstlerische und kreative Begabungen vorhanden, die jedoch erst zugänglich werden, wenn man etwas gegen die Unsicherheit unternommen hat, die einen zu blockieren droht.

VENUS UND MC

Konjunktion

Das Bedürfnis nach Sicherheit in Beziehungen, nach Schönheit und Harmonie spielt im Streben nach einer gesellschaftlichen Position (MC) eine wichtige Rolle. Dies bedeutet unter anderem, daß man sich auf Venus-Gebieten wie Kunst, Bekleidung, Kosmetik, Schönheitspflege und Mode sehr gut ausdrücken kann. Wenn Venus »oben« ist, wirkt man im allgemeinen sehr freundlich und sozial; man vermeidet es, einen Streit zu beginnen und löst die Dinge lieber diplomatisch. Man kann daher sehr gut als Schlichter oder Diplomat fungieren, und wenn andere Horoskopfaktoren in dieselbe Richtung weisen, dies auch auf der beruflichen Ebene.

Bei der etwas bequemen Venus an diesem Platz ist jedoch die Warnung angezeigt, daß man vielleicht etwas träge ist, was die gesellschaftliche Position betrifft, und daß man sich gerne auf Beziehungen verläßt. Trägheit und Passivität können der Verheißung eines mühelosen Erfolges für Venus-Konjunktion-MC im Wege stehen.

Sextil und Trigon

Venus-Sextil- oder -Trigon-MC ähnelt in ihren Auswirkungen sehr der Konjunktion. Man wirkt freundlich, wohlwollend, sozial und warmherzig, womit man etwa bei Bewerbungsgesprächen einen Pluspunkt hat. In künstlerischen Dingen oder Tätigkeiten, die in anderer Weise mit Formen, Farben und Proportionen zu tun haben, kann man sich gut ausleben, während man auch in Positionen eine gute Figur macht, für die Umgänglichkeit erforderlich ist, wie zum Beispiel als Empfangsdame, Stewardeß oder als Gastgeber oder Gastgeberin im häuslichen Bereich.

Das Bedürfnis, um jeden Preis Frieden zu bewahren, und das Verlangen nach Harmonie im größeren Zusammenhang sind auch bei den harmonischen Aspekten vorhanden, so daß auch hier das Profil des Schlichters und Diplomaten auftaucht. Durch die (allzu) große Kompromißbereitschaft werden Dinge aber oft nicht in der erforderlichen Weise ausgesprochen, wodurch Mißverständnisse entstehen können und man Wölfe im Schafspelz anlockt. Auch findet man oft Bequemlichkeit.

Quadrat und Opposition

Man hat zwar das Bedürfnis nach einer harmonischen Beziehung zu seiner Umgebung, vor allem in gesellschaftlicher Hinsicht, doch weiß man nicht immer, wie man diesem Gestalt verleihen soll. Weil man bei den Spannungsaspekten die Verhältnisse nicht richtig in der Hand hat, besteht manchmal die Neigung, die Venus-Merkmale überzukompensieren und alles Erdenkliche zu unternehmen, um Harmonie und Frieden zu erhalten und sich als freundlich zu präsentieren. Manchmal fällt dieser Drang jedoch völlig weg, und man entwickelt statt dessen einen Hang zu Bequemlichkeit, Trägheit und Genußsucht. Diese Gefahr besteht natürlich bei allen Venus-Aspekten, doch kann dies bei disharmonischen Aspekten übertrieben werden, wenn keine entsprechenden Ventile vorhanden sind. In Venus-Berufen und -Tätigkeiten kann man mit den Konfliktaspekten dagegen gut umgehen, und dann ist von Trägheit kaum etwas wahrzunehmen.

Quinkunx

Die gesellschaftliche Haltung (Himmelsmitte) und das Bedürfnis nach emotionellen Beziehungen, nach Frieden und Harmonie sind nicht miteinander im Einklang. Man weiß nicht, wie man sich in einer Arbeitssituation gegenüber anderen verhalten soll, und hat auch keine Klarheit darüber, wie man auf andere wirkt. Daher besteht auch die ausgeprägte Neigung, Konfrontationen zu umgehen, indem man sich betont freundlich und vor allem auch sehr oberflächlich und neutral gibt. Die eigene Rolle im gesellschaftlichen Prozeß ist daher nicht klar definiert, und möglicherweise manövriert man sich in eine zweitrangige Position, weil man die Konkurrenz scheut. Auch die immer zu Venus gehörenden Antriebe machen einen unsicher, und man weiß nicht, wie man diesen auf eine harmonische Weise Ausdruck verleihen soll.

Trotzdem macht man zweifellos einen freundlichen Eindruck

auf andere, und dies könnte helfen, mehr Selbstvertrauen zu entwickeln. Mit dem Quinkunx fühlt man sich vielleicht unsicher in Beziehung auf andere, aber man kann sehr wohl lernen, damit umzugehen. Man kann lange Zeit hin- und hergerissen sein, aber nach einer Krise in den Beziehungen zu seinen Mitmenschen oder vielleicht zu seinem Lebenspartner sieht man meistens ein, daß nur die eigenen negativen Erwartungsmuster, die in Unsicherheit gründen, die Ursache für die Schwierigkeiten sind.

Aspekte von Mars

MARS UND JUPITER

Konjunktion

Der energische und tatkräftige Mars verleiht im Zusammenstand mit dem expansiven und jovialen Jupiter eine überschwengliche Energie und ein starkes Bedürfnis nach Aktivitäten verschiedenster Art. Meist findet man bei diesem Aspekt auch eine große Lebensfreude, einen starken Lebensdrang und genügend Schwung, um Schwierigkeiten zu meistern. Der Optimismus Jupiters verbindet sich hier mit dem Mut, dem Tatendrang und der Unternehmungslust von Mars, was ein schnelles und energisches Handeln »auf gut Glück« und oft auch *mit* Glück anzeigen kann. Die Schattenseite ist hierbei, daß man es mit zwei Planeten zu tun hat, die beide dazu neigen, die Art, wie sie Dinge tun, stets mit dem Wörtchen »zu« zu versehen, weshalb sie zu energisch zuviel erreichen wollen. Aus diesem Grund stellt man manchmal bei dieser Verbindung Unzufriedenheit fest, die sich in aufrührerischem Verhalten äußern kann, das eigentlich unnötig ist, weil Mars-Konjunktion-Jupiter ohnehin genügend Erfolg im Leben verheißt. Diese Konjunktion verleiht auch die Neigung, physisch, geschäftlich, psychisch und in sonstiger Weise Risiken einzugehen.

Menschen mit diesem Aspekt haben ein großes Bedürfnis nach Selbständigkeit und Handlungsfreiheit – sowohl Mars als auch Jupiter tun allzugern, wonach ihnen der Sinn steht. Mars kann die Jupiter-Tendenzen verstärken, was zu großem Eigensinn und einer unkonventionellen Haltung führen kann, aber auch zu Bekehrungsdrang und oft auch zu einer bestürzend offenen, entwaffnenden und manchmal auch sehr naiven Ehrlichkeit. Wenn man sich für etwas einsetzt, dann mit Herz und Seele. Dann beweist man Mut und Kampfbereitschaft, energisches Durchsetzungsvermögen, Enthusiasmus und ein großes Vertrauen in einen guten Ausgang.

Allerdings muß man sich bei diesem Aspekt immer vor Übertreibungen jeglicher Form hüten. (Selbst-)Beherrschung ist nicht die stärkste Seite der Betreffenden.

Sextil und Trigon

Das Überschwengliche aller Mars-Jupiter-Kombinationen kann sich bei den harmonischen Aspekten mühelos äußern. Man hat eine Überfülle an Lebensfreude, aber auch Streitlust, um Problemen die Stirn zu bieten. Andererseits kann man Probleme auch ganz unbekümmert und optimistisch angehen. Man sieht alles in einem größeren Zusammenhang und betrachtet Probleme gerne in einem gesellschaftlichen, religiösen oder vielleicht auch metaphysischen Rahmen. Dieser Rahmen muß natürlich der eigene sein, also nicht von einem größeren System vorgegeben. Dies würde den Freiheitsdrang zu sehr beschneiden, und dies verträgt man nicht. Menschen mit dieser Aspektierung geben sich im Großen wie im Kleinen eigene Regeln, nach denen sie leben und auf denen ihre Ethik basiert.

Ihre Meinung verkünden die Betreffenden sehr gerne, denn propagandistische Antriebe sind ihnen nicht fremd. Dies sind daher Aspekte für Politiker, Publizisten, Pfarrer oder Missionare oder den Sozialarbeiter, der für die Verbesserung der Gesellschaft auf der Straße arbeitet. Wenn es etwas gibt, was die Kombination von Mars und Jupiter nicht kennt, dann Ruhe oder Trägheit. Selbst die ansonsten eher bequemen harmonischen Aspekte verlieren diesen Zug durch den feurigen und überwältigenden Enthusiasmus dieser Planetenkombination.

Das Abenteuerliche zieht einen an; man will sich beweisen (Jupiter, der den Ehrgeiz von Mars verstärkt) und ist bereit, für seine Ideen und Ideale zu kämpfen (Mars, der Jupiter verstärkt). Bei den harmonischen Aspekten trifft man auf weniger Widerstand als bei den disharmonischen, so daß man länger auf einer bestimmten Meinung beharren kann, selbst wenn diese korrigiert werden muß. Daher kann man bei den harmonischen Aspekten, so günstig diese Verbindung auch sein mag, ein hohes Maß an Eigensinn und Starre an den Tag legen. Aber selbst dies versteht man noch gut zu verkaufen.

Quadrat und Opposition

Optimismus und Enthusiasmus, Tatkraft und Energie dieser beiden Mars-Jupiter-Aspekte sind hier nicht geringer, eher noch größer, doch muß man bei den Konfliktaspekten vorsichtiger sein. Diese beiden Planeten können sich kaum beherrschen; auch die Art, wie sie miteinander verbunden sind, ist durch Probleme im Energieeinsatz gekennzeichnet.

Man bekommt selten genug, will immer mehr und immer weiter. Dies betrifft nicht nur materielle Dinge – im geistigen Bereich wirken diese Aspekte sogar noch stärker. Man sucht das Abenteuer, will sich immer beweisen und ganz selbständig und ungebunden sein. Man posaunt seine Meinung hinaus und ist äußerst streitlustig, wenn es um die eigenen Ideale geht. Dadurch wird man zum mutigen Kämpfer für Ehrlichkeit und zum Herold neuer Ideen, in denen man sich ganz finden kann. Da man Energie und Aufwand so schlecht dosieren kann, immer zuviel will und zuviel von sich selbst (und vielleicht auch von anderen) verlangt, treibt man häufig Raubbau mit seinen Kräften. Bei diesen Aspekten springt man jedoch immer wieder aus der Grube, die man sich von Zeit zu Zeit selbst gräbt. Und mit seiner Einsatzfreude kann man andere sehr stark stimulieren.

Quinkunx

Bei einem Quinkunx zwischen Mars und Jupiter fällt es ganz besonders schwer, sich selbst und vor allem die eigene Tatkraft und Energie einzuschätzen. Sooft man etwas energisch in Angriff nimmt, macht sich das Unverständnis Jupiters geltend, weshalb man Dinge mit größerem Einsatz angeht, als man ursprünglich vorhatte. Es ist auch möglich, daß man bei seinen Aktivitäten keine Prioritäten setzen kann. Man will alles tun, und am liebsten alles gleichzeitig, so daß man Gefahr läuft, am Ende nichts zu vollenden. Deshalb sollte man mit Versprechungen gegenüber anderen vorsichtig sein: Da man die erforderliche Energie und den erforderlichen Aufwand nicht gut abschätzen kann, neigt man dazu, sich mehr aufzubürden und mehr zu versprechen, als man halten kann, was notwendigerweise zu Konflikten mit der Umgebung führt.

Wenn man sich mit Jupiter-Gebieten wie Bildung, Reisen und Erweiterung des geistigen Horizonts beschäftigt, ufert dies oft aus, weil man zuviel zugleich will oder seine Meinung und Erfahrung penetranter vorbringt, als einem selbst bewußt ist. Daher sind diesbezüglich Konflikte nicht immer zu vermeiden.

Beim Quinkunx zwischen Mars und Jupiter lernt man auf die schmerzliche Art, daß der eigene Energieaufwand (Mars) unterschwellig durch den expansiven Jupiter in die Höhe getrieben wird, weshalb man eigentlich erst ein wenig innehalten müßte, bevor man etwas in Angriff nimmt: Erst nachdenken! Dasselbe gilt für Jupiter, der unterschwellig angefeuert wird, weshalb man geneigt ist, Dinge im zu großen Stil anzupacken, um noch überzeugender zu wirken. Beim Sport muß man zum Beispiel lernen, daß die physische Grenze schneller erreicht ist, als man glaubt. Insgesamt geht aber auch von dieser Verbindung Begeisterung und Anregung aus.

MARS UND SATURN

Konjunktion

Bei einer Konjunktion zwischen Mars und Saturn hat man Probleme mit dem Einsatz seiner Energie. Das Enthusiastische, Feurige, Energische und Tatkräftige von Mars wird hier durch den bewahrenden, begrenzenden Saturn eingeschränkt und gehemmt. Im besten Fall führt dies zu durchdachtem Handeln. Doch muß man bei dieser Aspektierung immer mit Problemen rechnen. Saturn übt Druck auf den Drang aus, sich hervorzutun und zu beweisen (Mars), während Saturn durch eine bestimmte Form von Ehrgeiz gekennzeichnet ist, die durch Unsicherheit bedingt ist. Die Folge ist sowohl Angst, in den Vordergrund zu treten, wodurch man eine zurückgezogene Haltung und vielleicht sogar Passivität antreffen kann, als auch die überkompensierende Äußerung: der Wille, sich um jeden Preis zu beweisen und jedem den Rang abzulaufen. Der Geltungsdrang ist groß, doch ist die zugrundeliegende Motivation eine große Verletzlichkeit.

Da beide Äußerungen durchaus im selben Charakter möglich sind, fallen viele Menschen mit dieser Konjunktion oft von einem Extrem ins andere. Auch in anderer Hinsicht werden manchmal Berge versetzt, während dann wieder überhaupt nichts geschieht und man nicht hinter dem Ofen hervorzulocken ist.

Mars hat auch viel mit dem persönlichen Schwung zu tun, und bei einer Konjunktion mit Saturn kann die physische und geistige Energie recht schwankend sein.

Meist macht man mit einer solchen Konjunktion in seinem Leben mindestens einmal eine schwierige Phase durch, in der man sich aufgrund innerer und äußerer Ursachen nicht frei bewegen kann und durch zuviel Verantwortung, zu große berufliche oder psychische Belastungen an Händen und Füßen gebunden ist. Die Konjunktion zwischen Mars und Saturn hat aber die Kraft, darüber hinwegzukommen. Saturn kann die Energie von Mars dauerhaft und konzentriert auf ein bestimmtes Ziel oder Projekt ausrichten.

Sextil und Trigon

Da sich Mars und Saturn von ihrem ganzen Wesen her nicht gut vertragen, steht man auch bei den harmonischen Aspekten etwas unter Druck, obwohl man im allgemeinen damit weniger Probleme hat als bei den disharmonischen Aspekten und der Konjunktion.

Mit den harmonischen Aspekten zwischen Mars und Saturn ist man oft sehr seriös und kann sehr hart arbeiten, vor allem unter schwierigen Umständen. Saturn stattet hier die Tatkraft mit Richtung, Verantwortungsgefühl und Durchsetzungsvermögen aus, und nicht selten hat man mit diesen Aspektierungen einen ausgeprägten Ehrgeiz. Man kann sehr diszipliniert sein, sich viele Genüsse versagen, um ein Ziel zu erreichen, und steht schwierige Zeiten sehr gut durch. Darüber hinaus verleiht Saturn der eigenen Energie etwas Praktisches: Man versteht es, sorgfältig zu planen, und man ist nicht der Typ, der sich blindlings in die Zukunft stürzt.

Bei allen Aspekten zwischen Mars und Saturn gilt, daß man sich mehr oder weniger verletzlich fühlt oder mit Minderwertigkeitsgefühlen zu kämpfen hat. Damit kommt man nicht so ohne weiteres zurecht, um so weniger, als Saturn dazu neigt, jede Äußerung der Selbstbehauptung von Mars sofort zu unterdrücken. Wenn Mars einmal die Oberhand bekommt, kann dies zu einem enormen Ausbruch führen, auch bei den harmonischen

Aspekten. Grundsätzlich neigt man mit Aspekten zwischen Mars und Saturn dazu, alles in sich hineinzufressen. Trotzdem müssen übelwollende Menschen damit rechnen, daß sie nicht ungestraft davonkommen – Saturn hat viel Zeit!

Menschen mit diesen Aspekten sind oft sehr vorsichtig, vielleicht zu vorsichtig, so daß sie Chancen ungenutzt lassen. Die Flexibilität ist nicht sehr ausgeprägt, und sie beschreiten lieber ausgetretene als neue Wege, auf denen sie straucheln könnten. Sie sind sehr zuverlässige und robuste Arbeitskräfte, weil sie eine langfristige Perspektive haben und sich unter allen Umständen unter Kontrolle halten wollen. Begeisterte Neuerer aber sind sie nicht.

Quadrat und Opposition

Bei den Konfliktaspekten zwischen Mars und Saturn treten die problematischen Seiten dieser Verbindung stärker in den Vordergrund. Aufgrund von Minderwertigkeitsgefühlen hat man stets ein nagendes Gefühl des Unbehagens, was sich auch bei der Konjunktion in starker Zurückgezogenheit und manchmal auch Passivität einerseits oder in einer Überkompensation in Form eines ausgeprägten Ehrgeizes äußern kann, wobei man stur und unbeirrt an einem Ziel festhält, wie groß die Hindernisse auch sein mögen.

Die Alles-oder-Nichts-Haltung hinsichtlich des Energieeinsatzes ist bei diesen Aspekten sehr häufig; man fällt von einem Extrem ins andere, ohne eine Mitte finden zu können.

Die Verletzlichkeit, die man empfindet, versteckt man gerne hinter einer kühlen und ungerührten Maske, weshalb man auf die Außenwelt hart und manchmal sogar eiskalt wirkt. Dies kann anderen Menschen angst machen, wodurch ein Teufelskreis entstehen kann: Andere reagieren dann ebenfalls kühl oder überhaupt nicht, so daß man sich noch einsamer und verletzlicher fühlt und sich noch mehr verschließt. Diese Kühle kann manchmal egoistisch wirken, während sie eigentlich nur Ausdruck der Schüchternheit und Verletzlichkeit ist.

Man hat Schwierigkeiten, zielstrebig zu handeln, da Ziel (Saturn) und Handeln (Mars) im Konflikt miteinander sind. Manchmal zieht man auch Umstände an, durch die man sich lange Zeit nicht mit seiner Arbeit beschäftigen kann, so als ob auch hier Ziel und Handeln nicht auf eine Linie gebracht werden könnten. Dies liegt jedoch stets nur an der eigenen Haltung, und je älter man wird, desto besser bekommt man dies in den Griff. Letztlich ist man auch mit den aktiven Spannungsaspekten sehr wohl in der Lage, sich langfristig für verantwortungsvolle Ziele einzusetzen.

Quinkunx

Die hemmende Wirkung von Saturn auf Mars ist beim Quinkunx am stärksten ausgeprägt. Man bekommt es hier mit einer ungreifbaren unterschwelligen Angst und Unsicherheit zu tun, sobald man sich beweisen oder aktiv werden will. Sooft man sich begeistert in irgendwelche Aktivitäten stürzt, beschleicht einen eine Empfindung der Unfähigkeit. Dies bringt die Gefahr mit sich, daß man Dinge nicht vollendet (manchmal nicht einmal in Angriff nimmt). Während jede Verbindung zwischen Mars und Saturn ein Schwanken zwischen den Extremen Vorwärtsstürmen und Stillstand mit sich bringt, kommt beim Quinkunx vor allem der Stillstand zum Ausdruck.

Man hat auch Probleme mit seinem Verantwortungsgefühl: Sobald man Saturn betont, untergräbt man seine Wesensmerkmale durch eigenes Handeln (Mars), was man wegen der Quinkunx-Wirkung selbst als letzter wahrnimmt. Man kann sich damit ungewollt selbst viele Steine in den Weg legen, was wiederum Empfindungen der Unfähigkeit, Angst und Frustration auslöst. Trotz dieser Hemmungen hat man zugleich einen enormen Ehrgeiz, weshalb man sehr irritiert reagieren kann, wenn einem andere Menschen Steine in den Weg legen. Mit diesem Ehrgeiz kommt man dabei selbst nicht so gut zurecht, weil man hin- und hergerissen ist zwischen Ehrgeiz und sich verkriechen wollen, ohne dies zunächst irgendwie in den Griff zu bekommen.

Wenn man jedoch lernt, sich abzureagieren, und sich bewußt macht, daß das eigene Durchsetzungsvermögen und Verantwortungsgefühl (Saturn) sich eben anders zu äußern versuchen als die eigene Tatkraft und Energie (Mars), dann kann man sich auch die positiven Seiten dieser Verbindung zu eigen machen.

MARS UND URANUS

Konjunktion

Das Tatkräftige und Energische von Mars wird bei einer Konjunktion mit Uranus mit Hochspannung aufgeladen. Mit zwei ungeduldigen, aktiven Inhalten in einer so engen Verbindung spürt man schon sehr jung den Drang, seinen eigenen, möglichst unkonventionellen Weg zu gehen. Es liegt etwas Herausforderndes und Provokatives im eigenen Verhalten, wenn man für seine Interessen eintreten will.

Geduld hat man wenig – dafür ist das Bedürfnis nach Aktivität, Abwechslung und Erneuerung zu stark. Auf die eine oder andere Art reagiert man sehr wach auf alles, was um einen herum geschieht. Dies geht mit einer gewissen Angespanntheit einher, die Nervosität und manchmal sogar eine leichte Überspanntheit zur Folge haben kann. Man hat die Neigung, sich schnell Dingen zuzuwenden, vollendet aber wenig. Die eigenen Aktivitäten sind nicht gut koordiniert, und das impulsive, unüberlegte Handeln wird von Uranus noch beschleunigt und verstärkt, der mit seiner Launenhaftigkeit abrupte und plötzliche Bewegungen ausführen lassen kann oder einen plötzlichen Ausbruch provoziert. Daher besteht bei dieser Kombination die Gefahr, daß Dinge zu Bruch gehen und man in Unglücksfälle verwickelt wird. Dieselbe Schnelligkeit des Handelns ist dagegen ein Vorteil in schwierigen Situationen, in denen blitzschnelle Entscheidungen gefällt werden müssen.

Der Eigensinn von Uranus verleiht den Verbindungen zwischen Mars und Uranus auch etwas Starrsinniges. Man kann unbeirrbar an seinen Ideen festhalten und sich nicht von ihnen abbringen lassen. Andererseits geht eine große Dynamik von einem aus; man ist mit seiner energischen, mutigen Art nicht leicht aus dem Gleichgewicht zu bringen. Man überzeugt am meisten, wenn man ganz sich selbst sein kann. Widerstände von außen können die Aggressivität wecken und dadurch die destruktiven Seiten dieser Verbindung in aller Schärfe aufbrechen lassen. Man hat eben nicht viel Geduld.

Sextil und Trigon

Das Rastlose, Ungeduldige, Überaktive und auch Eigensinnige der Konjunktion ist auch bei den harmonischen Aspekten vorhanden. Mars und Uranus stacheln einander in jeder ihrer Verbindungen an, so daß auch hier das Bedürfnis ausgeprägt ist, ein eigenes Leben zu führen, allerlei neue Dinge zu unternehmen und vor allem nach den aufregenden Seiten des Lebens zu suchen. Die harmonischen Aspekte bewirken, daß man unter Umständen das Glück auf seiner Seite hat. Das Erneuernde, Eigene und Originelle, das man dabei ausstrahlt, gibt auch die Möglichkeit, sich als unabhängiger und bahnbrechender Führer einer Gruppe zu profilieren.

Man kann blitzschnell auf neue Entwicklungen reagieren und erwartet das auch von anderen, weshalb man nicht besonders viel Geduld hat. In gewisser Weise behindert dies die Fähigkeit zur Zusammenarbeit, doch ist man ohnehin als »Solist« eher in seinem Element. Es kommt auch dem tief verwurzelten Freiheitsdrang besser entgegen.

Das Veränderliche und Launische von Uranus vereinigt sich hier mit der eigenen Tatkraft und Energie, so daß man Schwierigkeiten hat, sich lange mit einer Sache zu beschäftigen. Man braucht Abwechslung in seinen Aktivitäten sowie eine Portion Spannung und Abenteuer. Bei den harmonischen Aspekten versteht man es stets, Situationen zu schaffen oder zu finden, in denen man bekommt, was man sucht. Das Abrupte einer Verbindung zwischen Mars und Uranus spielt aber ebensosehr eine Rolle, so daß man auch bei harmonischen Aspektierungen auf seine Bewegungen und Handlungen achten muß, mit denen man manchmal Porzellan zerschlagen kann.

Die uranische Geladenheit fehlt auch bei den harmonischen Aspekten nicht, so daß man immer wieder mit nervösen Beschwerden durch übermäßige Anspannung zu tun bekommt. Ruhe kennt diese Verbindung kaum, denn auch wenn die harmonischen Aspekte normalerweise passiv sind, überwinden zwei so aktive Planeten in ihrer Verbindung diese Passivität mühelos.

Wenn man ein abwechslungsreiches Leben führen kann und man die Gelegenheit bekommt, sich zu zeigen und sich ganz zu entfalten, dann kann diese Kombination äußerst kreativ und innovativ sein, nicht selten auch im technischen Bereich.

Quadrat und Opposition

Hier kann man seine Energie (Mars) anfänglich kaum im Zaum halten, weil sie von Uranus ständig unter Spannung gesetzt wird. Dies schafft eine außerordentliche Ruhelosigkeit und Anspannung, weshalb man oft auch reizbar und hitzig ist. Das zerstörerische Element dieser Kombination ist (oft unbeabsichtigt) groß, weshalb traditionell vor Destruktivität gewarnt wird. Man reagiert meist zu heftig, zu unbesonnen, zu unüberlegt und zu energisch auf Situationen, die mit Gelassenheit viel besser gelöst werden könnten. Man neigt bei diesen Aspekten am ausgeprägtesten dazu, seinen Kopf um jeden Preis durchzusetzen, wodurch schon früh Erziehungsprobleme entstehen können. Man tut, wozu man Lust hat, und wenn dies nicht möglich ist, gerät man in Wut (deren Ausmaß vom übrigen Horoskop abhängt). Es besteht ein ausgeprägter Hang zu provozieren.

Man kann seine Energie nur sehr mühsam steuern. Uranus läßt dies an sich schon kaum zu, und die Spannungsaspekte erschweren dies noch zusätzlich. Menschen mit diesen Aspekten können sich nicht lange mit derselben Sache beschäftigen. Sie wechseln dann auch immer wieder vom einen zum anderen, ohne irgend etwas zu erreichen. Dies ist schade, denn die Verbindung enthält an sich Energie genug, um Berge zu versetzen.

Man will seinen Freiheitsdrang und seine Ursprünglichkeit (Uranus) unbedingt beweisen (Mars), und bei den Spannungsaspekten übertreibt man dies. Die Folge kann gesellschaftlich unerwünschtes oder sogar asoziales Verhalten sein, doch ist man natürlich auch dann, wenn es notwendig wird, alte Zöpfe abzuschneiden, in vorderster Linie dabei. Die Neigung zum Durchbrechen, die sich aus der Kombination von Mars und Uranus ergibt, kann man hervorragend in Kampfsportarten und Tätigkeiten abreagieren, bei denen man buchstäblich etwas brechen kann, wie Holz hacken und ähnlichen Dingen. Die Spannungsentladung bietet dann die Möglichkeit, etwas besser mit seiner Energie umzugehen.

Quinkunx

Wenn bei zwei impulsiven und aktiven Inhalten der eine den anderen »latent« aktiviert, besteht die große Gefahr, daß man unüberlegt handelt und unbewußt Dinge über den Haufen wirft. Sooft man aktiv werden will (Mars), bekommt dieses Handeln einen unbewußten ruhelosen Impuls von dem ohnehin so rastlosen und geladenen Uranus, weshalb man viel heftiger und ungeschickter auftritt, als einem vielleicht bewußt ist. Dadurch kann man mit einem Schlag Dinge zerstören, die man sich mühsam aufgebaut hat. Man wird in seinem Leben immer wieder mit zerstörerischen und destruktiven Wirkungen konfrontiert. Anfänglich sucht man die Ursache hierfür in der Situation und außerhalb seiner selbst, doch ist dies in Wirklichkeit immer eine Folge der eigenen unbewußten Spannungen.

Auch wenn man originell sein und Raum für seine individuelle Entfaltung schaffen will (Uranus), neigt man dazu, dies zu forcieren (Mars) und zuviel Energie dafür aufzuwenden, so daß man diesbezüglich auf mehr Widerstände trifft, als man erwartet. Dies weckt Irritationen, wodurch ein Teufelskreis entstehen kann, weil man sich mit seinem Eigensinn und seiner Aggressivität von seiner Umgebung entfremdet.

Wie bei den disharmonischen Aspekten gilt auch hier, daß man ein Ventil für dieses Übermaß an Spannung und Energie finden muß, um ausgeglichener reagieren zu können, auch wenn man mit der Unruhe zu leben lernen muß.

MARS UND NEPTUN

Konjunktion

Wenn der Selbsterhaltungsdrang und die Tatkraft und Energie (Mars) mit dem Bedürfnis verbunden sind, die Begrenzungen der persönlichen Erlebniswelt zu verwischen und dann zu verfeinern, zu idealisieren oder überhaupt aufzuheben (Neptun), kann man sehr unterschiedliche und anscheinend auch widersprüchliche Auswirkungen erwarten. Dabei spielt der Zeichenhintergrund eine wichtige Rolle.

Wenn Mars sich nicht so richtig zur Geltung bringen kann,

dann besteht die Möglichkeit, daß Neptun die Energie von Mars gewissermaßen absorbiert, weshalb man weniger Widerstandskraft, weniger Geltungsdrang und weniger Streitlust in sich trägt, als man von Mars erwarten könnte. Wenn Mars dagegen stark steht, kann man von Zeit zu Zeit Schwierigkeiten mit der unterminierenden Seite von Neptun bekommen, wobei Mars eine unpersönliche und etwas idealistische Tönung annimmt, und zwar in der Weise, daß man beispielsweise bei anderen Illusionen wecken kann oder sehr liebenswürdig wirkt. Damit ist dies ein idealer Aspekt für die Welt des Films und der Fotografie. Wie widersprüchlich diese beiden Äußerungen auch zu sein scheinen, so gibt es doch einen gemeinsamen Kern. Mars wird in seiner Manifestation durch das Verwischende von Neptun verformt: Entweder wird die Energie vage, oder das Marshafte zeigt sich so wenig ichbehauptend in der Außenwelt oder ist so vage und allgemein, daß jeder das Seine darauf projizieren kann.

Aber auch innerlich wirkt die Konjunktion verwässernd und idealisierend. Man möchte etwas für die Menschheit tun und kann sich aktiv für ein gemeinsames Ideal einsetzen. Nie erlebt man seine Marskraft als etwas, das man für seine Persönlichkeit einsetzen muß oder kann, sondern als etwas, das dem kollektiven Interesse dienen muß. Es geht im Grunde nicht um eine Bekräftigung des Ich, sondern um eine Bestätigung des Kollektiven in einem selbst. Eine Verbindung zwischen Mars und Neptun kann daher nicht unerhebliche Beziehungsprobleme schaffen.

Neptun ist ein Planet, der Illusionen, Glanz und Glamour liebt, und eine Mars-Verbindung kann das Bedürfnis erzeugen, sich aktiv in oder mit dieser Welt zu beschäftigen. Man kann daher sehr romantisch sein, doch wird man dadurch anfällig für Täuschungen durch eine innere, veräußerlichte oder äußere Traumwelt. Für Ausdruckskünstler ist dies ein sehr günstiger Aspekt.

Sextil und Trigon

Bei den harmonischen Verbindungen zwischen Mars und Neptun besitzt man oft eine starke Anziehungskraft auf das andere Geschlecht: Die Art, wie man sich zur Geltung bringt, und die

Ausstrahlung der eigenen Sexualität (Mars) werden von Neptun in einer ansprechenden Weise verfeinert, wodurch man sanft und kraftvoll zugleich wirkt. Was man in der Regel nicht sieht ist, daß genau dies die Waffe ist, mit der man sich behaupten kann: Den aktiven Kampf und die harte Konfrontation verträgt man bei dieser Verbindung nicht gut.

Obwohl die Fähigkeit der Selbstbehauptung hier wie bei allen anderen Verbindungen zwischen Mars und Neptun nicht sehr gut entwickelt ist, kommt man bei den harmonischen Aspekten hiermit recht gut zurecht. Durch seine Liebenswürdigkeit findet man immer Menschen, die einem unter die Arme greifen, und auch die Bereitschaft, sich für ein Ideal einzusetzen, findet ein positives Echo. Man findet bei diesen Aspektierungen Tätigkeiten für wohltätige Zwecke oder im sozialen Bereich.

Man hat Schwierigkeiten, seine Aktivitäten zu steuern, weil Mars bereits ungerichtet ist und Neptun ebensowenig Halt bietet. Bei den harmonischen Verbindungen stellt man fest, daß die Grenze zwischen konkreter äußerer Aktivität und innerer Aktivität wie (Tag-)Träumen und Phantasieren schwierig zu ziehen ist, weshalb man manchmal ein erhebliches Maß an Passivität findet. Dies ist allerdings nur eine äußerliche Inaktivität: Innerlich herrscht höchste Betriebsamkeit, und die Ideen, die daraus entspringen, können später in Taten umgesetzt werden, obwohl man sich nicht darauf verlassen darf, daß die Verbindungen zwischen Mars und Neptun immer zu besonders praktischen Ideen führen.

Obwohl Neptun bei vielen Verbindungen die Tendenz hat, Energie abzusaugen, auch bei den harmonischen Aspekten, hat derselbe Neptun auch die Fähigkeit, aus einer tieferen Quelle in unerklärlicher Weise außerordentlich zu stimulieren, so daß man auch zu besonderen Leistungen fähig ist. Diese Quelle versiegt jedoch, wenn man aufhört zu »träumen«, weshalb die harmonischen Aspekte zwischen Mars und Neptun nur dann optimal wirken, wenn sich Zeiten großer Aktivität mit Zeiten des passiven Aufnehmens und Tagträumens abwechseln.

Quadrat und Opposition

Bei den Spannungsaspekten zwischen Mars und Neptun leidet man sehr unter der unterminierenden und absorbierenden Wirkung Neptuns. Man hat große Schwierigkeiten sich zu behaupten, und auch der Charme der eigenen Sanftmut, über den man durchaus noch verfügt, wirkt sich hier weniger aus als bei den harmonischen Aspekten. Darüber hinaus ist man oft durch einen Energiemangel behindert; es ist, als ob man sich einfach nicht aufraffen könnte. Dieser Mangel an Energie wird vor allem dort deutlich, wo man etwas leisten oder beweisen muß, also auf dem Gebiet von Mars. Wenn man sich dagegen mit Hobbys oder Dingen in seiner privaten Sphäre beschäftigt, kann man bei solchen Aspekten sehr schöpferisch sein.

Aufgrund des oben Gesagten können Minderwertigkeitsgefühle auftreten; man ist schnell entmutigt und kommt mit der konkreten Wirklichkeit des Alltags mit ihren Fußangeln und Fallstricken nicht besonders gut zurecht.

Die Spannungsaspekte schaffen andererseits die Möglichkeit, sich für ein Ideal oder eine religiöse oder metaphysische Idee einzusetzen, und der Erfolg in dieser Hinsicht kann das Selbstvertrauen wachsen lassen. Man muß sich allerdings davor hüten, sich nicht in Illusionen zu verfangen, denn die Gefahr einer Irreführung besteht bei allen Neptun-Aspekten.

Quinkunx

Sooft man aktiv werden und/oder sich selbst beweisen oder behaupten will, wird die Energie in unerklärlicher und ungreifbarer Weise durch den unterminierenden Neptun absorbiert. Man kommt nicht in Fahrt, hat keinen Mut oder schlägt die Schlacht in seinem Traumleben, ohne konkret zum Handeln überzugehen. Manchmal ist das Traum- und Phantasieleben so intensiv, daß man Schein und Wirklichkeit miteinander verwechselt und glaubt, Dinge gelöst zu haben, mit denen man sich aber nur in seiner Traumwelt intensiv beschäftigt hat. Man muß sich daher auch davor hüten, anderen Dinge in den Mund zu legen, die sie niemals gesagt haben, auch wenn man sie selbst in seiner Phantasie gehört hat. Weiterhin wird diesem Aspekt oft Unehrlichkeit unter anderem in der Arbeit zugeschrieben, doch handelt es sich dabei niemals um bewußte Unehrlichkeit. Diese Tendenz kann überwunden werden, wenn man einmal erkennt, daß die Quelle des Mißverständnisses in der eigenen Neigung liegt, die Dinge in seiner Phantasie zu lösen, statt in der Wirklichkeit. In der Wirklichkeit wagt man oft nicht einmal, sich gegen falsche Anschuldigungen zu wehren, während man in seiner Traumwelt der Held ist.

Ein Vorzug dieses Aspekts ist, daß man seine Probleme oft »wegschlafen« kann: Das Unbewußte arbeitet sie dann für einen auf. Dies ist eine der Ursachen dafür, warum man bei diesem Aspekt manchmal eine unerklärliche Müdigkeit verspüren kann.

Für den künstlerischen und kreativen Ausdruck ist dies ein guter Aspekt, wenn man seine anfängliche Unsicherheit einmal überwunden hat. Man spürt dann, daß man sehr wohl Energie hat, die man für die Dinge einsetzen kann, mit denen man sich geistig verbunden fühlt.

MARS UND PLUTO

Konjunktion

Wenn zwei Planeten sich miteinander verbinden, die beide das Bedürfnis haben, sich zu beweisen, sich zu behaupten und sich in den Vordergrund zu drängen, dann entsteht ein fast zwanghafter Drang nach Selbstmanifestation, gepaart mit einer beeindruckenden Willenskraft. Pluto intensiviert die Tatkraft von Mars, so daß man auch über eine unerschöpfliche Energie und eine unglaubliche Dynamik verfügt. Der Machtdrang (Pluto) wird wiederum durch Mars aktiviert, so daß man auch ein gesteigertes Bedürfnis hat, die Zügel in die Hand zu nehmen; dies ist die Ursache eines grenzenlosen Ehrgeizes und Geltungsdrangs.

Man kann sich durchweg sehr gut behaupten, und man duldet es nicht, daß einem irgend etwas in den Weg gelegt wird. Mit allen Mitteln setzt man seinen Willen durch und geht seinen Weg, manchmal ohne jede Rücksicht. Es ist ein Aspekt, den man als destruktiv bezeichnet hat. Doch braucht es keineswegs zur Destruktion zu kommen, wenn man ein Ventil für den gewaltigen

Ehrgeiz und die überschießende Energie finden kann. Eine hervorragende Möglichkeit, diese Energie einzusetzen, sind sportliche Leistungen, aber man kann damit auch eine Karriere in der Welt der Macht und Politik aufbauen. Oft nimmt man nicht einmal Rücksicht auf sich selbst. Auf allen Gebieten, auf denen man sich betätigt, sei es Politik, Wissenschaft, Sport oder Okkultismus, setzt man sich voll ein, überflügelt viele und kann sich einen Namen machen. Die Herausforderung des Lebens zieht einen an, und man spielt gerne mit hohem Einsatz.

Die Wirkung von Mars wird durch Pluto intensiviert, so daß man in kritischen Situationen schnell, energisch und auch mit Härte auftreten kann. In nicht akuten Situationen kann man sich in gespannter Erwartung sehr gut eine Strategie für den Augenblick zurechtlegen, in dem man losschlagen kann, damit geschieht, was man will. Die Konjunktion zwischen Mars und Pluto besitzt einen starken, unbeirrbaren Willen, der sich nicht aufhalten läßt. Menschen mit dieser Konjunktion haben die Neigung, ihrem Leben selbst eine Richtung zu geben, unabhängig von den gültigen Normen und Maßstäben. Wenn sie auf Widerstand treffen, können sie in ihren Äußerungen extrem sein und dadurch in die Isolation geraten.

Sextil und Trigon

Hier besteht ein großer Geltungs- und Machtdrang. In vielen Fällen versteht man es, Umstände zu schaffen, in denen man im Kleinen oder im Großen eine gewisse Machtposition einnimmt, und sei es nur dadurch, daß man etwas kann, was andere nicht können. Man verfügt über eine gewaltige Menge an Energie und Durchsetzungsvermögen, und selbst wenn die physische Kraft nicht groß ist, hat man immer noch so viel psychische Kraft, daß man sich mühelos durchsetzt.

Oft ist bei diesen Aspekten Eigensinn zu beobachten, so daß man auch bei den harmonischen Verbindungen zwischen Mars und Pluto nicht gegen Konfrontationen gefeit ist, denen man aber leicht die Stirn bietet und die man sogar provoziert. Man duldet von nichts und niemandem Widerstand und kann in solchen Fällen extrem reagieren. Mit seiner unbeirrbaren, energischen Kraft kann man viel bewirken, doch kann man sich in gewisser Weise damit auch gegenüber seiner Umgebung isolieren. Selbst bei den harmonischen Aspekten kennt man keine Rast und Ruhe.

Man kann es sehr weit bringen, wenn man seine Energie konstruktiv einzusetzen weiß, doch kann man auch tief sinken, wenn man in die falsche Richtung geht. Gerade bei den harmonischen Aspekten kann man lange stur in einer Richtung weitermachen, bis man sich schließlich festfährt. Aber man verfügt, wie schon gesagt, über eine große Energie, so daß man mit seiner (Willens-) Kraft grundsätzlich alle Probleme bewältigen kann.

Pluto ist unersättlich, und daher gibt er sich niemals mit dem zufrieden, was Mars leistet. Er will immer mehr, weshalb man sich bei diesen Aspekten viel abverlangt. Dabei kann man zu weit gehen und sich erschöpfen. Diese Gefahr ist jedoch bei den disharmonischen Aspekten größer.

Quadrat und Opposition

Die Spannungsaspekte zwischen Mars und Pluto dürften die heftigsten und stärksten sein, die man haben kann. Alles, was mit Tatkraft, Energie und Aktivität zu tun hat, ist hier in einer intensivierenden Weise miteinander verbunden. Die Heftigkeit und Streitlust dieser Aspekte kann dadurch im positiven und im negativen Sinn extreme Formen annehmen. Dies findet seinen Ausdruck beispielsweise in sportlicher Meisterschaft (vor allem Kampfsportarten wie Boxen), gelegentlich aber auch in Verbrechertum. Bei den disharmonischen Aspekten möchte man das Äußerste aus sich selbst und dem Leben herauspressen, und dies tut man zum Beispiel dadurch, daß man am Rand von Leben und Tod balanciert (Stuntman), das Äußerste von sich verlangt (in Sportarten, die einen extremen psychischen und körperlichen Einsatz erfordern) oder indem man sich in anderer Weise bewährt, was sehr wohl auch ohne physische Gewalt möglich ist (als der unermüdliche Streiter für gewaltlose Reformen, wie Mahatma Gandhi bewies). Die Herausforderung des Kampfes, physisch oder psychisch oder eine Verbindung von beidem, fesselt einen, auch wenn dies bei diesen Aspekten etwas Zwanghaftes hat.

Man bekommt niemals genug davon. Natürlich kennt man auch Ermüdung, doch wird man innerlich immer wieder angespornt.

Man möchte sich stets aufs neue beweisen, wodurch man zu einem gefürchteten Gegner wird, sei es in der Politik oder im Sport. Mit der Energie der Spannungsaspekte legt man sich mächtig ins Zeug, wodurch man Konfrontationen hervorruft, denen man dann mühelos die Stirn bietet. Die Gefahr bei diesen Aspekten liegt darin, daß man sich selbst gegenüber hart bis hin zur Grausamkeit sein kann. Wenn das übrige Horoskop dagegen auf mildere Tendenzen hinweist, dann wirkt sich dies eher in Richtung einer Unverwüstlichkeit aus. Je angespannter die Situation ist, desto tatkräftiger und heftiger wird man. Man liebt es, unter Hochspannung zu arbeiten.

Der Eigensinn und die Willenskraft, der Machtdrang und das Geltungsbedürfnis sind so groß, daß man unzugänglich für das werden kann, was andere Menschen meinen und wollen. Man geht unbeirrt seinen eigenen Weg. Aber diese Sturheit kann einen in gefährliche Situationen bringen, weshalb man sich eine gewisse Vorsicht angewöhnen sollte.

Quinkunx

Beim Quinkunx zwischen Mars und Pluto sollte man etwas umsichtiger mit seiner Energie umgehen, als man dies in der Regel tut. Sooft man sich behaupten möchte, wird diese Energie durch Pluto intensiviert, wodurch man viel nachdrücklicher wirkt, als man beabsichtigt hat, oder viel zwingender und willenskräftiger auftritt, als man selbst für möglich hält. Dies löst entsprechende Reaktionen aus, mit denen man sich dann auseinandersetzen muß, so daß man aufgrund seines eigenen Handelns in eine gewisse Unsicherheit gestürzt wird. Anfänglich versteht man nicht, warum man solche heftigen Reaktionen erzeugt, doch liegt dies daran, daß man die für einen selbst in verschiedener Hinsicht ungreifbaren plutonischen Eigenschaften ausstrahlt, sooft man sich nach außen behaupten will. Daher ist es durchaus möglich, daß man manchmal Aggressionen auslöst, ohne zu wissen warum.

Auch beim Quinkunx besteht ein großes Geltungsbedürfnis,

wenn auch in geringerem Maße als bei den anderen Aspekten zwischen Mars und Pluto. Man hat daher auch weniger Probleme damit. Man neigt allerdings dazu, viel zu sehr auf seinem eigenen Willen zu beharren, selbst dann, wenn man glaubt, daß man anderen Raum läßt. Dadurch forciert man Umstände, die man besser nicht forciert hätte, so daß der berufliche Fortschritt oder sonstige Ziele, die man sich gesetzt hat, viel mehr Energie erfordern, als notwendig wäre. Pluto bleibt in einem Menschen immer der Drang, das Unterste zum Vorschein zu bringen, wie unsicher dies einen bei dieser Verbindung auch macht. Aber man kann diese enorme Energie verfügbar machen, wenn man sich mit der Quelle der Spannungen auseinandergesetzt hat, so daß man auch mit dem Quinkunx vorankommen kann.

MARS UND ASZENDENT

Konjunktion

Die Art, wie man nach außen auftritt, ist stark vom Selbstbehauptungsdrang getönt. Bei dieser Stellung hat man wenig Neigung, auf andere Rücksicht zu nehmen. Ehe man es sich versieht, ist man schon aktiv geworden oder hat auf etwas reagiert, wobei man anderen das Wort abschneidet oder sie gar nicht erst zu Wort kommen läßt. Dieses Schnelle und Aktive von Mars erzeugt in Verbindung mit dem Aszendenten den Eindruck von Tatkraft und Mut. Man wirkt unabhängig und willensstark, aber das vordrängende Verhalten, zu dem man neigt, findet nicht immer ein positives Echo. Deshalb muß man damit rechnen, daß es einem immer wieder einmal kräftig mit gleicher Münze heimgezahlt wird. Man kann schärfer wirken als beabsichtigt, und wenn einem jemand ein Bein zu stellen versucht, reagiert man hierauf prompt und heftig. Das Unbesonnene von Mars kann in Verbindung mit dem Aszendenten zerstörerisch wirken – dies ist ein Aspekt, der zur Vorsicht mahnt.

Sextil und Trigon

Man weiß sich stets gut zu behaupten, ist unabhängig und äußerst aktiv, wobei man die Neigung hat, nur das zu tun, wozu man Lust hat. Bei den harmonischen Aspekten verliert Mars durchaus nichts von seiner Selbstbezogenheit.

Menschen mit diesen Aspekten verstehen es, die Umgebung zu stimulieren und zu Taten anzuspornen. Nicht selten haben sie Führungsqualitäten, jedoch eher im Sinne natürlicher Führerschaft aufgrund von Mut, Kühnheit und Begeisterung als im Sinne organisatorischer Fähigkeiten.

Man besitzt viel Energie und ist körperlich robust. Menschen mit diesen Aspekten sind meist sportlich; sie lieben den Wettkampf, ohne jemandem nacheifern zu wollen. Sie fordern gerne andere »so zum Spaß« heraus, doch bleiben sie immer fair. Sie setzen sich gerne für Ideen oder Ideale ein, denn Streitlust besteht auch bei den harmonischen Aspekten. Auch hier muß man, wenn auch in geringerem Maße, lernen, auch anderen Raum zu lassen. Oft nimmt man mehr für sich in Anspruch, als einem zusteht, und sei es nur wegen der eigenen Spontaneität und Dynamik.

Quadrat und Opposition

Bei diesen Aspekten hat man seine Energie weniger gut im Griff. Man neigt dazu, sich einmal viel zu heftig einzusetzen, dann wieder seine Energie in die falschen Dinge zu investieren, und stets ist wenig Richtung darin zu erkennen, wie man seine Energie einsetzt.

Man entzündet sich schnell für etwas, doch kann dies ebenso rasch wieder abklingen. Man neigt auch dazu, zu heftig auf gutgemeinte Ratschläge anderer Menschen zu reagieren, die man als aufdringlich interpretiert. Man hat Energie im Überfluß und ein ausgeprägtes Bedürfnis, sich aus eigener Kraft zu beweisen und zu manifestieren, was man auch ausgiebig tut. Selbst wenn man weiß, daß man in Schwierigkeiten geraten wird, geht man lieber seinen eigenen Weg, als sich von anderen führen zu lassen. Dementsprechend findet man bei Mars-Aszendent-Konflikten ebenfalls Tatkraft, Wagemut und Unternehmungslust. Man muß allerdings vorsichtig sein, da es durch den oft unbesonnenen Energieeinsatz Scherben geben kann. Man braucht sich hierbei auch nicht zu wundern, wenn man immer wieder heftige Reaktionen in seiner Umgebung provoziert – man macht durchaus nicht immer einen gutmütigen Eindruck und läßt sich schon gar nicht auf der Nase herumtanzen.

Quinkunx

Beim Quinkunx zwischen Mars und Aszendent erzeugt man oft Spannungen, ohne genau zu wissen, warum. Sooft man sich in seiner Umgebung manifestiert, ist Mars unterschwellig beteiligt, so daß man sich oft stärker in den Vordergrund drängt, als einem bewußt ist – oder man wagt es gerade dann nicht, sich durchzusetzen, wenn dies einmal notwendig sein sollte. Mars spielt also eine Rolle, aber eine ungreifbare, und man kann daher sehr verunsichert werden, wenn man einmal nicht wagt, sich zu behaupten, und ein andermal aggressive Reaktionen auslöst, wenn man das Heft in die Hand nimmt.

Bei diesem Aspekt weiß man oft nicht, was man eigentlich will. Die eigene Tatkraft (Mars) steht so sehr im Widerspruch zum eigenen Auftreten in der Außenwelt (Aszendent), daß man hin und her geschleudert werden kann. Dies kann einem schließlich das Gefühl geben, daß nichts so geht, wie man möchte, weshalb man rastlos nach immer neuen Aktivitäten sucht. Diese Unruhe ist jedoch in einem selbst veranlagt. Wenn es gelingt, diese Spannung abzureagieren (in Sport oder anderen Mars-Aktivitäten), dann kann man sich aktiv für die Dinge einsetzen, die einem Spaß machen. Allerdings muß man wie bei allen Mars-Aspekten darauf achten, nichts zu zerstören, weil das eigene Handeln nicht immer wohlüberlegt ist.

MARS UND MC

Konjunktion

Der Tatendrang auf der sozialen und gesellschaftlichen Ebene ist hier sehr ausgeprägt; man hat den Drang, sich zu beweisen, und wirkt nach außen stets sehr aktiv, aber auch streitlustig. Diese Horoskopeigner verfügen über eine unerschöpfliche Arbeitskraft, doch sind sie nicht immer sehr taktvoll, weshalb sie es immer wieder mit heftigen Reaktionen zu tun bekommen. Sie müssen lernen, auf andere Rücksicht zu nehmen und ihre ungestüme

Energie etwas zu zügeln. Übereiltes Handeln ist bei diesem Aspekt nicht selten.

Man nimmt Dinge ohne weiteres in die Hand, wenn es darum geht, etwas zu berichtigen oder seine Interessen zu behaupten, weshalb man einen tatkräftigen Eindruck macht. Wenn die eigene Streitbarkeit und Wehrhaftigkeit gefordert wird, fühlt man sich so richtig in seinem Element. Schon als junger Mensch behauptet man seinen eigenen Willen und läßt deutlich spüren, daß man am liebsten das tut, wozu man selbst Lust hat. Daher hat diese Konjunktion durchaus auch etwas Widerspenstiges.

Sextil und Trigon

Man packt gerne an, ist unternehmungslustig und aktiv, wenn es darum geht, sich einen Platz in der Gesellschaft zu sichern. Bei den harmonischen Aspekten zwischen Mars und MC hat man nicht weniger Geltungsdrang als etwa bei der Konjunktion, doch manifestiert sich dieser hier problemloser. Man macht einen fleißigen Eindruck, und dies kann bei Bewerbungsgesprächen oder anderen Gelegenheiten, wo der erste Eindruck entscheidend ist, von Vorteil sein. Mars in einer harmonischen Stellung zum MC verleiht etwas Unabhängiges und Selbstbewußtes, was auf die Umgebung stimulierend wirken kann. Man kann für sich alleine gut und hart arbeiten, sofern man Freude an seiner Arbeit hat. Andernfalls macht man in irgendeiner Weise deutlich, daß man nicht zufrieden ist, und bei den harmonischen Aspekten tut man dies stets in einer solchen Weise, daß man aktiv zu Veränderungen beiträgt, damit die Dinge künftig so laufen, wie man sich das vorstellt. Bei jedem Aspekt zwischen Mars und MC manifestiert man sich auf der sozialen und gesellschaftlichen Ebene sehr deutlich und hat das Bedürfnis, sich aktiv zu beweisen. Bei den harmonischen Aspekten trägt das Bild, das man von sich selbst hat, aktiv zum Gelingen der eigenen Rolle in diesem Bild bei.

Quadrat und Opposition

Wenn Mars im Konflikt mit dem MC steht, hat man immer wieder Probleme wegen seines oft zu nachdrücklichen, manchmal auch heftigen und aggressiven Auftretens. Man hat einen ausgeprägten Geltungsdrang, den man nicht immer besonders geschickt nach außen zu manifestieren versteht. Deshalb wirkt man dominant, herrschsüchtig und streitsüchtig. Vor allem im gesellschaftlichen Bereich kann dies zu Problemen führen, weil man sich aufgrund seiner Haltung und Ausstrahlung des öfteren gegen Aggressivität und Angriffe von außen verteidigen muß. Das Ich-Bild paßt nicht gut zu der Rolle, die man sich aufgrund dieses Bildes eigentlich zubilligt.

Wenn man lernt, dies etwas zu korrigieren und zu kontrollieren, dann bleibt von diesen Aspekten eine große Tatkraft und viel Energie, mit der man es sehr weit bringen kann. Man wird allerdings immer mehr oder weniger darum kämpfen müssen, sein Ziel zu erreichen, doch verfügt man auch über die Mittel dazu. Am wohlsten fühlt man sich in gesellschaftlichen Positionen, in denen man sehr aktiv, aber auch sehr selbständig sein kann. Bewegungsfreiheit schätzt man bei einem Konflikt zwischen Mars und MC ganz besonders.

Bei diesen Aspekten nimmt man wenig Rücksicht auf andere, und durch seine Schnelligkeit und Durchsetzungsbereitschaft nimmt man anderen oft den Wind aus den Segeln. Man tut ganz selbstverständlich das, wozu man Lust hat.

Quinkunx

Beim Quinkunx zwischen Mars und MC verspürt man immer wieder eine unbestimmte Spannung, was die eigene Manifestation in der Gesellschaft betrifft. Man hat den unleugbaren Drang, sich zur Geltung zu bringen, aber man hat immer auch das Gefühl, nicht zum Zuge zu kommen oder nicht das tun zu können, was einem Spaß macht. Dies erzeugt ein nagendes Gefühl des Unbehagens, das man nicht einordnen kann. Die Folge ist, daß man sich ständig gegen alles auflehnt, was nach Autorität und Vorschriften aussieht, nur um das Gefühl zu haben, frei und unabhängig zu sein. Weiterhin ist man unbewußt wegen dieses nagenden Geltungsdrangs ständig darauf bedacht, eine wichtige Rolle spielen zu können, weshalb man anderen weniger Freiraum läßt, als man glaubt. Dies erzeugt in der Umgebung und im gesellschaftlichen Prozeß Widerstand. Weil man aber sein eigenes

Handeln nicht so gut wahrnimmt, versteht man diese Reaktionen nicht sofort, wodurch ein Teufelskreis entsteht: Man reagiert hierauf wiederum aggressiv oder heftig, was entsprechende Gegenreaktionen auslöst. Weil man seine Energien nicht so gut unter Kontrolle hat, kann dies im psychischen und physischen Bereich negative Auswirkungen haben. Wenn man dagegen ein Ventil für diese Energie findet, sei es durch harte Arbeit, sei es in Sport und Spiel (am besten keine gefährlichen Sportarten!), dann wird man feststellen, daß man mit dem Quinkunx doch sein Verhalten begreifen und sich schließlich auf seinem Platz fühlen kann. Der Kern des Problems liegt in der Tatsache, daß Energie (Mars) und gesellschaftliche Erwartungsmuster (MC), sowohl die eigenen als auch diejenigen der Gesellschaft, nicht miteinander im Einklang sind.

Aspekte von Jupiter

JUPITER UND SATURN

Konjunktion

Wenn der erweiternde, ausdehnende und vermehrende Jupiter sich mit seinem Gegenteil verbindet, nämlich dem begrenzenden, beschränkenden und hemmenden Saturn, dann entsteht eine widersprüchliche Situation. Sooft man das Bedürfnis verspürt, fröhlich und begeistert seinen Horizont zu erweitern und sich mit etwas zu befassen (Jupiter), beschleicht einen die Furcht, seine Sicherheit zu verlieren, so daß man sich gehemmt fühlt und nur noch sehr vorsichtig handelt (Saturn). Dadurch bleibt nicht mehr viel Raum für Spontaneität, und es besteht die Gefahr, daß man viele Chancen im Leben ungenutzt vorübergehen läßt, weil es oft schon zu spät ist, wenn man sich einmal dazu durchgerungen hat, eine solche Gelegenheit zu ergreifen. Man wartet zu lange, weil man erst alles ganz genau wissen will und erst seine Angst vor dem Neuen überwinden muß. Andererseits hat dieser Aspekt den großen Vorteil, daß man sich nicht Hals über Kopf in die verschiedensten Abenteuer stürzt, durch die man sich selbst Schaden zufügen könnte.

Das Beschränkte, Begrenzte, Melancholische und stets auch Düstere von Saturn bekommt durch die Konjunktion mit Jupiter eine freundlichere Tönung, wodurch man bei Verbindungen zwischen Saturn und Jupiter durchaus Freude und Fröhlichkeit kennt, wenn auch mit einem ernsthaften Einschlag. Wenn man einmal in einer Stimmung der Niedergeschlagenheit ist, kann einen der Optimismus Jupiters wieder herausreißen.

Bei der Konjunktion ist man in der Lage, mit einer positiven Einstellung sehr ausdauernd und hart zu arbeiten. Man sieht gewissermaßen hinter der schweren Arbeit, die man verrichten muß (Saturn) auch die künftigen Möglichkeiten (Jupiter). Daher kann diese Kombination Durchsetzungsvermögen verleihen und ist daher sehr günstig für Tätigkeiten, die einen großen Einsatz verlangen und für die man auf vieles verzichten muß. Zukunftsvisionen und schrittweises Aufbauen kommen hier zusammen, weshalb Organisationstalent vorhanden ist, das sich jedoch nur dann ausgeprägt zeigt, wenn der Zeichenhintergrund dies unterstützt und der Aspekt mit persönlichen Horoskopinhalten verknüpft ist.

Sextil und Trigon

Die Art, wie Menschen mit diesen Aspekten Expansion, Erweiterung, Verbesserung und Vermehrung suchen, fügt sich hier in einer harmonischen Weise mit dem Durchsetzungsvermögen und mit der Art zusammen, wie man sich beschränkt und sein Ich absteckt und begrenzt. Das Gleichgewicht zwischen diesen beiden Planeten verleiht die Möglichkeit, zu einer besonnenen, ausgeglichenen Haltung zu kommen, auch im Blick auf die Zukunft, die man sich von Anfang an Schritt für Schritt aufbaut. Ein sorgfältig geplanter beruflicher Aufstieg ist ebenfalls möglich und wahrscheinlich.

Innerlich erfahren Menschen mit diesen Aspekten oft einen abgeklärten Optimismus, eine harmonische Begeisterungsfähigkeit, was für die Zusammenarbeit mit anderen Menschen sehr günstig ist, weil sie sie mit der ruhigen Art dieser Aspektierungen sehr gut motivieren können.

Sie sind hervorragende Organisatoren; sie wissen Vorhaben und praktische Ausführung, Zukunft und Realitätssinn gut miteinander zu kombinieren und haben kaum Probleme mit übersteigerten Verantwortungsgefühlen oder auch gespannten Zukunftserwartungen. Dabei wird ihnen die vielversprechende und stimulierende Seite dieser Aspekte niemals den Kopf verdrehen. Sie sind und bleiben ernsthaft und werden auch mit diesen Aspekten Unnötiges beiseite lassen, um gesteckte Ziele zu erreichen. Jupiter verstärkt in dieser Stellung den Ehrgeiz und Eifer von Saturn, so daß sie nicht ruhen, bis sie ihr Ziel erreicht haben.

Quadrat und Opposition

Immer dann, wenn man das Bedürfnis verspürt, sich enthusiastisch an die Arbeit zu machen, seine Möglichkeiten zu erweitern und zu verbessern oder neue Möglichkeiten zu nutzen (Jupiter), macht sich auch die hemmende und beschränkende Wirkung von

Saturn geltend. Man zögert zu lange oder schätzt eine Situation falsch ein und lädt sich damit zusätzliche Arbeit auf. Planung und Praxis, Zukunft und Wirklichkeit sind jedenfalls nicht miteinander im Einklang, und man weiß zunächst nicht, wie man damit umgehen soll. Dies führt bei den Konflikten zu übersteigerten Ausdrucksformen. Man bricht unter dem Druck, etwas unternehmen zu müssen, schier zusammen, oder man unternimmt gerade zuviel und geht ein zu hohes Risiko ein. Wenn man eine verantwortungsvolle Position übernehmen will (Saturn), kann Jupiter dies über den disharmonischen Aspekt in einer so unangemessenen Weise stimulieren, daß man in eine Situation gerät, der man eigentlich nicht gewachsen ist oder in der man beängstigend hohe Risiken (finanziell oder psychisch) eingehen muß. Es ist aber ebenso gut möglich, daß man, wenn man nach einer Verbesserung strebt, eine sich bietende Chance durch übertriebene Vorsicht und Zurückhaltung ungenutzt verstreichen läßt. Bei Konflikten zwischen Jupiter und Saturn lernt man erst durch Versuch und Irrtum, die richtigen Ziele anzustreben und dies zum richtigen Zeitpunkt anzupacken, denn man hat zunächst den Hang, durch falsche Einschätzung von Möglichkeiten viel Energie zu vergeuden. Deshalb findet man bei dieser Kombination oft Melancholie, Enttäuschung und eine etwas düstere Einstellung.

Andererseits sind dies Aspekte, die viel Raum für aktive Möglichkeiten bieten, wenn man sein Terrain einigermaßen abgesteckt hat. Eine entsprechende Konstellation wäre etwa ein Beruf, in dem man viel Verantwortung und Freiraum für Ausdrucksmöglichkeiten hat, während die weitreichenderen Entscheidungen von anderen getroffen werden. Dann kann man hart und präzise arbeiten und aus diesen Konflikten sogar Selbstvertrauen gewinnen.

Quinkunx

Wenn man heiter und begeistert etwas in Angriff nimmt, beschleicht einen sofort auch ein unbestimmtes Gefühl der Unsicherheit. Wenn man sich um eine bessere Stelle bewerben könnte, unterläßt man dies oft, weil man das Gefühl hat, daß man die

Stelle doch nicht bekommt. Was aber die Ursache für solche pessimistischen Anwandlungen ist, vermag man nicht recht zu erkennen. Dies hat zur Folge, daß man sich bei der Verwirklichung seiner Möglichkeiten immer wieder selbst im Weg ist. Daher ist dieses Quinkunx oft mit Ruhelosigkeit, Unbeständigkeit und mangelnder Zielstrebigkeit verbunden.

Wenn man mit einer verantwortungsvollen Tätigkeit beschäftigt ist (Saturn), dann erlebt man immer wieder ein unterschwelliges Unlustgefühl, das anzeigt, daß man frei und ungebunden sein will (Jupiter). Wenn man sich dann aber freimacht und alles hinwirft, dann weiß man sich wieder keinen Rat, weil man sich so richtungslos fühlt und nicht weiß, für welches Ziel man sich nun einsetzen soll. Aus diesem Grund kann man mit diesem Aspekt sowohl übertrieben verantwortungsbewußt als auch im Gegenteil völlig verantwortungslos sein. Man versucht daher ständig, sein Leben so einzurichten, daß man sich wohlfühlt, doch kann dies erst gelingen, wenn man verstanden hat, daß man sowohl Einschränkung als auch Möglichkeiten braucht, nicht das eine oder das andere. Dann kann man auch ausgeglichener auf Vorschriften und Beschränkungen reagieren, ohne einem übertriebenen Freiheitsdrang nachzugeben. Solange man nicht zu dieser Einsicht gelangt ist, muß man damit rechnen, daß man privat und gesellschaftlich immer neue Veränderungen durchmacht, weil man Form und Vision nicht miteinander zu verbinden vermag.

JUPITER UND URANUS

Konjunktion

Wenn der Expansionsdrang und das Bedürfnis nach Ausdehnung, Freiheit und Vermehrung sich mit dem Drang verbinden, sich ursprünglich, unabhängig und individuell zu entfalten, entsteht oft ein großes Bedürfnis, sich gegenüber anderen auszuzeichnen, seinen eigenen Weg zu gehen und sich von nichts und niemandem etwas in den Weg legen zu lassen. Man liebt seine Freiheit und Individualität über alles und läßt sich höchst ungern in die Zwangsjacke von Konventionen und Vorschriften stecken.

Hinsichtlich der weltanschaulichen Haltung und des Bedürfnisses, seinen geistigen Horizont zu erweitern (Jupiter), entsteht in Verbindung mit Uranus eine Vorliebe für eigene, alternative Ideen und Philosophien, insbesondere für solche, die die individuelle Freiheit und Entwicklungsmöglichkeiten betonen. Hierzu paßt das unabhängige Denken und Urteilsvermögen.

Der Drang, anders sein zu wollen, äußert sich in den unterschiedlichsten Facetten: in einer ungebundenen Lebensweise, in Erfindungsreichtum, in einer (stets gut entwickelten) Intuition, durch die man schon in einem sehr frühen Stadium auf neue Situationen reagiert, und in der Neigung, prompt Widerstand zu leisten, wenn man mit etwas nicht einverstanden ist. Selbst äußerlich tritt dieses Anderssein zutage, indem man sich zum Beispiel auffällig kleidet oder in Form besonderer Körpermerkmale (auffallende Größe), wie wenn schon der Körper ausdrücken wollte, daß man sich von anderen unterscheiden möchte.

Bei religiösen Gruppierungen halten es solche Horoskopeigner oft nicht aus; sie haben auch hier eindeutig ihre eigenen Auffassungen. Dieser Aspekt fördert also vor allem die unabhängige Entfaltung. Dies ist durchaus gemeinsam mit anderen möglich, aber man muß man selbst bleiben können.

Sextil und Trigon

Die harmonische Verstärkung dieser beiden Inhalte ähnelt in ihren Auswirkungen sehr der Konjunktion. Hier treten das Unkonventionelle und das Bedürfnis, ungebunden durch das Leben zu gehen, in den Vordergrund. Bei den harmonischen Aspekten geht dies stets mit weniger Auseinandersetzungen einher und fallen weniger Späne als bei den disharmonischen. Man kann andere mit seiner begeisterten, unabhängigen Haltung sehr stimulieren und hat ausgeprägte Führungsqualitäten, wobei hinzuzufügen ist, daß man dabei auch die individuelle Freiheit anderer unangetastet läßt.

Menschen mit diesen Aspekten sind oft sehr erfindungsreich und intuitiv. Durch das Zukunftsorientierte von Jupiter und die uranisch-intuitiven Geistesblitze kann man immer wieder plötzlich »sehen« oder »wissen«, wie sich etwas entwickeln wird oder warum etwas so und nicht anders geschehen ist. Es ist ein günstiger Aspekt für Menschen, die sich mit mantischen Verfahren (Vorhersagetechniken) beschäftigen, weil er Ideenreichtum und vielfältige Assoziationen verleiht, durch die man auf die richtige Fährte gebracht wird. Allerdings müssen diese Aspekte dann im Horoskop mit persönlichen Punkten wie Aszendent, Sonne, Mond verbunden sein; andernfalls ist diese Wirkung deutlich weniger ausgeprägt. Natürlich kann man mit diesen Fähigkeiten auf Tausenden anderer Gebiete intuitiv und einfallsreich tätig sein; man kann sogar ein wahrer Trendsetter sein.

Das Rasche und Blitzartige von Uranus bringt es mit sich, daß man sich manchmal Hals über Kopf in Situationen stürzt, insbesondere solche, die mit neuen Möglichkeiten zu tun haben (Jupiter), die aber auch viele Risiken und Unwägbarkeiten bergen. Man nimmt sich oft nicht die Zeit, ein wenig darüber nachzudenken, was immer Unruhe zur Folge hat. Es scheint allerdings bei den harmonischen Aspekten so zu sein, daß die spontanen Einfälle selten in die Irre führen, und oft steht einem bei solchen gewagten Entscheidungen das Glück zur Seite. Dies wird den Betreffenden jedoch immer erst im nachhinein bewußt, wenn sie zu Recht einen Seufzer der Erleichterung ausstoßen.

Hinsichtlich seiner Ideen und Weltanschauung läßt man sich nicht dreinreden. Man geht auch hier seinen eigenen Weg, der oft sehr originell und kreativ ist, auch wenn man nicht gerne mit anderen Menschen darüber spricht. Uranus hat nun einmal etwas Eigensinniges.

Quadrat und Opposition

Alle Aspekte von Uranus gehen seiner Art gemäß mit Unruhe und Anspannung einher. Jupiter, der Erweiterer und Vermehrer, kann bei einer disharmonischen Verbindung das Ruhelose und Jähe von Uranus (zu) stark anfachen. Daher haben die Spannungsaspekte zwischen Jupiter und Uranus einen ausgeprägt unsteten Einschlag. Man kann plötzlich in einer Aufwallung taktlos handeln und betont seine eigene Unabhängigkeit um jeden Preis. Drohende Trennungen gesellschaftlicher oder privater Art, weil man neue, unübliche Wege geht und sich nicht gut anpassen kann, nimmt man in Kauf. Man will man selbst sein und läßt sich nur sehr schwer beeinflussen oder von seinem Standpunkt abbringen. Bei diesen Aspekten nimmt man auch gerne eine Widerspruchshaltung ein, wenn es um geistige oder weltanschauliche Dinge geht. Man muß sich davor hüten, diese Haltung zu übertreiben.

Wegen ihrer impulsiven, irrational abrupten und unruhigen Art werden auch die Konfliktaspekte zwischen Jupiter und Uranus mit einer Tendenz zum »Abbrechen« in Zusammenhang gebracht. Dies kann sowohl den gewöhnlichen Umgang als auch den sozialen und gesellschaftlichen Umgang betreffen, indem man beispielsweise für gesellschaftliche Reformen eintritt, die vor allem dem einzelnen mehr Freiheit geben. Dabei kann man sich störrisch querlegen, und oft ist die eigene Haltung nicht sehr ausgewogen. Auch wenn man mit diesen Aspekten intuitiv viel »sehen« kann, so liegt doch oft die Deutung, Auswertung und Darstellung der Erkenntnisse im argen.

Konflikte zwischen Uranus und Jupiter findet man oft bei Menschen, die die Welt in ungewöhnlicher Weise erkunden und bereisen, wie der Afrikaforscher Stanley oder der Polarforscher Nansen, der sich später beim Völkerbund engagierte. Das Neue, nie Gesehene und Erneuernde spricht Menschen mit diesen Aspekten sehr an, und sie haben viel Energie für dessen Erkundung.

Quinkunx

Bei einem Quinkunx zwischen Uranus und Jupiter ist man ruhelos und schnell irritiert und sehr auf seine Unabhängigkeit bedacht, doch bekommt man diese Eigenschaften nicht in den Griff. Wenn man auf der weltanschaulichen oder urteilenden Ebene (Jupiter) agiert, provoziert man ohne böse Absicht, während man seine Unabhängigkeit übertrieben betont, wenn Jupiter unterschwellig wirksam ist. An den Reaktionen aus seiner Umgebung merkt man, daß man Protest und Widerstand hervorruft, und auch der Nonkonformismus, den man ebenso unbeabsichtigt wie unverkennbar ausstrahlt, erregt in der Umgebung Ärgernis. Es ist leicht möglich, daß die weltanschaulichen Auffassungen (Jupiter) im Widerstreit mit der Art sind, wie man selbst

Raum für sich fordert, und daß Uranus mit seinen grenzenverschiebenden und Konventionen sprengenden Neigungen immer wieder Veränderungen und Unruhe herbeiführt.

Menschen mit diesem Aspekt müssen vorsichtig sein mit impulsiven Reaktionen und spontanen Handlungen, weil sie dies nicht gut abzuschätzen vermögen und die Gefahr besteht, daß sie damit Unheil anrichten. Sie besitzen Intuition, jedoch in Schüben. Sie können geniale Einfälle haben, die sie sich ohne weiteres patentieren lassen könnten, aber ebensogut können sie völlig Belangloses von sich geben. Sie müssen sich auch vor Übertreibungen hüten.

Oft sind sie geneigt, sich bietende Chancen aus Freiheitsdrang oder einer Angst, eingeengt zu werden, nicht zu nutzen, wodurch sie ihr eigenes Wachstum behindern. Zudem können sie starr an Ideen festhalten und selbst davon überzeugt sein, daß dies nicht der Fall ist. Es besteht also eine Spannungssituation, in der man ganz anders wirkt, als man meint, und anders handelt, als man vielleicht selbst will. Man muß für das Ruhelose von Uranus ein sicheres Ventil finden, bevor man mit dem Einfallsreichtum und der erneuernden Kraft dieses Aspekts sicherer und mit weniger zerstörerischen Folgen umgehen kann.

JUPITER UND NEPTUN

Konjunktion

Die Verbindung des Bedürfnisses nach Ausdehnung, nach Erweiterung des Horizonts mit dem religiösen und philosophischen Bedürfnis nach Verfeinerung und Auflösung ergibt ein Bild, das schwer konkret zu beschreiben ist. Weder Jupiter noch Neptun sind praktisch veranlagt. Ihre Verbindung kann daher den unpraktischen, aber sehr idealistischen Träumer ergeben.

Die Phantasie ist stets gut entwickelt, und man hegt idealistische oder idealisierte Zukunftserwartungen. Man neigt dazu, Schwierigkeiten und Verbesserungen auch dort zu sehen (Jupiter), wo sie nicht sind oder wo sie einem fälschlicherweise erscheinen (Neptun), zum Beispiel durch eine Vorspiegelung falscher Tatsachen. Da man bei dieser Verbindung die Alltagswirklichkeit nicht so gut erfaßt, ist Vorsicht geboten. Man geht Risiken ein, vor denen man ohne die rosarote Brille zurückschrecken würde, was verheerende Folgen haben kann. Die Konjunktion und die schwierigen Verbindungen findet man (sofern auch eine Verbindung zu den persönlichen Planeten besteht) oft bei Glücksspielern.

Wie bei allen Neptun-Aspekten ist man im alltäglichen Leben unfähig, praktische Dinge ohne weiteres in Angriff zu nehmen. Sobald es jedoch um die unsichtbare Welt oder die Welt der Kunst oder des Gefühls geht, das Verbundenheit mit einem größeren Ganzen sucht, bietet Neptun alle Hilfe. Mit Jupiter bildet er dann auch einen hervorragenden Zusammenstand für die Erweiterung des Blicks in die geistige, religiöse und mystische Welt. Das Spirituelle zieht einen schon von Natur aus an, und die Konjunktion weckt zusätzlich religiöse Gefühle. Aus diesen Gefühlen und vor allem auch aus dem Bedürfnis nach einem Einheitserlebnis, das Neptun verleiht, speisen sich die Ideale (Jupiter). Dies führt nicht nur zu sozialem Mitgefühl, sondern erzeugt auch den Antrieb, diese konkret zu äußern, indem man beispielsweise in die Slums geht, um dort zu helfen, oder indem man als Entwicklungshelfer arbeitet oder sich in anderer Weise für die Randgruppen der Gesellschaft einsetzt (und dies kann sich auch noch auf herrenlose Tiere erstrecken). Man hat einen großen und tief verwurzelten Idealismus, weshalb man solche karitativen Aktivitäten (und ebenso Aktivitäten auf dem weiteren spirituellen und künstlerischen Gebiet) lange durchhalten kann. Auf anderen, nicht auf einem Einheitsgefühl basierenden Ebenen verleiht diese Verbindung dagegen wenig Halt, wenig Durchsetzungskraft und einen ausgeprägten Hang zu Träumerei und Idealismus.

Sextil und Trigon

Die harmonischen Verbindungen zwischen Jupiter und Neptun zeigen das Idealistische und Verträumte ebenso an wie die Konjunktion, doch sind hier die Aussichten besser, daß man diesem Ausdruck verleihen kann, als dies bei den disharmonischen Aspekten der Fall ist. Diese Mühelosigkeit der harmonischen

Aspekte kann jedoch zu Passivität führen, so daß man die zweifellos vorhandenen künstlerischen Talente nicht immer auch tatsächlich zur Entfaltung bringt.

Es besteht stets ein großes Interesse an religiösen und metaphysischen Themen und Fragen, doch hat man manchmal Mühe, damit realistisch umzugehen und mit beiden Beinen auf dem Erdboden zu bleiben. Man will alles immer zu schön und zu idealistisch betrachten und kann an dieser Traumwelt sehr lange festhalten. Andererseits kann man ebenso wie bei der Konjunktion hieraus doch auch die Motivation gewinnen, sich sozial zu engagieren. Man hat eine große Zuneigung zu Mensch und Tier, doch muß man sich auch bei den harmonischen Aspekten davor hüten, nicht aus Mitleid das letzte Hemd wegzuschenken, so daß man schließlich selbst in Schwierigkeiten kommt. Das allzu Großmütige und Großzügige, das einer Idealisierung und unrealistischen Auffassungen entspringt, kann, wie gut es auch gemeint ist, auch bei den harmonischen Aspekten zwischen Jupiter und Neptun zu einer Kollision mit der harten Wirklichkeit führen, wobei auch Suchtverhalten nicht ausgeschlossen ist. Vor allem bei diesen Aspekten muß man auf Verbindungen mit persönlichen Planeten achten, die dadurch besonders gut zur Geltung kommen können.

Es besteht stets eine tiefe Religiosität. Es kann eine Hinwendung zu den traditionellen Kirchen bestehen (nicht dogmatisch, aber doch manchmal recht fanatisch), doch kann man seinen Glauben ebensogut auf metaphysischen oder manchmal auch spirituellen Grundlagen errichten. Das Bedürfnis nach einem nicht nur persönlichen (Jupiter), sondern auch universellen (Neptun) Einheitserlebnis ist besonders ausgeprägt, wobei es weniger darauf ankommt, in welcher Form es sich konkret äußert.

Quadrat und Opposition

Der Idealismus kommt auch bei den Spannungsaspekten deutlich zum Ausdruck. Allerdings muß man hier vorsichtig damit umgehen. Sobald man sich nämlich mit weltanschaulichen Dingen (Jupiter) beschäftigt, verstärkt dies den Drang zu Verschleierung,

Verfeinerung und Idealisierung (Neptun) in einer falschen und unterminierenden Weise. Daher läuft man Gefahr, ein Träumer zu werden, ein Utopist, der den Kontakt mit der Wirklichkeit verloren hat, oder man hängt einem unrealistischen, chaotischen und illusionistischen Lebensideal an.

Auch wenn es um die Urteilsbildung oder die Bildung einer Synthese der eigenen Erkenntnisse (Jupiter) geht, muß man wegen der disharmonischen Aspekte mit Neptun auf der Hut sein. Man stützt sein Urteil oft auf unwirkliche oder vermeintliche Fakten, die nichts mit der Realität, jedenfalls nicht mit der persönlichen Realität zu tun haben, oder man fällt sein Urteil auf der Grundlage der Gefühlsimpulse, die von dem transpersonalen Neptun ausgehen. Hier besteht stets eine ausgeprägte Gefahr der Verirrung.

Weiterhin hat man auch bei den Spannungsaspekten zwischen Jupiter und Neptun eine natürliche religiöse Haltung. Dies braucht keine kirchliche Bindung zu bedeuten, doch läßt der Hang nach der Empfindung einer Synthese (Jupiter) in einem kollektiven und großen Ganzen (Neptun) rasch ein Unendlichkeitsgefühl und eine Wahrnehmung kosmischer Verbundenheit entstehen. Man kann auf dieser Ebene einen großen inneren Halt finden, doch zeigen die disharmonischen Aspekte an, daß der Weg zum persönlichen Gleichgewicht vielleicht nicht ganz problemlos zurückgelegt werden kann.

Auch andere Jupiter-Neptun-Angelegenheiten können auf Menschen mit diesen Aspekten eine außergewöhnliche Anziehungskraft haben: ferne Länder und Kulturen, das Metaphysische, die Auseinandersetzung mit ethischen und weltanschaulichen Fragen. Durch die Beschäftigung mit diesen Dingen bekommt man ein gutes Gespür für Stimmungen und Hintergründe anderer Menschen und anderer Kulturen, weshalb man bei diesen Aspekten nicht selten Toleranz und Herzlichkeit, Gastfreiheit und Sympathie findet.

Die Gefahr, daß man die Dinge zu schön, zu idealistisch und zu unrealistisch sieht, besteht auch hier, weshalb es im Alltag zu Fehleinschätzungen kommen kann.

Quinkunx

Das Quinkunx unterscheidet sich in seiner Wirkung wenig von Quadrat und Opposition. Es ist lediglich die Ungreifbarkeit größer, und der Konflikt bleibt latent, weil die Hintergründe einander verständnislos gegenüberstehen. Aber da die Wirkung von Neptun schon ungreifbar und weitgehend unbewußt ist, ist der praktische Unterschied gering. Auf alle Fälle muß man sich beim Quinkunx mehr als bei den sonstigen Verbindungen zwischen Jupiter und Neptun vor unterminierenden Werten hüten und sehr darauf achten, daß man nicht unbewußt die verschiedensten Dinge falsch einschätzt und beurteilt. Sooft man begeistert mit Jupiter aufbricht, schleicht sich ein Gefühlselement ein, dessen Form und Art man nicht ohne weiteres greifen kann, das man aber auch nicht wegdrängen kann. So kann das persönliche Feuer, mit dem man etwas in Angriff nimmt, dadurch ausgelöscht werden, daß etwas im Empfinden nach oben drängt, das den Jupiter-Inhalt erstickt. Oder man beginnt etwas Neues, wobei man jedoch seine Erwartungen zu hoch gesteckt hat oder die (idealisierten) Partner enttäuschen oder einem entgegenarbeiten. Jedenfalls verspürt man immer eine unterminierende Unsicherheit, in welcher Form auch immer. Man hat die vage Idee, daß man in Jupiter-Dingen immer irgendwie auf schwankenden Boden gerät und daß etwas nicht stimmt, doch kann man dies bei einem Quinkunx zunächst schwer einordnen. Gleichzeitig wird das Traum- und Phantasieleben (Neptun) unterschwellig, aber doch unverkennbar von Jupiter verstärkt und erweitert, wodurch die Gefahr zunimmt, daß man Wirklichkeit und Phantasie miteinander zu vermischen beginnt.

Dagegen ist diese Verbindung besonders günstig, wenn es darum geht, sich in die Welt des Mythos, des Märchens und der Sagen oder in die noch magische Welt des Kleinkindes einzuleben. Wenn man einmal seine Unsicherheit überwinden kann und lernt, über die oft vorhandene Brille der Täuschungen hinwegzublicken, dann kann man nicht nur auf dem Gebiet der Kindererziehung, sondern auch auf der kreativen, spirituellen, metaphysischen und musikalischen Ebene sehr an seinem Platz sein.

JUPITER UND PLUTO

Konjunktion

Die Verbindung zweier Planeten, die jeweils auf ihre Weise das Ausdehnende und Erweiternde in sich haben (der eine, indem er in einer Vielheit eine Synthese sucht, der andere, indem er seine Wurzeln im allumfassenden Unbewußten hat), kann sehr intensive und weitreichende Folgen haben. Von Pluto weiß man grundsätzlich nicht, wie weit seine Macht reicht, und Jupiter muß sich immer davor hüten, nicht zuviel zu wollen. Hier besteht also die Gefahr einer Übertreibung, einer allzu hemmungslosen Ausdehnung.

Wenn man sich mit weltanschaulichen Dingen, mit der eigenen Urteilsbildung oder irgendeinem anderen Jupiter-Gebiet befaßt, intensiviert Pluto diese Aktivitäten nachhaltig. Er verschafft Tiefe und bewirkt, daß man auf der Suche nach einer Synthese immer das Gefühl hat, daß es noch mehr geben müsse. Dies ist daher eine intensiv suchende Verbindung. Auf der weltanschaulichen Ebene ruht man nicht, bevor man nicht den Kern des Lebens in diese Anschauung aufgenommen hat, und am liebsten würde man das Leben selbst steuern und verwalten. Ein Urteil macht man sich erst, nachdem man die tiefsten Tiefen ausgelotet hat, so daß man von seiner Meinung, wenn man sie sich einmal gebildet hat, durch nichts und niemandem mehr abzubringen ist. Sie ist Teil von einem selbst geworden, und man verkündet sie in einer nachdrücklichen, zwingenden und oft auch versteckt aggressiven Weise. Diese Aspektierung kann daher auch zu Sturheit, Eigensinn und Undurchdringlichkeit führen. Sie ist hervorragend geeignet für Forschung und Studium, und auf diesen Gebieten kann man es sehr weit bringen.

Durch das Expansive von Jupiter wird das Machtstreben von Pluto und dessen Drang, Situationen zu beherrschen und zu durchgründen, zusätzlich angefacht. Daher ist dies ein günstiger Aspekt für große Führer (sofern eine Verbindung mit persönlichen Punkten im Horoskop vorhanden ist), aber er ist auch gefährlich, weil das Charisma, das man ausstrahlt, nicht notwendigerweise mit einer verantwortungsbewußten Haltung verbunden ist. Wenn man einmal ein Ideal vor Augen hat (Jupiter), kann man sich für dieses mit einem Fanatismus einsetzen, der anderen wenig oder keinen Raum mehr läßt. Daher findet man bei diesem Aspekt häufig Machtkonflikte und Meinungsverschiedenheiten.

Sextil und Trigon

Bei den harmonischen Aspekten zwischen Jupiter und Pluto besteht auf vielerlei Gebieten ein ausgeprägtes Streben nach Macht und Einfluß. Der Drang, eine wichtige Rolle zu spielen, kann sich auf der materiellen ebenso wie auf der geistigen Ebene bemerkbar machen. Die Willenskraft ist stark ausgeprägt, und man gibt nicht so leicht nach, wenn man einmal einen Standpunkt eingenommen hat; man kann diesen sogar mit einem Fanatismus verteidigen, dem nur die wenigsten Menschen etwas entgegenzusetzen haben. Man besitzt darüber hinaus eine große Überzeugungskraft, wenn diese Aspekte auch mit persönlichen Planeten verbunden sind. Das Halsstarrige, das sich bei der Konjunktion zeigt, ist hier mindestens ebenso stark ausgeprägt, aber aufgrund der Spannungslosigkeit der Verbindung versteht man dies so zu äußern, daß es in der Umgebung weniger Aggression weckt.

Das Expansive und Verbessernde Jupiters ergibt in Verbindung mit dem Tabus durchbrechenden Pluto manchmal das Bild des gesellschaftlichen/sozialen Reformers, eines Menschen, der sich sehr aktiv dafür einsetzt, bestehende moralische Strukturen aufzubrechen und durch andere weniger einschränkende zu ersetzen. Die Freiheit (Jupiter) wird dadurch unter der Jupiter-Wirkung zwar vergrößert, doch läßt sich Pluto nicht gern etwas aus den Händen winden, so daß neue Machtstrukturen entstehen können, in denen vielleicht andere Dinge wieder weniger zu ihrem Recht kommen. Obwohl es sich hier um harmonische Aspekte handelt, ist die Verbindung zwischen Jupiter und Pluto als solche so stark, daß Menschen mit diesem Aspekt von sich aus zu selten klar wird, wie wenig sie andere zu ihrem Recht kommen lassen, auch wenn sie mit den besten Absichten handeln.

Die Neigung zum Erkunden und Untersuchen ist bei dieser Verbindung sehr ausgeprägt. Im großen Maßstab kann sie in der Wissenschaft sehr hilfreich sein, im kleinen findet man hier die

Hausfrau, die sich nichts vormachen läßt und die sich nicht abweisen läßt, bis sie alles ganz genau weiß.

Menschen mit diesem Aspekt haben einen deutlichen Hang zum Moralisieren, und ihr Handeln ist von einem ausgeprägten Gespür dafür gekennzeichnet, was für einen gut und was nicht gut ist. Aus diesem Gefühl können sie sich aktiv für die verschiedensten Verbesserungen einsetzen, seien diese materieller, sozialer oder religiöser Art. Sie packen Dinge im großen Stil an und können gut organisieren, aber sie müssen sich davor hüten, sich zuviel aufzubürden.

Quadrat und Opposition

Die Gefahr, daß einem Dinge über den Kopf wachsen, ist bei den disharmonischen Aspekten zwischen Jupiter und Pluto am größten. Wo der eine Inhalt alles bis zur Neige auskosten will und der andere nach Breite und Fülle strebt, begnügt man sich niemals mit Wenigem und möchte in jeglicher Hinsicht immer mehr haben. Wenn es notwendig ist, unternimmt man hierfür auch das Nötige, was jedoch schnell zu einer Überlastung führen kann. Bei den disharmonischen Aspekten versteht man es weniger gut, die Energien dieser beiden Inhalte, die beide die Gefahr eines Übermaßes in sich bergen, gut aufeinander abzustimmen, so daß sie sich rasch gegenseitig aufschaukeln. Daher sind diese Aspekte typisch für ehrgeizige Menschen, die auch dann, wenn sie ganz oben sind, immer noch mehr wollen.

Die Willenskraft und Dickköpfigkeit sind sehr stark ausgeprägt; wenn man sich einmal etwas in den Kopf gesetzt hat, dann rückt man davon keinen Millimeter mehr ab. Es ist klar, daß dies Widerstand herausfordert, um so mehr, als man geneigt ist, seine Meinung allzu nachdrücklich zu verkünden. Bei den Spannungsaspekten fehlt der Blick dafür, mit welcher Intensität und Kraft man seine Äußerungen macht. Man kann sehr fanatisch sein, und dies empfinden andere auch als fanatisch, auch wenn man selbst glaubt, sehr zurückhaltend zu sein.

Bei diesen aktiven Aspekten kann man sich sehr für gesellschaftliche Reformen einsetzen. Bei deren Durchführung übernimmt man gerne eine aktive Rolle. Der Gedanke der Macht ist für alle Verbindungen zwischen Jupiter und Pluto höchst verlockend. Solche Horoskopeigner haben eine ausgeprägte Tendenz, sich gegen die herrschende Moral und die herrschenden Auffassungen aufzulehnen, und disharmonische Aspekte fügen dem eine aktiv umstürzlerische Neigung hinzu. Der tabudurchbrechende Pluto ist ein echter Revolutionär, wenn auch in einer ganz anderen Weise als Uranus. Uranus bewirkt den schnellen, explosiven Durchbruch zu einer neuen Form, die ihm und anderen die Freiheit individueller Entfaltung verschafft. Pluto fordert seine eigene Form, der alles und jedes untergeordnet wird, in der es keinen Raum für hinderliche Tabus gibt und in der er souverän herrscht. Die Kämpfe aus einem Pluto-Konflikt sind intensiver. Seine Zeit abwartend, bringt er strategisch und unerschütterlich und notfalls mit Gewalt oft außerordentliche Transformationen zustande.

Da man die Dinge in einem zu großen Stil betrachten und zu großartig aufbauen will, läuft man Gefahr, mit dem Erreichten niemals zufrieden zu sein, aber auch, sich geistig und materiell zu ruinieren, weil man alles auf einmal will. Das Gefühl für Proportionen fehlt bei diesen Aspekten nicht selten.

Quinkunx

Zuviel oder alles auf einmal zu wollen, mehr Macht zu wollen, als man verträgt – diese und andere Formen eines »Zuviel« sind das Merkmal des Quinkunx zwischen Jupiter und Pluto. Das Problem dabei ist, daß man dies selbst sehr schwer (ein)sieht. Allein schon aus Unsicherheit äußert man sich in diesen Dingen viel weniger maßvoll, als man glaubt. Daher versteht man die Reaktionen der Umgebung nicht immer, so daß man in einen Teufelskreis geraten kann.

Die eigene Meinung (Jupiter) verkündet man sehr nachdrücklich, manchmal auch sehr intolerant. Immer wieder bilden unbewußte Inhalte, vor allem eigene Verdrängungen und Projektionen, die Basis für das eigene Urteil. Das Quinkunx zwischen Jupiter und Pluto kann daher in einer Krisensituation sehr tranformierend wirken, indem man aufgrund seiner ethischen und moralischen Auffassungen und seiner religiösen und weltanschaulichen Haltung zu dem vorstößt, was man in sich selbst verdrängt hat. Dieses Quinkunx führt also stets zu einschneidenden Veränderungen, sofern persönliche Planeten damit verbunden sind.

Die eigene Kraft, das eigene Machtstreben und der eigene Wille sind viel ausgeprägter, als man vermutet, da Jupiter unterschwellig den Inhalt Plutos verstärkt. Daher verträgt man Herausforderungen viel besser, als einen die eigene Unsicherheit wahrzunehmen erlaubt. Wenn man einmal den Mut aufbringt, Knoten durchzuhauen, dann kann man es auch mit dem Quinkunx auf vielerlei Gebieten weit bringen und bewußt die Chancen ergreifen, auf die man sich unbewußt wegen seines Machtstrebens bereits eingestellt hat.

JUPITER UND ASZENDENT

Konjunktion

Bei der Konjunktion zwischen Jupiter und Aszendent kennt der Optimismus keine Grenzen. Man neigt dazu, alles von der sonnigen Seite zu betrachten. Diese Haltung hat man auch gegenüber der Außenwelt, weshalb man überall beliebt ist. Man hat keine Schwierigkeiten, Herzlichkeit und Wärme zu zeigen, und mit seinem sonnigen Gemüt kann man anderen Mut machen.

Das Großzügige und Großherzige von Jupiter kann sich hier ungehindert manifestieren, aber auch sein Freiheitsdrang. Man braucht sehr viel Raum um sich und kommt mit Einschränkungen schlecht zurecht. Auch im Inneren wirkt dieses erweiternde Prinzip. Man hat schon in seiner Jugend großes Interesse an allem möglichen, muß sich jedoch davor hüten, wegen seines großen Wissens nicht belehrend zu werden. Moralisieren, anderen zu sagen, was sie zu tun haben, während man selbst seinen eigenen Weg geht, gehört ebenfalls zu den Äußerungsmöglichkeiten dieser Konjunktion, die aber allein schon durch ihren Optimismus und ihre Energie viele gute Möglichkeiten bietet.

Sextil und Trigon

Die harmonischen Verbindungen zwischen Jupiter und dem Aszendenten ähneln in ihren Äußerungen weitgehend denen der Konjunktion. Man strahlt Fröhlichkeit, Optimismus und Herzlichkeit aus und schafft sich einen großen Bekanntenkreis. Jupiter als Verbesserer und Heiler hat in einer solchen Stellung zum Aszendenten oft auch das Bedürfnis, Menschen etwas zu bedeuten, ihnen zu helfen, aber nicht aus einer untertänigen Dienstbarkeit, sondern in einer freien, hilfsbereiten Weise. Jeder Mensch muß er selbst sein können, lautet seine Devise. Der Freiheitsdrang und das Bedürfnis, sich ganz entfalten zu können, sind stark entwickelt.

Obwohl man auch bei den harmonischen Aspekten etwas Belehrendes und Moralisierendes an sich hat, äußert man dies stets in einer solchen Weise, daß die Umgebung dies akzeptiert und sich nicht daran stößt. Man verkündet seine Ideale und Ziele gerne und spricht über die Dinge, die einen fesseln. Bei Jupiter ist dies nicht wenig, nämlich alles, womit man seinen Horizont erweitern kann, konkret durch Reisen, auf der geistigen Ebene durch Bildung und Beschäftigung mit weltanschaulichen oder allgemein menschlichen Fragen.

Quadrat und Opposition

Das Großartige, Großzügige und Großmütige spricht einen bei diesen Konfliktaspekten stark an, und man neigt dazu, dies in seiner Umgebung kraftvoll auszudrücken. Das birgt die Gefahr in sich, daß man dies alles ein wenig übertreibt. Man muß erst noch lernen, die Energie der Spannungsaspekte zu beherrschen und ein Zuviel von allem zu vermeiden. So kann man in Situationen energisch auftreten, in denen Zurückhaltung angemessener wäre. Dies kann natürlich zu Schwierigkeiten mit der Umgebung führen.

Oft strahlt man auch viel mehr Selbstvertrauen aus, das manchmal bis zum Dünkel reichen kann, als einem bewußt ist. Die Umgebung kann dies als anmaßend erfahren, aber mit derselben Haltung und einem übergroßen Optimismus kann man vieles wiedergutmachen und Menschen helfen. Man muß sich nur davor hüten, einen hochmütigen statt eines großmütigen Eindrucks zu erwecken. Auch dies ist eine Haltung, die man manchmal ohne böse Absicht einnimmt.

Der Hang zum Großartigen kann auch eine gewisse Neigung zum Luxus mit sich bringen, ein Bedürfnis, mit dem zu prahlen, was man hat. Auf der anderen Ebene ist es ebensogut möglich, daß man sich sehr aktiv mit immateriellen Dingen beschäftigt und diese verkündet. Das Ausdehnende aber bleibt dabei wegen der bestehenden inneren Spannung immer etwas, das man nicht angemessen zu dosieren versteht.

Quinkunx

Sooft man sich über den Aszendenten in der Außenwelt manifestiert, macht sich unterschwellig das Bedürfnis nach Ausdehnung und Erweiterung geltend, so daß man sich manchmal voller Großartigkeit »produziert«, gerade etwas enthusiastischer, prahlerischer oder moralisierender, als man beabsichtigte. Dann wieder weicht diese Haltung einer sehr herzlichen, hilfsbereiten, mit der man versucht, seine Umgebung durch seine Güte zu beeindrucken und für sich einzunehmen. Auch diese Haltung ist nicht von Dauer, man wirkt (wie bei jedem Quinkunx) recht unbeständig.

Weiterhin hat man Schwierigkeiten, sein Urteil, seine Meinung und seine Vision (Jupiter) richtig zu vermitteln. Das Quinkunx auf den Aszendenten gibt die Neigung, seine Umgebung falsch einzuschätzen, Dinge im falschen Augenblick zu sagen oder sie falsch auszudrücken, so daß Meinungsverschiedenheiten und Unverständnis in der Umgebung die Folge sein können. Dies kann wiederum zur Ursache von Verunsicherung werden. Auch beim Quinkunx kann man lernen, beide Inhalte parallel zu nutzen, wenn man sich einmal (in einer Krise) ihres Unterschieds bewußt geworden ist. Dann kann dieses Quinkunx äußerst stimulierend sein.

JUPITER UND MC

Konjunktion

Das Bedürfnis nach Ausdehnung kann sich bei der Konjunktion mit der Himmelsmitte auf der sozialen und gesellschaftlichen Ebene sehr deutlich äußern. Dies ist daher eine Stellung, die traditionell als sehr günstig gilt. Durch seinen Optimismus, durch seine Zukunftsorientiertheit, aber auch durch die Mühelosigkeit, mit der man sich in der Außenwelt präsentiert, fällt einem vieles in den Schoß. Man wendet sich bevorzugt Aktivitäten zu, die eine Perspektive bieten. Darüber hinaus ist man in einer bestimmten Weise immer auch sozial engagiert. Jupiter repräsentiert ja auch die geistigen und religiösen Bedürfnisse im Menschen, und nicht selten sind Menschen mit dieser Konjunktion in der Gesellschaft aus einer ethischen oder moralischen Haltung aktiv.

Dünkel ist ebenfalls bei dieser Stellung weitverbreitet; die Problemlosigkeit, mit der einem alles in den Schoß fällt, macht die Versuchung groß, ein gewisses Überlegenheitsgefühl zur Schau zu tragen. Bescheidenheit ist gewiß nicht die starke Seite dieser Konjunktion. Eher findet man eine liebenswürdige, etwas elitäre, aber dabei immer herzliche Haltung. Dies ist eine vorzügliche Stellung für Tätigkeiten in Jupiter-Bereichen wie Bildung, geistige und religiöse Dinge, Heilkunde.

Sextil und Trigon

Bei den harmonischen Aspekten zwischen Jupiter und der Himmelsmitte versteht man es stets gut, sich nach außen zu präsentieren. Durch seine warmherzige und joviale Art kann man anderen Menschen helfen, zieht aber umgekehrt auch selbst automatisch Hilfe von außen an, um selbst weiterzukommen. Man hat ein Selbstbild, das einem viel Selbstvertrauen gibt. Man bewegt sich elegant und mühelos unter den verschiedensten Umständen und hat das Glück auf seiner Seite. Oft zieht man Möglichkeiten an, die man ohne großes Nachdenken nutzt und die sich schließlich als sehr vorteilhaft für einen erweisen. Aber da alles so relativ problemlos geht, ist diesen Aspekten auch eine gewisse Selbstzufriedenheit und Bequemlichkeit nicht fremd.

Entfaltungsfreiheit braucht man bei diesen Aspekten nicht wirklich anzustreben – man hat sie meist. Dies ist eine vorzügliche Stellung für einen Aufstieg im großen wie im kleinen, dem oft auch die breitgestreuten Interessen entgegenkommen. Man muß sich jedoch davor hüten, immer alles besser wissen zu wollen, denn dies ist eine Schwäche aller Jupiter-Verbindungen. Bei den harmonischen Aspekten äußert man dies jedoch stets in einer so lockeren Weise, daß man dadurch keine großen Widerstände auslöst.

Quadrat und Opposition

Bei den disharmonischen Aspekten zwischen Jupiter und der Himmelsmitte muß man sich vor Übertreibungen hüten. Voller Begeisterung stürzt man sich in die verschiedensten Dinge, ergreift begierig neue Möglichkeiten und zeigt sich gerne von seiner aktiven Seite. Das Ichbild führt oft zu einer Überschätzung der eigenen Fähigkeiten und Möglichkeiten und zu einer Unterschätzung der Probleme, so daß man immer wieder in Schwierigkeiten gerät. Aber mit der unverwüstlichen Begeisterung Jupiters und seinem wenn auch durchaus nicht immer begründeten Optimismus befreit man sich doch immer wieder aus unerfreulichen Situationen.

Menschen mit diesen disharmonischen Aspekten können oft nicht richtig zuhören. Sie neigen dazu, sich unüberlegt in Dinge zu stürzen, weil sie von ihrer eigenen Meinung so sehr überzeugt sind, daß sie auf die Umgebung eingebildet und arrogant, manchmal aber auch kindlich naiv wirken, wenn sie sich mit glänzenden Augen in ein Abenteuer stürzen, das nicht gutgehen kann. Eile mit Weile – dies sollte man bei dieser Verbindung beherzigen.

Weil man fast ausschließlich auf der Grundlage seiner eigenen Urteile und Überzeugungen arbeitet, glaubt man nicht nur gerne, alles besser zu wissen, sondern hat man auch die Neigung, bei jeder passenden und unpassenden Gelegenheit zu predigen und zu moralisieren. Dies führt immer wieder zu Konflikten mit der Umgebung. Und doch schenken diese Aspekte auch Wärme, Herzlichkeit, Optimismus, Gastfreiheit, Freundlichkeit und Enthusiasmus, und wenn man seinen unüberlegten Optimismus ein wenig zu relativieren versteht, kann man von diesen Aspekten sehr profitieren.

Quinkunx

Sooft man sich gesellschaftlich präsentiert, gibt Jupiter beim Quinkunx dem Auftreten zusätzlichen Nachdruck. Obwohl man unsicher ist, weil die eigenen Ideale (Jupiter) kaum mit dem übereinstimmen, wie man sich selbst in der Gesellschaft erfährt (Himmelsmitte), trägt man doch unbewußt viele dieser Auffassungen und Ideale in seiner Haltung nach außen. Dadurch wirkt man manchmal rechthaberisch und arrogant, während man selbst das Gefühl hat, nicht zu überzeugen und nicht »anzukommen«. Manchmal ist man moralisierender, als man glaubt, doch ist dies keine ständige Haltung. Dafür läßt man sich viel zu leicht wieder von der Meinung anderer beeindrucken. Aus diesen Extremen wird die Umgebung natürlich nicht klug und reagiert entsprechend. Einmal beansprucht man (immer unbewußt) eine große Bewegungsfreiheit in seiner gesellschaftlichen Position, was immer wieder zu Konflikten mit Vorgesetzten führen kann, dann wieder kann man sehr gut unter den gegebenen Verhältnissen arbeiten. Daß dies zu einer unbefriedigenden Situation am Arbeitsplatz führen kann, ist klar, und dies kann zur Folge haben, daß man sich eine andere Stelle sucht. Man weiß allerdings nicht genau, was man eigentlich sucht, weil Ideale und Auffassungen (Jupiter) nicht mit der Selbstdarstellung nach außen übereinstimmen. Es kann daher einige Zeit dauern, bis man seine Richtung gefunden hat; nach einer Krise entdeckt man aber, woran es fehlt. Wenn man ein gutes Ventil für Jupiter finden kann, zum Beispiel in Form eines Jupiter-Hobbys, dann kann ein besseres Gleichgewicht zwischen der Art, wie man die Gesellschaft erfährt, und der eigenen Haltung ihr gegenüber entstehen.

Aspekte von Saturn

Für die Aspekte zwischen den langsameren Planeten gilt allgemein, daß sie zwar ihren Wert haben, sich aber in den Horoskopen sehr vieler Menschen befinden, die in derselben Periode geboren sind. Dadurch zeigen diese Aspekte weniger den individuellen Charakter, sondern mehr den »Zeitgeist« an. Bei ihrer Deutung ist daher Zurückhaltung angezeigt.

Dagegen haben die Aspekte von Saturn, Uranus, Neptun und Pluto untereinander sehr wohl eine individuelle Tönung, wenn sie zusätzlich mit einem persönlichen Inhalt wie Aszendent, Himmelsmitte, Sonne, Mond, Merkur und in geringerem Maße auch Venus und Mars verbunden sind. So ist also ein Trigon zwischen Saturn und Uranus ein Zeitmerkmal; wenn jedoch die Sonne in Konjunktion zu Uranus und damit ebenfalls im Trigon zu Saturn steht oder wenn die Sonne einen Hauptaspekt auf beide Aspektpartner bildet (ein großes Trigon), dann bekommt ein solcher Aspekt durchaus eine sehr persönliche und für den Betreffenden charakteristische Aussage. Dies ist bei den Aspektdeutungen in den folgenden Abschnitten zu berücksichtigen.

SATURN UND URANUS

Konjunktion

Hier sind zwei sehr gegensätzliche Inhalte miteinander verbunden: das Bedürfnis, seine Identität abzustecken und abzugrenzen, Form zu wahren und festzuhalten (Saturn), und das Bedürfnis, zu zerbrechen, Grenzen zu überschreiten und seine Individualität zu entfalten (Uranus). Es ist klar, daß hier Spannungen in bezug auf die Kernfrage »bewahren oder auflösen« entstehen müssen.

Wenn man dabei ist, seinem Leben eine bestimmte Form zu geben (Saturn), stellt sich sofort auch die Tendenz ein, diese Form wieder aufzulösen oder zu verändern (Uranus), was Ruhelosigkeit und Spannung zur Folge hat. Sooft man umgekehrt nach einer Veränderung strebt, hat man das Bedürfnis, diese in feste Bahnen zu lenken und in eine bestimmte Form zu gießen. Stillstand gibt es daher bei dieser Konjunktion nicht; es herrscht stets eine innere ruhelose Bewegung, die verunsichern kann. Andererseits hat diese Konjunktion auch eine sehr kreative Seite, die viele Möglichkeiten bietet. Starre Grenzen und Beschränkungen (Saturn) durchbricht man immer wieder, so daß die Wahrscheinlichkeit gering ist, daß man in bestimmten Auffassungen festrostet. Allzu starke revolutionäre Tendenzen werden gehemmt, so daß auch provokative Umsturzneigungen in Bahnen gelenkt werden. Dies führt unter anderem zu einer demokratischen Haltung, die aus Spannung und Unsicherheit geboren ist.

Wenn man Angst und Mißtrauen (Saturn) verspürt, kann dies durch die Konjunktion mit Uranus starke Spannungen in einem hervorrufen, so daß die Neigung zum Durchbrechen verstärkt wird. Die Entfaltung der Individualität (Uranus) kann jedoch mit Angst- und Schuldgefühlen einhergehen (Saturn), wodurch der Drang nach Perfektion gesteigert wird und man Dinge nicht aus der Hand geben will. Deshalb findet man bei dieser Konjunktion oft eine ausgeprägte Selbstbeherrschung.

Starrsinn und Beharrlichkeit sind bei diesem Aspekt groß – man hat es schließlich mit zwei bewahrenden und eigensinnigen Inhalten zu tun. Ein beflügelter Uranus kann schlecht zuhören, und ein befangener Saturn wagt es nicht, den einmal eingeschlagenen Kurs zu verlassen. Wenn diese Aspektierung mit persönlichen Inhalten verbunden ist, dann ist dies eine günstige Verbindung, wenn es darum geht, langfristig an etwas Eigenem zu arbeiten, weil sie ein großes Durchhaltevermögen verleiht.

Sextil und Trigon

Das Angespannte, das bei der Konjunktion zu beobachten ist, ist bei den harmonischen Verbindungen zwischen Saturn und Uranus deutlich weniger vorhanden. Die beiden Inhalte sprechen gut aufeinander an und unterstützen einander in ihren Äußerungen. Dies bewirkt, daß man seinem Leben innerhalb eines gegebenen gesellschaftlichen oder sonstigen Rahmens gut Form geben kann (Saturn), ohne dabei seine eigene Individualität aus den Augen zu verlieren (Uranus). Man hat im gesellschaftlichen Zusammenhang eine ganz eigene Funktion, ohne Spannungen in seinem Umfeld oder in sich selbst zu erzeugen.

Wenn man an seiner eigenen Entfaltung arbeitet, kann man dies lange und kraftvoll durchhalten, weil man über eine starke Willenskraft und eine große Ausdauer verfügt.

Plötzliche Veränderungen, die im eigenen Leben eintreten können, nimmt man gelassen hin, so daß man nicht so leicht aus dem Lot gerät. Man ist mit sich selbst zufrieden, sieht aber auch seine Beschränkungen. Dies ist eine der inneren Voraussetzungen, um anderen Raum lassen zu können, was eine demokratische Haltung begünstigt.

Formerhaltung (Saturn) und Formveränderung (Uranus) sind hier harmonisch miteinander verbunden, und die Wechselwirkung dieser Tendenzen ergibt das Bild gelassener und stetiger Erneuerung. Man ist bereit, die unterschiedlichsten Veränderungen zu akzeptieren, kann sich auch in die Ideen anderer einleben, versucht aber doch, dies ruhig, aber auch entschieden in vorhandene Strukturen einzugliedern oder vorhandene Strukturen dem Neuen anzupassen. Dies ist daher eine vorzügliche Stellung für jemanden, der Gesetze erläßt, weil so harmonische, nicht zu starre und nicht zu revolutionäre Gesetze entstehen können.

Das Beharrende und Festhaltende, das diese Kombination doch immer kennzeichnet, kann jedoch eine gewisse Unzugänglichkeit verleihen. Man setzt sich nun einmal entschlossen für seine eigenen Ziele ein und weicht nicht gerne auf Nebenwege aus.

Quadrat und Opposition

Die Auswirkungen der Spannungsaspekte zwischen Uranus und Saturn ähneln weitgehend denjenigen der Konjunktion, doch ist bei den Spannungsaspekten die Unruhe größer. Jeder Versuch, seinem Leben Form zu geben, wird von Uranus behindert, der die Betreffenden wegen des disharmonischen Aspekts ständig Dinge verändern, vorzeitig abbrechen und umstoßen läßt. Er sprengt die Strukturen, die man aufbauen möchte. Man hat daher bei diesen Aspekten selten das Gefühl, fest im Sattel zu sitzen. Dauernd geschieht etwas, wodurch man Formen verändern und sich an veränderte Situationen anpassen muß oder diese Situationen in sein eigenes Lebensmuster einfügen muß. Bei den disharmonischen Aspekten von Saturn und Uranus erlebt man in seinem Leben oft mehrere (teilweise auch einschneidende) Formveränderungen, die man teils selbst provoziert hat, teils unbewußt anzieht, so daß man das Gefühl hat, vor vollendeten Tatsachen zu stehen.

Wenn man jedoch seine eigene individuelle Entfaltung und persönliche Erneuerung anstrebt (Uranus), flößt einem dies durch den Konflikt mit Saturn eine gewisse Angst ein; man muß die verschiedensten inneren und äußeren Widerstände überwinden oder weiß nicht, wie man dies in eine Form bringen soll. Sooft man sich von etwas lösen will, zeigt es sich, daß man doch an bestimmte Regeln und Strukturen (lange Kündigungsfristen) gebunden ist, wodurch man einen Konflikt zwischen eigener Freiheit und Entfaltung einerseits und Vorschriften, Behinderungen und Hemmungen andererseits erfährt. Die Spannungsaspekte verleihen allerdings auch die Energie, um solche Konflikte zu bewältigen.

Durch die hemmende Wirkung von Saturn stürzt man sich kaum Hals über Kopf in neue Abenteuer und zeigt man selten vorschnell die Neigung, Dinge aufzubrechen. Andererseits erstarrt man durch den ruhelosen Einfluß von Uranus auch nicht so schnell in bestimmten Strukturen. Auch wenn dies eine gespannte, ruhelose Verbindung ist, verleiht sie doch auch die Möglichkeit, immer wieder nach neuen Formen des Selbstausdrucks in vorhandenen Strukturen oder nach einer Anpassung von Lebensstrukturen an die eigene Individualität zu suchen. Man ist auch bereit, hierfür zu kämpfen und zu arbeiten.

Quinkunx

Die Spannung, die bei den disharmonischen Aspekten besteht, ist beim Quinkunx mindestens genauso ausgeprägt, jedoch ungreifbarer. Man spürt eine große Unruhe, weiß aber nicht, woher diese kommt. Deshalb ist man mit keiner Form zufrieden und weiß auch nicht, wie man mit seiner eigenen Individualität und seiner persönlichen Freiheit umgehen muß.

Wenn man einfach seinen eigenen Weg gehen und in einer ursprünglichen und individuellen Weise man selbst sein will, untergraben und hemmen dies bei diesem Quinkunx unbewußte Angst und Blockierung durch Saturn. Die Anspannung, die dies zur Folge hat, kann dazu führen, daß man noch nachdrücklicher Raum für die individuelle Entfaltung fordert, womit man aber nur die unterschwellige Gegenreaktion von Saturn verschärft. Es ist daher auch nicht ungewöhnlich, wenn man mit diesem Quinkunx plötzlich seinen ganzen Individualismus aufgibt und sich ganz an vorhandene Regeln und Strukturen anpaßt. Dann meldet sich jedoch wieder der Hang zu Provokation und Veränderung, und man fühlt sich in seinen Strukturen doch nicht so wohl.

Die Spannung zwischen Formerhalt und Formzerstörung erreicht beim Quinkunx ihr Höchstmaß. Dies kann nicht nur eine große geistige Anspannung und Unruhe erzeugen, sondern auch seinen Niederschlag in körperlichen Beschwerden wie zum Beispiel Nervosität finden.

Im Leben der Betreffenden reiht sich eine Veränderung an die andere – man führt sie unbewußt selbst herbei oder provoziert sie auch bewußt. Dies liegt vor allem daran, daß man sich nirgendwo ganz wohl fühlt. Aber auch bei diesem Quinkunx kann eine Krise zu der Einsicht verhelfen, woher diese latente Spannung kommt. Dann wird es möglich, auch den angenehmeren Seiten einer Verbindung zwischen Saturn und Uranus Ausdruck zu verleihen.

SATURN UND NEPTUN

Konjunktion

Bei der Konjunktion zwischen Saturn und Neptun sind formgebende und formauflösende Inhalte miteinander verbunden, was (sofern eine Aspektierung mit persönlichen Planeten besteht) eine eigenartige Mischung von Eigenschaften ergibt. Wenn man sich mit der konkreten Formgebung seines Ich oder mit Dingen beschäftigt, mit denen man sich identifizieren kann (Saturn), wird automatisch auch die Formlosigkeit Neptuns, der die Grenzen des Persönlichen verwischt, aktiviert. Dies hat zur Folge, daß man unbewußt kleinere und größere Veränderungen an der Form vornimmt, wodurch man entweder Schwierigkeiten hat, eine

Form abzugrenzen, oder aber beim Umreißen der eigenen Zielsetzungen Gefühle und Einsichten einbezieht, die diesem Prozeß mehr Tiefgang verleihen können. Wann das eine und wann das andere geschieht, ist schwer zu sagen, und das eine kann unmerklich in das andere übergehen. Wenn man einen Artikel schreibt, beginnt man vielleicht sehr strukturiert und legt vieles von dem hinein, was man empfindet, doch kann es auch ganze Abschnitte geben, in denen jegliche Form fehlt und die völlig in der Luft hängen. Oder man schweift vom Thema ab. Die Gefahr bei dieser Konjunktion liegt darin, daß die formlose und spirituelle Welt (Neptun) die Wahrnehmung der konkreten Alltagswelt (Saturn) unterminiert.

Andererseits gibt diese Konjunktion die Möglichkeit, sich strukturierend und nüchtern mit der Welt des Unsichtbaren und Transpersonalen zu beschäftigen. Hier hängt viel davon ab, welcher der beiden Planeten stärker steht.

Das Einheitserlebnis und das kollektiv Dienende von Neptun können durch die Konjunktion mit Saturn konkret werden. Eine mögliche Äußerungsform ist dann intensiver Einsatz für das Ideal einer besseren Welt, für mehr Menschlichkeit und ein tieferes religiöses oder metaphysisches Verständnis. Ebensogut aber können der Ehrgeiz und die Angst, die Saturn oft kennzeichnen, in der Konjunktion mit Neptun unwirkliche Formen annehmen. Man hat dies nicht in der Hand und kann sich davon fortreißen lassen. Daher kann trotz des so ungreifbaren Wesens Neptuns doch Ehrgeiz auftreten, wenn dieser Planet sich mit Saturn verbindet. Für diesen Ehrgeiz spielt aber auch die Opferbereitschaft Neptuns eine Rolle: Man bringt dann oft die Bereitschaft auf, für ein Ziel auf vieles zu verzichten und sich idealistisch (manchmal auch mit einer rosaroten Brille) dafür einzusetzen. Deshalb wird dieser Aspekt oft in Zusammenhang mit Askese und einer Einstellung gesehen, die einen mit wenigem zufrieden sein läßt.

Sextil und Trigon

Formgebung und Formauflösung wirken hier harmonisch zusammen, wodurch es möglich wird, daß man durch Mitleid und Mitgefühl mit anderen seine eigene Starre durchbricht und Ängste überwindet. Die eigenen Ziele haben oft ihre Wurzeln in einem tief religiösen, metaphysischen oder spirituellen Bewußtsein, und aus diesem Hintergrund bezieht man eine starke Motivation, sich einzusetzen. Man spürt unbewußt, wie man Dinge organisieren und ihnen Form verleihen muß, wodurch man einen umfassenderen Blick für das Alltagsleben hat. Die Bereitschaft, sich in der konkreten Alltagswirklichkeit auch mit dem Ungereimten und dem mehr Gefühlhaften einzulassen, kann gesellschaftlich sehr vorteilhaft sein. Die Verbindung von Vision (Neptun) und konkreter Wirklichkeit (Saturn) kann sogar taktische Qualitäten verleihen: Man weiß, worauf man es anlegen muß, wovon man übrigens auch geschäftlich zu profitieren versteht. Auch bei der Festlegung einer (militärischen) Strategie kann dieser Aspekt sehr hilfreich sein.

Man hat die Fähigkeit, spirituellen und geistigen Dingen Form zu verleihen. Man weiß in ungereimte Dinge eine Linie zu bringen und liebt es, darin für sich selbst Ordnung zu schaffen, so daß dies eine günstige Kombination für Menschen ist, die sich mit religiösen, metaphysischen oder okkulten Dingen beschäftigen. Saturn ordnet neptunische Angelegenheiten, und Neptun lockert die oft starren Grenzen von Saturn auf. Idealismus und Materialismus finden bei den harmonischen Aspekten gut zusammen, so daß man trotz der Neptun-Einflüsse mit beiden Beinen auf dem Boden bleibt. Man versucht, seine Ideale und geistigen Erkenntnisse (Neptun) geduldig und vorsichtig zu entwickeln. Die Art, wie man sie in eine Form bringt, läßt meist eine sehr ernsthafte Vorgehensweise erkennen. Für seine Ideale kann man auf vieles verzichten, und eine gewisse Nüchternheit ist oft typisch.

Quadrat und Opposition

Die Spannungsaspekte zwischen Saturn und Neptun haben sehr unterschiedliche Auswirkungen. Viel hängt davon ab, welcher der beiden Planeten stärker steht. Das Formgebende und Formwahrende steht hier in einem Konflikt mit dem Formlosen und Formauflösenden. Dies kann zur Folge haben, daß man immer dann, wenn man sich ein Ziel setzt oder einen Plan macht, dazu neigt, in die falsche Richtung zu gehen, die Pläne ungenügend oder nicht realistisch zu erstellen, sich einem Ziel zu idealistisch zu nähern. Traum und Wirklichkeit werden leicht miteinander verwechselt. Selbst das, was schon eine feste Form angenommen hatte, gerät durch verschiedene ungreifbare Faktoren in einem selbst dann wieder auf eine schwankende Grundlage, so daß man große Schwierigkeiten hat, etwas wirklich zu konkretisieren.

Wenn man sich mit dem Ungereimten und Unsichtbaren befaßt, dann können Saturn-Konflikte dies in dem Sinne hemmen, daß man nicht wagt, sich dem wirklich auszusetzen, und sich diesen Dingen zu starr nähert, oder der Faktor Angst macht sich geltend, was zu einer abergläubischen Haltung führen kann. Oder man leidet unter eingebildeten Ideen, die man in sich selbst nicht als solche entlarven kann, denen aber jeglicher Wirklichkeitsgehalt fehlt, was sich im Extremfall als Verfolgungswahn äußert. Dies ist allerdings nur möglich, wenn dieser Aspekt an persönliche Planeten angeschlossen ist und darüber hinaus das ganze Horoskop in diese Richtung weist. Worauf es ebenfalls ankommt, ist, daß bei den Konfliktaspekten zwischen Saturn und Neptun die Vorstellungswelt und die eigene abgesteckte Wirklichkeit einander unter Druck setzen, so daß man Gefahr läuft, beides in unglücklicher Weise miteinander zu vermischen.

Die Durchsetzungsfähigkeit (Saturn) kann von Neptun unterminiert werden, doch zeigen die Spannungsaspekte an, daß man, wenn man sich einmal von einem bestimmten Ideal inspirieren ließ, sehr lange damit verbunden bleiben kann.

Die eigene Zielstrebigkeit ist nicht immer gleich groß; sie wird von Neptun untergraben, weshalb man oft gewisse Schwierigkeiten hat zu klären, was man eigentlich will. Dadurch wird man anfällig für (unterminierende) Einflüsse durch andere Menschen.

Weil das eigene Bedürfnis nach dem Transzendenten (Neptun) sich doch äußern möchte und man zudem beeinflußbar ist, hat man bei diesen Konflikten zwischen Saturn und Neptun immer wieder einmal das Bedürfnis, sich zurückzuziehen. Man sucht dann die Stille und die Einsamkeit auf, in der man sich wohler fühlt als im Alltagsgetriebe. Stille kann für Menschen mit diesen Aspekten außerordentlich inspirierend sein und sie wieder zu sich selbst finden lassen.

Quinkunx

Geht man vom Konflikt der disharmonischen Aspekte zwischen Saturn und Neptun aus und fügt diesem eine verstärkte Ungreifbarkeit und Unsicherheit hinzu, dann hat man bereits ein recht gutes Bild dieses Quinkunx. Man hat es hier mit einer doppelten Unterminierung zu tun, derjenigen Neptuns und derjenigen des Quinkunx, so daß im allgemeinen äußerst wenig Sicherheit übrigbleibt. Man hat die Neigung, sich in eine Traumwelt zurückzuziehen, weil die Wirklichkeit ungreifbar erscheint, oder in einen harten Panzer, weil man Angst vor den verschiedensten ungreifbaren und unbewußten Einflüssen hat. Man hat sehr große Schwierigkeiten, den Dingen Form zu verleihen.

Auf der unbewußten, formlosen Ebene Neptuns fühlt man sich durch das Quinkunx zu Saturn gehemmt, so daß es beinahe nichts gibt, mit dem man wirklich gut zurechtkäme. In der Praxis kann man sich damit selbst im Wege sein: Man untergräbt seine Möglichkeiten, bringt kein Durchsetzungsvermögen auf und findet kein Ziel und keine Richtung. Es besteht die große Neigung, sich von äußeren Impulsen lenken zu lassen, und Abhängigkeit (von Drogen, Alkohol, bestimmten religiösen Auffassungen) kann als Ersatz für eigenes Rückgrat und als formlose Form dienen, in der man wenigstens ein bißchen Sicherheit zu finden hofft.

Durch die Unzufriedenheit, die dies mit sich bringt, gerät man früher oder später in eine Krise, in der man schließlich die Ursache der Spannung ausfindig macht. Dann kann es gelingen, diese widersprüchlichen psychischen Inhalte allmählich besser aufeinander abzustimmen, indem man für beide die entsprechenden Ausdrucksmöglichkeiten sucht. Dann wird man auch in der Lage sein, die vorteilhaften Seiten der Verbindung zwischen diesen beiden Planeten zu nutzen und Form und Formlosigkeit harmonischer miteinander zu verbinden.

SATURN UND PLUTO

Konjunktion

Intensität und Starre sind die Schlüsselbegriffe, mit denen sich die Verbindung von Saturn und Pluto charakterisieren läßt. Dies ist eine überaus kraftvolle Konjunktion, sofern sie mit persönlichen Inhalten verbunden ist. Die Fähigkeit zu Formgebung, harter Arbeit und Ausdauer und das Durchhaltevermögen werden von Pluto außerordentlich intensiviert, so daß man über erhebliche Reserven an Kraft und Widerstandsfähigkeit verfügt. Gleichzeitig wird der Drang nach Macht, nach Kraft und nach Umsturz (Pluto) von Saturn in eine Form gebracht und verstärkt. Dies kann zu Geltungsdrang und Ehrgeiz und zu einem zähen Festhalten an einem einmal eingenommenen Standpunkt führen.

Pluto hat auch mit Verdrängungen zu tun, und man wird sich durch den Zusammenstand mit Saturn oft schmerzlich seiner unbewußten Antriebe bewußt. Dies kann den Impuls verleihen, durch ein kräftiges Auftreten Herr über seine unbewußten Äußerungen, Ängste und Probleme zu bleiben, so daß man nach außen hin auch aufgrund dieser Haltung sehr kraftvoll wirkt. Niemand sieht dann die inneren Kämpfe, die man mit sich ausfechten muß.

Tiefgang (Saturn) und Eindringungsvermögen (Pluto) verleihen dieser Konjunktion auch vorzügliche Möglichkeiten für alle Arten von Untersuchungen und in der Wissenschaft im allgemeinen. Bei allem, was man tut, setzt man sich, wenn man es von innen heraus tut, mit seiner ganzen Kraft und seinem ganzen Ehrgeiz ein. Dies bedeutet aber auch, daß einem niemand in die Quere kommen darf, da man sonst äußerst heftig reagiert. Die Intensität der eigenen Äußerungen kann man mit Pluto oft nicht recht einschätzen, und in der Konjunktion mit dem verletzlichen Saturn kann man anderen Menschen unerbittlicher zusetzen und ihnen mehr weh tun, als man eigentlich beabsichtigte. Man hat die Fähigkeit, andere mit strategischen Mitteln vollkommen auszuschalten. Man sucht seine Macht in Konfrontationen ausgerechnet dort zu erproben, wo man selbst am verletzlichsten ist, so daß man sich immer wieder in schwierige Situationen bringt.

Deshalb wird dieser Konjunktion oft auch eine Neigung zu Gewalt zugeschrieben, auch wenn sich dies in der Praxis bei weitem nicht immer konkretisiert. Dies ist eine *mögliche* Äußerung, aber auch nur dann, wenn auch das übrige Horoskop in diese Richtung weist.

Die Konjunktion von Pluto und Saturn findet man oft bei Menschen, die in irgendeiner Weise wichtige Prozesse beherrschen wollen. Dies können gesellschaftlich-politische Prozesse sein oder für einen selbst wichtige Fragen, doch kann sich dies ebensogut auf die Parapsychologie oder die Magie beziehen. Unsicherheit aufgrund der drängenden unbewußten Inhalte, die man spürt, können den Antrieb liefern, alles Erdenkliche zu unternehmen, um sein Leben nach seinem Willen zu gestalten.

Sextil und Trigon

Die harmonischen Verbindungen zwischen Saturn und Pluto verleihen ebenso wie die Konjunktion ein außerordentliches Durchsetzungsvermögen, einen großen Machtdrang und ein kraftvolles Auftreten. Man kann sich sehr intensiv mit den Dingen beschäftigen, die einen fesseln, und sich über lange Zeit mit höchster Anspannung für Ziele einsetzen, die man sich einmal gesteckt hat. Dies ist daher auch eine Kombination, mit der nicht gut Kirschen essen ist, denn strategisch manövrierend wartet man geduldig und beherrscht eine Gelegenheit ab, um es jemandem, der einen gekränkt hat, heimzuzahlen. Man kann sehr diszipliniert wirken und zeigt dabei einen unverkennbaren Machtdrang, jedoch in einer solchen Weise, daß man damit viel Erfolg hat. Die harmonischen Aspekte bieten ja stets wenig Widerstand.

Bei den harmonischen Verbindungen zwischen Saturn und Pluto ist man oft auch in der Lage, sehr hart zu arbeiten, und zwar sowohl körperlich als auch geistig. Die Willenskraft und Ausdauer sind so groß, daß man dies mühelos schafft. Andererseits sind Saturn und Pluto an sich nicht einfach. Auch bei den harmonischen Aspekten begibt man sich doch oft in Schwierigkeiten, mit denen man allerdings wiederum gut fertig wird. Man versucht stets, sich sowohl gegenüber sich selbst als auch gegenüber anderen zu beweisen. In Schwierigkeiten und unter großem

Druck ist man zu Höchstleistungen fähig; es ist, als ob erst dann das ganze Potential dieser Aspekte zum Tragen käme.

Da das eigene Durchsetzungsvermögen so gut entwickelt ist und man auf wenig (jedenfalls direkten) äußeren Widerstand trifft, besteht bei den harmonischen Verbindungen die Gefahr, daß man starr an seinem eigenen Standpunkt festhält und anderen keinen Millimeter Raum läßt. Mit seiner Selbstbeherrschung trägt man seine Auffassungen diszipliniert und unbewegt, aber darum um so kraftvoller nach außen. Dies kann eine gewisse Härte verleihen oder jedenfalls ein gewisses Maß an Unzugänglichkeit und Undurchdringlichkeit. Hierin muß man unter anderem die Ursache dafür suchen, daß Menschen mit einer Verbindung zwischen Saturn und Pluto, die doch in die Tiefe gehen und zum Kern der Dinge vorzudringen vermögen, bei den harmonischen Aspekten weniger geneigt sind, dies auch bei sich selbst zu tun. Saturn kann das potentielle psychische Wachstum und die Transformation, die von Pluto ausgehen, doch etwas hemmen und begrenzen.

Quadrat und Opposition

Ehrgeiz, Geltungsdrang, Durchhaltevermögen und Durchsetzungskraft sind auch bei den Spannungsaspekten unleugbar vorhanden und sogar noch stärker als bei den harmonischen Aspekten. Die disharmonischen Aspekte stimulieren diese Eigenschaften gerade, wobei natürlich wiederum die Gefahr besteht, daß man auch diesbezüglich übertreibt. Das Bedürfnis nach Abgrenzung, Formgebung und Durchsetzung wird durch den Spannungsaspekt mit Pluto verschärft, der alle Inhalte intensiviert. Man kann sich daher verbissen auf das stürzen, was man sich zum Ziel gesetzt hat, aber in einer so zwingenden Weise, daß man damit in der Umgebung wenig angenehme Reaktionen auslöst. Pluto verleiht aber nicht nur Intensität, sondern führt auch in die Transformation und kann in einem einzigen Ausbruch sehr viel hinwegfegen. Daher wird man bei einer Konfliktstellung zwischen Saturn und Pluto mehrmals in seinem Leben seine Lebensweise und seine Ziele nachhaltig ändern müssen. Aber man ist auch jemand, der in seiner Umgebung Tabus und Formen niederreißt. Autoritätskonflikte sind nicht selten, um so mehr, als auch bei den Spannungsaspekten der Geltungsdrang groß ist und das Bedürfnis nach Selbstbestimmung recht zwanghaft. Aus Unsicherheit will man alles in der Hand behalten, alles selbst regeln und nichts dem Zufall überlassen. Man versucht, möglichst über alles die Kontrolle zu haben, und kann daher recht herrschsüchtig wirken. Wenn man dagegen diese Kontrolle verliert, kann man in äußerste Unsicherheit gestürzt werden, so daß man nur noch zwanghafter nach Macht strebt. Daher können Menschen mit dieser Aspektierung doch hin und wieder Probleme bekommen.

Es ist ein »Streitaspekt«, der jedoch durch seinen Willen, sein Durchsetzungsvermögen und seinen Drang, wirklich das Unterste zuoberst zu kehren, immer wieder triumphiert, auch wenn es Schweiß und Tränen kostet. Psychisches Wachstum durch Streit und tiefgreifende Formveränderungen sind bei diesen Konflikten nicht selten, auch wenn Saturn Pluto nach Kräften zu hemmen versucht. Der Konflikt macht seine Wirkung immer wieder zunichte.

Auch bei den disharmonischen Aspekten kann man lange und hart arbeiten, schwere Arbeit verrichten und in der Konfrontation mit sich selbst es sich recht schwer machen, statt den Weg des geringsten Widerstands zu gehen. Es besteht die Gefahr, daß man durch Lebenserfahrungen so hart wird, daß man auch gegenüber seinen Mitmenschen ein gewisses Maß an Härte und Berechnung entwickelt. In diesem Sinne können Konflikte zwischen Saturn und Pluto sehr isolierend wirken. Hierzu müssen Verbindungen zu den persönlichen Planeten bestehen. Durch diese Härte gegenüber sich selbst kann man es andererseits mit diesen Konflikten in der Wissenschaft und in der Gesellschaft sehr weit bringen. Man wird zum Einzelgänger, der aber sehr viel erreicht.

Quinkunx

Sooft man sich durch eigenes Zutun mit unbewußten Inhalten (Pluto) konfrontiert, wird man von Ängsten überfallen, oder man neigt dazu, solche Inhalte zu unterdrücken, indem man sie verdrängt oder indem man Situationen und Handlungen vermeidet, in denen sie auftreten können. Dann aber äußern sie sich in einer anderen, noch ungreifbareren Weise. Wenn man versucht, seinem Leben eine Form zu geben und eine verantwortungsvolle Aufgabe zu übernehmen, verleiht Pluto diesem Vorhaben einen kräftigen Impuls, aber wiederum so zwanghaft und ungreifbar, daß man dazu neigt, dies zu übertreiben und sich dadurch selbst zu schaden. Zwischen der formenden Gestaltung des Lebens und der Verarbeitung der dabei auftretenden Probleme liegt wegen des Quinkunx ein Spannungsfeld, weshalb man Gefahr läuft, sich im Kreis zu drehen, weil man das Gelernte und das, was man in sich selbst erfahren hat, nicht richtig zu integrieren vermag.

Immer wieder stellt man fest, daß man sich durch die Spannung des Quinkunx in Situationen manövriert, in denen man Widerstände überwinden muß und manchmal tiefgreifende Formveränderungen durchmacht. Menschen mit diesem Aspekt gehen nicht den Weg des geringsten Widerstandes. Durch unterschwellige Machtkonflikte vor allem auch mit Personen in einer Autoritätsposition fühlen sie sich gezwungen, immer wieder aufgrund von Konflikten, in denen sich die innere Auseinandersetzung mit ihnen selbst spiegelt, ihre Position (manchmal auch im gesellschaftlichen Sinne) zu verändern. Schließlich aber können sie doch zu verstehen lernen, daß das Bedürfnis, sein Bewußtsein abzugrenzen (Saturn), und die Notwendigkeit, Verdrängtes an die Oberfläche zu befördern (Pluto), jeweils nach einem eigenen Ausweg verlangen und daß sie dann die gebündelte Intensität beider Planeten einsetzen können, um nach dem Verborgenen zu forschen. Daher ist dies auch ein Aspekt, der einem in einer reiferen Phase zweifellos zu tiefer psychologischer Einsicht verhelfen kann, insbesondere bezüglich des Streits, den Menschen mit sich selbst und ihrer Umgebung ausfechten.

SATURN UND ASZENDENT

Konjunktion

Wenn Saturn die Art tönt, wie man nach außen auftritt, wirkt man nüchtern, zurückhaltend, verschlossen und ernsthaft. Manchmal besteht Kontaktscheu, und man zieht sich hinter eine Mauer kühler Distanziertheit zurück, von der aus man die Dinge oft mit einem etwas pessimistischen Blick betrachtet.

Es ist nicht die Art Saturns, sich von Begeisterung mitreißen zu lassen. Vorsichtig tastend nimmt man bei allem zunächst eine abwartende Haltung ein, um nur kein Risiko einzugehen. Man hat ein überaus starkes Verantwortungsbewußtsein, was sich sogar körperlich in einer etwas gebückten Haltung ausdrücken kann, wie wenn man buchstäblich von einer Last gebeugt wäre. Aber diese Last hat man sich selbst aufgebürdet.

Man läßt selten nach außen durchdringen, was einen bewegt, und andere Menschen haben es nicht leicht, einen kennenzulernen. Die eigene eher abweisende Haltung ist die Ursache möglicher Einsamkeitsgefühle. Saturn kann jedoch durchaus jemanden finden, dem er seine Gefühle offenbaren kann, dem er vertraut und bei dem er sich sicher fühlt. Für einen solchen Menschen geht er durch das Feuer, auch wenn es ihm schwerfällt, dabei seine Gefühle zu zeigen.

Sextil und Trigon

Verschlossenheit und Nüchternheit sind auch für die harmonischen Verbindungen zwischen Saturn und Aszendent typisch. Vielleicht bedrückt einen dies hier weniger, weil man es gut im Gleichgewicht halten kann, aber aufgrund der Verletzlichkeit von Saturn gibt man sich doch distanziert, abwartend und ernsthaft. Nach außen hin manifestiert man sich lieber mit einer verantwortungsvollen Tätigkeit oder ähnlichen Dingen als mit launigen Bemerkungen. Oft wirken Menschen mit diesem Aspekt älter, als sie sind.

Schon früh lernt man, wo man Verantwortung zu tragen hat und daß man vorsichtig sein muß. Man hat immer auch ein gut entwickeltes Durchsetzungsvermögen und Pflichtbewußtsein. Andererseits sind dies nicht die Eigenschaften, die man braucht, um Kontakte zu knüpfen, so daß auch bei den harmonischen Aspekten Einsamkeitsgefühle auftreten können. Für viele ist man ein Buch mit sieben Siegeln, und man zeigt nicht gerne, was in einem vorgeht. Man erfährt seine Verletzlichkeit sehr deutlich, doch kann man bei den harmonischen Aspekten damit immerhin gut umgehen.

Schon früh entwickelt man eine praktische und nüchterne

Sichtweise der Dinge. Dies führt dazu, daß man des öfteren anderen Menschen ihre Träume und Illusionen raubt, wofür man nicht immer Dank erntet. Einen selbst behütet diese Haltung jedoch vor Verirrungen. Dadurch und in Verbindung mit seiner Entschlossenheit und seiner großen Ausdauer kann man es bei diesen persönlich verschlossenen Aspekten gesellschaftlich sehr weit bringen. Es erstaunt nicht, daß viele Menschen mit solchen Aspekten in Arbeit und Pflichterfüllung ein Ventil finden.

Quadrat und Opposition

Die für alle Verbindungen zwischen Saturn und Aszendent so charakteristische Verschlossenheit und Distanziertheit ist hier vor allem eine Folge der Intensität, mit der man seine eigene Verletzlichkeit erlebt, wodurch man ängstlich, manchmal auch mißtrauisch auf seine Umgebung reagiert. Wenn man versucht, sich nach außen zu manifestieren, fühlt man sich durch den Widerstand Saturns gehemmt und behindert, so daß man sich verschließt und zurückzieht. Diese Aspekte bewirken auch eine Neigung, alles schwerzunehmen, was die Umgebung nicht gerade zu Fröhlichkeit animiert. Diese Reaktion verschärft wiederum die eigene Empfindung der Unsicherheit und Verletzlichkeit. Man muß achtgeben, daß man nicht in die Haltung eines »Ich bin nichts wert« und »Niemand liebt mich« gerät, denn diese Haltung bestätigt sich selbst und ruft genau das Gegenteil der warmherzigen Zuwendung hervor, die man so sehr ersehnt.

Wegen seiner schwierigen Erfahrungen mit Kontakten neigt man manchmal dazu, sich überhaupt abzuschließen oder flüchtet sich in eine starre Maske, indem man sich hinter dem Image des Karrieremenschen verschanzt, hinter dem man außerhalb der Schußlinie bleibt.

Die Spannungsaspekte erzeugen diesbezüglich eine große Unsicherheit, und wenn man dieser zu sehr nachgibt und in Selbstmitleid und Grübelei versinkt, kann dies zu Müdigkeit und Antriebsschwäche führen. Das Unbewußte versucht dann in hektischer Aktivität, die auftauchenden Probleme zu verarbeiten, doch zehrt dies an der Energie, die dem Bewußtsein zur Verfügung steht. Wenn man dagegen diese Angst in Bahnen zu lenken versteht (und die Spannungsaspekte bieten die Möglichkeit, dies zu lernen), dann kann man zu einem ebenso ausgeglichenen Menschen werden wie bei den harmonischen Aspekten, auch wenn man niemals die heitere Unbeschwertheit in Person sein wird.

Quinkunx

Auch beim Quinkunx besteht eine verkrampfte Haltung gegenüber der Außenwelt, auch wenn man nicht versteht, woran dies liegt. Sooft man sich in der Außenwelt manifestiert, wird man von Unsicherheit und Angst befallen, weshalb man zurückhaltend, kühl und verschlossen reagiert und dadurch unzugänglich wird, obwohl man dies keineswegs will. Oder man betont zu sehr die eigene Verantwortung oder diejenige anderer Menschen, manchmal passender-, aber nicht weniger oft unpassenderweise, weshalb man für seine Umgebung als Erzpessimist gilt, der niemals die angenehmen Seiten der Dinge sehen will.

Wenn man mit verantwortungsvollen Aufgaben betraut ist, versteht man es nicht besonders gut, diese nach außen zu vertreten. Man formuliert sie nicht richtig oder legt den Nachdruck auf das Falsche. Die Art, wie man nach außen auftritt und dem begegnet, was einem entgegentritt, verträgt sich nicht mit der Art, wie man abgrenzt und strukturiert, und mit dem eigenen Verantwortungsempfinden. Dies kann sich in der Weise äußern, daß man hart und lange arbeitet oder gerade lange Zeit überhaupt nicht arbeitet und passiv bleibt; meist wechseln diese beiden Haltungen auch ab.

Trotzdem kann man letztlich sehr wohl lernen, dem Leben eine Form zu geben und sein Selbstvertrauen wiederherzustellen, doch ist dies wie bei jedem Quinkunx immer erst nach einer Krise möglich, die die Ursache der Spannung in ein klareres Licht rückt.

SATURN UND MC

Konjunktion

Wenn Saturn im MC steht, leidet man oft unter Minderwertigkeitsgefühlen. Man erfährt seine Verletzlichkeit allzu intensiv, oft deshalb, weil man in seiner Jugend auf die Unterstützung eines oder beider Elternteile verzichten mußte. Man hat schon früh den Drang, sich zu beweisen, entweder um sein Minderwertigkeitsgefühl zu überdecken oder um sich selbst und seiner Umgebung zu zeigen, daß man sehr wohl etwas darstellt. Daher kann diese Stellung mit einem sehr großen Ehrgeiz verbunden sein; man kann sehr hart und ausdauernd für die Ziele arbeiten, die man sich gesteckt hat, was sich aber auch bis zur Härte und Unerbittlichkeit steigern kann.

Traditionell soll die Konjunktion zwischen Saturn und Himmelsmitte einen gesellschaftlichen Fall anzeigen. Dies ist jedoch nur dann möglich, wenn die Grundlagen zu schnell und nachlässig gelegt wurden oder wenn die Form, auf die man aufbaut, hohl ist. Wenn man so arbeitet, wie es die Art Saturns ist, also langsam, aber gediegen, dann kann man es in seinem Leben letztlich sehr weit bringen.

Man hat das Bedürfnis, nicht nur sich selbst, sondern auch seiner Umgebung Form und Struktur zu geben, weshalb man bei dieser Konjunktion gerne regelnd auftritt oder anderen Vorschriften machen will. Dahinter steht jedoch sehr oft ein inneres Ohnmachtsgefühl und eine intensive Suche nach einer eigenen Form, in der man anerkannt wird. Dies kann etwas Krampfhaftes haben, doch wenn man dies überwindet, dann schenkt diese Konjunktion Gediegenheit, Entschlossenheit und Zielstrebigkeit.

Sextil und Trigon

Bei jeder Verbindung zwischen Himmelsmitte und Saturn spielt eine Empfindung der Verletzlichkeit und Minderwertigkeit eine Rolle. Bei den harmonischen Aspekten kann man dies noch am ehesten auffangen und hat damit am wenigsten Probleme. Diese Aspekte verleihen eine ernsthafte Haltung gegenüber sich selbst und dem Leben im allgemeinen, weshalb auch das Verantwortungsbewußtsein stets hoch entwickelt ist. Man kann lange und hart arbeiten und führt meist alles zu Ende, was man begonnen hat. Dabei kann man um seiner Arbeit oder anderer Ziele willen auf vieles verzichten, wobei auch hier in gewissem Maße das Bedürfnis vorhanden ist, sich der Außenwelt gegenüber zu beweisen. Ehrgeiz ist also auch bei den harmonischen Aspekten durchaus vorhanden.

Saturn ist der Planet der Zeit. Daher findet man bei diesen Aspekten selten eine steile Karriere, sondern eher Beharrlichkeit und ein sorgfältiges und planvolles Aufbauen. Man kann bei den harmonischen Aspekten die Zeit für sich arbeiten lassen.

Auch bei diesen spannungsfreien Aspekten wählt man nicht den Weg des geringsten Widerstandes, und zwar weder bezüglich der Ausformung der eigenen Identität noch bezüglich seiner gesellschaftlichen Position. Aber man hat ja auch die Fähigkeit zu hartem, ausdauerndem und verantwortungsbewußtem Arbeiten. Man kann zu einer Stütze für seine Umgebung werden und anderen helfen, zu ihrer eigenen Form zu finden.

Quadrat und Opposition

Bei den disharmonischen Aspekten zwischen Saturn und Himmelsmitte sind die Minderwertigkeitsgefühle besonders ausgeprägt. Man fühlt sich nach außen hin und vor allem auf der sozialen und gesellschaftlichen Ebene so verletzlich, daß man die Tendenz hat, sich entweder ganz hinter eine ungerührte, kühle und unnahbare Maske zurückzuziehen oder dieses Gefühl durch einen enormen Ehrgeiz zu kaschieren. Dabei geht man recht starr vor, wodurch man wiederum Widerstände auslöst.

Mit Saturn, dem Lernprozeß des Schmerzes, manövriert man sich gerne in schwierige Situationen, in denen man sich sehr abmühen muß, um etwas zu erreichen, das anderen offensichtlich in den Schoß fällt – eine Firma geht gerade dann in Konkurs, wenn man eine bessere Stelle bekommen könnte. Solche Erfahrungen können in eine mißmutige und pessimistische Stimmung führen, die eine mögliche Äußerung dieser Aspekte ist. Andererseits gehört es auch zu diesen disharmonischen Aspekten, daß man gerade durch solche Rückschläge eine Beharrlichkeit und ein Durchsetzungsvermögen entwickelt, durch das man letztlich doch zum Erfolg kommt. Deshalb bedeuten diese Aspekte nicht nur Aussichtslosigkeit und Leid, wie es in alten Lehrbüchern immer wieder heißt. Sie verlangen viel von einem und stellen einen auf die Probe, bevor man sein Ziel erreichen kann. Dabei kann es allein schon sehr hilfreich sein, wenn man sich weniger verkrampft und nicht wie ein geprügelter Hund gibt, da dies in der Umgebung negative Reaktionen auslösen kann. Eine gelassene Haltung (die bei diesen Aspekten sehr wohl möglich ist) kann sehr viel weiterhelfen.

Quinkunx

Man weiß nicht, woher die eigene Unsicherheit kommt, doch überfällt sie einen unterschwellig immer wieder, wenn man sich für seine Ziele einsetzt oder sich sozial oder gesellschaftlich engagiert. Die Selbsteinschätzung (Himmelsmitte) paßt nicht zu der Art, wie man seine Identität abgrenzt, ohne daß man sich dessen bewußt wäre. Die eigenen Manifestationen sind daher durch Abwehrreaktionen getönt, manchmal auch durch Angst oder Mißtrauen. Dies löst entsprechende Reaktionen aus, die man zunächst nicht versteht. Da ein Quinkunx zwischen Saturn und MC das Selbstvertrauen durchaus nicht vermehrt, führen diese Reaktionen zu einer Verstärkung des latenten Minderwertigkeitsgefühls. Einsamkeit, das Gefühl, nicht verstanden zu werden und ähnliches kann griesgrämig machen und noch weiter in die Isolation treiben. Auch in gesellschaftlicher Hinsicht kann sich mangelndes Selbstvertrauen negativ auswirken.

Unterschwellig ist aber doch Durchsetzungsvermögen und Verantwortungsbewußtsein vorhanden, nur findet man zunächst keinen Zugang dazu und kann nach außen hin nicht damit umgehen. Der Rückzug in die Haltung des Bedauernswerten bewirkt nur, daß man noch mehr zurückgestoßen wird. In der Krise, die dann früher oder später auftreten wird, ergibt sich die Möglichkeit, auch die positiven Werte und Äußerungen des Aspekts zu ergreifen. Dann kann man zu einem nüchternen, dafür aber um so klareren Selbstbild gelangen. Bei keinem der Aspekte zwischen Saturn und Himmelsmitte strotzt man vor Optimismus bezüglich seiner selbst, aber mit Beharrlichkeit, Zurückgezogenheit und Ernst kann man doch etwas erreichen.

Aspekte von Uranus

Die Aspekte der überaus langsam laufenden Planeten Uranus, Neptun und Pluto zueinander sind nur im Generationenmaßstab bedeutsam; manche Aspekte können sogar weite Teile eines Jahrhunderts färben, wie das Sextil zwischen Pluto und Neptun im 20. Jahrhundert. Mehr noch als bei den Verbindungen von Saturn muß man hier mit der Deutung äußerst vorsichtig sein. Manche Verbindungen werden in Horoskopen heute Lebender nicht mehr erreicht. Die folgenden Deutungshinweise sind daher nur anwendbar, wenn diese Planeten sehr direkt und in einer bedeutsamen Weise mit persönlichen Planeten, Aszendent oder Himmelsmitte verbunden sind.

Eine weitere Schwierigkeit liegt darin, daß man es hier mit Planeten zu tun hat, die für den Menschen sehr schwer zu handhaben und zu beherrschen sind. Sie gehören zu unserem Unbewußten und sind von daher mit kollektiven Inhalten aufgeladen. Dies macht nicht nur die Deutung schwierig, sondern auch die Unterscheidung der Wesensart der Aspekte zu einer äußerst diffizilen Angelegenheit. Daher sollen die Verbindungen zwischen den Planeten in ihrem allgemeinen Wesen betrachtet und nur für die Aspektierung auf Aszendent und MC spezielle Deutungshinweise gegeben werden.

URANUS UND NEPTUN

Uranus ist das Bedürfnis des Menschen nach Unabhängigkeit und Ursprünglichkeit und nach dem Durchbrechen von Formen und Grenzen. Er ist der Inhalt, mit dem man seine Individualität auf der Grundlage von Veränderungen, die man von innen heraus spürt und anstrebt, weiterentwickelt und ausbaut. Neptun spiegelt den Antrieb wider, seine Erlebniswelt über die Grenzen des Individuellen hinaus auszudehnen. Er steht daher für das Bedürfnis nach Auflösung und Verwischung, nach Idealisierung und Perfektionierung. Er birgt jedoch die Gefahr in sich, das Individuelle chaotisch und kollektiv zu machen. Eine Verbindung dieser beiden Inhalte ergibt daher das Bild einer eigenartigen Mischung von idealistischer Individualität und einer eigentümlich unpersönlichen Haltung.

Uranus und Neptun sind beide idealistisch und verstärken daher diese Haltung. Dies kann sich so auswirken, daß man Utopien anhängt, kann sich aber bei einer im übrigen praktischen Verbindung im Horoskop auch als der Antrieb zu gesellschaftlichen Veränderungen manifestieren.

Da Neptun eine große Rolle im Spirituellen und Metaphysischen, für Hellsehen und Hellfühlen spielt und dies auch auf der Ebene von Uranus liegt, kann jeder Kontakt zwischen diesen beiden Planeten in gesellschaftlicher Hinsicht Erneuerung, Veränderung und bahnbrechende Entdeckungen auf diesen Gebieten anzeigen. Neptun und Uranus können in ihrer Verbindung Wissenschaften stimulieren, die sich mit der Welt des Ungesehenen und Unsichtbaren beschäftigen, wie Parapsychologie und die heutige theoretische Physik, die die Grenzen des Sichtbaren längst überschritten hat. Innerlich kann ein solcher Kontakt, sofern eine Verbindung zu persönlichen Inhalten besteht, die Gabe von Wahrnehmungen auf diesen Gebieten verleihen. Diesbezüglich ist es eine interessante Tatsache, daß die englische »Society of Psychical Research« (SPR) 1882 während eines Trigons zwischen Uranus und Neptun gegründet wurde. Diese Vereinigung hatte es sich zum Ziel gesetzt, umstrittene Phänome systematisch zu untersuchen, und gab damit den Anstoß zu weltweiten Forschungen auf dem Gebiet der Parapsychologie.

Es war eine auffällige Erscheinung jener Zeit, daß unsichtbare Inhalte eine große Rolle zu spielen begannen und mehr Aufmerksamkeit fanden. Wenig später trat Neptun in die Konjunktion mit Pluto ein, und am Jahrhundertende bildete Uranus ein Quinkunx auf die Konjunktion von Neptun und Pluto. Genau um diese Zeit gab es, durch das »plötzliche« Auftreten zahlloser medial und sonstwie paranormal begabter Menschen, auf dem Gebiet der Parapsychologie eine Flut von Entdeckungen.

Menschen mit solchen Konstellationen in ihrem Horoskop können, sofern Anschlußverbindungen zu persönlichen Inhalten bestehen, eine Rolle im Zeitgeschehen spielen und ein Mosaiksteinchen zu neuen Entdeckungen beitragen oder durch ihr bloßes Interesse die Forschung stimulieren.

Die Verbindungen zwischen Uranus und Neptun können die verschiedensten Erneuerungen und Forschungen auf dem Gebiet der Bewußtseinserweiterung anregen. Beispiele hierfür sind die Untersuchung des Einflusses von Halluzinogenen auf Bewußtsein und Handlungen eines Menschen, Forschungen über den Einfluß des Gefühlslebens und der Vorstellungskraft auf den Körper (wie dies bei Stigmatisierungen zu beobachten ist).

Das Streben nach einer ganz individuellen religiösen Erfahrung (der Uranus-Einfluß auf Neptun) kann hier ebenso genannt werden wie das Brüchigwerden und die Entpersonalisierung der Individualität (der Neptun-Einfluß auf Uranus). Letzteres kann sich auch in dem Sinne auswirken, daß die Individualität unter dem subtilen Einfluß Neptuns verfeinert wird und daß man diese in den Zusammenhang eines größeren, kosmischen Ganzen stellt. Dies kann geschehen auf der Grundlage religiöser Erlebnisse oder der Erkenntnis, daß das Bewußtsein des Menschen zwar seine Beschränkungen hat, daß aber das Unbewußte über Raum und Zeit hinausreicht, weshalb die Möglichkeiten des menschlichen Geistes unbegrenzt sind.

Es versteht sich, daß solche Entwicklungen bei den harmonischen Aspekten reibungsloser verlaufen, daß aber die Unkontrollierbarkeit der betreffenden Planeten trotzdem dafür sorgt, daß auch die harmonischen Verbindungen Unruhe und unerwartete, nicht immer gelegen kommende Erneuerungen mit sich bringen können. Bei den Spannungsaspekten wird man hiermit in noch stärkerem Maße konfrontiert und demgemäß zum Handeln angespornt.

URANUS UND PLUTO

Hier verbinden sich zwei sehr stürmische Inhalte miteinander: Uranus als das Prinzip, das die eigene Individualität betont, aber auch das Explosive und plötzlich Durchbrechende in sich hat, und Pluto, der zwingend und konzentriert durch innere und äußere Machtkämpfe das Unterste zuoberst kehren und dadurch eine Transformation herbeiführen will. Zeiten, in denen diese beiden Planeten disharmonisch stehen, sind oft gekennzeichnet durch unter der Oberfläche liegende Spannungen, die Vorboten verschiedener Umwälzungen sind. Bei in solchen Zeiten Geborenen wird das Bedürfnis nach großen Umwälzungen persönlich spürbar, wenn diese Planeten mit persönlichen Inhalten verbunden sind. Zuletzt standen Uranus und Pluto 1965 in Konjunktion. Bei den damals Geborenen findet man eine neue aufrührerische, revolutionäre Haltung, die sowohl tabudurchbrechend (Pluto) als auch in höchstem Maße provokativ (Uranus) ist: Als sie in die Pubertät kamen, entstand die Punkkultur.

Wenn Pluto und Uranus einander in einer Aspektierung verstärken, sind sie kaum mehr kontrollierbar, weshalb hier sehr extreme Äußerungen zu beobachten sind. Pluto kann als Repräsentant von Gewalt und Transformation in Verbindung mit Uranus für plötzlich aufflammende Gewalttätigkeiten oder für intensive Spannungen sorgen, die tief eingreifen oder aus den Tiefen des kollektiven Psychischen kommen. In Zusammenhang damit findet man Erneuerungen in der Psychologie und Psychoanalyse als bedeutsame Einwirkung des Erneuernden von Uranus auf das Verdrängte und Tiefe von Pluto. Markant ist in diesem Zusammenhang die Veröffentlichung von Freuds »Totem und Tabu« im Jahre 1912, eines Werks, mit dem er die Grenzen des damals Üblichen durchbrach und sein engeres medizinisches Fachgebiet verließ. Es erstaunt nicht, daß dieses Werk, mit dem er viele Tabus seiner Zeit durchbrach, einen Sturm der Entrüstung auslöste. Freud veröffentlichte es während eines Quinkunx zwischen Uranus und Pluto, zwei Planeten, die an sich schon Unruhe symbolisieren, doch bewirkt das Quinkunx noch zusätzliche Probleme. In derselben Zeit brachen Adler und Jung mit Freud und begründeten eigene Richtungen. 1912 erschien auch Jungs erstes Hauptwerk, »Wandlungen und Symbole der Libido«, das für seine Zeit ebenfalls bahnbrechend und tabudurchbrechend war, ihm aber anfänglich ebensowenig Möglichkeiten eröffnete.

In jeglicher Hinsicht erzeugen Pluto und Uranus in ihrer Verbindung Durchbrüche auf dem Gebiet des Verborgenen und Verdrängten, aber auch auf dem Gebiet des Massenhaften, das ebenfalls zu Pluto gehört, auf dem Gebiet der Macht und der Machtkonflikte sowie auch dem der ungehemmt intensiven Kräfte in der Materie (Kernenergie, Kernfusion, Kernforschung). Pluto erzeugt in allen Verbindungen Spannungen, da er alle Inhalte, mit denen er in Berührung kommt, intensiviert und im vorliegenden Fall das Ruhelose, Angespannte und Impulsive von Uranus anfacht. Man muß sich daher, wenn diese Verbindungen mit persönlichen Inhalten weiterverbunden sind, davor hüten, zu ungestüm und impulsiv vorzugehen und alles umstürzen zu wollen, weil die Gefahr besteht, daß man mehr niederreißt, als man aufbauen kann. Andererseits können diese Inhalte ein enormes Potential an Forschungs- und Erkundungsgaben verleihen, so daß man auf ungewöhnlichen Gebieten Bahnbrechendes leisten kann. Wenn persönliche Planeten beteiligt sind, findet man stets Gespanntheit des Charakters, aber auch ruheloses Suchen, das Sichvertiefen in Dinge, die anders sind als das Alltägliche, und einen heftigen Widerstand gegen alles, was »von oben« diktiert wird. Mit Pluto will man die Dinge selbst in die Hand nehmen und in Verbindung mit Uranus auch in seiner eigenen Weise. Äußere Einmischung duldet man daher nicht (bei den disharmonischen Aspekten und der Konjunktion), oder man manipuliert sie in eine andere Richtung (bei den harmonischeren Wirkungen). Macht- und Autoritätskonflikte, auch Unerziehbarkeit und Widerspenstigkeit sind hier möglich, zugleich aber auch der unbändige Wille, ein eigenes Leben aufzubauen und die eigene Individualität zu entfalten. Wenn diese Aspekte mit persönlichen Inhalten verbunden sind, billigt man sich das Recht des Scheiterns zu und braucht dies auch, damit man im Leben ohne all die guten Ratschläge Älterer seinen eigenen Wachstumsweg gehen kann.

URANUS UND ASZENDENT

Konjunktion

Wenn Uranus im Aszendenten steht, drückt man sein Bedürfnis nach einer eigenen Individualität nach außen hin klar und unmißverständlich aus. Man geht schon sehr jung seine eigenen Wege, was sich nicht selten in Form von Widerspenstigkeit oder manchmal auch Unerziehbarkeit äußert. Uranus ist launisch, unberechenbar und ruhelos, und genau diese Eigenschaften strahlt man nach außen aus. Man kann nicht stillsitzen, hat etwas Nervöses und Eigenwilliges an sich und darüber hinaus das Bedürfnis und die Neigung, auf alles sofort einzugehen. Man stellt in jedem geeigneten und ungeeigneten Augenblick seinen Einfallsreichtum und seine Fähigkeit zu plötzlichen Einsichten unter Beweis, führt aber längst nicht alles zu Ende, was man begonnen hat.

Die Gespanntheit von Uranus bewirkt, daß man schnell Spannung und Ungeduld in sich aufkommen fühlt. Man kann dadurch brüsk, taktlos und kurz angebunden wirken, und dies macht es der Konjunktion zwischen Uranus und Aszendent oft schwer, Kontakte zu knüpfen und zu pflegen. Darüber hinaus erwartet man von Kontakten, daß der andere Abwechslung und Erneuerungen bietet oder zumindest mit einem selbst Schritt halten kann. Wenn dies nicht mehr der Fall ist, verliert man sofort das Interesse und macht sich auf die Suche nach neuen Impulsen.

Uranus will in Konjunktion mit dem Aszendenten seine Freiheit und seine Entfaltungsmöglichkeiten in jeder Hinsicht ausleben, gesteht dies aber auch anderen zu. Er kann daher gegenüber allem Neuen sehr tolerant sein, aber durch sein einmal geniales, dann wieder launisches Auftreten haben die Menschen in seiner Nähe stets doch weniger Raum, als Uranus im Aszendenten selbst glaubt.

Sextil und Trigon

Das Individualistische und Unabhängige spielt bei den harmonischen Verbindungen zwischen Uranus und Aszendent eine große Rolle. Man versteht es hier besser in das tägliche Leben zu integrieren als bei der Konjunktion und den disharmonischen Aspekten, was nicht bedeutet, daß man nicht auch hier seinen eigenen Weg gehen und sein eigenes Leben führen will. Allerdings hat man mehr Geschick darin, dies elegant zu vermitteln und in vorhandene Strukturen einzufügen.

Man liebt Abwechslung, Neues und Erneuerndes und reagiert oft sehr schnell und anpassungsfähig auf Dinge, mit denen man konfrontiert wird. Das Impulsive von Uranus kann aber auch hier störend sein, während die Ruhelosigkeit dieses Inhalts wach, angespannt und manchmal nervös macht. Man hat etwas Provozierendes in seiner Haltung, ohne daß dies sofort zu Schwierigkeiten führen müßte, doch läßt man sehr deutlich spüren, daß man Abwechslung und Veränderung liebt, daß man sich selbst sein will und daher auch viel Freiraum braucht. Uranus-Aspekte zeichnen sich nie durch Anpassungsfähigkeit aus, weshalb auch bei den harmonischen Verbindungen zum Aszendenten der Nachdruck auf der Verwirklichung der eigenen Möglichkeiten liegt. Trotz dieser geringen Anpassungsfähigkeit kommt man mit neuen Situationen meist sehr schnell und gut zurecht. Man ist sehr beweglich, was wiederum eine Folge der inneren Ruhelosigkeit ist.

Die harmonischen Verbindungen zwischen Uranus und Aszendent haben etwas Stimulierendes für die Umgebung, weil man immer für frischen Wind sorgt. Man hat bei diesen Aspektierungen deutlich etwas von einem Wegbereiter.

Quadrat und Opposition

Bei den disharmonischen Aspekten von Uranus auf den Aszendenten wirkt man sehr ruhelos, veränderlich und launisch, und entsprechend geht man mit allem um, was von außen an einen herantritt. Man ist wechselhaft und unbeständig, und obwohl man sich in irgendeiner Weise entfalten will und ein großes Maß an Freiheit braucht, weiß man nicht, wie man diesem Bedürfnis Form geben soll und was man weiter damit eigentlich anfangen will. Daher neigt man dazu, Dinge unnötigerweise in Frage zu stellen oder umzustoßen oder heftiger, impulsiver und taktloser, manchmal auch herausfordernder und rebellischer aufzutreten, als unter den gegebenen Umständen gut ist. Daher wird oft davor gewarnt, daß diese Aspekte durch ihre Unüberlegtheit, Rastlosigkeit und große Reizbarkeit zerstörerisch sein können.

Andererseits verfügen Menschen mit diesen Aspekten über einen großen Einfallsreichtum, obwohl sie oft viel zu ruhelos sind, um eine Entdeckung zu nutzen oder zu Ende zu führen. Sie sind sehr schnell abgelenkt und im Grunde dauernd auf Neues aus.

Dies beinhaltet die Gefahr, daß sie das Neue nur befürworten, weil es neu oder exzentrisch ist, nicht deshalb, weil es einen Wert für einen hätte, weshalb sie sehr schnell wieder zu etwas anderem Neuen übergehen. In dieser Weise wird Erneuerung zu einer leeren Form. Diese Ruhelosigkeit geht dann oft mit Nervosität einher.

Bei Konflikten zwischen Uranus und Aszendent braucht man einen Ausweg für seine Spannung. Wenn der Aszendent geschlossen ist, kann man seine Impulsivität kaum äußern und kann eine innere Spannung aufbauen. Die Entladung einer solchen Spannung kann sehr heftig bis hin zur Destruktivität sein.

Quinkunx

Sowohl das Quinkunx als auch die Verbindung zwischen Uranus und Aszendent stehen für Spannung. Daher treten bei diesem Aspekt so oft ungreifbare Nervosität und plötzliche Ausbrüche auf. Wenn man sich nach außen manifestiert, bekommt man es sofort mit seinem Bedürfnis nach Individualität zu tun, so daß man sich unsteter und eigenwilliger verhält, als man eigentlich will. Wenn man sich dagegen mit seiner eigenen Entfaltung oder etwa mit uranischen Hobbys beschäftigt, läßt man sich unbewußt von der Umgebung beeinflussen, die über den Aszendenten Zugang hat, so daß man sich unsicher fühlt und geneigt ist, plötzlich heftig abwehrend zu reagieren. Damit lassen sich natürlich schlecht stabile Beziehungen aufbauen.

Wie groß der Einfallsreichtum bei diesen Aspekten auch ist, so hat man doch die Neigung, mit seinen Einfällen zum falschen Zeitpunkt zu kommen. Es fehlt das Gespür dafür, wann die Umgebung zum Zuge kommen muß und wann man selbst für seine Ideen, Auffassungen und Einsichten Aufmerksamkeit fordern kann. Die Irritationen, die dies wecken kann, können die innere Unruhe des Quinkunx zwischen Uranus und Aszendent nur verstärken. Die Folge können zerstörerische Neigungen sein, was von dem plötzlichen Drang, etwas zu zertrümmern, bis zum Bruch von Kontakten reichen kann. Beim Quinkunx schafft oder begegnet man immer wieder auch Situationen, die Irritationen und Veränderungen mit sich bringen, bis man entdeckt, daß die

Ursache hierfür in einem selbst liegt. Dann entsteht die Möglichkeit, daß man etwas ausgeglichener nach außen reagiert, auch wenn die Unruhe und der Unabhängigkeitsdrang groß bleiben.

URANUS UND MC

Konjunktion

Das Bild, das man von sich selbst hat, und die hieran geknüpften Erwartungen gegenüber der Außenwelt, vor allem bezüglich der eigenen sozialen und gesellschaftlichen Position in ihr, sind bei einer Konjunktion zwischen Himmelsmitte und Uranus wechselhaft und auf Erneuerung ausgerichtet. So wechselnd der Blick auf einen selbst ist, soviel Abwechslung und Veränderung braucht man in der Gesellschaft. Dies kann sich in ständigen Berufswechseln oder einer Arbeitssituation äußern, in der man viel Abwechslung hat und seinen Einfallsreichtum nutzen kann. Mit Spannungssituationen kommt man recht gut zurecht, auch wenn man nicht immer gleich ruhig auf sie reagiert.

Was man unbedingt braucht, ist ein eigenes Gebiet, auf dem man man selbst sein kann. Solche Menschen arbeiten am liebsten als Einzelgänger oder selbständig, weil dies ihrem Freiheitsdrang am meisten entgegenkommt. Sie können durchaus unter einem Vorgesetzten arbeiten, doch möchten sie dann ein großes Stück Verantwortung tragen. Das brauchen sie auch, weil sie so individualistisch und eigenwillig sein können, daß sie in ihrer Umgebung als Querkopf gelten. Dies ist in gewisser Weise berechtigt, denn sie achten weder Grenzen noch Beschränkungen. Dadurch können sie sehr kreativ und einfallsreich sein und es in entsprechenden Berufen wie zum Beispiel im technischen Bereich sehr weit bringen.

Uranus hat auch etwas sehr Starres, denn wenn er einmal seinen Weg gewählt hat, kann ihn nichts und niemand davon abbringen. Wenn Menschen mit Uranus-Konjunktion-MC einmal etwas in ihrem Kopf haben, dann setzen sie dies mit aller Macht durch. Wenn sie nicht mehr hinter einer Sache stehen, dann vergeuden sie ihre Zeit nicht mehr damit.

Sextil und Trigon

Obwohl die harmonischen Aspekte zwischen Uranus und MC weniger provozierend und unstet sind, macht man auch hier allein schon durch seine Haltung deutlich, daß man seinen eigenen Weg gehen will, wie man auch bereit ist, Neues in Altes einzufügen. Man geht sehr schnell auf Veränderungen ein, provoziert sie oft auch, verfolgt mit wacher Spannung, was geschieht (und ist deshalb oft auch abgelenkt) und liebt Abwechslung und Veränderung. Letzteres strebt man auch im sozialen und gesellschaftlichen Bereich an – ein langweiliger Bürojob wäre das letzte, was man möchte.

Man versucht, sich das Abweichende zu eigen zu machen und in sich selbst und in der Gesellschaft Formen und Grenzen zu durchbrechen. Man kann sich für die verschiedensten Demokratisierungsprozesse und gesellschaftlichen Veränderungen einsetzen, sich aber auch ebenso für Dinge wie Okkultismus, Astrologie, »verrückte« technische Erfindungen interessieren. Am liebsten würde man diese Neigungen zu seinem Beruf machen, und oft gelingt es auch, dies irgendwie in seine soziale und gesellschaftliche Position zu integrieren. Auch bei den harmonischen Aspekten kann man Änderungen erwarten, die man oft selbst herbeiführt. Deshalb braucht man sich nicht zu wundern, wenn man bei einer solchen Verbindung zwischen Himmelsmitte und Uranus nicht nur einmal in seinem Leben völlig neue Wege einschlägt. Dies ist dann immer das Ergebnis großer innerer Umwälzungen.

Quadrat und Opposition

Das Veränderliche, Wechselhafte und Plötzliche von Uranus kann man bei den disharmonischen Aspekten zum MC nicht ohne weiteres in gute Bahnen lenken, was Unbeständigkeit, vorzeitigen Abbruch vielversprechender Unternehmungen, Angespanntheit, einen rastlosen Veränderungsdrang und Übereiltheiten zur Folge hat. Bei diesen Aspekten muß man vorsichtig sein, weil die Neigung besteht, viel zu impulsiv zu handeln und sich unbesonnen sofort in Neues zu stürzen.

Oft findet man schon bei jungen Menschen Widerspenstigkeit,

Aufsässigkeit und unangepaßtes Verhalten. Mit seiner Neigung, Dinge umzustoßen und zu durchbrechen, kann man zum Revolutionär werden. Man hat mit Uranus stets ein starkes Bedürfnis, man selbst zu sein, doch ist dieses Bedürfnis hier nicht immer im Einklang mit dem Bild, das man von sich selbst hat, und den eigenen sozialen und gesellschaftlichen Erwartungen. Man kann daher auch zu den ungünstigsten Augenblicken man selbst sein wollen und wirkt daher auf andere unberechenbar und manchmal auch egoistisch. Darüber hinaus neigt man zur Auflehnung gegen jegliche Einmischung. Man will frei sein und mit nichts belastet werden – man hat schon alle Hände voll mit sich selbst zu tun.

Die disharmonischen Aspekte sind besonders kreativ. Man ist geistig angespannt und sehr unruhig, sprudelt oft aber auch über vor Ideen. Spielerisch macht man die verschiedensten kleineren und größeren Funde und Entdeckungen, und wenn man einen Beruf findet, in dem man seinem Bedürfnis nach dem Exzentrischen und nach Abwechslung frönen kann und ein hohes Maß an Bewegungsfreiheit hat, dann kann man es darin sehr weit bringen.

Quinkunx

In seiner Manifestation nach außen und vor allem in gesellschaftlicher Hinsicht wird man unterschwellig ständig durch ein Gefühl der Unruhe, Anspannung und Gereiztheit behindert, und zwar manchmal in einem solchen Maße, daß man zum Beispiel plötzlich heftig explodiert oder Vielversprechendes abschneidet. Es ist, als ob man sich unbewußt zwingen würde, sich immer wieder in neue, schwer greifbare Situationen zu manövrieren. Da man selbst mit seinem Bewußtsein keinen Zugriff auf dieses bizarre Verhalten hat, erzeugt man auch in seiner Umgebung viel Unruhe. Man weiß nicht recht, was man will. Man hat das undeutliche Gefühl, daß man man selbst sein will, aber man bekommt keine Klarheit darüber, wie man dies anstellen und was man sich darunter vorstellen soll. Sooft man seinem Individualismus frönt (Uranus), verspürt man ein vages Unbehagen, daß man dies in einer Weise tut, die nicht zum Selbstbild paßt, aber auch nicht zu dem, was die Außenwelt aufgrund der eigenen sozialen und gesellschaftlichen Haltungen von einem erwartet. Das Ergebnis ist im Inneren Unruhe und im Äußeren Unverständnis. Diese innere Unruhe bildet im Zusammenhang mit einer großen Veränderlichkeit und Angespanntheit den Anlaß für ein rastloses Suchen, dessen Ergebnis wiederum häufige Veränderungen in der sozialen und gesellschaftlichen Position sind.

Die Spannung hat ihre letzte Ursache aber in dem Mißverhältnis zwischen dem Ichbild und der Art, wie man seinem Bedürfnis, man selbst zu sein, Gestalt verleiht. Wenn man zum Kern des Konflikts vorzudringen vermag, kann man sich mit seinem schöpferischen Einfallsreichtum in aller Originalität in einem gesellschaftlichen Rahmen entfalten.

Aspekte von Neptun

NEPTUN UND PLUTO

Diese beiden Planeten laufen so langsam, daß sie in einem Zeitraum von einem Jahrhundert nur wenig verschiedene Aspekte bilden können. In den vierziger Jahren begannen sie ein Sextil zu bilden, und dieser Aspekt wird sich im 20. Jahrhundert nicht mehr ändern. Der Aspektzeitraum ist damit so groß, daß eine individuelle Deutung unmöglich ist. Selbst eine spezifische kollektive Interpretation ist schwierig, um so mehr, als diese beiden Planeten Inhalte repräsentieren, die für uns sehr ungreifbar sind. Wenn man dies dennoch versuchen will, dann könnte man etwa folgendes sagen:

Neptun wird als Planet, der verfeinert und auflöst, das Persönliche aufhebt und den Menschen in eine Einheitserfahrung führt, bei jedem Kontakt mit Pluto intensiviert. Dies bedeutet, daß man in dem Zeitraum des Sextil-Aspekts zwischen diesen beiden Planeten Äußerungen eines großen (zwanghaften) kollektiven Bedürfnisses nach einer Einheitserfahrung und nach spirituellen Werten suchen wird. Dies stellt man in der Tat im Aufleben mystischer und okkultistischer Haltungen fest, durch die auch die Auflösung lehrenden Religionen des Ostens im Westen immer mehr Fuß fassen. Die auflösende Wirkung Neptuns (die auch bei den harmonischen Verbindungen bestehen bleibt) äußert sich auch in dem ungreifbaren und kaum einzudämmenden Phänomen der Drogenabhängigkeit, das heute in der ganzen Welt zu beobachten ist, während der Handel mit Drogen in einem engen Zusammenhang mit Machtstrukturen in den Ländern steht, aus denen diese Drogen stammen (Pluto).

Neptun wirkt jedoch auch auf Pluto ein, was bedeutet, daß die Machtstrukturen und Machtblöcke immer subtiler und ungreifbarer werden. Während man früher noch einen konkreten Gegner oder Feind hatte, sind heute so viele Länder durch unsichtbare Fäden miteinander verbunden, daß es zwar noch Machtblöcke gibt, die aber im Untergrund so verzweigt und miteinander verflochten sind, daß sie nicht mehr zu überblicken sind. Darüber hinaus hat Neptun die Neigung, in irgendeiner Weise unterminierend und verfeinernd auf erkennbare Machtstrukturen einzuwirken. Ungreifbarer Widerstand, subtile Unterströmungen und ähnliches sind in allen Ländern der Welt an der Tagesordnung, auch wenn manche Länder versuchen, diese zu unterdrücken. (Anmerkung: Neptun und Pluto bildeten natürlich auch früher schon Aspekte, doch wird eine Wirkung erst nach der Entdeckung eines solchen Planeten deutlich, und Pluto hat erst im 20. Jahrhundert seine volle Wirkung entfaltet.)

Pluto ist auch das Große, das Massenhafte, und unter dem Einfluß von Neptun können ungreifbare Ideen, religiöse Vorstellungen, Wahnideen oder andere kollektive Werte Pluto anspornen, so daß diese schließlich auf die Massen überspringen. Pluto kann solche Vorstellungen und Ideen intensivieren, so daß Massenhysterien, religiöser Fundamentalismus und andere Massenphänomene auftreten können.

Pluto und Neptun haben beide auch mit den unbewußten Inhalten des Menschen zu tun. Ihre Verbindung gibt den Anstoß zu fruchtbaren Forschungen nach den geheimnisvollen Seiten der Dinge, der verdrängten Seite der Psyche und dem Verborgenen in der Materie. Kernphysik, Tiefenpsychologie, Parapsychologie, die Bedeutung von Leben und Tod, Einsicht in Ängste, in die Freiheit und Gebundenheit des eigenen Unbewußten sind Themen, die heute aktuell sind und die es dem Kollektiv, uns Menschen, möglich machen, unserem eigenen Wesen näherzukommen. Deshalb findet man bei dieser Verbindung eine eigenartige Mischung aus einer großen Kollektivierung und einer Vergrößerung der Strukturen einerseits, in denen das Individuum unterzugehen droht, und andererseits vertieften Einsichten in die Funktion des Menschen, wodurch er seinem eigenen Wesen näherkommt und lernen kann, in ein Gleichgewicht mit seiner unbewußten Seite zu kommen.

Diese extremen Äußerungsformen machen dies zu einer Verbindung, die sehr wahrscheinlich immer dann anliegt (in welchem Aspekt auch immer), wenn tiefgreifende kulturelle und gesellschaftliche Veränderungen zu beobachten sind. Sie lenken den unbewußten Strom der Ereignisse. Durch die ungreifbare Art von Neptun und Pluto ist es uns leider nicht ohne weiteres möglich, die Richtung und den Sinn dieses Stroms in der eigenen Zeit jeweils zu erkennen. Erst in späteren Zeiten, wenn die folgenden Generationen die Geschichte unserer Zeit schreiben werden, wird sich dem Blick des unbeteiligten Beobachters offenbaren, wie in den Zeiten, in denen diese beiden Planeten einen Aspekt bildeten, enorme Kräfte eine neue Zeit vorbereiteten.

NEPTUN UND ASZENDENT

Konjunktion

Neptun ist ein Inhalt, der den Menschen über einen unbewußten Pfad mit seiner Umgebung verbindet. Durch seine grenzenverwischende Wirkung hat man jedoch Probleme, sich gegenüber den verschiedensten Einflüssen abzuschirmen, so daß man ungewollt doch immer wieder unsichtbare Spannungen und Stimmungen von außen aufnimmt. Diese können sich auf das Gemüt auswirken und dafür sorgen, daß man zumindest im ersten Teil seines Lebens mit sich selbst in seiner Manifestation nach außen nicht gut zu Rande kommt. So spürt man vielleicht, daß irgendwo eine feindselige Stimmung herrscht, ohne zu ahnen, daß andere einen Streit miteinander haben, mit dem man selbst überhaupt nichts zu tun hat. Man spürt es aber so, als ob es aus einem selbst käme. Diese Überempfindlichkeit macht verletzlich, und dies kann zur Folge haben, daß man sich in eine Traumwelt oder in eine verschlossene, defensive Haltung zurückzieht, was zu Kontaktschwierigkeiten führen kann. Bei dieser Konjunktion ist es sehr wichtig herauszufinden, welche Gefühle aus einem selbst kommen und welche von außen stammen.

Man verfügt also über eine große Empathie. Diese ist dort von großem Nutzen, wo es darum geht, anderen Menschen zu helfen. Man spürt sofort, woran es fehlt, und weiß auch instinktiv, wie man das Problem lösen kann. Nicht selten zeigen sich bei dieser Verbindung die Gaben des Hellsehens und Hellfühlens, wobei das übrige Horoskop erweisen muß, in welchem Maße sich dies konkretisieren kann. Auf alle Fälle spürt man unbewußt Dinge herannahen und hat die Fähigkeit, sich hierauf sofort einzustellen. Dies kann aus schwierigen Situationen heraushelfen, doch muß man sich über seine Beeinflußbarkeit im klaren sein. Man läßt sich leicht manipulieren, vor allem, wenn andere Menschen an die eigenen Gefühle appellieren, und man kann sich auch von Illusionen und falschen Vorspiegelungen mitreißen lassen. Man erliegt sehr leicht Suggestionen, kann aber ebensogut anderen Dinge suggerieren. Mit dem Verwässernden von Neptun bietet man anderen wenig Halt, weshalb sie oft ein völlig falsches Bild von einem bekommen. Neptun ist aber auch ein kollektiver Inhalt; auf eine Verbindung zwischen Neptun und Aszendent kann jeder leicht sein eigenes Bild projizieren, und dies kann die Kontakte zu den Mitmenschen chaotisieren.

Musikalität, Kunstsinn und ein Gespür für das Spirituelle und Metaphysische sind bei den Verbindungen zwischen Neptun und Aszendent und insbesondere der Konjunktion sehr oft vorhanden.

Sextil und Trigon

Obwohl hier eine harmonische Verbindung zwischen der Manifestation in der Außenwelt und dem Bedürfnis nach Verfeinerung und Vollendung durch Auflösung des strengen persönlichen Erlebens vorliegt, leidet man andererseits unter seiner Übersensibilität für Stimmungen und Strömungen in seiner Umgebung. Man hat ein sehr sicheres Gespür für alles, aber wie bei der Konjunktion muß man lernen, zwischen Stimmungen in einem selbst und Stimmungen zu unterscheiden, die man von außen her empfängt. Unbewußt schlüpft man in die Haut anderer Menschen, identifiziert sich mit deren Emotionen, spürt deren Absichten und läßt sich von deren Persönlichkeit fortreißen.

Den Idealismus, den Neptun auch in sich hat, trägt man harmonisch nach außen. Weil aber Neptun mit der Wirklichkeit wenig anfangen kann, kann man wegen seines unrealistischen Idealismus, der rosaroten Brille, durch die man die Welt betrachtet, und seiner außerordentlichen Opferbereitschaft für ein gutes Ziel trotz der harmonischen Aspekte Probleme bekommen.

Auch hier läßt man anderen viel Raum, um sich auf sich selbst zu konzentrieren – Verbindungen zwischen Neptun und Aszendent bieten niemals viel Halt. Mit diesem Neptun-Inhalt kann man auf die Umgebung träge und verträumt, manchmal auch »schwebend« wirken. Meist hat man irgendein Wehwehchen. Menschen erkennen Dinge in einem, die vielleicht überhaupt nicht da sind, aber man strahlt etwas kollektiv Freundliches aus, so daß sich die unterschiedlichsten Menschen in einen verlieben können.

Alle Verbindungen Neptuns mit dem Aszendenten sind für Arbeiten im formgebenden und formverfeinernden Bereich günstig, aber auch für die Welt des Films und der Fotografie, also überall dort, wo Verfeinerung und Illusion Hand in Hand gehen.

Quadrat und Opposition

Die Spannungsaspekte zwischen Neptun und dem Aszendenten können zu einer verstärkten Unsicherheit führen. Die Empfindlichkeit gegenüber der Außenwelt ist ohnehin schon groß, doch weiß man bei den Spannungsaspekten hiermit überhaupt nicht umzugehen und weiß auch nicht, wie man sich nach außen verhalten soll. Die Umgebung hat daher überhaupt keine Ahnung davon, wie man selbst die Dinge sieht, fühlt und erlebt; fest steht jedenfalls, daß man ständig mit seiner Übersensibilität beschäftigt ist.

Durch die Unsicherheit in Verbindung mit seiner Beeinflußbarkeit neigt man zu einer ausweichenden Haltung, in der man nicht direkt auf Probleme eingehen will oder zurückhaltend reagiert, wenn andere eine Annäherung suchen. Manchmal kann auch die eigene Phantasie oder die falsche Interpretation eines Gefühls dazu führen, daß man Dinge völlig falsch beurteilt und falsch auf sie reagiert. An einer angemessenen Reaktion wird man aber durch seine Unsicherheit gehindert, so daß einem andere Menschen manchmal Unehrlichkeit oder falsche Darstellung von Tatsachen vorwerfen. Dabei sind alle Reaktionen letztlich nur Ausdruck der eigenen Sensibilität und Verletzlichkeit. Innerlich ist man stets schnell bis zu Tränen gerührt, selbst wenn man dies nicht immer sehen läßt. Die Umwelt empfindet dies oft wiederum als emotionelle Instabilität.

Der Aszendent steht auch für den Körper, weshalb es bei einem disharmonischen Aspekt auf Neptun möglich ist, daß man über eine etwas unterdurchschnittliche Körperkraft verfügt, was jedoch vor allem mit der eigenen Unsicherheit zu tun hat. In schwierigen Zeiten hat man oft das Bedürfnis, über seine Probleme »hinwegzuschlafen«, so daß Müdigkeit ohne eine greifbare körperliche Ursache auftreten kann. Bei den Konfliktaspekten ist weiterhin die Flucht in eine eigene Phantasiewelt möglich, doch angesichts der Art dieser Spannungsaspekte kann die innere Welt die schöpferischen Fähigkeiten auf künstlerischem und mystischem Gebiet sehr stark stimulieren.

Quinkunx

Die Äußerungen von Neptun-Quinkunx-Aszendent ähneln in vielerlei Hinsicht denen der disharmonischen Aspekte. Wenn Neptun als solcher schon ungreifbar ist, wird dies beim Quinkunx noch verstärkt. Man erkennt nicht, wie sehr man durch seine Empfindlichkeit und Verletztlichkeit oder durch seine Traum- und Phantasiewelt Dinge verformt, die aus der Außenwelt an einen herantreten. Dies hat zur Folge, daß man manchmal höchst eigenartig auf ganz alltägliche Dinge reagieren kann, so daß es zu Kontaktschwierigkeiten kommt. Umgekehrt setzt man sich selbst, ohne daß man dies wüßte oder beeinflussen könnte, Einflüssen aus der Umgebung aus, so daß man sich in Dingen mitreißen läßt, die überhaupt nicht zu einem passen.

Weil das Bedürfnis nach Verfeinerung und Auflösung auf die eigene Manifestation nach außen sehr widersprüchlich reagiert, muß man sehr vorsichtig versuchen, seinen Weg in die Außenwelt zu finden, weil die Gefahr einer Verunsicherung oder einer überempfindlichen Reaktion sehr groß ist. Welche Folgen dies haben kann, wurde bei den disharmonischen Aspekten zwischen Neptun und dem Aszendenten bereits behandelt.

Auch beim Quinkunx findet man starke Einfühlungs- oder sogar hellfühlende Begabungen. Dieser Aspekt hat durchaus viele positive Äußerungsmöglichkeiten, auch wenn man bis dahin schon einen Teil seines Lebens im Ringen mit der Unsicherheit zugebracht hat, die diese Gefühle und Reaktionen in einem wachrufen.

NEPTUN UND MC

Konjunktion

Die Himmelsmitte steht für die soziale und gesellschaftliche Haltung nach Maßgabe des Bildes, das man von sich selbst hat. Wenn Neptun in der Himmelsmitte steht, ist hier kein abgerundetes Bild möglich; hierfür ist sein verwässernder und unterminierender Einfluß zu groß. Man hat stets Identitätsprobleme und ringt mit der Frage, wer man eigentlich ist und woher man kommt. Dies schafft eine sehr große Empfindlichkeit dafür, was die Außenwelt von einem denkt und sagt, und anfänglich ist man daher geneigt zu glauben, daß man so ist, wie die Außenwelt einen sieht. Aber wegen des Verwässernden und Chaotischen von Neptun und dem entsprechend vagen Ichbild, das man nach außen zeigt, kann sich die Außenwelt auch kein zutreffendes Bild von einem machen. Dies bringt die Gefahr mit sich, daß die sehr unterschiedlichen Urteile und Meinungen, die man über sich selbst hört, in einem nur noch mehr Verwirrung anrichten. Hinzu kommt, daß man einen sechsten Sinn für unterschwellige Stimmungen zu haben scheint, die ebenfalls wiederum Einfluß auf das Bild haben, das man sich von sich selbst macht.

Alle diese Faktoren können dazu führen, daß man lange Zeit darüber rätselt, wer man nun ist und was man eigentlich will, so daß man auch im gesellschaftlichen Bereich seinen Platz nicht so leicht findet. Dennoch kann man auf neptunischen Gebieten Großes leisten, also überall dort, wo ein gutes Einfühlungsvermögen notwendig ist, wie im sozialen Bereich, oder dort, wo man seinen Empfindungen und seinem Bedürfnis nach Verfeinerung Ausdruck geben kann, wie bei kreativen und musikalischen Aktivitäten. Durch den Mangel an Selbstvertrauen hat man zunächst die Neigung, wenig zu unternehmen, doch wenn man einmal eine Beschäftigung gefunden hat, zeigt sich, wie gut man sich auf dem betreffenden Gebiet bewegt, was wiederum mehr Selbstvertrauen schenken kann.

Sextil und Trigon

Unsicherheit, Empfindlichkeit und Idealismus tönen auch die harmonischen Verbindungen zwischen Neptun und Himmelsmitte. Auch hier hat man Probleme, sich ein zutreffendes Bild von sich selbst und der Gesellschaft zu formen, weil man zu empfindlich auf Meinungen und Stimmungen der Umgebung reagiert oder die Dinge in einem zu schönen Licht sieht, weshalb bei den harmonischen Aspekten Enttäuschungen nicht ausgeschlossen sind. Aber mühelos und mit demselben Idealismus gleitet man wieder in neue Situationen hinein. Sehr wichtig ist einem das Gefühl, daß man irgendwo zu Hause ist. Im gesellschaftlichen Bereich bestimmt die Atmosphäre, ob man irgendwo gerne arbeitet, nicht das Gehalt.

Bei den harmonischen Aspekten zwischen Neptun und MC kann man ein feines Gespür für die kleinen und unsichtbaren Dinge haben, die doch eine Rolle spielen. Im geschäftlichen Bereich spürt man Entwicklungstendenzen auf dem Markt und geht auf diese flexibel ein, ohne sich freilich dieses feinen Empfindens und dieser Flexibilität bewußt zu sein. In Pflegeberufen hilft dies bei der Erstellung einer Diagnose, der Auswahl einer Therapie, beim Entdecken der Ursachen von Beschwerden und Problemen. Weiterhin bestehen Anlagen, um sich auf der spirituellen, geistigen, künstlerischen und musikalischen Ebene auszudrücken.

Quadrat und Opposition

Die disharmonischen Aspekte zwischen Neptun und Himmelsmitte machen sehr unsicher, und man hat große Probleme, eine Identität zu bilden. Man ist nicht nur dafür empfindsam, was die Außenwelt über einen sagt, sondern hat auch noch die Tendenz, diese falsch zu interpretieren, wobei die Außenwelt ohnehin oft auch noch ein völlig falsches Bild von einem hat. Diese Aspekte können es also mit sich bringen, daß man sich einige Zeit im Kreise dreht und um die Unterscheidung zwischen Dingen ringt, die von einem selbst nach außen dringen, und Dingen, die von außen über das Unbewußte hereinkommen und einen in dieser Weise beeinflussen.

Dadurch ist man in starkem Maße suggestionsanfällig und leicht in die Irre zu führen, auch weil man in vielen Fällen nicht weiß, wer man ist und was man will. Aufgrund eines falschen Bildes von sich selbst und von der Gesellschaft kann man andererseits auch selbst in die Irre führen und chaotische Umstände zuwege bringen. Wegen der Illusion und des Scheins, den man mit den Spannungsaspekten zu erzeugen versteht, kann man Dinge auf sich projizieren, die in keiner Weise zutreffen. Die andere Seite ist jedoch, daß man sich mit diesem Aspekt in einer Welt hervorragend entfalten kann, in der Schein und Illusion zur Kunst erhoben sind, wie in der Welt des Films. Man muß sich vor Sucht verschiedenster Art hüten. Dies kann Alkohol- und Drogensucht sein, die eine Art Flucht aus der Wirklichkeit bietet, aber durch ihre entpersönlichende Art auch die Persönlichkeitsentwicklung stört. Andererseits kann dies auch eine Abhängigkeit von religiösen und idealistischen, aber unrealistischen Ideen sein, die ebenfalls die Alltagskonfrontationen vergessen läßt und die Persönlichkeit destabilisiert. Man hat die Fähigkeit, sich in Situationen und Menschen einzufühlen, und das Bedürfnis, sich für ein Ideal einzusetzen. Wenn man sich in einer stimulierenden Umgebung befindet, die die eigene Empfindsamkeit und Unsicherheit nicht mißbraucht, kann man, indem man sich aktiv auf neptunischen Gebieten einsetzt, mit aktiver Hilfe von außen nach und nach doch eine gewisse Sicherheit in all der Unsicherheit aufbauen und mit seinem Idealismus viel bewirken.

Quinkunx

Die Unsicherheit und Überempfindlichkeit der Verbindung zwischen Neptun und MC sind beim Quinkunx am ausgeprägtesten. Dies äußert sich in ganz ähnlichen Formen wie bei den disharmonischen Aspekten (siehe dort), doch sind diese Auswirkungen ungreifbarer, weil man den Einfluß von Neptun auf das Ichbild weder versteht noch erkennt. Das Verformende und vor allem auch das Chaoserzeugende und Unterminierende von Neptun wirken unterschwellig und damit noch stärker, und obwohl man über sehr viel Idealismus und Mitgefühl verfügt, gelingt es nur selten, dies der Außenwelt auch mitzuteilen. Durch das Quinkunx vermittelt man Dinge entweder falsch, oder man hängt Gefühlen und Ideen an, die zu utopisch und unwirklich sind, um ernst genommen zu werden. All die Konfrontationen, die die eigenen doch gutgemeinten Handlungen erzeugen, wirken enttäuschend. Weil man weder die Einstellung noch den Mut hat, sich kraftvoll zu behaupten, neigt man dazu, sich desillusioniert in eine stillere, innerliche Welt zurückzuziehen. Dies kann die Welt des Traums und der Phantasie sein, aber auch ein Kloster oder eine Meditationshöhle in den Bergen. Man möchte bloß dem Alltagstreiben entrinnen, in dem man doch kein Verständnis findet.

Beim Quinkunx muß man jedoch darauf achten, sich nicht der Welt zu entfremden, in der man mit wenig Unterstützung mit den Fähigkeiten, die Neptun stimuliert (Kreativität, Spiritualität, Musikalität) viel zustande bringen kann. Man muß jedoch erst dahinterkommen, daß das eigene Weltbild von innen heraus durch verformende oder idealisierende Prozesse beeinflußt wird, bevor die ausgeglicheneren Äußerungsmöglichkeiten erreichbar werden.

Aspekte von Pluto

PLUTO UND ASZENDENT

Konjunktion

Pluto, das zwingende und kraftvolle Bedürfnis nach Macht und Anerkennung und zudem der Mechanismus in uns, der das Unterste zuoberst kehren möchte, wirkt in Konjunktion mit dem Aszendenten heftig und zwingend auf die Umgebung. Pluto ist kein entspannter Planet, weshalb man ein gewisses Maß an verschlossener Anspannung ausstrahlt, was auf manche Menschen durchaus faszinierend wirken kann. Mit Pluto im Aszendenten »hat man etwas«; von der eigenen Erscheinung geht etwas Kraftvolles und doch bodenlos Ungreifbares aus, das auf andere höchst anziehend wirken kann.

Pluto ist auch das Bedürfnis nach Macht, und er versteht sich auf Manipulation. Deshalb hat man bei diesem Planeten an einem so wichtigen Platz ein starkes Bedürfnis, eine wichtige Rolle zu spielen und sich die Umstände und damit auch seine direkte Umgebung dienstbar zu machen. Weil man die Kraft Plutos als solche nicht in der Hand hat, kann man dies viel zwingender äußern, als einem vielleicht selbst klar ist. Wenn man nicht direkt bekommt, was man will, dann eben indirekt – man setzt sich durch, koste es, was es wolle. Daher findet man bei Menschen mit Pluto im Aszendenten oft Machtkonflikte und erhebliche Auseinandersetzungen mit der Umgebung, die aber durchaus nicht immer offen zu sein brauchen. Viele Menschen haben Angst, sich gegen eine solche Kraft aufzulehnen, von der sie dunkel ahnen, daß sie zum Äußersten entschlossen ist, und leisten daher lieber indirekt Widerstand. Aber Pluto im Aszendenten beherrscht auch das Handwerk des Manipulierens und indirekten Zurückschlagens vorzüglich. Bei dieser Planetenstellung ist man um keinen Preis bereit, sich die Kontrolle entreißen zu lassen.

Es gelingt daher den Betreffenden nicht, sich nach außen unauffällig zu manifestieren. Dennoch läßt man nur selten erkennen, was einen bewegt. Man stellt hohe Forderungen an sich selbst und an andere. Andere Menschen müssen »Prüfungen« ablegen, wenn sie wirklich Zugang zu einem haben wollen. Sie müssen die plutonische Kraft ertragen können.

Das Tabudurchbrechende von Pluto bewirkt, daß man sich mit Pluto im Aszendenten sehr aktiv und nachdrücklich für die verschiedensten Erneuerungen und Veränderungen einsetzen kann. Diese müssen allerdings mit den eigenen Absichten vereinbar sein, was manchmal dazu führen kann, daß man zu weit geht und den Bogen überspannt. Dies kann für einen selbst und für die Umgebung manchmal zerstörerisch sein. Diese Gefahr besteht, weil Pluto für das Prinzip des Alles oder Nichts steht. Man läßt sich von der Außenwelt nicht bremsen, wenn man sich einmal etwas in den Kopf gesetzt hat.

Pluto als Inhalt läßt sich vom bewußten Willen nicht leicht steuern oder beherrschen. Trotzdem ist es möglich, die Äußerungen Plutos, der ja auch für Transformation steht, allmählich besser integrieren zu lernen. Der für den Betreffenden zunächst ungreifbare Drang nach Macht über äußere Faktoren kann mit fortschreitender Persönlichkeitsentwicklung in die Beherrschung innerlich unsicher machender Faktoren umgeleitet werden. Dieser Prozeß verläuft parallel zur Reifung der bewußten Persönlichkeit. Wenn man lernt, die Äußerungen Plutos in diesem Sinne besser zu beherrschen, dann kann man mit seinem Eindringungsvermögen tief bis zu den eigenen verborgenen und verdrängten Inhalten wie auch denjenigen anderer Menschen vorstoßen. Das Sichvertiefen in die Psyche anderer Menschen ist eine der möglichen Äußerungsformen, wodurch man große Menschenkenntnis erlangen kann. Man neigt dann dazu, dieses Wissen in seinen Kontakten mit der Außenwelt zur Stärkung der eigenen Position zu nutzen, was wiederum das Machtbedürfnis dieser Kombination, aber auch die mit ihr verbundenen Gefahren deutlich werden läßt.

Sextil und Trigon

Die harmonischen Verbindungen zwischen Pluto und Aszendent zeichnen sich durch eine nicht weniger große Intensität aus als die Konjunktion. Auch hier wirkt man zielbewußt mit einer irgendwie unauslotbaren Kraft, gibt sich nicht leicht zu erkennen und versucht, tief in die Psyche und Motivationen anderer einzudringen, um zu entdecken, was dort vor sich geht.

Man hat ein großes Bedürfnis nach Macht und läßt seine Umgebung seinen starken Willen spüren. Gerne nimmt man die Zügel in die Hand, was oft mühelos gelingt. Man hat eine zwingende Persönlichkeit, die bei den harmonischen Aspekten zunächst kaum Widerstand weckt. Man findet daher bei den Verbindungen zwischen Pluto und Aszendent oft Führungsqualitäten.

Weil man sich kraftvoll, sehr selbstbewußt und selbständig nach außen manifestiert (selbst wenn man dies innerlich gar nicht so empfindet und sich nicht in die Karten blicken läßt), erscheint die eigene Haltung offener und zugänglicher, als sie in Wirklichkeit ist. Oft zieht man dadurch Menschen an, die sich an einem aufrichten wollen oder die man in der einen oder anderen Weise »bemuttern« kann. Dies geschieht allerdings aus einer völlig anderen Haltung, als dies der Mond in Verbindung mit dem Aszendenten täte. Das »Fürsorgliche« von Pluto hat etwas Unpersönliches und viel Umfassenderes; es strahlt etwas von der mächtigen Großen Mutter aus, einer Persönlichkeit, der man nicht entkommt.

Man hat daher auch bei dieser Verbindung zwischen Pluto und Aszendent mehr Macht über seine Umgebung, als man glaubt. Oft kommen Menschen, um sich bei einem auszuweinen, um um Rat zu bitten und um Schutz zu suchen. Dadurch kann man einige psychologische Kenntnisse erlangen. Auch die Vertiefung in Beziehungen ist Menschen mit diesem Aspekt nicht fremd. Nur man selbst bleibt unangreifbar und außer Betracht, auch wenn man sich mit dieser Haltung selbst daran hindert, eine »normale« emotionelle Beziehung auf der Basis der Gleichberechtigung mit anderen zu knüpfen. Erstens zieht man schon Menschen an, die einen auf ein Podest erheben, und wenn sie dies nicht tun, sorgt man selbst dafür, auf dieses Podest zu kommen. Zweitens offenbart man sich nicht, und drittens verlangt man sehr viel von den Menschen, denen man emotionelle Nähe gewähren will, so daß man auch bei den harmonischen Verbindungen zwischen Pluto und Aszendent früher oder später mit diesen Problemen konfrontiert wird. Wenn man einmal erkannt hat, wo das Problem liegt, dann kann man davor nicht mehr die Augen verschließen, und Pluto kann den Kurs radikal wechseln.

Quadrat und Opposition

Das große Machtbedürfnis der Verbindungen zwischen Pluto und Aszendent bringt sich auch bei disharmonischen Aspekten zur Geltung, und diese Aspekte verstärken dieses Bedürfnis in nicht geringem Maße. Obwohl man sich bei Spannungsaspekten meist sehr unsicher fühlt, bemerkt man dies bei Spannungen zwischen Pluto und Aszendent nicht. Man gibt sich bissig nach außen, wirkt viel strenger und kraftvoller, als man selbst vermutet, und kann Menschen allein schon durch seine Haltung, seinen Blick und seine Ausstrahlung einschüchtern. Selbst kann man die Kraft Plutos nicht abschätzen, aber andere spüren die große Intensität, die durch die Spannungsaspekte und die Bereitschaft, zum Äußersten zu gehen, noch zusätzlich aktiviert wird, sehr wohl. Man läßt die Umgebung, ohne daß dies immer beabsichtigt wäre, sehr deutlich spüren, daß schon der geringste Widerstand zu einem Ausbruch, wenn nicht von körperlicher, dann eben von geistiger Gewalt führen kann. Bei den Spannungsaspekten von Pluto zum Aszendenten kann man Menschen durch rücksichtslose Bemerkungen brechen, und da Pluto sich als solcher begierig in die Motivationen von Menschen und alles Verdrängte und Verborgene vertieft, hat man ein untrügliches Gespür für die schwache Stelle anderer Menschen, auf die man, ohne zu zögern, seine Giftpfeile abschießt. Es ist klar, daß man dadurch eher gefürchtet als geliebt wird. Dies ist aber eine Waffe im Machtkampf, den man oft mit seiner Umgebung ausficht und auf die man um keinen Preis verzichten will. Und Pluto hat eine große Ausdauer.

Das Verhalten nach außen hat etwas Provozierendes, wenn auch nicht in der impulsiven und direkten Art von Uranus. Pluto geht subtiler und geschickter vor. Er hat jedoch immer das Bedürfnis, seine eigenen Ideen durchzusetzen, ohne Rücksicht darauf, ob diese gesellschaftlich akzeptiert werden oder nicht. Er hat eigene Ergebnisse, eigene Forschungen, eigene Schlußfolgerungen und eigene Ziele, und davon ist er nicht abzubringen. Daher ist dies eine vorzügliche Stellung, wenn es darum geht, Erneuerungen herbeizuführen, auch wenn man hierzu eine manchmal nicht unerhebliche Reihe von Konfrontationen hinter sich bringen muß, bevor man die Spannungsaspekte etwas konstruktiver einsetzen kann. Durch seine durchdringenden Fähigkeiten ist man in der Lage, Menschen und ihre Absichten zu durchschauen, eine große Menschenkenntnis zu entwickeln und verborgene oder neue Dinge in die Wahrnehmung seiner selbst und der einen umgebenden Welt zu integrieren. Mit seinem ruhelosen, aktiven Suchen wühlt man vieles auf. Pluto, der niemals genug hat, ruht nicht, bis er allem auf den Grund gegangen ist. In persönlichen Dingen ist er schwierig und äußerst anspruchsvoll, weil er die Tiefen in einem selbst in der eigenen Umgebung widergespiegelt sehen will. Durch manchmal tiefgreifende Veränderungen im eigenen Leben kann es gelingen, bis zu diesen tiefen Werten vorzudringen.

Quinkunx

In der Art, wie man allem begegnet, was von außen an einen herantritt, und in der Art, wie man sich selbst nach außen manifestiert, ist immer auch das Bedürfnis nach Macht und Anerkennung vorhanden. Während man selbst davon ausgeht, daß man freundlich und aufmerksam wirkt, strahlt man doch eine erhebliche Spannung aus, versucht man, Dinge (oft ganz unbewußt) nach dem eigenen Willen zu gestalten, und greift man nach der Macht. Zugleich gibt man sich eher verschlossen, so daß die Umgebung nur schwierig Zugang zu einem bekommt. Dadurch entsteht oft eine recht problematische Beziehung zur Umgebung, bis man sich darüber klar wird, daß man diese Reaktionen selbst hervorruft, weil man sich nicht umgänglicher gibt und anderen keinen Raum läßt.

Man vertieft sich gerne in andere Menschen, ist manchmal sehr direkt und taktlos und geht Dinge viel gröber an, als man glaubt. Man verlangt sehr viel mehr von sich selbst und damit von anderen, als man sich bewußt ist. Der Pluto-Inhalt beschert einem also einige Probleme, ohne daß man dies zunächst erkennen oder hieran etwas ändern könnte. Im täglichen Leben äußert sich dies ganz ähnlich wie bei den disharmonischen Aspekten (siehe dort), wiewohl man mit einem Quinkunx erst einen Konflikt austragen muß, den man nicht sofort als solchen erkennt. Man muß sich über den Widerspruch klar werden, der zwischen der Äußerung des eigenen Bedürfnisses nach Macht und Transformation und der Art besteht, wie man nach außen hin auftritt.

Oft sieht man Menschen mit Pluto-Quinkunx-Aszendent in eine Krise treiben, in der das Unterste zuoberst kommt und man sehr intensiv erfährt, was im Gange ist. Wenn man dies verarbeiten kann, dann kann auch dieses Quinkunx viele Möglichkeiten bieten, wiewohl die eigene Intensität immer eine große Rolle spielen wird.

PLUTO UND MC

Konjunktion

Wenn der so sehr auf Kraft, Macht und Ehre gerichtete Pluto in der Himmelsmitte steht, sucht man auch nach kraftvollen Entfaltungsmöglichkeiten im gesellschaftlichen Leben. Vor allen Dingen aber beeinflußt Pluto in dieser Stellung das Ichbild, das hier in der Gefahr steht, sich allzu kräftig zu entwickeln. Man selbst bemerkt anfänglich gar nicht, mit welcher Verbissenheit und Unbeugsamheit man seine Ziele verfolgt, manchmal rücksichtslos und unerbittlich. Wenn man sich etwas in den Kopf gesetzt hat, dann bekommt nichts und niemand dies jemals wieder heraus. Und wenn man das Unterste zuoberst kehren muß, um seinen Willen zu bekommen – man ist nicht bereit, die Kontrolle über sich selbst und seine Umgebung preiszugeben. Es ist klar, daß dies unwiderruflich zu Machtkonflikten führt.

Wenn Pluto im MC steht, wirkt man nicht nur kraftvoll und bezwingend, sondern strebt dies sogar noch bewußt an. Man will Eindruck machen, sich auf seinem Gebiet als keinen Widerspruch duldende Autorität sehen und erträgt Menschen weder über noch neben sich.

Dies verleiht eine gewaltige Schubkraft, die einen gesellschaftlich sehr weit bringen kann, und man stürzt sich mit großer Intensität auf sein Ziel. Das tut man schon als sehr junger Mensch.

Als Kind schon legt man eine ausgeprägte Dickköpfigkeit und Dominanz an den Tag. Diese Dominanz setzt sich auch im Erwachsenenleben fort, wo allerdings Widerstände nicht ausbleiben können.

Wenn Pluto im MC steht, muß man sich davor hüten, sich für unübertrefflich oder unfehlbar zu halten. Es besteht die Gefahr, daß man sich als unantastbar betrachtet und sein Ichbild über alle Maßen aufbläht. Durch ein solches überentwickeltes Ichbild kommt man dann auch zu der Vorstellung, daß man dieser Macht selbstverständlich würdig ist. Damit kann man entschiedenen Widerstand auslösen. Im Leben von Menschen, bei denen Pluto im MC steht, sieht man daher auch oft große, manchmal sehr einschneidende Veränderungen eintreten, die mit einer Krise einhergehen können, durch die manchmal alles auf den Kopf gestellt wird.

Pluto hat tiefschürfende und tief eindringende Fähigkeiten, die auf gesellschaftlichem Gebiet sehr brauchbar sind. Man beschäftigt sich gerne mit dem Verborgenen und Verdrängten, mit Macht und Kraft, wodurch man zu einem guten Forscher, Wissenschaftler und Psychologen werden kann. Aber auch im täglichen Umgang können diese Fähigkeiten gute Dienste leisten.

Sextil und Trigon

Bei den harmonischen Aspekten Plutos auf das MC wirkt man auf die Umgebung kraftvoll und oft auch ehrgeizig. Man strahlt es aus, daß man nicht mit sich spaßen läßt, und strebt eine Autoritätsposition an. In für einen selbst wichtigen Situationen nimmt man das Heft in die Hand, oder man wartet eine Gelegenheit ab, in der man seine Kraft zeigen kann. Geltungsdrang, Durchsetzungsvermögen, eine große Willenskraft und ein Hang zur Macht spielen bei den Betreffenden im gesellschaftlichen Leben eine große Rolle. Man kann sich sehr ausdauernd und intensiv für die Ziele einsetzen, die man sich selbst gesteckt hat.

Auch bei diesen Aspekten besteht die Gefahr, daß man sein Ichbild aufbläht. Die Umgebung verstärkt dies oft sogar, weil man bei den harmonischen Aspekten wenig Widerstand findet. Man versteht es, seinen Geltungsdrang so zu »verpacken«, daß die Umgebung dies ohne weiteres hinnimmt oder einen zumindest nicht offen daran hindert. Dadurch wird man in seinen Ambitionen bestärkt, und dies birgt die Gefahr, daß man sich an die Aufmerksamkeit gewöhnt und die Wertschätzung, die man erfährt, für allzu selbstverständlich nimmt. Dann kann es dazu kommen, daß man anderen Menschen kaum mehr Raum läßt.

Die Aspekte zwischen Pluto und Himmelsmitte verleihen tief eindringende Fähigkeiten. Man läßt nicht nach, bis man zum Kern der Dinge vorgestoßen ist, kehrt das Unterste zuoberst und forscht nach allem, was verborgen, verdrängt, verhüllt, mysteriös, magisch oder in irgendeiner anderen Weise geheimnisvoll und dunkel ist. Die Psyche des Menschen mit all ihren Motivationen und Mechanismen fesselt Menschen mit solchen Aspekten über die Maßen, die daher früher oder später eine große Menschenkenntnis entwickeln. Daher ist dies ein günstiger Aspekt für Psychiater, (Para-)Psychologen und andere, die für ihre Arbeit Menschenkenntnis brauchen.

Mit diesen Aspekten zieht man oft Menschen an, die eine starke Schulter brauchen, an der sie sich ausweinen können, wie schwach man sich vielleicht selbst innerlich fühlt. Dies wird Pluto in allen Aspekten zur Himmelmitte aber niemals zeigen. Verwalten und lenken, Menschen in Not helfen und einen Halt bieten – dies ist sein Metier. Wenn man jedoch selbst in Schwierigkeiten ist, dann darf dies niemand merken, und niemand kann einem auch helfen, weil man einfach keinen Angriffspunkt bietet. Man will immer alles in eigenen Händen halten. Daher sind auch bei den harmonischen Aspekten zwischen Pluto und MC Konfrontationen und manchmal Einsamkeitsgefühle möglich.

Quadrat und Opposition

Die disharmonischen Aspekte zwischen Pluto und Himmelsmitte haben eine besonders starke Wirkung. Wie freundlich man im übrigen vielleicht auch ist, so strahlt man doch etwas aus, das dem Gegenüber deutlich macht, daß man nicht mit sich spaßen läßt. Wenn man dann ohne böse Absicht eine gereizte Bemerkung macht, muß man sich darüber im klaren sein, daß diese allein durch die persönliche Ausstrahlung viel schärfer wirkt, als dies gemeint war, und daß man anderen damit einen solchen Schrecken einjagt oder sie so in die Enge treibt, daß sie sich gezwungen fühlen, zu krassen Mitteln zu greifen.

Man hat bei den Konfliktaspekten ein sehr starkes Bedürfnis, sich zu beweisen und um jeden Preis sich selbst und die Umgebung unter Kontrolle zu halten. Wenn man nicht achtgibt, kann man zum Sklaventreiber werden. Es ist klar, daß hier Machtkonflikte in der privaten und beruflichen Umgebung nicht ausbleiben können. Daneben verleihen die Spannungsaspekte auch eine ausgeprägte Streitlust; wenn einem etwas nicht gefällt, geht man dies früher oder später an. Man sollte sich jedoch vorsehen. Pluto hat immer eine enorme Intensität, und in einem Spannungsaspekt kann er seine Energie nicht gemäß der gewünschten Wirkung dosieren, so daß er mit seinen heftigen und intensiven Handlungen mehr durcheinanderbringt als nötig und oft auch mehr zerstört, als er aufbaut.

Man verfügt über eine gut entwickelte Forschungsgabe, weiß diese aber nicht immer richtig einzusetzen. So kann man z. B. Menschen sehr taktlose Fragen stellen und sie mit solcher Wucht überrumpeln, daß man auch noch Antworten bekommt. In vielen Fällen führt dies aber auch zu Konfrontationen. Auch sein Wissen setzt man oft wenig diskret oder zu einem weniger glücklichen Zeitpunkt ein, und wenn es diesbezüglich weitere Hinweise im Horoskop gibt, dann kann man sein Wissen sogar mißbräuchlich und manipulierend verwenden. Man stürzt sich gerne auf alles, was das Unterste zuoberst kehren kann.

Wenn man sich einmal etwas vorgenommen hat, dann tut man dies auch mit Hingabe, vielleicht sogar mit etwas zuviel Hingabe. Auch hierin drückt sich die Tendenz des »Alles oder Nichts« aus, die in diesem Fall selbstzerstörerisch wirken kann. Auch die von den besten Absichten getragene Hartnäckigkeit trifft bei den disharmonischen Aspekten bei der Umgebung durchaus nicht immer auf Verständnis, weil man eben doch eine gewisse unergründliche Spannung ausstrahlt.

Jedenfalls verfügt man über eine gewaltige Durchsetzungskraft, viel Energie und einen großen Tatendrang, der sich aus dem Bedürfnis nach Macht und Anerkennung speist. Wenn es einem jedoch gelingt, seine Energie ein wenig besser zu kanalisieren, dann kann man mit ihr tatsächlich Berge versetzen. Es muß ein guter Widersacher sein, der einen dann noch aufhalten kann.

Quinkunx

In seinem sozialen und gesellschaftlichen Leben gerät man immer wieder in Konflikte mit Autoritäten, und auch mit seiner Umgebung muß man hin und wieder Machtscharmützel ausfechten. Man kann sich dies nicht erklären, aber sooft man sich auf der Grundlage des Bildes, das man von sich selbst hat, nach außen manifestiert, macht sich in der eigenen Haltung das Bedürfnis nach Macht und Anerkennung geltend. Man bläst sich auf, auch wenn einem dies selbst nicht bewußt ist. Damit fordert man Reaktionen heraus, die man nicht in eine Verbindung mit sich selbst zu bringen vermag. Die Unsicherheit des Quinkunx kann das Bedürfnis Plutos verstärken, alles in die Hand zu nehmen und alles in der Hand zu behalten, aber gerade dieses Bedürfnis versteht man so schlecht zu äußern. Man übertreibt immer, fängt Dinge falsch an oder zu einem unglücklich gewählten Zeitpunkt. Da man nicht durchschaut, in welcher Weise Pluto sich ausdrückt, sind diese Äußerungen zu heftig. Dies hat im großen und ganzen dieselben Folgen, wie dies bei den disharmonischen Aspekten bereits besprochen wurde (siehe dort); die Art, wie sich dies äußert, ist ganz ähnlich, nur ist sie beim Quinkunx schwieriger zu greifen. Aus diesem Grund muß man oft erst durch eine Krise hindurch, bis man entdeckt, woran es liegt.

Die angenehmen Seiten der Verbindungen zwischen Pluto und Himmelsmitte kann man auch beim Quinkunx entwickeln, jedoch stets erst nach einigen kleineren und größeren Auseinandersetzungen. Dann kennt man sich aber auf dem Gebiet der Machtkonflikte und der unterschwelligen Gewalt auch sehr gut aus, einem Gebiet, auf dem man dann sehr viel Menschenkenntnis erwerben kann.

Literatur

Adler, Oskar: *Das Testament der Astrologie.* 4 Bände. München 1991–93 (Hugendubel)

Akron: *Das Astrologie-Handbuch.* Charakteranalyse und Schicksalsdeutung. München 1998 (Hugendubel)

Arroyo, Stephen: *Astrologie, Karma und Transformation.* Die Chancen schwieriger Aspekte. München 1996 (Hugendubel)

Arroyo, Stephen: *Das Jupiter-Handbuch.* Der astrologische Schlüssel zu innerem und äußerem Wachstum. München 1997 (Hugendubel)

Banzhaf, Hajo und Haebler, Anna: *Schlüsselworte zur Astrologie.* München 1997 (Hugendubel)

Green, Jeff: *Pluto.* Die evolutionäre Reise der Seele. München 1994 (Hugendubel)

Greene, Liz: *Saturn.* München 1996 (Hugendubel)

Hamaker-Zondag, Karen M.: *Deutung der Häuser.* Eine Interpretation der Planeten in den zwölf astrologischen Häusern. Bad Oldesloe 1996 (Hier & Jetzt, bei Hugendubel)

Hamaker-Zondag, Karen M.: *Deutung der Planeten.* Wesen und Wirken der planetarischen Kräfte in Elementen, Zeichen und Kreuzen. München 1997 (Hugendubel)

Hamaker-Zondag, Karen M.: *Elemente und Kreuze.* Die Typenlehre C.G. Jungs in der Astrologie. Hamburg 1996 (Hier & Jetzt, bei Hugendubel)

Koch, Walter A.: *Aspektlehre nach Johannes Kepler.* Bietigheim-Bissingen 1979 (K. Rohm)

Koch, Walter A.: Gesammelte Aufsätze. Gestalthoroskopie. Bietigheim-Bissingen 1981 (K. Rohm)

Marks, Tracy: *Die Kunst der Horoskop-Synthese.* Zentrale Lebensthemen im Geburtshoroskop. Bad Oldesloe 1994 (Hier & Jetzt, bei Hugendubel)

Marks, Tracy: *Astrologie der Selbst-Entdeckung.* Eine Reise in das Zentrum des Horoskops. München 1997 (Hugendubel)

Marks, Tracy: *Dein verborgenes Selbst.* Das Mysterium des 12. Hauses. Hamburg 1995 (Hier & Jetzt, bei Hugendubel)

Marks, Tracy: *Schwierige Aspekte.* Herausforderungen und Chancen. Bad Oldesloe 1996 (Hier & Jetzt, bei Hugendubel)

Ptolemäus, Claudius: *Tetrabiblos.* Aus dem Lateinischen von Erich M. Winkel. Mössingen o.J. (Chiron)

Pelletier, Robert: *Das Buch der Aspekte.* München 1989 (Hugendubel)

Ring, Thomas: *Astrologische Menschenkunde*. Band 1: Kräfte und Kräftebeziehungen. Zusammenfassung der Aufbaukräfte unseres Charakters, ihre Zwischenbeziehungen und Abwandlungen. Freiburg im Breisgau 1991 (Bauer)

Rudhyar, Dane und Leyla: *Astrologische Aspekte*. Der Schlüssel zur Deutung planetarischer Beziehungen. Hamburg 1992 (Hier & Jetzt, bei Hugendubel)

Sakoian, Frances und Acker, Louis S.: *Das große Lehrbuch der Astrologie*. Wie man Horoskope stellt und nach neuesten wissenschaftlichen Erkenntnissen Charakter und Schicksal deutet. München 1979 (Knaur)

Karen M. Hamaker-Zondag, 1952 in Schiedam/Niederlande geboren, hat am C. G. Jung Institut studiert. Sie gründete 1980 die inzwischen über die Grenzen der Niederlande hinaus bekannte Astrologieschule «Stichting Achernar». Ihre Bücher sind Standardwerke der astrologischen Literatur.

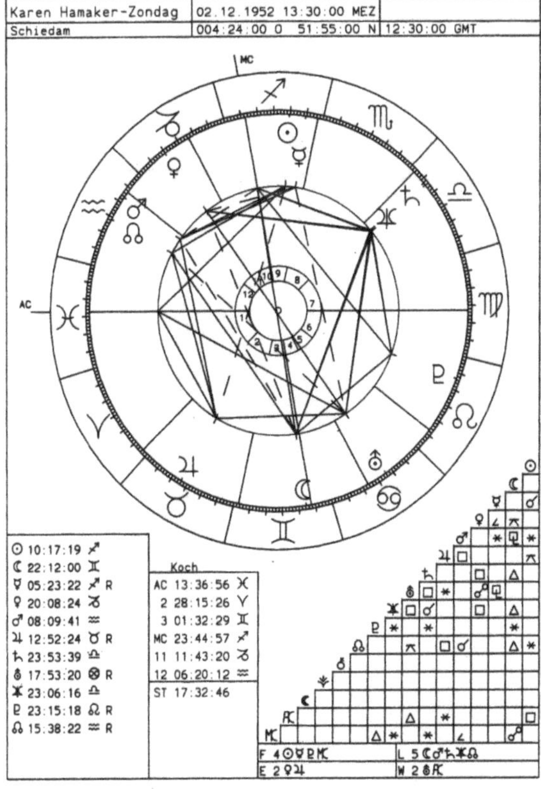

Hier kann man sich zum **Neue Erde-Newsletter** anmelden:
newsletter.neueerde.de/anmeldung

NEUE ERDE im Buchhandel

Sollte es Lieferschwierigkeiten bei den Büchern von NEUE ERDE geben, lassen Sie immer im VLB (Verzeichnis lieferbarer Bücher) nachsehen, im Internet unter **www.buchhandel.de**

Alle lieferbaren Titel des Verlags sind für den Buchhandel verfügbar.

Sie finden unsere Bücher auch auf unserer Homepage **www.neue-erde.de** oder in unserem Gesamtverzeichnis, welches Sie gerne hier anfordern können:

NEUE ERDE GmbH
Cecilienstr. 29 · 66111 Saarbrücken
info@neue-erde.de